U0935800

南大智库文丛
李刚主编

思想的掮客

智库与新政策精英的崛起

[美] 詹姆斯·艾伦·史密斯 著
李刚 邹婧雅 赖雅兰 孔祥越 等译

James Allen Smith

The Idea Brokers:
Think Tanks and the Rise of
the New Policy Elite

南京大学出版社

“大学与智库”

——“南大智库文丛”总序

中世纪的大学是学者的行会，传道授业是最基本的使命，也是教授们谋生的手段。柏林大学开创了科学研究的先河，成为现代大学的原型，但是由于曲高和寡，它被人们称为不食人间烟火的“象牙塔”。“二战”以来，美国大学的人才培养和科学研究都着眼于科技、经济和社会发展的需要，把服务社会列为大学的第三个基本功能。

智库作为现代社会从事战略和政策研究、咨询的专业机构，是现代政治运作、行政管理和社会治理综合需求的产物，是知识社会分工进一步细化的产物。大学不等同于智库，这是一个常识。一般而言，大学的历史要比智库悠久得多，大学的体量要比智库大得多，大学的结构和功能要比智库复杂得多。大学和智库的关系本来并不复杂，但是在中国特色新型智库建设中，有学者惊呼“高校就是高校，不能把高校建成智库”，一时间大学和智库的关系变得复杂起来。因此，很有必要对大学和智库的关系做系统的讨论。

一

在现代社会中，大学和智库是两类性质完全不同的社会机构。虽然大学不是智库，但是大学和智库之间关系非常密切，甚至有时密切到难以分割。学科是大学的基本单元，学科建设是大学的重中之重。对于智库而言，政策问题是基本单元。当然学科取向和智库的问题导向研究本不应该对立。学科是基础，智库是学科体系的应用。有人认为，没有长期的知识积累，高校智库就对现实的国计民生问题指手画脚，这种行为不仅是不负责任的，而且是一种知识的不诚实。这种观点无疑是正确的。对于当下的许多智库而言，这是非常及时的提醒。中国古代“士”阶层有强烈的济世情怀，有指点江山的豪情壮志。出谋划策、运筹帷幄、决胜千里被看成最风流潇洒的事业。这种古代智囊的遗风很容易被当代智库继承，所以当代中国智库需要警惕的是浸染古代智囊不调查不研究、信口开河的不良风气。现代智库强调循证分析是现代科学精神的体现，是某一领域长期知识积累后的发现，提出的政策建议出于“知识的诚实”。

学科发展促进智库研究的一个经典案例出现在美国。1957 年苏联率先成功发射卫星，这对美国而言是一次沉重的打击，也让美国全面反思自己的教育体系。1958 年美国颁布了《国防教育法》，该法案要求大力推动科学、工程和外国地区研究，并为这些学科提供巨额经费支持。此后美国的地区研究蓬勃发展起来。对中国的研究也得益于《国防教育法》。在费正清的倡导下，美国的“中国学”学科渐成气候，西方传统汉学没落，着力于当代中国政治、经济和文化的“中国学”学科成为主流。在“中国学”学科范式的熏陶下，一代又一代学人不仅占据了美国研究型大学中国研究院系的教席，而且“中国学”也成为智库中“中国问题政策分析”的主流范式。2007 年，美国著名学者沈大伟(David Shambaugh)指出：“几乎所有华盛顿区域的智库都有一人或者多人全职或者半职专门研究中国外交和安全政策。”他列举了 30 位工作于智库的“中国学”研究专家，这些专家在他看来都是可以和大学教授平起平坐的专家。他说：“正是这些在学术机构和智库的研究人员共同催生并推动了中国对外政策研究这一领域的形成和发展。”

美国智库史专家詹姆斯·史密斯在《思想的掮客》里把智库专家分为六类，第二类专家就是在某一个特定的政策领域进行长期研究的人。他认为，“这些人可以称作‘政策专家’，这个领域的学者通常将更多的时间花在政策研究或者教学而不是政策制定和担任全职顾问上。无论是通过融入政策的理论洞见，还是培养继续在政府部门任职的学生，他们的工作或许具有极其深远的影响。这些人一般工作于大学的研究中心”。我们认为，这类政策专家从事的是“学科”层面的工作，他们的使命是为智库的实务生产概念，准备理论，锻造分析范式和分析工具。哈佛大学肯尼迪学院的约瑟夫·奈提出的“软实力”概念及其分析范式就是很好的例子，这个概念为智库分析国家综合国力提供了崭新的超越经济学的分析范式。哈佛大学商学院的波特提出的竞争战略分析框架被许多战略研究智库用来分析国家竞争力。这都是学科突破促进政策分析的经典案例。这也解释了为何一流智库专家大多出身一流大学的社会科学学科。因此，越是一流的政策学科，越是一流的政策专家，越是能够促进智库的分析和咨询能力。

大学也是智库人才的摇篮。智库的人才从哪里来？全部靠自己培养吗？世界上的智库除了兰德公司有自己专门培养政策分析师的研究生院外，恐怕没有其他智库自己培养智库人才。当然中国社科院、上海社科院、中共中央党校等中国智库也培养研究生，但是他们的研究生大部分都不是针对公共政策研究需要的，和兰德还是有区别。那么，智库的人才显然主要来自大学。据调查，美国著名大学社会科学类的研究生中45%首选到咨询公司和智库工作，特别是政治学(美国的公共管理学科属于政治学，这和中国不一样)研究生把到华盛顿著名智库实习和工作当作未来从政的终南捷径。

中外许多著名大学的社会科学学科都很强，到智库中从事政策分析工作显然是大学社会科学专业研究生毕业后的一个重要出路。问题是中国大学的社会科学学科发展一直是所谓的“学科建设取向”，对大学而言，衡量一流学科的指标是核心期刊论文、专著、项目、博士点的数量。至于培养出来的学生能不能为智库所用，是不是智库所需要的，这并不是他们所关心的事情。如果我们仔细分析一下中国大学政治学和公共管理学科的教学大纲，不难发现，没有多少课程是专门为智库等政策分析部门服务的。令人忧思的是当代中国大学严重忽视了为智库提供优秀的战略研究和政策分析人才的任务。

二

2013 年 4 月 15 日，习近平总书记对智库建设做出重要批示，明确提出了建设“中国特色新型智库”的新目标。2014 年 10 月 27 日，《关于加强中国特色新型智库建设的意见》提交“深改组”第六次会议审议，习近平总书记就智库建设再次发表重要讲话，强调要从推动科学决策、民主决策，推进国家治理体系和治理能力现代化、增强国家软实力的战略高度，把中国特色新型智库建设作为一项重大而紧迫的任务切实抓好。2015

年1月20日，中央“两办”正式印发《意见》，揭开了新型智库发展的历史新阶段。

大学不会也不可能置身于这场新型智库建设的浪潮之外。的确，大学不是智库，但是大学可以培育智库，而且能够培育出很好的智库。发挥智库作用是哲学社会科学几大功能定位之一，而新型智库则是以战略问题和公共政策为主要研究对象的机构。大学既不能混淆学科与智库的区别，也不能割裂二者之间的有机联系，必须形成学科建设和新型智库建设螺旋发展、良性互动的新格局。学科是大学教学、研究和知识分类的基本建制，迄今为止仍是世界高等教育的基本格局。西方大学里培育优秀智库的案例并不少见。哈佛大学肯尼迪政府学院本身就是培养战略研究和政策研究的著名机构，该学院下属的贝尔夫中心等机构都是美国顶级的智库。普林斯顿大学的国际事务研究中心也是顶级的智库。近几年我国大学里也培育出了若干个著名智库，例如中国人民大学的重阳研究院、复旦大学的发展研究院、中山大学的粤港澳研究院等。

但是大学办智库也面临很多问题。首先，大学对培育学术型研究中心的经验和模式有路径依赖，因此很容易用建设学术型研究中心的思路来培育智库。大学学术型研究中心与智库的最大区别是研究中心关心的是教学和研究，研究成果的主要去向是学术刊物、学术会议和学术出版社；而智库关心的是通过研究、咨询和传播活动影响政策共同体或者影响公众舆论，对于智库而言，大部分研究项目从启动之日就明确目标受众。当然自由研究在智库中不是没有。据华盛顿发展绩效研究所前董事长大卫介绍，他们研究所鼓励员工用三分之一的时间做不带任务的自由探究。布鲁金斯学会也给予资深研究员自主选择课题的自由。但是智库的自由研究不可能离开智库的“大盘子”，如丸走坂，自由选择是受限制的。

大学培育智库时，往往受建设研究中心的惯性思维影响。因此，虽然当下我国许多大学的研究中心和研究基地在向智库转型，但是转型成功者不多。重中之重是观念认识不到位：对智库本质认识不到位，对智库运行模式认识不到位，对智库产品设计的重要性认识不到位，对智库传播的重要性认识不到位。

大学研究中心产出相对单一，而智库的产品（productions）则包含研究报告（表现为各种出版物)、咨询服务、活动(智库主办的各种会议、论坛、听证、调研等,本质上是智库利用自己的专家、场地和品牌提供的服务)。据盘古智库易鹏理事长介绍,盘古一年的活动是 150 场。2015 年布鲁金斯学会举办了 292 场活动,2 万多人参加;举办了 110 场在线讨论,有 5.9 万人参加。恐怕我们任何一家大学的研究中心都不可能办这么多活动。如果智库局限于研究工作,以研究报告为主要产品,那么,这种智库和大学研究中心本质上没有任何区别。我们现在大学里的大部分智库都是此类性质,因此很难称其为“智库”,这是典型的“智有余而库不足”。

大学研究中心、研究基地向智库转型的困难之二是缺乏熟悉智库业务的营运人才,尤其缺乏“政策企业家”。大学的大部分研究人员长期从事教学研究工作,长于思考与写作,但是运营能力严重不足,办事、办文、办会都非其所长。一旦让教授们运营智库,如何处理好与政府、媒体、客户之间的关系,如何从事智库内部的管理,这些对他们而言都不是那么简单的事情。教授运营智库会存在很长的不适应期。

例如,电视普及后,智库专家主要承担“政策解读”角色。而现代媒体已经从狭隘的政治报道转向更广泛的社会、政治和经济分析,这种趋势之上不仅需要更专业、拥有更好教育背景的记者,同时也更倚重专家的力量。现在这些公共专家与记者、编辑已经是一种共生的关系,他们在报纸专栏、广播新闻项目以及从电视衍生出来的访谈节目中找到了机会。报纸和电视新闻记者依靠这些专家来使每天的新闻报道更具深度,体现多样性并实现观点上的平衡。实际上,寻求争论本身就已经扩大了讨论的范围,将这些专家带到了聚光灯之下,他们作为权威人士对各种社会热点做出评论。这种角色对于习惯于象牙塔的教授们而言并非易事。

一个成功的智库领袖往往都是“政策企业家”。他们的主要工作是机构建设。他们调用资源来推进一个特定议程的实现,或者是促成不同研究者和行动者之间的联合,提高他们的职业能力,或是将可造之才送入政策精英团队之中。他们往往领导一个强大高效的营运团队,把智库的一切都安排得有条有理。据复旦大学发展研究院张怡副院长介绍,复旦发展研究院有一支由 20 余名国内外知名大学硕士组成的营运团队，正是团队的高效运作才使得复旦发展研究院能够整合整个复旦的社会科学专家资源。南京大学的紫金传媒智库虽然成立时间不长，但是他们已经有了包括秘书长闵学勤教授在内的 5 人专职、10 余位硕士生兼职的营运团队，这个营运团队一年中完成的活动已经有 30 余场，其中包括很多大型活动。

大学培育智库的第三个障碍是人才评价体系。为了满足学科建设取向的需要，尤其是当下“双一流”的建设热潮，大学对事关学科发展的指标非常重视，甚至不惜推倒对教授的长聘制度，全部教员纳入合同制管理，三年一个周期进行考核。对于许多还没有晋升到教授岗的教师而言，高层次的项目、一流期刊论文、高级别奖项和各种人才奖励才是他们孜孜以求的目标。大部分智库性成果并不是晋升教授的依据。

总而言之，大学想培育出优秀，甚至世界一流智库的道路是曲折迂回、遍布荆棘的。但是大学是不是就应该放弃培育智库？非也。大学发挥智库功能是大学服务社会、服务政治的需要，尤其是著名大学，人文社会科学学科很强，是国之重器，培育优秀智库是大学的义务，也是大学的责任。大学教授从象牙塔旋转到智库，经过智库的洗礼再回到研究机构，视角和体会都会不同，教学和研究都会变得更接地气。

三

八十四年前，罗家伦在出任国立中央大学（南京大学前身之一）校长的就职演说中，以“为中国建立有机体的民族文化”“成为复兴民族大业的参谋本部”来定位学校的使命。时光荏苒，南京大学虽几经变革，但与时代、与民族同命运共呼吸的追求始终未变，站在国家战略的高度，瞄准世界一流、追求卓越的思维始终未变。

南京大学在中国智库史上曾留下浓墨重彩的一笔。1978 年 5 月 11 日，《光明日报》发表了南京大学胡福明同志的《实践是检验真理的唯一标准》，引发了一场关于真理标准问题的大讨论，为改革开放扫清了思想障碍。今天看来，这也是大学和媒体发挥智库功能的一个经典案例。十余年前南京大学提出了研究型大学“顶天立地”的发展战略：一方面确立重点学科发展战略，着力打造世界一流科研成果；一方面融入国家地方创新体系，着力提升一流社会服务水平。在“顶天立地”战略的指引下，南京大学哲学与社会科学通过战略规划和顶层设计，在不断提升研究层次和质量的同时，充分发挥哲学与社会科学在认识世界、传承文明、创新理论、咨政育人、服务社会等方面的重要作用。南京大学哲学社会科学学科大多位于我国前列，实力雄厚，南大认为这种优势地位不仅不应该削弱，反而应该进一步加强。离开学科发展，高校智库建设往往成了无源之水，无本之木。实践也证明，南大在国内外有良好声誉的智库都以强大的母体学科为依托。

南京大学在哲学社会科学领域拥有国家级 2011 协同创新中心 1 个，省级协同创新中心 2 个，教育部重点研究基地 4 个，其他省部级研究机构 25 个，校级研究机构 99 个。研究机构众多也意味着存在专业领域细分化、决策研究“散兵游勇”化的现象，这影响了南京大学智库的国际竞争力和整体发展水平。南京大学根据教育部“并非所有的高校科研机构都要变成智库，也不是所有的高校重点研究基地都变成智库。而是重点研究基地可能有一批要转型升级发展为专业化的智库，还有一批基地要发挥好智库功能，但并不要求向专业化的智库发展”的指示精神，提出重点建设江苏发展高层论坛、中国南海研究协同创新中心、风险危机管理研究中心、南京大屠杀与和平学研究中心、长江产经研究院、江苏紫金传媒智库等国家急需、学科雄厚、团队力量强的研究机构，并促使它们向专业化智库转型。南京大学要求智库化建设的基地彰显现代智库的专业化：一是准确的功能定位，智库就是智库，不要过多承载其他非智库职能；二是明确的专业领域和方向，南大重点建设的智库都不是综合智库，都有明确的领域和方向，综合智库职能由南京大学整体承担；三是逐步形成的专业化的资政研究队伍；四是符合现代智库建设要求的治理结构、管理方式和运营模式。

陈骏校长指出在新型智库建设的时代课题中，“南京大学要以回答新的历史条件下国家发展面临的一系列重大理论和现实问题为己任，不断增强问题意识，坚持问题导向，大力推进原创科研，为早日实现中华民族伟大复兴的‘中国梦’做出新的更大贡献”。南京大学以满足国家重大战略需求为目标，开展校内外协同创新，结出了丰硕成果。

2015年4月，南京大学在江苏省委宣传部的支持下，正式组建了南京大学中国智库研究与评价中心。该中心以信息管理学院人文社会科学评价研究创新团队为核心，积极开展智库研究和平台建设工作，并为江苏省有关部门推进新型智库建设提供了一系列咨询服务工作。“中心”联合光明日报智库研究与发布中心的专家，集中力量攻关，开发的“中国智库索引”(CTTI)已经于2016年9月28日正式上线。除了系统开发外，南京大学中国智库研究与评价中心还积极开展人才培养和研究工作。中心已经培养出一名智库研究方向的博士，另有在校的四名博士生都以智库研究和评价为博士论文的选题。对西方智库研究成果的译介是中心的重要工作，“南大智库文丛”首批三本图书就是我们团队的成果。

四

“南大智库文丛”是南京大学整个智库建设的有机组成部分，是一个战略性的安排。它将是一个开放的平台，坚持高品位、高质量、前瞻性、实践性的遴选标准，不仅汇聚南京大学的智库类出版物，而且面向全国、面向国际接纳一流的智库成果，聚沙成塔，集腋成裘，打造一个新的智库出版名牌。

“南大智库文丛”首批推出三本图书《完善智库管理：智库、“研究与倡导型”非政府组织及其资助者的实践指南》《思想的掮客：智库与新政策精英的崛起》和《国会的理念：智库和美国外交政策》。其中《完善智库管理：智库、“研究与倡导型”非政府组织及其资助者的实践指南》是我们课题组去年推出的《经营智库》的2015年修订版，作者几乎改写了三分之二以上的内容。雷蒙德博士是美国卡特政府时期的高官，也是世界著名智库华盛顿城市研究所的资深研究员。雷蒙德博士近20年来一直从事智库管理的研究与咨询，是智库管理方面真正的权威。对于刚刚起步的新型智库建设，这种操作性实务性的书最为需要。引进现代智库管理经验，夯实中国新型智库建设的基础是我们翻译的初衷。我们也要衷心感谢雷蒙德博士，他极力劝说了该书的版权所有者——“华盛顿发展绩效研究所”无偿把版权授予了南京大学中国智库研究与评价中心。

另外两本书都是美国智库研究方面的经典著作,《国会的理念》作者埃布尔森是北美智库研究的权威,是高产的智库研究专家,在这本书中,他选择了美国国家导弹防御系统和布什政府打击恐怖主义两个政策案例,考察了几个精英智库是如何影响美国的外交政策的。他认为这种案例考察法是评估智库影响力的最审慎的研究方法。也许本书会启发我们进行智库评价评估的新思路。《思想的掮客》更多采用了政治史的研究方法,系统考察了华盛顿政策精英的崛起过程及其影响。该书对美国智库专家的六类划分已经被智库界广泛接受。这两本书必将加深我们对美国智库及其影响力的认知,对美国智库愈加了解,我们愈加知道美国政治运行的本质,我们愈知道如何建设中国特色新型智库,所谓他山之石,可以攻玉矣。

最后,我要感谢南京大学朱庆葆副书记、王月清教授,要感谢南京大学出版社金鑫荣社长、薛志红副总编,没有他们的高瞻远瞩,“南大智库文丛”就不可能有诞生的这一天。我也要感谢江苏省哲学社会科学规划办的尚庆飞主任、汪桥红副主任,他们以历史的责任感推动了南京大学中国智库研究与评价中心 CTTI 项目的进程。我也衷心感谢光明日报的杜飞进总编、李春林副总编、李向军主任、王斯敏主编和她的智库团队。南京大学中国智库研究与评价中心得到了光明日报的鼎力支持,光明日报和南京大学就 CTTI 项目再一次开展了真诚的战略合作。当然,我要衷心感谢三本书的三个翻译团队,他们是来自南京大学中国智库研究与评价中心和南京大学外国语学院笔译硕士班朝气蓬勃的研究生。他们的勤奋、责任感和工作效率都让我惊奇,让我感动,让我自豪。

我不仅策划了文丛的选题,组织了翻译团队,而且通读、推敲了全部书稿,甚至重新翻译了个别章节。因此,成绩是团队的,不过书稿的错漏我难辞其咎。也请专家和业界同行多提宝贵意见,以便新版修改。

是为序!

李刚

2016 年 11 月 16 日

《思想的掮客》各章节译者

翻译章节	姓名
鸣谢、序言	高天舒
第 1 章、5 页索引	周　弦
第 2 章	张连闯
第 3 章、5 页索引	邱　云
第 4 章	卢诵典
第 5 章	王　爽
第 6 章	孔祥越
第 7 章	邹婧雅
第 8 章	赖雅兰
第 9 章	王　璟
第 10 章	贾秋橙
附录前 21 页、参考文献、6 页索引	尉艳华
附录后 20 页	房思佟

目　录

鸣 谢 ix

“二十世纪基金会”是美国最悠久的政策研究基金会之一。1979 年，我刚到基金会时，就对它的初期历程（处于进步主义时期）和其在罗斯福新政时期所扮演的角色充满兴趣。当我还在那里工作时，就开始为本书的写作做准备工作。20 世纪 80 年代初，随着新型智库机构（指的是类似“传统基金会”那样的新保守主义智库）在华盛顿萌芽，美国的智库现象愈发值得研究。时任基金会主管的默里·J. 罗森特给予了我鼓励和支持，其他 24 所研究机构和慈善基金会的主席、主管和工作人员也都接受了采访，和我进行了正式或非正式的谈话。我总共采访了大概 150 人，因为名单过长，无法在此一一列出，但我将许多名字在书中的注释部分点明。最终证明，他们集体的智慧是无价的。

我的研究也得到了来自许多不同机构的图书管理员和档案管理员的帮助。基金会的档案是了解政策研究机构的早期历史、社会科学和政策学的总体发展的最佳信息渠道之一。我希望在此感谢曾任福特基金会档案管理员的安·C. 纽霍尔，曾在卡内基公司担任秘书的萨拉·L. 恩格尔哈特，约瑟夫·W. 恩斯特、达尔文·斯坦普莱顿和我的朋友们，以及曾经在洛克菲勒档案中心工作的我的同事们——我曾于 1988 年到 1989 年间在那里担任常驻学者，也正是那时我完成了本书的手稿，还有布鲁金斯学会档案馆的苏珊·A. 麦克格蕾丝、城市研究所的卡米尔·莫塔、二十世纪基金会的图书管理员、非正式档案管理员和口述历史学家内蒂·格尔达克。 x

我还要感谢那些为我提供了许多出版物和当代文件、回答我的问题、帮助我与他们的同事取得联系、为我们安排采访的人们。我尤其感谢传统基金会的赫布·伯科威茨、战略与国际研究中心的戴维·阿布希尔和托马斯·布雷哈、加图研究所的戴维·博阿兹、美国企业研究所的帕特里克·福特、布鲁金斯学会的罗伯特·法赫蒂和玛格丽特·罗德斯、胡佛研究所的朱莉·乔丹和格洛丽亚·沃克、哈德逊研究所的卡罗尔·卡恩、道德和公共政策中心的欧内斯特·勒菲弗、罗克福德研究所的约翰·霍华德和迈克尔·沃德尔、兰德公司的保罗·威克斯。同时，拉奇蒙特图书馆的洛娜·阿德勒和她能干的同事们为我处理了大量馆际互借的申请，提供了极大的帮助。我还要感谢加雷斯·埃塞尔斯基和卡罗尔·曼这两位出版经纪人，他们将这本书交付到弗里出版社，一路上给予了我极大的鼓励。

在成书的过程中，许多人阅读了全书手稿的初稿，并在终稿成型的过程中充当了听众。其中，二十世纪基金会的几位前任同事提供的帮助最有裨益：玛莎·扎格和罗伯特·T.范彻孜孜不倦地对不同草稿提出了批评意见，而早些时候与卡罗尔·巴克、约翰·E.布思和罗恩·切诺的谈话也对我大有启发。一些历史学家朋友在阅读了初稿中的部分章节或是全部内容之后，给出了很多有用的评论。他们是W.安德鲁·阿恩鲍姆、爱德华·伯科威茨、斯坦利·卡茨、艾伦·拉格曼、凯瑟琳·D.麦卡锡和詹姆斯·B.派勒等。弗里出版社的编辑亚当·贝洛也跟我分享了他对政治顾问史的精辟见解。他不仅是值得我信赖的编辑和合作伙伴，也是我在研究智库时最专业的顾问。在他的指导下，我对政策专业知识和政治本身也进行了进一步的探索。温迪·奥尔梅莱一丝不苟地编辑加工了终稿。在此我也郑重做出声明，我并没有采纳其所有的建议。

除了专家们的建议之外，在写作过程中，我还私下专门从妻子瓦莱丽那里得到了更为宝贵的建议，我的父母也为我提供了巨大支持，谨以此书献给他们。

序 言

在参观巴尔尼巴比的拉格多大科学院时，格列佛认为教授们已经完全失去了理智。他对此感到困惑，认为这许许多多的构想根本就是异想天开——无论是从黄瓜里提取阳光，从屋顶开始自上而下地建造房子，训练猪来耕地，还是别的什么。然而无论这些千奇百怪的计划是多么大胆，这些设计家们（他这样定义那些科学家）又是多么具有独创性。在他参观科学院的过程中，总有些东西在困扰着他，而这些东西正是这些专家和他们的想法从根本上缺少的。

格列佛在政治设计家学院变得尤其怅惘：

> 这些郁郁寡欢的人（至少在格列佛看来）正在那儿提出他们的构想。他们想劝说君主根据智慧、才能和德行来选择宠臣，想教大臣们学会考虑公众的利益，想对建立功勋、才能出众、贡献杰出的人做出奖励，想知道君王们把自己真正的利益同人民的利益放在同一基础上加以认识，想选拔有资格能胜任的人到有关岗位工作，还有许许多多其他一些狂妄而无法实现的怪念头，都是人们以前从未想过的。这倒使我更加相信一句老话：无论事情多么夸张悖理，总有一些哲学家要坚持认为它是真理。①

① 乔纳森·斯威夫特：《格列佛游记》，纽约：牛津大学出版社，1726 年，1974 年再版，第 226 页。（译者注：此处关于《格列佛游记》的内容参考了杨昊成先生的中译本。[英]乔纳森·斯威夫特：《格列佛游记》，杨昊成译，凤凰出版传媒集团译林出版社，1995 年 10 月第一版，2009 年 3 月第 20 次印刷，第 160 页。）

对于乔纳森·斯威夫特笔下的格列佛来说，拆穿拉格多的科学家们所提出的种
xii 种更为奇异的设想并不是件难事，但是他却不曾真正解释过自己惆怅的来由，尤其是当他与那些政治专家相处时。毕竟他们的想法并不是完全不可理喻的。他是因为教授们关于改革的构想而感到悲伤吗？毕竟那些构想无论是愚蠢还是合理，从根本上讲都是不切实际的。是因为社会问题过于棘手，而政府显然对合理、科学的社会改良方式置之不理，抑或是因为政治领袖无法将道德真理和科学知识付诸实践？乔纳森·斯威夫特既是政治檄文的起草者，又是为辉格党和托利党服务的教士，有着谦逊等优秀品质。对于他来说，如何将知识和权力联结起来，这一问题不仅关乎理论，也关乎现实的政治抱负。

自古以来，知识分子及其各式各样的机构始终是乌托邦主义者设想的主题，而有学识的政策顾问和统治者之间的关系也一直是政治史、传记和治国理政丛书等的中心议题。然而，现代政策专家和他们的研究机构所受到的关注就要少上许多，因为它们已不再是新奇的发明，而成了政治生活司空见惯的基本特征。事实上，这些机构在美国政治生活中所扮演的角色并不比拉格多大科学院明确，为其效力的专家亦然。[①]

有时，由当代政策研究机构提出的构想和愿景似乎非常不切实际：它们虽然不像拉格多科学院的“奇思妙想”那般滑稽，但在政治上却是难以实现的，或者说是晦涩难懂的。更为常见的情况是，他们勤恳地从事研究，并在过程中征询切合实际的政策建议。然而，参观当代政策研究机构的人可能会比格列佛还要失望。即便我们对格列佛早在几百年前就观察到的知识和政治之间的鸿沟再熟悉不过，然而一旦想起这一点，我们还是会不可避免地感到怅惘（这一古老的词语恰能准确地描述这种情绪）。这种情绪还在不断地加强，因为越来越多的人意识到，自 20 世纪以来，社会就投入了大量的财政和智力资源，用于有组织的社会科学研究和专家咨询机构的建设中，但这

① 关于过去三千年的政治咨询类文献的一项有趣的调查，请参见赫伯特·高德海姆：《顾问》，纽约：爱思唯尔，1978 年。

没有使我们的政治理性程度显著提高,也没有使政治辩论变得更加理智,亦没能确保政策变得更为成功。

本书不是关于那些规模相对较小的水平杰出的知识分子和专家群体,比如伍德罗·威尔逊、保罗·道格拉斯或者丹尼尔·帕特里克·莫伊尼汉——他们通过竞选公职并最终登上政治舞台,也不是讨论知识分子的文学、哲学或理论倾向的,而是主要以数以万计的专家构成的群体为研究对象。这些专家在政府内部工作或做相关工作,他们在各种官方权力体内承担顾问、咨询等工作,还乐此不疲地谈论公共事务。 xiii
这个群体的成员既包括亨利·基辛格、兹比格纽·布热津斯基和珍妮·柯克帕特里克等著名的外交政策专家,也囊括了艾丽斯·里夫林、查尔斯·舒尔策、赫伯特·斯坦和米歇尔·博斯金这样的杰出经济学家。正如人们最初在19、20世纪之交时所认识到的那样,这是一个无固定组织却具有巨大影响力的群体。他们为政府工作,他们的观念有时决定了政策选择,或者被纳入政府的计划之中。他们的报告和研究界定了政策辩论的边界,并通过大众传媒的放大镜进一步扩大了影响。

政策专家的历史和他们在美国生活中所扮演的角色由三条相互交织的线索组成。其中历时最久的线索是始于19世纪中期的尝试,即试图创建一门“社会”科学,并视其为学术调查的方法和社会改良的实践工具。这关系到许多人的职业训练和职业道路,因为这些人正是利用自己的学术专长来赢取政治影响。第二条线索是多种多样的制度机制将专家的知识和分析技巧应用到公共服务之中。这些制度机制包括特别委员会、执行委员会和国会顾问人员、政府研究机构。这也是政府和类政府机构的来历,像赫伯特·胡佛的研究委员会、经济顾问委员会、美国国会预算办公室及许多其他机构,它们或实现了专家和政策制定者的日常联系,或使专家们为决策负责。第三条线索正是本书的中心议题,即典型的美国式政策规划与顾问机构的兴起,也就是我们所谓的智库——在国家正式政治程序的边缘运作的私立非营利机构。一方面,智库在角色定位上介于学院派社会科学、高等教育、政府及党派政治之间,另一方面,如要探索政策专家在美国政治生活中的角色变化,智库则可以作为一个重要的切入点。

“智库”这一称呼本身就表现了我们的民主社会对待专家所持有的矛盾心理。它最早来源于第二次世界大战期间流行的军事术语，当时是指那些用于商讨计划和战略的安全(反泄密的)室。20 世纪 50 年代时，它第一次被用于描述合同型政策研究
xiv 机构，诸如战后由军方建立的兰德公司。到了 20 世纪 60 年代，“智库”已进入了流行语料库，然而它的定义尚不明确，所指代的是所有私立研究组织。事实上，这个说法十分奇怪，它意味着既要把那些政策制定者与大众彻底地隔离开来，又要凸显他们在公众之中的高曝光度，就像是将一些珍稀的鱼种或爬行动物关在了水族馆或动物园的玻璃背后。①

不管它们的通用标签怎样，美国的政策研究机构之间是有诸多区别的。这些区别具体表现在财政支持、所服务的对象、研究和宣传之间的平衡、所处理的问题的广度、内部工作人员的学术成就和实际政治经验，以及意识形态倾向等方面。包括华盛顿政策共同体的中流砥柱，如布鲁金斯学会、美国企业研究所(AEI)等在内的几乎所有机构能够长久地存活下来，都应该归功于基金会和公司提供的慈善援助，而随着它们与这些慈善组织的关系的变化，机构所拥有的财富也急剧变化。虽然布鲁金斯学会作为为数不多的几家累积了巨额捐赠基金(约 9 000 万美金)的机构之一，与基金会一直保持着密切的关系，但在其 75 年的历史中也遭遇过多次财政危机。20 世纪 70 年代，没有多少金融资产的 AEI 接受了来自保守派的大量慈善资助，但到了 80 年代早期，无论是受资助的数额，还是工作人员和预算数量都急剧减少，直到新的领导

① 根据《牛津英语词典附录》，“智库(think tank)”一词最早始于 19、20 世纪之交，当时是英国俚语，含义等同于大脑(brain)。而“智库”一词作为军事术语库中的短语，用以描述供军队思考或计划的安全地点，早在第一次世界大战时就开始使用，然而似乎直到第二次世界大战期间才在美国军队中普及。20 世纪 50 年代，这一用语通常用来描述军事研究机构。而到了 60 年代早期，随着肯尼迪和约翰逊总统身边的知识分子受到的关注度日益增加，这一短语的使用范围得到了扩展。同样，从 20 世纪 60 年代开始，媒体也偶尔使用诸如“大脑银行”“思想工厂”等说法。20 世纪六七十年代，研究机构的数量激增，使“智库”一词的使用范围在美国及海外得到了进一步扩展。这一美式短语成了日语中的英语借词，并在多种日耳曼语言中也得到了借用(例如，在荷兰语中，它被直译为“denk tank”)。

接管后情况才逐渐好转。其他包括兰德公司、城市研究所在内的机构也是由政府的研究合同催生,并在很大程度上依靠这些合同维持运营。它们还将大部分精力投入到研究如何解决政府机构的客户所提出的问题。而诸如斯坦福大学的胡佛战争、革命与和平研究所,以及威斯康星大学的贫穷研究中心则是在大学内部运行。尽管它们具有高度的自治权,却也在一定程度上依赖于基金会、公司和个人捐助者的外部资金支持。而像传统基金会、政策研究所这样的另一类机构则是由党派人士或者是特定意识形态群体所创建的。它们的研究是受个人或基金会的支持,主要致力于更为明确的现实关怀,而非学术性目标。

目前,美国有超过一千家的私立非营利智库,其中大约有一百家坐落于华盛顿及其周边地区。① 布鲁金斯学会、传统基金会、兰德公司和其他大约十几家的机构对于公众来说是相当熟悉的。尽管这些机构都给自己取了颇为宏大的名字,但大多数智 xv
库通常是小型公司,比如由行动派学者创业的企业、总部设在华盛顿的基金会的研究项目,或者是政治候选人短期的竞选研究组织等,他们都会号称自己为智库,而且活跃期通常很短。"智库"一词常能够引发人们的诸多联想,比如在雅致的别墅或是超现代的办公室里,许多拥有高学位的杰出知识分子思考并描述着未来的图景。然而更为常见且真实的场景则是,在租来的拥挤的办公室里,一群研究者监控着最新的政策发展情况,开展短期的研究项目,组织研讨会和会议,偶尔出版些书籍或发布些报告,接受记者的采访,竭力获得基金会的拨款或者公司的支持以维持正常运营。

智库的数量在20世纪七八十年代迅猛增长,但它并不是一项新的发明,跟20世

① 全美的智库数量来源于笔者所做的计算,依据为第九版《研究中心指南》及其附录(底特律:盖尔研究公司,1984—1985年)。尽管该指南在"公共政策"的标题下只罗列了130个条目,但实际上参与经济、环境、交通运输和其他政策领域的研究中心的数量要比这多得多,它们也应该被算在国家公共政策的研究机构之中。位于华盛顿的非营利性政策研究机构有100所左右,这一估值是笔者通过个人观察、统计报纸、文章和研究指南中被提及的智库及阅览电话簿上的智库得出的。然而,精确值并不存在。机构群体的兴衰存亡是常事,而明确地给出"智库"的定义也是一个不可能完成的任务。"政策""研究""机构"这些词语本身的定义问题一直会是争论的焦点。一个人心中的研究机构在另一个人心中可能只是一个宣传小组,而一所"研究中心"可能只是一个短期或无足轻重的研究项目。

纪的早些时候相比，它也不见得更有影响力（事实上，由于智库数量巨大，又在博取关注的过程中引起了诸多喧嚣，这都可能分散它的影响力）。不过它们仍是美国人试图将权力和知识相挂钩的最特别的方式之一。而且，智库的存在体现了宪法中的分权思想等基本政治现实，体现了将政选抱负而非意识形态作为历史根基的政党制度，也体现了文职部门的一项传统，即为大批人事任命创造预留空间。同样地，个人或基金会的慈善习惯、社会科学中的思想潮流、不断改变的研究生教育和专业教育结构、精力旺盛的知识企业家所投入的精力等因素都在影响着智库。

作为进步主义时代改革和“科学管理”运动的副产品，第一代政策研究机构在1910年前后建立起来。这一时期，政府所能支配的智力资源还十分匮乏，在私人慈善捐助的支持下，这些机构得以建立并维持生存，并且它们经常敦促政府承担新的社会责任。对于较现在小上许多的公共部门来说，这些辅助机构是非常受欢迎的。第二代政策研究机构，也就是第一批被冠以“智库”之名的机构，是在第二次世界大战后大概二十年左右的时间建立起来的——政府当时希望整合各种复杂的技术性专业知识来服务冷战背景下的安全形势和国内短期的反贫困战争。它们在合同基础上向政府提供服务。20世纪七八十年代，第三代政策研究机构得以建立，它们数量更多，但
xvi 是预算和工作人员却更少。这些智库是过去二十年来意识形态冲突和政策混乱的衍生品，它们中很多机构都是面向政治行动和宣传，而不是面向学术的。

虽然智库大致上还是20世纪的产物，但在权力的阴影之下工作的专家顾问和知识分子却在两千多年前就在政治生活中拥有一席之地。西方的政治咨询传统最早起源于那些著名的先哲，他们教导年轻的君主，帮助他们为将来的领导身份做好准备。这份名单上的名字颇为显赫：曾教导年轻的亚历山大大帝的亚里士多德；教导了尼禄的塞内加；教皇西尔维斯特二世，他不只教导了未来的德意志国王奥托三世，还教导了法兰西国王罗伯特·卡佩；教导了威尔士年轻君主查尔斯二世的托马斯·霍布斯，以及路易十四的导师马萨林（期间他还承担了其他职责）。正如此，知识分子和统治者之间的关系通常早在他们青年时期就已经建立起来了。

直到20世纪晚期，政策专家们仍担任着导师的角色。雷克斯福德·G.特格韦尔和智囊团的其他同僚一起，将富兰克林·D.罗斯福从思想浅薄的“门外汉”打造成了一位令人敬畏的博识老练的候选人。沃尔特·赫勒也曾承认，他利用自己在经济顾问委员会的职位为约翰·F.肯尼迪提供了凯恩斯主义经济的相关指导。而在准备1964年的减税时，林登·B.约翰逊的预算主管克米特·戈丹也为总统提供了财政政策方面的高级培训。现在，接受过施特劳斯主义训练的政治理论家威廉·克里斯托尔和卡恩斯·洛德，作为副总统J.丹福斯·奎尔的工作人员，据说正在负责他的教育，并为副总统提供一些历史著作和伟人传记以供其学习参考。

有些领导人会采取自学的方式，独自在各种书籍中寻求指导。在成本效益分析法、简明扼要的决策备忘录或是国家委员会冗长的报告出现前，政策建议的文体形式比现在更为灵活。比如，亚伯拉罕·林肯研究了《伊索寓言》，他在寓言中发现了非常实用的政治智慧。他将作者描述为“伟大的寓言家和哲学家”，而不只是儿童故事的讲述者。由此，我们不仅可以看出林肯广博的智慧，也能看出他从历史和文学资源中获取政治指导。虽然伊索的生平仍是谜，但据说在他生活的时代，他是非常受追捧的政治顾问。而在20世纪当政的总统之中，似乎只有哈里·S.杜鲁门通过广泛阅读历史著作来在书中寻找建议。①

但是对于一位有抱负的君主或总统来说，专家和知识分子们所扮演的角色早就 xvii
不只是私人导师了。在古代和中世纪，随着政府变得日益复杂，写作、计算等基本技能为知识分子们提供了一系列的工具，这些工具促使新生的政府官僚集团内部形成了专家阶层。专家们在基本的顾问机构中服务，担任抄写员、文件保管者、大法官法庭和财政部的官员等职位，为统治者们提供所需信息以帮助他们做出正确决策。这种实践经验通常为专家们提供了优势，而这种优势恰恰反映了知识和权力之间的实

---

① 亚伯拉罕·林肯：《〈林肯〉文集》（第一卷），罗伊·巴斯勒版本，新不伦瑞克，新泽西：罗格斯大学出版社，1953年，第315页。哈里·S.杜鲁门：《回忆录：考验和希望的年代》（第二卷），纽约，花园城：道布尔迪出版公司，1956年，第1页。

质关系。

例如，尼可罗·马基亚维利和弗朗西斯科·圭恰迪尼利用他们在佛罗伦萨政府中工作的经历撰写了几本书，这些书后来成了实用手册，指导了一代又一代志向高远的政治家。事实上，很多早期关于国策的记载都可以在君主镜鉴中找到，它是在君主频繁地发号命令，要求顾问呈递明智建议的情况下写就的（毫无疑问，许多作者在写作时头脑中都有一套自己的资格标准）。君主镜鉴也为如何评判君主提供了不少示例。然而，《君主论》是此类体裁中最为著名（也是最为声名狼藉）的著作，最初也是马基雅维利用来吸引潜在庇护者，争取政治上位的作品。马基雅维利的这部作品虽然没能成功吸引到洛伦佐·德·美第奇的注意，但却从根本上变革了政治理论与实践。由于它过分露骨地指出知识分子怀有为权力而非为追求更高的道德目标服务的愿望和渴望（事实上，马基雅维利否认任何更高的道德目标的存在），因而永久玷污了政治顾问的名声。长期以来，这种明显以教育或指导为目的的书籍与其作者的野心紧密地交织在一起。[①] 与权力的近距离接触或对权力的渴望仍是激发一些作者创作此类书籍的动力，但也导致了公众对一些作者产生了更多的质疑。

那些希望给君主提供建议的聪明人总是会令人感到担忧。毕竟，当知识和技能成为专家追求政治影响的基础时，它们自然而然地就会遭到质疑。通常情况下，专家的权力植根于其所拥有的深奥的知识之中。有些时候，这种知识也能挑战传统权威。但通常情况下，它似乎削弱了民主选择的权利。出于一种反智主义的本能，许多美国人本能地怀疑专家，尤其是那些希望为掌权者提供建议的专家。

在民主国家，这种怀疑很容易转变成嘲笑和讥讽。苏格拉底也许是第一个构想
xvii 出智库雏形的人，但在阿里斯托芬的笔下，他却被戏谑地描绘为一位坐在吊框中从天堂下降下来的空想家。阿里斯托芬在他的喜剧《云》中，讽刺了这位雅典哲学家和他

---

① 关于尼可罗·马基雅维里和执行权的论述，参见小哈维·C. 曼斯菲尔德：《驯化君主：现代执行权的矛盾性》，纽约：弗里出版社，1989 年。

的“思想所”，或者说是“智慧灵魂的工作室”。事实上，苏格拉底的悲剧确实证明了思辨思维与政治行动之间存在着永恒的矛盾。即使是在自由探究被高度尊重的雅典民主政治中，人们对知识分子的态度也不只是尊敬之情，还有恐惧。柏拉图针对苏格拉底的描述鲜明地指明了这种两难境地：知识分子和专家们不是在权力的边缘活动，挑战那些公认的观点和政治权威（同样地，他们也要承担后果），就是试图为掌权者服务，并为某一政权提供支持和辩护。

真理与权力对话的方式有很多种。对哲学家和修道院知识分子来说，他们没有想要直接服务于领袖的雄心，因此在与权威对话时，他们就不需要歪曲真相来为重要的政治目标或个人的野心进行辩护。对哲学家和科学家来说，追求真理是一切活动的中心，政治力量仅仅是附属品。然而，政治专家和顾问如果希望能够得到重用，则必须以一种政治性的方式或在官僚体系下与权力进行对话。因此，在理解他们对真理的追求时，就必须充分考虑到其与权力的关系。虽然有些时候，一些学者在自己的观点被权力体系之中的人利用后无意卷入政治争论的漩涡，但政策精英这个群体不仅包括了那些使用明确的措辞来处理政策问题的人，也包括那些希望将自己的知识应用到政策竞技场的人。

大约四百年前，一位有政治抱负的哲学家弗朗西斯·培根就曾写下“顾问与国王之间有着不可分割的联系”。他是后代许多专家的原型，在他未完成的著作《新大西岛》中，他设想了现代研究机构——所谓的“所罗门宫”，这使得他成为最早构想出现代研究机构的人之一。培根曾在剑桥大学和格雷律师学院学习治国艺术方面的知识，这对他个人的塑造产生了重大影响。和其他许多当下在华盛顿的智库工作的人一样，他对那些天赋异禀之人的长期的挫败感深有体会，毕竟他们必须吸引位高权重的人才能为自己赢得一席之地。培根在伊丽莎白女王当政时曾被贬黜到权力的边缘地带，之后又被詹姆斯一世提拔为大法官，然而三年后又因受贿被起诉。在他的文章《论谏议》中，他对君臣之间的咨询关系做出了最精辟的叙述。他得出结论：死人总是最好的建言者，因为“当活着的有言者畏缩不敢言时，书籍是敢于直言的”①。在提出这个观点时，他因自己向君主隐晦传递的真理而感到抑郁，又为自己德行上的堕落感到愤恨。

xix 培根心中所想的那些书——过世已久的顾问们留下的历史、寓言、谚语和乌托邦小说等，当然不是当代决策者们最先参考的资料。现代顾问不再植根于早期的教育，也不再以彻底的历史反思、道德训诫或广泛的治国原则为基础。现在，提供建议是专家们的职责，具体主要包括帮助官员列出政策选择，做出一定的决议，并说明这些选择背后的理由。事实上，无论是在政府内部还是在政府外部的研究机构，这都已成为一种制度化的功能。顾问机构不仅仅是乌托邦文学的奇妙发明，更是真实且忙碌的行动领域，它们的发展壮大是有理可循的。无论是民选官员做出决策，还是公民在投票时做出的决策，它们都比以往任何时候需要更多的知识。同时，一个社会组织知识的方式和将之应用到公共服务之中的方式，也有着极为重要的政治意义。

当代咨询关系表明：无论是顾问的作用，还是政治领袖的作用都较之以往发生了变化。顾问们提供更多专业的建议，而政治领袖们更加依赖专家。专家制定政策目标、跟踪政策方向、监测结果，并在第一时间体察公众意见后设计能够打动选民的语言。虽然现在的总统都是有一定文化基础的人（古代和中世纪的君主通常并不是），他们仍然需要依靠专家来起草他们所演讲的内容，并需要专家研究和概述他们所面临的选择。中世纪那些依靠顾问的君主有时会被认为是“懦夫”。但是和其他政治官员一样，现代的总统们可以说是更加脆弱了。随着政府变得越来越复杂，领导者也就变得更加依赖顾问——不只是那些直接顾问，还有那些分散在官僚体系内的专家。

纳尔逊·洛克菲勒曾在20世纪50年代短暂地担任过外交政策特别助理，服务于总统德怀特·D. 艾森豪威尔。他曾经召集了一群学者来讨论国家的长期国际目

① 弗朗西斯·培根：《培根作品选》，纽约：现代丛书出版公司，1955年，第55－59页，第562－564页。

标。在这群专家中，当时还是哈佛大学的年轻教授的亨利·A.基辛格协助了此次和后来的政策评析。在基辛格的回忆录《白宫岁月》的第一卷中，他描述了热切的顾问们和热情的洛克菲勒的首次会见的场景，洛克菲勒亲切地叫出每个人的名字，并拍了他们的后背以示欢迎。

会议中，在每位教授发表其在官僚策略、政治操控和微妙的人际关系等方面的精 xx
明的实用建议时，洛克菲勒始终不动声色。这些曾被华盛顿召集过的专家们认为这场会议需要一些客观且实际的建议。在听过所有建议后，洛克菲勒说："我召集各位来不是为了告诉我在华盛顿怎样使用策略，那是我的工作。你们的工作是告诉我什么是正确的。"事实上，基辛格把这本书献给了洛克菲勒——这一举动让人想起那些文艺复兴时期的顾问，他们也会把自己写的政治小册子(较之要薄得多)献给他们的资助人或是君主。在书中，基辛格总结道"在我所见过的所有政治人物之中，他是最为相信思想的力量的，这令人感动"①。

思想的确是强有力的政治工具。民众会受其左右或误导，还会因其丧失行动力。政治领袖们可以利用思想来鼓舞士气、传递错误信息，或是服务个人抱负。专家顾问们、大臣们和官员们可以利用它们来挑战权威、谄媚上级，或者来深化我们对政治和人事的理解。古代知识分子和现代专家的故事都告诉我们，知识与野心总是相伴而生的。很少有知识分子或专家不怀有浮士德式骄傲，也就很少有人不会私下里认为他们比那些通过选举或者任命产生的官员更有资格制定政策。因此，专家和领袖之间的关系很难确定，这也就不足为奇了，这也就引出了到底是谁在统治谁的问题。正如斯威夫特在描写曾为之顾问的牛津的伯爵时，颇为愤怒地写道"如果我们让这些大臣们伪装得太多，就无法控制他们了"②。类似的，民主国家中的统治者，也就是公民主体和专家之间的关系也一样地模糊。而在我们的时代，人们一定会问专家阶层是

① 引自亨利·A.基辛格：《白宫岁月》，纽约：小布朗公司，1979年，第4页。

② 引自卡尔·冯·奥西茨基：《斯威夫特》，纽约：维京出版社，1930年，第101页。

否利用了晦涩的术语、一系列让人眼花缭乱的模型和专业的工具，来将他们自己置于公民和他们所选举产生的领袖之间。

在美国，政府投入了大量资源到社会科学研究领域和私立咨询机构的大型基础设施建设项目中。而任何对美国知识和政治之间联结方式的考察都只能是尝试性的。这种尝试并没有比格列佛的航程更为彻底或具有决定性，毕竟任何一位旅行者不可能探访大海上的每一座岛屿，也不能在同一个地方待太长时间。[①] 在研究一些国家级智库时，我没有试图详述它们的历史，而是将重点放在它们的成立阶段及繁荣时期，因为这些时期最能说明政策专业知识不断变化的本质和功用。同时，我也认为
xxi 从另一个角度观察专业知识是十分有用的，即以美国历任总统任期为切入点。因为历任总统任用专家的方式不尽相同，这使我们既可以猜测他们对政治知识的看法是如何变化的，也可以追踪实际咨询机制的演变过程。

虽然当格列佛在描述巴尔尼巴比的废墟时，他描述和拆穿了许多设想家的想法，然而我却既没打算将专家们的政策想法纳入一个完整且详细的目录之中，也不准备赞美或是指责他们。虽然专家们已经成为美国政府的组成部分，但我的想法却有别于斯威夫特，我并不认为现代专家会带领我们走向毁灭。不过，专家、领袖和公民之间的关系确实还有许多使人困扰之处，这也使美国政治比其应有的状态相对缺乏远虑和智慧，其多级分化和碎片化现象也更为严重。

---

① 笔者从下列机构中采访了大约150人：美国企业研究所、大西洋理事会、布鲁金斯学会、加图研究所、国家政策中心、新民主中心、战略与国际研究中心、民主机构研究中心、经济发展委员会、道德和公共政策中心、传统基金会、胡佛战争、革命与和平研究所、哈德逊研究所、独立研究所、当代研究所、教育事务研究所、政策研究所、曼哈顿政策研究所、太平洋学会、兰德公司、理性基金会、罗克福德研究所、罗斯福公共政策研究中心、拉塞尔·塞奇基金会、城市研究所、二十世纪基金会和世界政策研究所。

1. 政策精英 1

一、专家登场

整个上午，纽约州的水牛城乌云密布，不时飘着小雨，这给当地劳工节的欢庆活动蒙上了一层阴影。时值 1912 年，按照每四年一个周期的惯例，这一年暑假的结束预示着总统大选又将开始。今天的主讲者不是别人，正是民主党候选人——新泽西州州长伍德罗·威尔逊，他仅有一小批民主党派的拥护者(大部分来自工人阶级家庭)聚集在布赖恩公园参加当天的政治集会和庆祝活动。不出所料，开场白平淡无奇，但当正午刚过，曾任普林斯顿大学校长的伍德罗·威尔逊终于登上演讲台时，太阳出来了，台下的观众人数也达到了十几万(据报纸估计)。尽管面前摆着提前写好的发言词，但伍德罗·威尔逊却即兴发挥，这便成就了他在整个竞选过程中最精妙绝伦的一次演讲。

威尔逊的演讲围绕垄断和经济竞争的复杂性展开。在接近尾声时，这位前政府学和法理学教授向观众席中的劳工和商人提出了一个大胆而耐人寻味的警示：

> 因此，我担心政府将被专家操控。在这个民主的国家中，上帝不会允许我们放弃自身使命而把政府转交给专家。如果我们需要仰仗一小批深谙治
> 国之道的专家来科学地治理国家，那我们自身的价值又从何体现？假如我 2
> 们不懂得如何治理国家，又何以谓之为自由的人民。我们也就应该放弃自

由体制，重返校园去理解我们现在追求的到底是什么。①

若上述言论出自美国其他政要之口，听上去可能不足为怪。抨击专家、知识分子是美国一项古老的传统，长期以来，无数政治家(其中鲜有人读过乔纳森·斯威夫特的书)屡屡将之付诸实践。同时，他们对普通公民的实践智慧大加赞扬。政治演说家常常讽刺知识分子思维混沌、想法不切实际。威尔逊本人就抨击过专家，他认为他们言辞虚夸，“华而不实”，让人摸不着头脑，不能像常人一样直截了当地陈述“事实”。

作为这场政治竞选演说的结尾，前大学教授在大庭广众之下将自己与工人阶级划在同一阵营，威尔逊的警示很容易被视为一种虚伪的表现。而约翰·霍普金斯大学的一位毕业生(他参加过历史学家赫伯特·巴克斯特·亚当斯和经济学家理查德·T.伊利的研讨会)说道：“老实说，虽然我有幸听过一些工人俱乐部里的公共问题辩论，但这是我听到过的最精辟的一场。”诚然，对于那些但凡对威尔逊职业生涯有所了解的人来说，他的言论似乎与其教师和美国政府学者的身份背道而驰。

在普林斯顿大学任职时，威尔逊认为政府需要更多天赋异禀、卓尔不群的公务员，于是他举荐了一些学生到政府部门工作。早在19世纪80年代，他就预见了行政专家将在公众社会中扮演日益重要的角色。不过他在行政和政治之间划定了一条清晰的界线。当时(早在他开始考虑从政之前)，他写过一篇广为人知的文章，其中他谈到政治和行政之间存在明显的区别。“行政属于事务性工作的领域，它与政治领域的那种混乱和冲突相距甚远。并且在绝大多数情况下，它甚至与宪法研究方面颇具争议的立场也迥然不同。行政在政治生活中的作用，就如运算方法是社会生活的一部分，机器只是制造品的一部分。”②威尔逊于1887年写道。正如进步主义时代的许多人一样，他希望美国在决策上更高效、更有条理，并且把政策执行置于党派政治之上。

---

① 引自约翰·威尔斯·戴维森：《自由的十字路口：伍德罗·威尔逊1912年竞选演讲》，康涅狄格州，纽黑文：耶鲁大学出版社，1956年，第83页。

② 伍德罗·威尔逊：《行政学研究》，载《政治学季刊》第11期，1887年6月，第209－210页。

19 世纪后半叶，接受过高等教育的专家在美国公共生活中的地位日益突出。因 3
此，威尔逊在 1912 年的公开演说中表达对专家强烈的不信任感，与其说是先见式的警示，不如说是意识到专家已开始扮演政治角色之后的担忧。19、20 世纪之交产生了许多任用专家和技术人员的美国机构，它们现在已为大家所熟知。市长、州长，以及威尔逊之前的几任总统经常向专家征求非正式的建议。经济学、法律学教授在调查委员会以及各级别的政府监管机构和行政机构任职。数十座城市(包括几个州的首府)都成立了研究局和立法参考署。在世纪之交的众多改革运动中，专家均扮演了公众引导者的角色。事实上，专家在报告和研究著作中，披露了被政客们忽视的社会问题，并指出经济公寓住宅、工厂和监狱亟待改革，这给腐败无能的政客们造成了一定的政治打击。

然而，作为一名严肃的政府学学者，威尔逊认为专家与日俱增的声望将是民主制度的长期威胁，或将阻碍政治辩论的全面性和公开性。专家在把政治事件过度复杂化之后，可能导致普通公民对其自治能力丧失信心，而政府通过利用委员会和监管机构，最终可能削弱民选官员及其所属机构的权力。尽管我们已经学会对专家潜在的影响力持怀疑的态度，但威尔逊的警示却使我们意识到民选代表常常将极具难度和争议性的问题交付给专家委员会和任务小组。

事实上，尽管我们坦白对专家持民主式的蔑视，但却往往迷信他们的专业知识和专业技能。我们有一种本能的冲动：迫切地想将社会科学和专业技能应用到决策中去。政治格局的形成和重塑一直以来都是源于我们对使用一种更科学的方法实现自治的愿景——即使这么做意味着脱离政治程序。统计学、经济学等其他社会科学领域，以及公共管理和各类科学法律领域的专门知识已经成为现代政府不可或缺的工具，尤其是在各级政府职责范围已经扩大的情况下。

尽管威尔逊不信任专家，并提醒民众过度依赖专家可能不利于民主实践，他还是 4
不得不寻求专家意见。就连他本人的劳工节演说文本也是在哈佛大学法学教授路易斯·D. 布兰代斯的帮助下撰写的。此外，他所推行的反垄断政策和联邦保留法案也烙上了布兰代斯的个人印记。尽管如此，他认为专家对民主机构造成威胁的看法确实是发自内心的。

虽然威尔逊是由大学培养出来的，也了解官僚和政治领导人理应具备的技能，但他几乎没有在其政府内任命高校毕业的专家，并且他在性格上也与那些咨询专家或顾问合不来。但也有例外，比如精明的德州人爱德华·M.豪斯上校。豪斯上校虽然深谙外交事务和人际交往之道，但由于体质衰弱，无力竞选官职，也无法担任政府全职工作，因此，他乐于以这种非正式的方式为政府效力。奇怪的是，尽管豪斯与威尔逊关系亲密，二人却是在选举前近一年才相识。和弗朗西斯·培根一样，豪斯乐于谏言，又对咨询过程中顾问与领导人之间的动态关系有着高明的见解。他甚至著有一本晦涩的乌托邦小说《菲利普·德鲁：管理者》（该书的初稿于 1911 年匆匆完成，次年随即匿名出版），故事讲述了一位西点军校的毕业生带头反抗本国腐败的政治家和其背后的财团，并临时建立“仁慈的行政独裁制”，在此基础上构建新的民主框架。尽管豪斯算不上优秀的小说家，但他精准地把握了咨询双方的关系，并且为打算当顾问的人留下了一个值得铭记的建议：“假如我们想说服他人并改变他人的观点，就必须掩饰自己内心的想法和渴望。只有这样做，对方才会认为我们是理智的。”①

威尔逊在第一次会面时就为豪斯上校所倾倒。然而，豪斯在后来谈及威尔逊与其他顾问间的私人关系时却没有顾及情面。他认为威尔逊孤立内阁成员的做法十分古怪，并认定威尔逊完全不能够听取异己观点，也不愿在决策前考虑他人意见。由于能与威尔逊交好的人寥寥无几，凡是他不喜欢或是不太倾心的人，他都无法与之协商。

不仅如此，豪斯认为尽管总统思维缜密，善于分析，但做决定时却缺乏思考。在
5 他看来，威尔逊似乎不能“同时思考多件事情”。一次，威尔逊毫不谦逊地对豪斯说，
他作为总统的最大优势便是凡事寻求最佳建议，这是在他的学术生涯中学习到的。

---

① E. M. 豪斯：《菲利浦·德鲁：管理者》，纽约：胡伯舒出版社，1912 年，第 64 页。

豪斯坦言他“差点因为这句话而笑出声来”。威尔逊总统总是在偶然中获得建议和信息，而非以咨询的方式。①

然而，20 世纪早期政策性专业知识和咨询的环境较之现在有所不同。在威尔逊任总统时期，内阁成员中唯一一位拥有学位证书的是哈佛大学经济学家兼前任校长大卫・F. 休斯敦。而在之后的政府中，在某些特定时刻从学术科研机构跃至最高政府部门任职的内阁成员就多达三至四位。前大学教授、院长、校长一度在各个联邦部门担任部长，并出任联合国大使。但在 20 世纪早期，专业知识在筛选内阁成员中发挥的作用微乎其微。当时白宫内还未设置职位，也不存在经济咨询理事会和国家安全理事会，因此专家可担任的职位比现在少得多。威尔逊任命休斯敦为农业部部长，并非考虑到他在农业经济方面的才能(事实上休斯敦对该领域并不是很熟悉)，而是因为他和豪斯的交情。其实，由于总统对任命官员的智力水平和性格没多大兴趣，因此豪斯在任命政府的众多内阁成员中发挥着决定性作用。即便国务卿威廉・詹尼斯・布赖恩将大部分最能干的外交家从外交体系中清除，并新纳入一批政治黑客和亲信，威尔逊对此也袖手旁观。

沃尔特・李普曼也注意到这位前任教授对专家的尤为讽刺的态度。尽管威尔逊拥有良好的学术背景，并且乐于拥护深受改革者追崇的事业，但他似乎继承了民主党的传统，对知识分子和专家怀有敌意。据李普曼所言，这一现象在民主党反对权力高度集中的中央政府和大型国有企业的过程中一直存在。威尔逊曾谈到执政者需要将政府交还给民众，由他们做主；他还向养尊处优的精英阶级发动攻击并赢得了支持，这恰是民主党的作风。用李普曼的话说，他们依托“地方权利、乡村爱国主义，以及雄心勃勃的弱小企业”，历来对知识分子和专家怀有敌意，因为他们崇尚一种非常原始 6

---

① E. M. 豪斯：《豪斯上校的密文》(第 1 卷)，波士顿：霍顿・米夫林出版公司，1926 年，第 124－127 页。查尔斯・西摩尔将其整理成一篇记叙文。

的、直接坦诚的民主。①

在威尔逊竞选后近六十年，保守派共和党人罗纳德·威尔逊·里根连续三次参与总统竞选。第一次是在1976年，里根未能撼动当时共和党的领袖地位。他的政治理想似乎可追溯至19世纪末美国农村时期威尔逊最先构想的那个愿景，在致力于发展地方权利、自由企业、乡村爱国主义和"原始"民主等方面，里根比威尔逊有过之而无不及。里根在尤利加学院读过四年书，随后在好莱坞工作，而威尔逊在弗吉尼亚大学和约翰·霍普金斯大学求学，并长期在普林斯顿大学任教，两者的学术履历无法相提并论。尽管70年代里根在反对华盛顿官僚和"自由权势集团"的运动时偶尔对专家发动言语攻击，但对从和善的演员摇身一变进入政界的里根来说，他似乎打心底里钦佩知识分子和专家（至少是这一群体中的保守派人士）。对比威尔逊政府和里根政府，可以发现两者的组织形式以及官员背景已经发生了翻天覆地的变化。

尽管分别以学者和演员出身，两位总统对美国社会的看法基本相似，但他们的咨询网却有所不同。威尔逊孤身一人，偶尔深陷痛苦之中，最佳参谋便是自己；而里根显然对决策细节不甚了解，必须依赖保守派的知识分子和学者的意见，他遂成了二战后保守主义思潮的最佳代言人。里根拥有庞大的咨询网，在竞选总统前，他就经常与保守派知识分子进行商谈，因此他似乎大体上熟悉了保守派智库所从事的工作。每当这些智库举行晚会和研讨会来庆祝近来取得的成就时，他都会抽空出席。此外，他还接受了胡佛研究所授予的"荣誉会员"的称号。当里根卸任加州州长之后，他开始考虑竞选总统并征求政策性建议。在此期间，加州的政治团体成立了一个至今仍活跃于政坛的洛杉矶智库——当代研究所。更重要的是，里根为保守派学者——无论是其竞选时的顾问还是政府内的幕僚——找到了一席之地。

里根专家团的规模反映了这样一个事实：美国政治咨询流程相比威尔逊时代发

① 沃尔特·李普曼：《转移与控制》，纽约：米切尔·肯耐理，1914年再版，麦迪逊：威斯康星大学出版社，1985年，第86页。

生了重大变化。当时，威尔逊在使用专家时不仅随意，而且经常怀有抵触情绪。这也 7
表明外部专家已经形成了一个规模庞大、井然有序的群体。在 1976 年和 1980 年的两场总统竞选中，里根的政策协调员为麻省理工学院经济学家、前哥伦比亚大学商学院教授、胡佛研究所高级研究员马丁·安德森。安德森参与了 1964 年巴里·戈德华特的总统竞选，早在那时他就意识到自身的保守主义倾向。和许多 50 年代末至 60 年代初的年轻保守派一样，他注意到了艾恩·兰德、弗里德里克·海克、路德维格·凡·米塞斯和米尔顿·弗里德曼等经济学家的影响力。然而，对于 50 年代末经济学研究生几乎没有在正式课程中接触到这些人的著作，他仍感到震惊。

1980 年，安德森为里根组建了一支竞选顾问团队，以协助里根处理众多必须略有所知的问题。此前，他在 1968 年辅佐理查德·M. 尼克松和 1976 年辅佐里根时也做过相同的工作。安德森监管了 25 支负责国内政策和经济政策的特别工作组，以及其余 23 支负责外交政策和国家安全政策的任务小组。总计超过 450 位政策专家和知识分子参与到了这场竞选当中。① 数十位竞选顾问在选举后担任政府职位，其中包括安德森和理查德·V. 艾伦。前者在里根总统任期的第一年担任民主党政策顾问，后者在竞选期间担任外交政策顾问，随后短暂担任过国家安全顾问。

1980 年，里根击败吉米·卡特就任总统，这场决定性的胜利随即被称为一场由保守思想家酝酿的知识分子革命。事实上，“里根革命”不仅仅在说辞上和意识形态上与新政政策及其五十年的传统分道扬镳，还带有一种更古老、谨慎的进步主义色彩。就现在看来，里根政府的政策遗绪不如起初宣称的那样具有革命性。尽管如此，革命创生了一批新的政策专家，囊括了自由论者、古典自由主义经济学家、传统保守派、施特劳斯政治学派，以及“新保守派”等。事实上，早在 80 年代初，众多保守派知识分子空降华盛顿，导致一些资深政治记者都在谈论新的“思想产业”，评估胡佛研究所、

---

① 马丁·安德尔森：《革命》，加利福尼亚州，圣地亚哥：哈考特-布雷斯世界图书公司，1988 年，第 67 页。

8 美国企业研究所、传统基金会等保守派智库为里根成功当选做出了多少贡献。①

富兰克林·D. 罗斯福时期的"智囊团"和约翰·F. 肯尼迪时期的"新边疆"使得华盛顿的知识分子和技术专家变成社会热点。而到了里根时期，数百位自诩为"革命者"的保守派知识分子突然间在种种事务中名声大显，这似乎表明专家、知识分子以及思想本身在美国政治生活中的角色发生了本质性转变。各智库争相吹捧，宣称自己的思想推动了里根走向成功，同时政治观察家很是迷惑，认为自己可能漏掉了一个有助于了解保守派运动兴起的重要背景故事。在这种情形下，有关新"政治理念"的言论不绝于耳。新政治制度的实践者正是这些专家和专业人员，虽然他们常常遭到政治家尤其是右翼人士的嘲讽，但他们却为 20 世纪的政治领导人（无论是民主党还是共和党）所重用。威尔逊曾担心政府将被专家操控，他认为专家采用科学的行政和分析手段最终可能会削弱政治活力，吞噬全体公民的参与热情。但威尔逊一定想不到专业化政治体系会随之形成，并出现专家间相互公开激辩的局面。

二、专家地位与数量的提升

尽管专家在美国政治历史上发挥的作用越来越显著，但外界对他们的崛起怀有一种喜忧参半的情绪，偶尔还会表现出公然敌视。在美国社会，平民主义者对知识分子和专家本能的轻蔑几乎一触即发，即便是备受敬仰的开国元勋也受到同时代人的讽刺挖苦。譬如，托马斯·杰斐逊，这位来自蒙蒂塞洛的圣贤就曾因其胆小、迟钝及他的空谈抽象理论而受到猛烈抨击。另一位批评家则表达了民主派亘古的偏见，宣称杰斐逊总是"会对复杂的系统感到兴奋，并且对现实的归纳和升华充满热情，而不

---

① 理查德·里夫斯：《里根"弯道"》，纽约：西蒙 & 舒斯特出版公司，1985 年。书中第 10 页写道，"里根主义"至少是保守主义知识分子的胜利，也是一场"令人惊叹的个人胜利"。那些单枪匹马以及集体战斗的右派思想家得到了兢兢业业又十分富有的保守主义商人的资助，他们造就了一个产业：思想产业。悉尼·布鲁门撒尔：《反建制派的崛起：从保守主义意识形态到政治权利》，纽约：时代图书公司，1986 年。该书也写到了里根意识形态诉求和推动保守主义思潮的"反建制"机制。

像普通人一样具有看似拙劣却脚踏实地的务实精神”①。

往后的几个世纪里，外界没有停止过对知识分子的挞伐。这一“反智”情绪自安德森·杰克逊时期复仇般开始出现。之后，每当政治家和政治评论家急需利用民粹
主义者对“书呆子”(50 年代初斯图尔特·阿尔索普鼎鼎有名的绰号)暗藏的憎恶，这 9
种情绪就会爆发。参议员约瑟夫·麦卡锡及其追随者习惯性地将社会科学与社会主义混为一谈，将反共主义的燃油浇到更古老的反智主义的灰烬之上。乔治·华莱士和斯皮罗·阿格纽最令人记忆犹新的事迹就是对“聪明绝顶的知识分子”以及“无能又厚颜无耻的流氓”的抨击，他们强烈反对这些人发明的“伟大社会”计划。1988 年，作为候选人之一的乔治·布什即便是耶鲁大学的毕业生，但因竞争对手曾就读于哈佛大学肯尼迪学院，其顾问团的成员又都是剑桥大学的毕业生，也不免要被嘲笑一番。

二战后，现代勒德分子开始对科学技术产生怀疑，这加剧了民粹主义者的“反智”情绪。一些讽刺漫画甚至将原子能时代初现的国防知识分子和核能战略家的形象巧妙地刻画了出来。斯坦利·库布里克导演的《奇爱博士》描绘了一个典型的疯狂科学家，他在逃离实验室后与将军和总统共同掌权。尽管这样的任务并不能代表“伟大社会”计划中规划国内社会建设的全体成员，但外界对这一群体的称呼却极具讽刺意味，比如“大脑银行”“思想工厂”“书呆子团”，以及现在为人所熟知的“智库”。“社会工程师”和“技术专家”等更为形象的称呼于 30 年代首次出现，到了 60 年代，它们仍被用来表达人们对规划者的蔑视。事实上，在一个民主平等的社会中，专家精英难免会受到公众的质疑。这一质疑是有事实根据的，并非空穴来风。过去几十年来，专家委员会秘密地处理过关乎国家利益的问题，其中涉及了社会安全、中美洲政策、核导弹、军事基地以及预算赤字等方面的问题。他们或许能轻易地帮助时任领导人解决具有争议性的政策问题，但却很少将利益攸关的事件公之于众。

---

① 引自理查德·霍夫斯塔特：《美国生活中的反智主义》，纽约：艾尔弗雷德·A. 克诺夫出版社，1963 年，第 147、169 页。

自伍德罗·威尔逊时期开始，政府内外从事公共事务研究的专家人数激增。在两次世界大战、近半个世纪的冷战以及周期性爆发的经济危机的大浪潮里，美国政策精英群体得以形成并不断扩大。他们是一群接受过良好教育的教授，整个职业生涯都奉献给了政策研究，虽然其中有些人会被视为知识分子，但两者还是存在一些本质区别的。现代社会专业知识五花八门，但并非所有都与公共政策挂钩；关于社会和文
10 化的知识探索也涉及多个方面，但大部分也并非和公共事务直接相关。公共政策专家（“专家”这个称呼比“知识分子”更合适）更接近 H. 斯图亚特·休斯所谓的“脑力技术员”，而不是“自由猜测”的哲学家和批评家。相比于抽象的价值或是目标，休斯口中的这些名副其实的专家更关注解决问题的技术手段。①

现代知识分子的生活最显著的特征之一是具有高度的组织性。独立于大学、研究所岗位和基金会赞助的知识分子在我们的社会中实属罕见，独立的专家实际上也并不存在。专家具有培训、认证、专门化，以及其他有赖于组织严密的知识团体的属性。政策专家必然要附属高校、智库、政府研究机构、顾问机构或基金会。就在最近，企业也成立了政策分析部门。相应地，政策精英层级与上述机构的层级一致，其晋升机制也与个人晋升机制相同。

外界含糊地称呼政策专家组成的群体为政策精英群体，他们的崛起并非一朝一夕。培育政策专家的基础体系是大量的社会科学和公共管理方面的研究生课程，到 19 世纪末 20 世纪初才初具规模，这一时期同时崛起的还有组织严密的全国性社会科学家协会。政策专家的职业生涯要经历私人研究机构、改革协会、政府机构或高校，但要经过数十年才能得到理想的职位。威尔逊从大学生起步，先是当上了教授，

---

① 论知识分子的角色，影响最大的研究依然是路易斯·A. 科塞的《公共知识分子：一个社会学家的观点》（纽约：弗里出版社，1965 年）。如需查看区别，见 H. 斯图亚特·休斯的文章《知识分子过时了么？》《评论》（第 22 卷），1956 年 10 月，第 313 - 319 页，休斯再版。《和平之道及其他随笔》，纽约：雅典娜神殿出版社，1962 年。有关知识分子和决策的文章比比皆是，其中我认为十分有用的有两篇：亨利·A. 基辛格的《决策者和知识分子》，载于《记者报》（第 20 期），1959 年 3 月 5 日，第 30 - 35 页；西奥多·德雷珀的《政治中的知识分子》，1977 年首次刊登在《文汇》上，再版载于《当代历史：核战争、和解及其他争端》，纽约：兰登书屋，1984 年，第 400 - 416 页。

后又被选为州长，最终成为总统。这样的职业生涯只有在19世纪后半叶的美国形成的新型知识分子基本体系下才有可能成为现实。尽管鲜少有人能够居此高位，但依然有不计其数的人受到诱惑，因此登上了决策舞台。

将政策专家和决策体系连接起来的机构协议也陆续成型。这种协议一开始是非正式的，只要总统一声令下就可立即取消。一战期间，国家肩负着动员群众的任务，威尔逊勉为其难地向专家求助。经济学家和统计学家效力于战时工业委员会及其附属机构；社会学家和心理学家负责评估、培训并组织武装部队；历史学家、地理学家以及语言学家负责宣传运动，激发大后方的斗志并削弱敌人的士气；大约150位社会学家在位于纽约市的“调研小队”低调工作，为战后和平会议做准备。在带着大批专家 11
启航前往法国前，威尔逊就已经遣散了大部分战时机构。而战争刚结束，他就将各位专家遣返至他们原属的大学校园、研究所和商业研究局。①

赫伯特·胡佛的态度与威尔逊截然不同。胡佛在担任商务部秘书长及后来的总统期间，任用了数百位专家为特别委员会效力。早期他是一位温和的进步派人士，与理性改良派一样，也感受到了过度的政治热情会带来危险。胡佛认为，社会调查和分析能够使决策更加客观。相应地，在其执政早期，他利用洛克菲勒基金会捐赠的五十多万美元的资金组织了一场大规模社会趋势调查。该活动主要由两位全美最杰出的社会学家负责，他们分别是哥伦比亚大学的经济学家韦斯利·C. 米切尔和芝加哥大学的政治学家查尔斯·E. 梅里亚姆。胡佛希望该委员会收集的大量数据可以在第二个任期中指导他的政策举措，然而事与愿违，1932年大选的统计结果表明一切都前功尽弃。但委员会撰写了两卷本的研究成果，名为《美国最新的社会趋势》，只可惜

① 关于“一战”中的专家的文章，见罗伯特·D. 卡夫：《战时工业委员会》，巴尔的摩：约翰·霍普金斯大学出版社，1973年。劳伦斯·盖尔芬德：《调查：美国为和平所做的准备》，康涅狄格州，纽黑文：耶鲁大学出版社，1963年。

此书在胡佛及其后继者富兰克林·D. 罗斯福应对大萧条的过程中收效甚微。[①]

早在参加总统大选之际，罗斯福就组建了智囊团。他主要依靠哥伦比亚大学三位教授——雷蒙德·莫利、阿道夫·A. 伯利和雷克斯福德·G. 特格韦尔，交给他们处理现在通常由专家负责的任务，譬如起草演讲稿、准备政策备忘录、快速搜集必要事实。在他们的帮助下，罗斯福逐渐摆脱了人们对他的普遍印象：怠于思考，缺乏明确的政策方向。沃尔特·李普曼这样勾勒罗斯福的形象："待人和善，完全不是当总统的料却一心想当总统。"无可否认，就连罗斯福的顾问起初也对其才能表示怀疑，想知道他对他们的谏言究竟明白几分。[②] 然而，在经济危机中，罗斯福借助智囊团的帮助，巧妙地将他们各种自相矛盾、针锋相对的理念进行整合，并且能够更好地理解这些提案所产生的政治后果。

12 "实验"是罗斯福的格言，他先后成立了各种类型的咨询和规划机构。国家资源规划局虽说只是昙花一现，但却是其中的扛鼎之作。30 年代末，罗斯福重组了行政办公室。通过随之形成的新行政程序，后继者可以掌控大量智力资源。专家也开始在新政期间创立的美国社会保障总署、证券交易管理委员会和全国劳工关系委员会等新型政府机构任职。专家协助政府设计和管理项目、监督项目的结果，并收集管理过程中的必要参考数据。

二战后，顾问专家和外部分析师就常驻华盛顿。几乎在所有政治领域，专家持续不断地献计献策，专门项目或是专门问题也常常会有一位本领域的专家负责。威尔伯·科恩负责社会安全领域，约瑟夫·佩赫曼负责税收政策领域，赫伯特·斯坦、查尔斯·舒尔策负责经济政策领域，詹姆斯·R. 施莱辛格负责国防政策领域，不胜枚

---

① 探讨社会趋势委员会的两项研究为巴里·D. 卡尔的《总统的计划和社会科学研究：胡佛的专家们》，《美国历史研究》(第三卷)，1969 年，第 347 - 409 页，以及他的《查尔斯·E. 梅里厄姆及政治学研究》，芝加哥：芝加哥大学出版社，1974 年，第 201 - 225 页。

② 引自埃利奥特·A. 罗森：《胡佛、罗斯福和智库：从大萧条到新政》，纽约：哥伦比亚大学出版社，1977 年。该书借鉴雷蒙德·莫利对 1932 年至 1933 年期间的事件的观点，详尽地描述了智库，并评估了雷克斯福德·G. 特格韦尔和阿道夫·A. 伯利的贡献。作者也对他们作为竞选顾问的经历进行了深入探讨。

举。专业知识和技能给多种公共服务职业带来长久的威望，而只有少数的民选官员才具备这样的条件。比起副总统、内阁成员、立法者的意见，现在的总统在制定政策过程中通常更愿意吸纳专家顾问团的意见，这早有先例——肯尼迪总统与麦乔治·邦迪、小亚瑟·M. 施莱辛格，尼克松总统与亨利·A. 基辛格，卡特总统与斯图尔特·艾森施塔特、兹比格纽·布热津斯基之间都是类似的关系。

尽管人际关系常常是连接知识和政治决策的纽带，但通过正式的研究和咨询机构，两者间的非正式联系得到了很大程度地加强。亨利·S. 杜鲁门成立了包括经济顾问委员会和国家安全委员会在内的众多总统咨询机构。在 20 世纪的进程中，内阁部门也开始构建并逐步扩大他们的规划和咨询职能。1947 年，美国开始了战后扩张，并将国内的外交专业知识大批量地转化为实际成果。与此同时，国务院政策规划小组诞生，国家情报部门也经历了重组，规划研究人员数量持续大幅增长。尤其是在 60 年代，内阁部门成立国内调查、规划和评估等单位，它们通常由助理国务卿掌管，由此可见在当时专家的地位很高。

现在，总统能在行政管理和预算局召集近六百名的政策专家和预算专家。通常有 13
二三十位经济学家在经济顾问委员会任职，约五六十名专家在国家安全参谋部任职。此外，还有一些从事环境政策或是科学政策研究的专家在白宫内任职或为白宫效力。尽管保守派提议废除经济顾问委员会，淘汰部分政府部门的调查研究机构，以及大幅削减国家科学基金会的经济社会科学研究预算，但行政部门仍继续倚重专家。①

过去四十年来，国会也大幅扩充了自身的智力资源。国会在 1947 年对立法机构进行大规模重组之后，创建了一支成员队伍和下设委员会，提振了美国审计总署的政策研究部门，以及扩大了国会图书馆下属的国会研究处（目前已有 900 余人）的规模；并于 20 世纪 70 年代成立了国会预算办公室（大约 200 余人）和技术评估局（大约

① 讨论了提议削减社会科学研究资金的政治背景，详见总结性文章，马丁·布尔默编著的《社会科学研究和政府：英美比较研究》，纽约：剑桥大学出版社，1987 年。

140 余人)等研究部门。自始至终，国会和行政机构都借助合同关系来任用高校以及兰德公司和城市研究所等独立研究机构的大批人才。因此，政府内的专家顾问体系与处于公共部门边缘更为广泛的专家机构网络形成了紧密的联系。

尽管学历不是专业技能的衡量手段，但在 20 世纪 70 年代，大约三分之一的职业公务员和高官拥有社会科学学位。20 世纪 80 年代早期，一份对某一领域各政策协调机构的官员的调查显示，超过半数的官员拥有社会科学硕士学位。1988 年，国家科学基金会发起的针对科学家和工程师的调查显示，有 28 100 位社会学家在联邦政府内部任职。① 与威尔逊时代甚至富兰克林·罗斯福时代相比，内阁成员拥有博士学位，或有曾在高校、智库任职的经历已经不再那么非同寻常、引人注目了。例如，对于一些经济顾问委员会或国家安全委员会等机构内的顾问或职员而言，研究生学习已经是必要条件。

与此同时，越来越多的资深政治顾问、行政人员以及民主党和共和党(无论是自
14 由派、温和派还是保守派)中的内阁成员都是从智库和高校晋升上去的。虽然律师这一阶层尚未被取代，但在公共管理、经济、国际研究或公共政策分析等领域，研究生教育已成为跻身公共部门的一条可行路径。律所和投资银行一度作为官员进出政府部门牢固的外部基地，如今却已不再是获得政府职位的一条明路。

目前对于许多积极参与公共决策的个人而言，具备专业知识是晋升的一条路径。然而，他们行使的权利和权威却极其无形和分散。专家的权力不仅包含思想的权力(不论别人如何定义这个词)，更深植于对科学和专业技能所提出的怀疑和含糊的说明之中。②

---

① 科林·坎贝尔、唐纳德·诺尔斯：《美国职业官员和政治官员的政策功能与社会科学培训：政策研究的衰败》，《社会科学研究和政府：英美比较研究》，第 114 页。初步数据来源于国家科学基金会的科学家和工程师在 1988 年进行的一项调查。

② 从历史的角度看专家的权威，见托马斯·L.哈斯克尔编著的《专家权威》(布鲁明顿：印第安纳大学出版社，1984 年)，尤其是玛嘉莉·塞尔法蒂的《专业技能的产生和专家权力的构成》，第 28－80 页。思想在影响“伟大社会”计划中的作用是亨利·J.亚伦《政治和教授》(华盛顿，D.C：布鲁金斯学会，1978 年)的主题。亚伦重新讨论了这一领域，在 1988 年美国经济协会会议上，亚伦对伊利的讲话有了重新认识。

三、隐喻的使用

长期以来，美国政策精英致力于创造一门有关社会政治的实证科学，他们知识的来源及其对权威的渴求皆源于此。自 19 世纪后期始，社会活动家、第一代拥有研究生学历的经济学家、社会学家以及政治科学家尝试探索工业革命、大规模移民和城市发展掀起的巨变，与此同时，政策精英们对社会政治的实证科学的研究在美国迅速推进。然而政治领导力、变幻莫测的政策目标（以及长期的制度动力逐渐改变了专家和决策者之间的关系）不断颠覆专家的角色，专家的影响力也同人们对科学知识的本质及其在公众社会中的功能的态度联系起来。

事实上，社会科学探究的科学地位始终不稳固，长期以来，它受到自然科学领域所揭示的一系列隐喻的指导。这些隐喻不但催生了调查方法，也承诺社会研究将会带来实际利益，尽管这一点依然存在争议。不管社会学家是否认为自己能够与医学研究者、公共卫生医师或外科医生、工程师相提并论，他们向来指望借鉴自然科学和物理科学领域的模型开展工作。

科学家们不断将社会科学的研究成果付诸应用的尝试也得到了 20 世纪美国学
术生活（智识生活）的务实作风的积极响应。“实用主义”一词本身代表着一种政治气 15
质和哲学体系，这一精神从一开始就在美国社会科学中得到了充分体现。19、20 世纪之交，实用的社会科学开始形成，同时也受到了威廉·詹姆斯和约翰·杜威提出的知识理论和行动的抨击（希腊语 Praxis 是“pragmatism”的词根，带有商业意识和行动意识的色彩，这论证了伯特兰·拉塞尔认为“实用主义”是“商业主义的哲学语言”的观点）。詹姆斯是一位才华横溢、备受追捧的公共演说家。1910 年，他与世长辞，而在生前，他一直是哈佛大学哲学系的中流砥柱。过去人们认为真理颠扑不破，它是思想本身具有的一种绝对性质，詹姆斯向这一理念发起了挑战。“真理偶发于一个想法之中，”他说道，“它是客观事实，并接受客观事件的检验。”①

詹姆斯认为“务实”哲学家和“空想”哲学家之间存在明显区别：前者信奉在物质世界中通过实证得到知识，而后者从观念领域的抽象推理中获得知识。这一区别标志着刚刚萌芽的美国社会科学的本质，即以讲求实际的实证主义反对政治经济推理的古老传统。无论是进步改良派开展的实情调查，还是奥利弗·温德尔·霍姆斯及其追随者所谓的法律现实主义，詹姆斯的“彻底经验论”都为其提供了哲学理论依据。

詹姆斯和杜威对实用主义有不同的理解思路，其差异在杜威那里得到了体现。在詹姆斯去世后的四十年中，杜威一直坚持写作。杜威积极活跃在学术界，不间断地进行学术创作，也写了一些通俗文章（通常发表在《新共和政体》上），内容涉及各个公共事件，从工业问题到战争与和平问题等。作为一个资本主义批判者，他希望更多工人能够参与产业生活；他赞成制定经济计划，为增强社会监督拟定设计方案。对杜威而言，实用主义不仅仅是一种哲学方法，更是一种政治手段。他认为学习和求知的欲望是受到了问题的驱动而产生，因而其具有主动性，他相信我们在了解世界的过程中能够改变世界。

杜威孜孜不倦地写了许多关于社会科学发展及其如何确保新“政治技术”的著作。他认为科学是政府的工具，这一观点得到了许多人的拥护。尤其是瓦尔特·李
16 普曼，他将科学思维称作政治民主的“孪生兄弟”。对李普曼而言，实用主义和科学性是治理政府的基本工具，是不折不扣的“民主纪律”。实用主义是一种基于事实的社会思潮及对可能性的不懈追求，因而能许诺民主通往一个“纯真而坦诚的梦”②。

杜威的思想一不小心就被歪曲和误解，主要是因为他试图在一种危险的平衡中坚持对立的想法。当我们考量知识在政治生活中的恰当角色时，他的各种观点就会不可避免地展开一场拉锯战：科学验证的需求对抗实际的应用、事实验证对抗价值观

---

① 威廉·詹姆斯：《实用主义：对旧思维方式的重新命名》，1907年，纽约：朗曼-格林出版公司，1943年再版，第201页。

② 李普曼：《转移与控制》，第151页。

的发现与表达、方法创造对抗结果阐述、基于批判性思维的彼此矛盾的知识主张对抗由实验产生的知识。

杜威深知，我们的政治辩论和公众政策的解决之道深植于了解世界的方法之中。实用主义思想蕴含的矛盾频繁地暗示了分裂美国自由主义的断层所在，这不足为奇。有时，这些冲突将关注政府手段和工具的技术专家与热忱的左派活动家（他们发明了重新界定价值观的工具）区别开来。还有些时候，和 20 世纪 60 年代新保守主义起义一样（用欧文・克里斯托尔的话来说，即由“深受现实打击”的自由主义者组成），“缺乏明确价值观指导的政策手段和工具存在明显的缺陷，这就促使了一些‘务实’的自由主义者倒向了右翼的阵营”。就像 70 年代许多为克里斯托尔的政策期刊《公众利益》撰稿的社会学家一样，80 年代最畅销的政治论著之一《节节败退：美国社会政策（1950—1980）》的作者查尔斯・默里也倒向了右派。那些指出决策或将导致意想不到的后果的专家，他们在塑造实用主义最有力的自我批判时发挥了积极作用。长期以来，实用主义者试图接受方法与结果之间的关系，而随着克里斯托尔等人愈发右倾，并开始接受扎根于哲学理想主义的更为传统的保守主义时，这些内部辩论也使得这场持续的斗争愈演愈烈。

从一开始，实用主义就反对政治抽象概念，尤其反对那些仅因为没有得到习俗、
传统或宗教权威的检验就信守的理念。实用主义者探求人世间的价值，承认价值不 17
具有永恒性和绝对性。这使得保守派能够无止境地抨击自由主义丧失价值，缺失道德观念，或者是毫无目的的相对论。要是没有詹姆斯和杜威来为这种社会风潮代言，为社会科学和现代自由主义摇旗呐喊的实用主义哲学并非总能得到辩护或令人信服。考虑到实用主义者日趋专门化，以及它更关注政策手段而非对结果的诉求，因此也不乏说服力。

政策专家及其在基金会、改革派、活动家以及政府中的拥护者在努力将社会科学应用于公共问题的过程中，发现了一些显而易见的理论，而这些理论通常与知识的抽象理论以及民主的理想概念相去甚远。正如上文所提到的，他们已经依照借用自然

科学的隐喻对自身所做的努力进行了讨论。这些隐喻支配着他们的研究和运用，并且随之而来的言辞也对专家的公众角色及专家所在的机构产生了重要影响。

19 世纪后期，社会学家为了试图理解社会苦难，寻找解决问题的灵丹妙药，采用了一种具有说服力的医学隐喻来描述他们自己，目前仍被频繁引用，比如医生或公共卫生从业人员等。拉塞尔·塞奇基金会作为一个典型智库，它在成立之际就采用了这个隐喻。但在 20 世纪头十年，诊断和治疗的说法开始与另一种源于自然科学、基于效率理念的说法分庭抗礼。与关注机器效率和工业设备的物理学家和工程师一样，社会学家也开始认为高效运转的企业与政府官僚机构如出一辙。布鲁金斯学会、二十世纪基金会以及国家经济研究局均受到了这个新隐喻的推动。诚然，对“效率”的追求是向社会科学领域源源不断地注入巨大投资的有力证明。

截至 20 世纪 20 年代，社会学家还是一个日趋多元化、专业化的群体。其中大多数人在高校任职，鲜有人关心公共政策。然而他们逐渐接受了另一个论证和指导应用性研究的隐喻。为呼应心理学语言，他们提出了“调整”这个隐喻。此前，他们消极
18 被动，或多或少算是独立的观察者，而现在，尤其是在大萧条之后，他们日益活跃起来。他们自诩为专家，监控和调整政策经济体系以应对动荡和突如其来的变化。

第二次世界大战为量化分析提供了新的强有力的工具。到 40 年代末，社会学家开始把自己视为工程师，并参与复杂体系的设计和评估。兰德公司、城市研究所及其他新兴研究企业的专家都使用了这一隐喻。直到公众对“伟大社会”项目的幻想破灭、越南战争惨败，人们才对社会学家的科学宣言产生了新的怀疑。突然间，社会学家的提案似乎与实际结果背道而驰，他们的分析似乎也不如其他科学工作者的分析严密。甚至他们在试图测试福利体制和医疗体系的“社会实验”中，在采集与受控的社会现象有关的精确科学信息时遇到了意想不到的困难。

事实上，早前承诺（老生常谈）的社会科学看上去越来越像一场有争论的实验，一种伪装成独立的科学探究和学术对话的政治辩论。20 世纪 60 年代和 70 年代，随着科学宣言最终被阐明，社会学家很快发现他们的工作被描述成意识形态宣传、商品或

者智力武器等。因此,“战争”和“营销”等词汇现已渗透到华盛顿智库职员的语言中去了。

社会科学的失败远不仅仅反映在某一项目的失败上,它带来的后果是徘徊在智库和高校的高墙之外的。对社会学家所从事的事业丧失信心既是自由主义破裂的成因,也是其后果。基于技术性社会科学的自由主义内涵要么难以施行,要么结果不尽如人意。知识本身似乎已经遭遇失败,掌权的保守主义者对知识及其用途也各执一词,事实证明这种政治后果影响深远。

实用社会学家对政策颇有兴趣,他们反对抽象政治理念的绝对主义,并为行动领域内的政治和科学真理寻找标准。他们将政策视为假说,既可检验,亦可修正,这个概念适用那些将之作为政治性实验的国家。但这种以探究事实、怀疑政治理论和相信合理妥协的可能性为典型特征的实用主义精神,鼓励专家重点关注切实可行的方 19
法,坚持要求把事实和价值区分开来。相应地,实用主义社会科学愈发沉迷于方法和技术。知识分子阶级接受了“实用天命”的教育,并趁战争为政府效力。早在 1917 年,激进派批判家伦道夫·伯恩就预见了他们会如何献身于“事件的执行顺序”,并对“知识的解释或关注结果的理想主义毫无准备”。[①] 直到 20 世纪 60 年代晚期,空有其表的实用主义甚至比伯恩曾预言的情况更糟糕,它根本无法解决价值问题,并开始臣服于保守主义者。不久后,美国政治的自由主义中心坍塌了。

四、华盛顿的思想战争

1986 年 4 月,罗纳德·里根第二任期的第十五个月,他和其他重要的保守主义者相聚一堂,庆祝传统基金会取得的最新成就。在当时,该基金会在华盛顿众多保守主义研究机构中表现卓越。他们专程赶来庆贺即将完美收官的 3 000 万美元的筹款

---

① 引自莫顿·怀特:《美国社会思想:形式主义的反抗》,波士顿:灯塔出版社,1957 年,第 169－170 页。

活动。当里根总统登上演讲台，与基金会的长期拥护者克莱尔·布斯·鲁斯和约瑟夫·库尔斯互相打趣时，他感觉这就像一场老友的聚会。

里根在发表演讲时，屋子里聚满了曾参与过保守派运动的杰出人士。他赞扬了传统基金会通过研讨、会议、出版图书，以及“为了获取信息强令议员和他谈话”等方式促进了思想交流（在里根承认当今政局的研究和宣传之间存在明显界线时，整个礼堂爆发出会心的笑声）。他称赞传统基金会付出的努力既是引发“全世界思想革命”的缩影，也是其导火线。尽管如此，里根在和这群志同道合的名流相处的过程中也难掩对专家潜藏的敌意。里根抱怨道，过去的专家和权威经常出错，有时他们过于关注
20 事实和表面问题，因而与本质失之交臂。他说道：“有时太关注具体数据就会忘了它的重要性，并错失改善它的机会。”①

演讲接近尾声时，总统向保守派人士理查德·韦弗致敬。韦弗同拉塞尔·柯克、弗里德里克·海克以及路德维希·冯·米塞斯等人一样，曾是战后保守派运动的中流砥柱。韦弗是南方人，曾是芝加哥大学的文学学者。1948 年，他出版了一本名为《理念的后果》的书，该书后来成为保守派的经典著作。② 里根深知，传统基金会用该书的标题作为座右铭。“这句话回溯了理查德·韦弗曾经的言论以及基金会的基本职能，”里根提醒道，“理念固有其后果，言辞就是政策，语言就是行动。”③

里根以及倾慕他的保守派人士认为，思想近来开始在美国政治中扮演新角色。但并非只有他们如此认为。许多大败而归的民主党人已在寻思他们的党派在 1980 年总统大选中惨败的原因。大体而言他们已经基本接受了一个偏于保守的假设：自由主义的失败不仅是政治上的，还是智力上的。许多自由主义者认为自己要不就是缺乏想法，要不就是不能较有力地表达想法。他们坚信保守派的智库在共和党的胜

① 罗纳德·里根：《总统在传统基金会晚宴上的发言》（1986 年 4 月 22 日）。该文本由传统基金会公共事务办公室交予作者。

② 理查德·韦弗：《理念的后果》，芝加哥：芝加哥大学出版社，1948 年。

③ 里根：《总统的演说》。

利中发挥了重大作用，因此于 80 年代早期成立了几大新的研究和宣传组织。大选两个月后，国家政策中心（CNP）成立，该组织又是一大新的进步派团体（“进步主义”这个概念再次复兴，甚至影响到了左派，而“自由主义”这个词则已略带贬义）。成立该组织的民主党人至今仍对右翼共和党人的成功表示震惊。和其他许多人一样，他们曾对保守派思潮知之甚少，但现在迫切希望复兴自由主义。由于构建议程表的进程缓慢，也缺乏常驻研究者，所以中心只是提供了一个场所，让学者和重要民主党人聚集在一起，商讨问题和方案，以促进自由党派活动家之间达成共识。

1986 年，CNP 的时任主席柯克·奥唐奈（布朗大学历史系毕业，后来在波士顿市政厅进行实政培训，担任前众议院议长欧尼尔的幕僚），他表示他所在的中心反映出美国政治行为的重大变化。他认为“思想”是日益重要的“政治筹码”。在政治联盟形成的过程中，它们有时似乎比宗教、阶级或经济利益的作用更加关键。[①] 但至少在 20 21
世纪 80 年代早期，自由主义分析师依然不能理解保守主义者的诉求来源以及自由主义缺陷的本质。

纵观历史，美国政治给世界塑造了一个远离意识形态纷争的形象。托克维尔总结说：在美国，“观念的不同仅仅是因为肤色不同”[②]。我们的主要党派曾经都是讲求实际的选举联盟，即使双方辩论经常会很激烈、存在很大争议，但采用实用主义一直是决策过程的特征。尽管废奴运动和民权运动使道德维度一度成为美国政治中极其突出的热点话题（曾经的禁酒令、反共运动，乃至最近的堕胎问题都是如此），但政治讨论和政治审议一直是在一个公认的价值框架内进行。

这一共识甚至比战后政策的延续性更加持久，在里根总统参选前的二十年间逐渐展现于世人面前。一些政治活动家、政策专家以及基金会和企业的管理人员自以为已经有意识地参与到了以华盛顿为主战场的思想战争之中。事实上，原先专家在

---

① 柯克·奥唐奈，1987 年 6 月 2 日作者访谈。

② 亚历西斯·德·托克维尔：《美国民主》，亨利·里夫译，纽约：克劳尼尔出版社，1900 年，第 197 页。

公共生活中的角色是科学的象征，而现在则被激进的斗争和硬性销售广告这样的印象取代。这一全新的“思想战争”有时似乎意味着将公关、营销和调查研究等技能激进地应用到公共问题的讨论中。但这些只是这场激烈战争的表象，它的实质却是一场就知识与政治(涉及不同世界观之间的相互争斗)的关系展开的硝烟弥漫的辩战。在这一过程中，专家及专家机构登上政治生活的中心舞台。

最令罗纳德·里根的反对者感到困惑的就是他那无视事实的态度，尤其是他几乎很少为不实的言论(都有案可查)付出政治代价。里根在演讲中出的洋相和错误令记者及其民主党对手瞠目结舌，对此记者都如实地进行了报道。而民主党中的反里根人士却没有因为连篇累牍地指摘而获得政治上的加分，里根对此也并非满不在乎。他的许多演讲中穿插了生动的故事，引人入胜，令人难以忘怀。但他所引述的事实让
22 观众铭记和相信的却是它们的解释说明能力。对里根而言，若事实和宏观的政治理念一致，并能够引导和影响政治意识的形成，而非精准地描述世界，它就是真实的。他凭直觉认为，自由派技术官僚体系缺少的就是价值观诉求。(在 1988 年的总统大选中，迈克尔·杜卡基斯试图让“技术能力”与“意识形态”分庭抗礼，但他也察觉到了争议的核心所在，便想将焦点转回到自由派和温和派没有冲突的领域，但以失败告终。)

保守派人士的思维方式是革命性的，这是保守派运动取得长期的政治成功的关键所在。从大众层面来讲，在这个国家经历长达二十年的社会动荡、对外政策的失败以及不明朗的经济前景后，保守派提出了对道德的明晰的诉求。然而，关于这场所谓“革命”的反复性和周期性，人们却鲜有评论。实际上，这和实用主义者在世纪之交发起的反哲学理想主义运动相差无几，相当于又一次“复兴”了。因此，虽然里根革命常被视为是对罗斯福新政的攻击，但事实上，他的目的更加古老，更加高尚。保守主义者的起义其实是对自 19、20 世纪之交以来居于美国政治核心(并非偶然，也是社会科学专业知识的核心)的实用哲学假说的一次正面攻击。新保守主义者反对美国决策的知识基础，其中包括进步改革者、胡佛的技术专家、罗斯福新政的追随者、杜鲁门的冷战自由主义者、艾森豪威尔的“现代”共产主义者、肯尼迪的“新拓荒者”政策的拥护

者，以及约翰逊的“伟大社会”计划的建筑师等提倡的方法。

里根的胜利标志着始于20世纪40年代到50年代早期的保守主义运动走向巅峰。相应地，他的知识分子谱系便呈现出了多元化的特征。事实上，这种多元化加剧了其波动性。它借鉴了传统主义者（如理查德·韦弗、拉塞尔·柯克）、古典自由主义者（如弗里德里克·海克、路德维希·冯·米塞斯）、激进的反共主义者（惠特克·钱伯、弗兰克·迈耶）以及政治哲学家（如利奥·施特劳斯、埃里克·沃格林）的著作。这些伟大的先驱或其追随者建立了一个保守派的机构网络，并为新政府任命的专家们设立了评级制度。

不管现代美国保守主义的成员多么多样化，他们都表现了对思想及其历史现实的共同信念。里根总统在传统基金会上的演讲谈到，思想先于政治言论，影响人们对事实的反应，甚至还会重塑事实本身。无论是想法还是价值观（拉塞尔·柯克称其为 23
“永恒之物”），都被认为是上帝赋予的或者源于历史经验的，它们存在于我们的意识之外，通常需要另外一批受过良好的基础教育的精英来解读。我们常常听到保守主义者这样说道，“理念有其后果”。这不仅仅是老生常谈，而且是对经验主义社会科学及实用主义根基进行无情批判的保守派理想主义传统的呼唤。

从广义上说，美国政治专业知识的发展史以及目前已分立为两大敌对阵营的政治精英和政治机构的成长史，实际上是两种不同世界观相互较量的结果，其起源可追溯到19世纪末。作为一种政治风气和哲学传统，实用主义既是经验主义社会科学的开端，又是成形于19世纪末进步派的改革运动。社会学家和改革者坚信科学分析方法将会提出理性人士大体认同的一种实际行动方针。最明智的政策源于精确调查，而非政治内斗，也并非如专家所担心的，源于暴力的劳资纠纷、激进的政治活动、民怨或社会动荡。20世纪以来，我们在探索追求专业技能及其政治用途的过程中，态度始终摇摆不定，时而过于天真地相信，时而处于极度幻灭之中。而现在，我们就处于另一个情绪低谷。然而，美国政策精英以及由他们建立的机构的历史却始于科学最被寄予厚望的时期。

24 # 2. 改革“实验室”

一、业余者的社会科学

过去20年，尽管美国智库的数量激增，但是它们并非一夜之间兴起。表面上看，智库的数量惊人地庞大，其又在政治生活中频繁发声，似乎成为一种新现象。但自19世纪后期以来，智库的雏形已经接受了时间的反复检验。事实上，影响专家这一角色形成的推动因素在南北战争之后的数十年就已经可以清晰地洞察到了。这些因素包括对社会科学的态度、研究生培养和职业生涯发展的基础体系、组织有序的大型慈善机构以及对国家和国家职能的宽泛认识等。理查德·T. 埃利、莱斯特·沃德和约翰·R. 康芒斯等美国第一代社会科学家甚至试图追溯现代政策精英成员非常熟知的个人职业模式。此外，在19世纪晚期，当人们讨论社会科学和关于社会的专业知识时，讨论的基本点是如何适当利用知识制定决策(这与我们如今的关注点不谋而合)。

创立机构的首次尝试是由业余人士进行的。1865年10月，近数百人齐聚波士顿州议会大厦。与会者包括全国各式各样的改革者：寻求新事业以取代最近在阿波
25 马托刚完成目标的废奴主义者、公共健康和卫生的倡导者(他们有理由为美国卫生委员会于战时取得的成功感到自豪)、对监狱、精神病院、孤儿院及学校的改革感兴趣的人，以及许多为自身争取更广泛政治权利的妇女(她们在美国内战期间从事慈善活动)。此外，该会议还吸引了大量的作家和记者、美国最古老学院及最新成立的科技机构的教育者，以及关心经济发展和社会进步的政府官员。

波士顿会议勉强算是政策精英的集会。在他们那个年代，该会议的与会者正是专家，尽管当时在他们听来，“专家”是个陌生词汇。虽然他们不用背负多年的研究生

培训所带来的负担，也没有获得社会科学博士学位，但是他们很自然地认为自己关于社会改革的兴趣是科学的。他们将自己热情地称之为“社会科学”（当时的社会科学只是一门单独的学科，并非如今包含许多不同学科的社会科学）的首批信徒。富兰克林・B. 桑伯恩的邀请函专门描写了社会科学及其研究范围。他表明，波士顿会议将探索救济贫民、失业、公共卫生、预防犯罪、监狱及“统一于‘社会科学’名下的众多数据和慈善权益问题”①。尽管他们并非是第一个，也不是最具洞察力的思考科学与政治之间关系的团体，但自他们起，人们开始不断努力对社会改革领域进行系统的研究。美国经济学会和美国政治科学协会等专业组织以及美国慈善劳教联合会等国家改革团体的发端都可以追溯到波士顿会议。

波士顿会议的与会者意识到，他们所见证的社会政治大变革归功于科学技术的发展：蒸汽机、铁路、电报、制造业创新及卫生学和疾病治疗上的新发现。许多改革者深信，因为科学方法极大地促进了知识的进步，人们以前所未有的程度控制自然和物质世界，所以它也可能有利于解决社会经济问题。

美国城市存在大量的社会经济问题。因为国外移民，农村居民放弃务农，大规模
迁入城市，在工业领域寻找工作，所以问题的性质很快发生改变。美国内战突显了许 26
多恼人的问题，它们只在反奴隶制和反脱离联邦运动爆发时被暂时搁置。1863 年，纽约征兵暴动揭露了纽约爱尔兰贫民窟的悲惨处境。照顾伤残士兵及帮助士兵家庭的志愿者（特别是女性志愿者）直接了解到工薪阶级以及数千名孀妇和孤儿的艰难处境。长期的废奴主义者亦做出努力，帮助刚刚获得解放的人。他们设立慈善项目，解决重获自由的奴隶的迫切需求，试图为他们提供培训和教育，使他们能自力更生。

① 关于美国社会科学学会的历史，详见托马斯・哈斯克尔：《专业社会科学的兴起：美国社会科学学会和 19 世纪的权威危机》，乌尔班纳：伊利诺伊大学出版社，1977 年。现已过时的路德・L. 伯纳德和杰西・伯纳德：《美国社会学起源：美国的社会科学运动》，纽约：托马斯・Y. 克罗威尔出版社，1943 年。关于该学会的早期资料存在于美国社会科学学会，《美国社会科学促进协会章程、地址、成员名单》，波士顿：赖特 & 波特出版公司，1986 年。邀请函援引自哈斯克尔：《专业社会科学的兴起：美国社会科学协会和 19 世纪的权威危机》，第 10 页。

波士顿会议有一个非常响亮的名字：美国社会科学促进联合会（随后简略为美国社会科学学会，或简称为 ASSA）。会员来自多个领域。当时并非像现在这样对专业的“专家”与知识渊博的“业余者”有严格的区分。“专家”来自拉丁语动词 *experiri*，原意指“尝试”或者“经历”。原意中，专业知识被看作是通过实践获得的知识，而非指培训人才的经验方法和理论深见这一现代概念。美国社会科学学会以 1857 年在美国建立的英国团体为模型，调查、建议及为社会改革游说，允诺提出更具雄心的全面改革计划。但是这些改革计划的主要实施场所是美国社会科学学会成员所在的社区和州，而非全国各地。

美国内战为联邦政府在社会经济领域可以取得什么样的成就提供了指引。但是美国人很明显没有 H. G. 韦尔斯在几十年之后描述的“国家概念”。尽管美国新生代的科学改革者将国家和共和国视为形而上的实体，并且成立了美国第一个知识分子和改革者联合会，但是他们并没有很快理解国家主权的政策意义。实际上，就重建这一问题所展开的晦涩、激烈的意识形态上的讨论，使改革者对使用联邦政府权利丧失了希望，也充满了抵触情绪。

然而，20 世纪初期，随着业余社会科学家让位于专业社会科学家，一种新的政府观和政府责任范围得以形成。这些观念上的改变主要得益于业余和专业社会科学家努力设计的全新调查方法，形成对社会问题的新认识以及建立的讨论社会经济问题的全国性舞台。

27 美国社会科学学会成立的目的是让其成为涵盖改革者组织、大学教授组织和政府官员组织的伞式组织，其成员希望他们的讨论可以调和上述组织之间的对立意见、发掘“真相的重要组成部分”[①]。组织创办者对他们的科学目标或宣传目标直言不讳。对他们而言，社会科学、改革和基督教慈善责任等概念并无差别。在某些方面，他们都认为自己是科学家，有责任调查社会中最棘手的情况，还认为科学是救济社会

---

① 援引自哈斯克尔：《专业社会科学的兴起》，第 3 页。

的关键。对我们而言，他们拥有近乎幼稚的自信，这种自信反映在他们的宣言之中，即他们宣称将“收集所有影响社会福利的事实、传播所有影响社会福利的知识、激励所有影响社会福利的探究”①。

联邦政府机构之中也弥漫着一种基本的科学精神。美国内战之后，通过财政部统计局和日益专业的美国统计局等机构，联邦政府不断做出努力，完善社会经济数据收集工作。按照马萨诸塞州于1869年成立的劳工统计局及其他具有进步主义倾向的州的模型，联邦政府于19世纪80年代成立了联邦劳工统计局。

这种基本的社会科学之所以存在吸引力，主要是因为其有望解决社会矛盾，特别是在19世纪80年代劳工冲突变得日益严重的情况下。19世纪70年代晚期，热情高涨的、席卷全国的慈善组织运动除了激励科学调查，还为中产阶级或富裕的志愿者和穷人之间建立了联系。尽管众多组织反复提及“纯友谊，非行善”的口号，但批评者认为它只是一种严厉的说教行为，并总结其目的“既不是为了行善，也不是为了缔结友谊”。但是，批评者的看法可以用波士顿约翰·博伊尔·奥赖利的一首诗进行总结：“缩减甚至停止慈善，无法摆脱一个谨慎、事事都要精心计算的基督名分。”②

然而，对于中产阶级追随者而言，新社会科学（以及它的表亲“科学慈善”）具有非凡的吸引力。它能帮助机构更有效地运转，促使人们理性评估个人需求，实现更广泛的社会和谐，利用事实性知识帮助缓和政治意识形态和经济利益之间的矛盾。最终，它将提供促进社会进步的确切方法，取代依赖腐朽的、带有政党偏见的政治进程。19世纪的改革者寻求社会事实和机构数据，蔑视抽象概念和理论。人们对不可动摇的特定事实的追寻，表明他们怀揣期待，希望持不同观点的人可以找到统一行动的坚实 28
基础。人们担心如果一味强调理论，只会恶化矛盾，强化各自的政治立场。

但是业余者的简单调查很快被更专业的调查方法代替。各大学，特别是约翰霍

① 援引自哈斯克尔：《专业社会科学的兴起》，第3页。

② 援引自沃特·特拉特纳：《从救济法到福利国家：美国社会福利历史》，纽约：弗里出版社，1989年，第91页。

普金斯大学、哥伦比亚大学、芝加哥大学和威斯康星州大学全都开设了社会科学的研究生课程，联邦政府和州政府公共服务事业进行人员扩招，这都为社会科学家的职业前景奠定了良好的基础。受过培训的第一代社会科学家（他们随后培训了更多的研究人员）已然创建一个融合教学和公共服务的模式。

三位受过大学培训的新兴专家精英帮助加深专家和政府之间紧密的联系。美国经济协会创始人理查德·T. 埃利和长期任职于威斯康星大学的约翰·R. 康芒斯利用经济学知识在多个政府机构担任顾问。具有先驱精神的社会科学家莱斯特·沃德在成为布朗大学教师之前，曾长期任职于联邦政府的科研部门。作为政策精英的原型，他们在学术领域取得成功，同时也将专业知识应用于政治领域。专家的地位使自己更有理由成为科学知识的所有者，在公共服务领域的功绩也推动“掮客型”机构的形成，政府可通过这一机构获取专业知识。与此同时，他们对科学的看法和这一看法在政治方面的应用逐渐被重新定义，并扩大了政府承担的责任。

二、首批专家

1854 年，理查德·T. 埃利出生于一个家教严厉、氛围沉闷的公理会家庭。如果他生活的年代早上一代，他必定会成为一位牧师。但是和其他在美国内战几十年后成年的一代人一样，他所选择的职业方向在内战之前的美国简直是不可思议。1876 年，埃利在哥伦比亚学院获得学士学位，之后他前往哈雷大学和海德堡大学深造。他和其他在德国学习的美国人一样，热衷于所谓的历史经济学课程。

29 德国经济学家严厉地批判了盛行于英国和美国的自由放任主义。他们攻击古典政治经济学家经常持有的观点，埃利后来称这种观点为“理论专制主义”。德国经济学家认为古典经济学的绝对确定性以虚假信念为基础，认为经济规律的基础是简单的假设，即人类行为在任何时间和地点都是一成不变的。

埃利和他的德国教授都不相信存在适用于每个社会或各种情况的永恒自然法则、经济法则或其他法则。埃利意识到其周围正发生着重塑社会经济关系秩序的力量。“我们已经了解了进化论思想，以及生活是永不停息地变化着的，”他后来写道，“我们认为深入生活之中，并仔细研究生活，就能指挥影响我们生活的强大力量，指挥它朝着有利于改善生活的方向前行。”①埃利对于经济知识和其作为重塑人类关系的有效工具的认识，促使他走进公共生活。

埃利和其他美国人见证了德国福利国家制度的建立，深感于德国教授的重要地位。德国教授与政治领袖和政府人员保持紧密联系，在农业政策、贸易政策、社会福利政策和劳工政策等政策领域扮演咨询角色。留德的美国学生不可避免地将德国城市的秩序井然与美国联邦政府、州政府和市政府的混乱不堪、贪污肆虐和业余无知作对比，并由此意识到美国和德国之间的差距。

三年之后，当埃利回到美国之后，他的所见所闻令他终生难忘。以至几十年后，当他撰写回忆录时，他仍清晰地记得当时的感受。他抵达纽约之后，眼中的城市（纽约）与庄严的柏林相形见绌，这令他沮丧。它甚至不如喧闹的利物浦港口（他从此处登船回国）看起来得体。纽约市显得“脏乱不堪、缺少维护，道路状况差，到处都存在贪污和无能的痕迹。我不禁问自己：‘这是我的祖国吗？’”②。由此，埃利的改革热情被点燃。

之后，埃利继续研究学习，并开始任教于约翰霍普金斯大学（该所大学成立于1876年，显然是以德国大学为原型建造的）。这位年轻的教授在研讨会和学术论文中抨击英美政治经济学中名声赫赫的权威人士，批判依据其学说所制定的政策。最重要的是，他不能接受古典自由主义经济学所秉持的要严格限制政府作用这一观点。

1885年，埃利着手建立青年经济学家协会，协会成员都认同他提出的“政府应是 30

① 关于理查德·T.埃利，详见本杰明·雷德：《学术思想和改革：理查德·T.埃利对于美国生活之影响》，列克星敦市：肯塔基大学出版社，1966年。关于19世纪80年代埃利对于经济学研究的看法，详见理查德·T.埃利：《政治经济的过去和现在》《约翰·霍普金斯大学历史科学和政治科学之研究》（第二版），1884年。有关埃利对于进化论的评论，援引自埃利自传：《我们脚下的地》，纽约：麦克米伦有限公司，1938年，第154页。

② 埃利：《我们脚下的地》，纽约：麦克米伦有限公司，1938年，第65页。

社会变化催化剂”这一观点。随着接受学术培训的专家人数的增多[①]，各领域的社会科学家开始成立全国性组织，旨在提高专业标准，扩大自身社会影响。早期，美国经济学会(AEA，美国社会科学学会的直属分支)除了有经济学家，还囊括多位牧师。虽然 AEA 致力于改革，但其领导者却是接受过正式学术教育，并在大学工作的繁忙的社会科学家。诸如 AEA(政治科学家于 1903 年成立了自身的组织，社会科学家于 1905 年成立了自身的组织)等专业协会为社会科学家提供了组织平台，让他们可以发表对政策的疑问。在 AEA 成立初期，它不仅专注于研究理论和学科问题，也成立了委员会，以研究贸易政策、关税政策和劳工条件等当代问题。

埃利对社会科学的观点明确透露出“国家”这一概念。他在为 AEA 起草的计划书中写道：“我们认为国家是一个教育性的道德机构，其提供的正面帮助是人类进步不可或缺的条件。”他和其他 AEA 创始人对将自由放任主义作为以科学方法探究经济关系的基本理论，以及制定政策的指导性原则持怀疑态度。对他而言，自由放任主义意味着“国家和民众之间的关系未能得以完全说明”[②]。埃利对人类习俗、传统和机构进行了实证调查，试图以此代替古典主义经济学家对人类本质的普适性概述。对他而言，他所处学科的主要目的在于促进社会进步。这种社会进步的催化剂应是国家，它可以利用新兴的社会科学扮演仁慈的教育者和道德指引者。由此，社会科学专家的现代释义——政策顾问和公共生活导师——得以诞生。

另外一位攻击自由放任主义带来社会政治负面影响的是莱斯特·沃德。1841 年，沃德出生于伊利诺伊州朱丽叶市，他的父亲是一位技工。沃德曾在多家工厂和农

---

① 19 世纪 70 年代，3 所美国大学授予 3 位学生政治经济学哲学博士学位。19 世纪 80 年代，5 所教育机构授予 11 位学生经济学博士学位。19 世纪 80 年代，12 所教育机构授予 95 位学生博士学位。

② 关于 AEA 的成立，详见阿尔佛尔德·W. 科茨：《美国经济学会的前 20 年》，《美国经济评论》(第 50 卷)，1960 年，第 555 - 572 页。《美国经济学会和经济学职业》，《经济文献杂志》(第 23 期)，1985 年，第 1697 - 1727 页。关于埃利为 AEA 起草的章程草本，详见埃利的《我们脚下的土地》。他在此书中总结了他对政治经济学领域取得的科学进步的态度，他表示：“我们相信政治经济学作为一门科学还处于初期发展阶段。但是我们欣赏前辈经济学家做出的努力，我们希望利用关于真实经济生活条件的历史数据研究，而非理论推测，令人满意地实现那一发展。”(第 140 页)

场当工人,随后他应征入伍,加入联邦军,表现神勇。作为19世纪晚期自学成才的大 31
家之一,他在从事体力工作时自学了拉丁语、希腊语及数种当代语言和科学基本原理。在此期间,他获得了教学证书。美国内战结束后,他先在美国财政部担任办事员,随后任职于华盛顿特区的各大统计和科学机构。在被擢升至美国地质调查局首席古生物学家后,他便与约翰·韦斯利·鲍威尔共同进行开创性调查研究。沃德拥有广泛的知识面,了解各行各业的知识。虽然他思想开阔,但也批判自由放任主义和社会达尔文主义。

赫伯特·斯宾塞和其美国门徒耶鲁大学教授威廉·格雷厄姆·萨姆纳等社会达尔文主义者倾向于认为,自然和社会是复杂的有机体,人类立法者永远不可能成功地引导或加速进步过程。尽管斯宾塞的社会科学观对长期进步抱有期待,但是却消极地对待当前的社会问题,怀疑社会改革者的科学主张。斯宾塞和其追随者认为自己是科学的实践者,而该科学并非指导社会变革,而是旨在展示人类只能有限地控制自然过程——不同于后来的新保守主义学家抱怨社会干预所带来的意外后果。斯宾塞表示,“只有最愚蠢之人才相信人类可以凭借纸板和铅笔所记录之事就能规划出一个全新的社会世界”①。

莱斯特·沃德针对斯宾塞和自由放任派经济学家的批判指出,社会达尔文主义学家将自然世界运行和人类社会运行进行对比是轻率之举。在提及自然世界运行浪费资源(比如说种子未发芽或幼崽早夭等现象)时,沃德认为竞争法则和适者生存法则只适用于残酷的自然界,并不适用于文明的人类社会。对于沃德而言,人类进步是意志战胜环境的结果,并不是社会达尔文主义学家认为的盲目的竞争性斗争的结果,也不是偶然事件不断累积造成的结果。人类进步是有意识、有序地应用集体智慧的

---

① 关于社会达尔文主义及反达尔文主义,详见托马斯·L.哈斯克尔的《专业社会科学的兴起》中的《引言:19世纪90年代哈斯克尔发生了什么事件?》。玛丽·O.费娜:《赞同和反对:美国社会科学专业化危机(1865—1905)》,列克星敦市:肯塔基大学出版社,1975年。援引自理查德·霍夫施塔特:《美国思想中的社会达尔文主义》(修订版),波士顿:灯塔出版社,1965年,第61页。

结晶。①

社会达尔文主义学家不愿缓解人类社会的经济困难有其难言之隐，因此沃德给出了解决办法。在《动态社会科学》一书中，他描述了系统性研究方法对研究人类事
32 务的指导性作用。“智力及至今为止的发展注定将成为一类工业产品，”他写道，“不能再凭借偶然机会或自然来决定知识的产生和分配。”沃德提倡将统计学应用于其自称的“科学立法”中，预测政府中将形成制度化的科学方法。此外，他进一步引申上述比喻，设想立法如同在实验室工作一般，法律制定如同“一系列详尽的实验”②。沃德呼吁成立致力于研究社会问题、科学培训公务员的全国性研究院。他谈及“全民政治”，旨在表明存在积极行动、以新兴的社会学为立法基础的政府。

尽管沃德设想的乌托邦机构在 19 世纪 80 年代并不会实现，但是截至 1900 年，改革者们自美国内战以来所实践的基础社会科学理论变得越来越成熟。专家加入政治服务行列，帮助收集数据，任职于新的管理委员会；教授和研究生受雇于专业机构，任职于各级政府的专门委员会。约翰·霍普金斯大学助理教授理查德·T. 埃利受雇于马里兰和巴尔的摩税务委员会；耶鲁大学著名保守主义经济学家阿瑟·特文宁·哈德利担任康涅狄格州劳工数据委员会委员；密歇根大学教师亨利·卡特·亚当斯担任美国州际商务委员会统计师；康奈尔大学经济学家兼统计学家沃尔特·威尔科克斯致力于改善美国统计局的运作。美国大学教师人数出现井喷式增长，从 1870 年的不到 5 500 人增加到 1900 年的将近 24 000 人。美国获得博士学位的人数也有所增加，从 1870 年的 1 人增加到 1890 年的将近 400 人。③ 此外，许多学者还在课堂外兼职。

① 详见莱斯特·沃德：《文明进程中的精神因素》，波士顿：吉恩出版公司，1893 年，第 261 页。还可详见莱斯特·沃德：《动力社会学》（第二卷），纽约：D. 阿普尔顿图书公司，1883 年。

② 援引自亨利·S. 康马杰：《美国人的思想》，康涅狄克州纽黑文市：耶鲁大学出版社，1950 年，第 216 页。

③ 美国统计局：《美国历史统计资料：从殖民时期到 1870 年》，华盛顿特区：美国商务部，1975 年，第一部分，第 382－383 页，第 388 页。

1899 年，当阿瑟·特文宁·哈德利在 AEA 发表主席演讲时，他以经济学家的身份呼吁社会科学家更大程度地参与政治。"我相信未来最大的机遇蕴含于实践而非理论之中，存在于政治家而非学生之中，孕育于领导一个有组织的国家而非教育个体公民之中，不管教育有多普及、有多有益。"①但是哈德利仍然很谨慎，坚持认为社会科学家应该在擅长的特定领域提供意见，并悄无声息地将它传递给当选官员，而不是利用该类意见煽动公众情绪。他认为专家应该在幕后运作，在需要时提供意见，而绝不能擅自做出政治决策，或试图越过当选官员而呼吁民众的情感。 33

尽管市政府或州政府临时雇佣大量社会科学家，并且联邦政府偶尔也会如此，但是政策导向型社会科学家并未在校外找到有威望的或带来智力回报的职业。19、20 世纪之交，华盛顿的咨询或管理职位并没有多大吸引力。聪明且拥有博士学位的社会科学家会在华盛顿工作一至两年，或任职于美国统计局，或任职于政府各部门，但是很少有人满意自己的工作。因此在政府部门和大学任教之间进行选择时，大多数人会选择离开华盛顿，接受教学岗位。

韦斯利·克莱尔·米切尔认为政府机构环境令人窒息。1899 年，在获得芝加哥大学经济学学位后，他前往华盛顿任职。多年后，他回忆道："政府办事员的奴性让我感到恶心，多个我熟知的政府部门经济学官方代表的无能让我感到恐惧。每天我都要和自己做斗争，管控自己，否则我不可能在这样的环境中生存下去。"②米切尔的怨言是他那个时代的写照，并且有过相似经历的人对此极度赞同。

---

① 哈德利预测美国经济学会的工作将受到"有思想的商人、记者和办公室人员"的关注。详见阿瑟·特文宁·哈德利：《主席演讲：经济和政治的关系》，《经济研究》（第 4 卷），1899 年，第 7－28 页。关于政府中学术界发挥的作用，详见戴维·M. 格罗斯曼：《教授和公共服务：社会科学专业化纪实（1885—1925）》，博士学位论文，华盛顿大学，圣路易斯，1973 年。

② 详见露西·斯普拉格·米歇尔：《双重生活：韦斯利·克莱尔·米切尔和我的故事》，纽约：西蒙 & 舒斯特出版公司，1953 年，第 184 页。

三、成立专家组织

在美国的绝大部分历史中，华盛顿并没有为真正的脑力劳动者提供良好的环境或合适的职业回报。事实上，联邦政府从一开始雇佣专家，利用他们的专业技能和政策远见之时，就有必要提出特殊机制，以获得最有才能的社会科学家为政府服务。但是美国农业部和美国联邦储备委员会却是两大例外，因为这些部门的研究有其自身的评判标准。在为委员会（如美国工业委员会和1908年由西奥多·罗斯福成立的乡村生活委员会）效力和参加白宫会议方面，专家只是临时接受任务。由于有能力且受过统计培训的政府人员能够承担联邦机构的日常工作，联邦政府在20世纪初期对大学学者的需求很少。①

34 更加稳固的专家咨询机制框架存在于地方政府和州政府之中。19、20世纪之交，上述两级政府是政治活动最为重要的舞台。1890年，约翰·杜威初步成立了一个咨询服务机构来协助纽约市的立法者。一个更加著名的计划（简称为"威斯康星理念"）通过1901年查尔斯·麦卡锡成立的咨询会让威斯康星大学的教授以研究员和法律起草者的身份参与政治进程。距离威斯康星大学和国会大厦仅一英里的麦迪逊成为唯一合适的将知识和权力相结合的实验室。

已在威斯康星大学教授经济学近30年的约翰·R.康芒斯热忱地将立法参考图书馆称为"查尔斯·麦卡锡的剪报社"。1905年，当州长罗伯特·拉福莱特推行公务员改革法时，康芒斯首次感受到它的价值。他写道："我发现这是全新的图书馆，全部资料都经电报从他处传来。麦卡锡为公务员组织、州政府各个部门及个人发送电报，寻求章程，呈交立法机构之前的议案、剪报及评论。就在拉福莱特州长要求我协助其立法的一两天内，麦卡锡为我提供了所有立法所需的材料……我从来不知道存在反应如此迅速的图书馆。"②

---

① 详见戴维·M.格鲁斯曼的《教授和公共服务：社会科学专业化纪实（1885—1925）》中的《学者和统计学》，第23－72页。

② 约翰·R.康芒斯：《我自己》，纽约：麦克米伦出版公司，1934年，第108－109页。

尽管其他州纷纷效仿，也建立了立法参考图书馆，但这一服务设施在深受进步主义思潮影响的威斯康星州尤为成功，它占据新建的四翼威斯康星州议会大厦的其中一翼，与州参议院、州众议院和州最高法院同处一层。尽管教授和立法者赞扬该图书馆在解决各类重要问题、提供帮助的过程中，收集资料十分迅速，但是憎恨学术界参与政治的说客和律师却将其贬低为“议案工厂”。

尽管有些人反对，但是图书馆旨在提供技术性服务而非政治性服务。大多数情况下，专家仅仅编制和分析数据，或者分析其他州的立法建议。虽然这是重要而且有用的工作，但是教授并没有因此成为政客，并且大学也没有篡夺立法机关的职权。康芒斯认为教授的角色很明显是配角，并且指出：“我从没有发起过任何事情。我只听从于立法者、执法者及立法委员会的要求。”①

即使如此，康芒斯仍是威斯康星州政策实验的中心人物。他帮助制定《公共设施 35
法》(1907)和《劳动赔偿法令》(1911)，并在铁路管理和税收政策方面为历任州长提供咨询服务。他还为威斯康星州工业委员会的成立提供了帮助，该组织由专家、工会领袖和企业领袖组成，他们希望在这中立场所中解决劳资纠纷。随后几年，他偶尔以顾问身份到华盛顿首府为美国众议院银行货币委员会提供咨询服务，但是他的主要精力还是放在威斯康星州政府。罗斯福新政期间，美国政府雇佣康芒斯的大量学生帮助其制定社会保障法和劳动法。自此之后，美国才出现更高标准和更稳定的政府机制，以此招募学者参与制定联邦政府政策。

康芒斯曾师从埃利，但未获得博士学位。在职业生涯的不同时期，他曾花费大量时间于19、20世纪之交向隶属于高校的专家开放岗位任职。1899年，康芒斯和另外一名经济学家 E. W. 比米斯获得乔治·B. 希伯利的赞助，他们试图成立具有开拓性的经济研究局。乔治·B. 希伯利因为出售法律百科全书发家致富，并且幻想自己是一名经济学家。经济研究局存在了两年时间，从“非政党性，但具有进步主义色彩的

① 约翰·R. 康芒斯：《我自己》，纽约：麦克米伦出版公司，1934年，第110页。

立场”针对地方垄断和货运利率等课题进行了调研。事实上，希伯利对学术并不感兴趣，他对该局的研究能为民主党所用，并以此攻击总统威廉·麦金利的政策感兴趣。

康芒斯提前20年预估了国家经济研究局今后的工作，试图为经济趋势的分析创建一个更加严密的统计数据库。但是当希伯利越来越不满经济学家对物价指数的研究，并且意识到它在政治上并没有达到其预期要求，他中断了对该局的经济支持，因此这一尝试以失败告终。康芒斯转而投身其他领域。他向美国工业委员会提交了一份关于移民的报告，该委员会后被称为“智库原型”。随后，他成为全民联盟的研究人员。全民联盟成立于1900年，是另一个机构创立的尝试，[1]得到了安德鲁·卡内基、爱德华·A. 法林、杰拉尔德·斯沃普、V. 埃弗里特·梅西、弗朗西斯·珀金斯等致力于改革的商人的援助。联合会是商业研究和政策组织的原型。尽管第一次世界大战之后，它成为激进的反社会主义者宣传其主席拉尔夫·伊斯利的渠道，但是它的初衷却是通过在工人运动和坚持自由放任主义的守旧商人之间开辟中间道路，促进立法，
36 调节商人和工人之间的关系。

20世纪的第一个十年，很多人试图将学术研究与决策联系在一起。1904年，埃利和康芒斯联合成立美国工业研究局。由于得到许多商人和卡内基集团的帮助，康芒斯和他的同事出版了多卷关于劳工和工业的图书，包括名震一时的《美国工业社会历史记录》。1906年，在自由派商人的赞助之下，埃利和其他经济学家与改革派人士合作，成立了美国劳工立法协会，追求州政府和地方政府法律的一致性，最终与联邦政府在劳工赔偿、最低工资和职业培训建议等方面的立法保持一致。

如今，人们熟知的企业家精神和制度建设模式并不新颖。20世纪早期和现今一样，因为个人目标和热情，各种研究院和研究局如雨后春笋般崛起，但是当精力和资金耗尽之时，它们也快速消亡。它们存在的目的是担任研究和决策之间的桥梁，但是却经常混淆客观的调查和政治游说之间的界线。康芒斯从他早期的私人研究组织、

---

[1] 约翰·R. 康芒斯：《我自己》，纽约：麦克米伦出版公司，1934年，第76页。

政府委员会和大学(他在职业生涯之初因带有激进倾向而被雪城大学开除)等工作经历中获得许多重要的初期经验。后来,他写道:“根据我之前与希伯利、伊斯利,及后来的拉福莱特的工作经历,我认识到领导队伍需要经济学家,那么经济学家应将自己定位为领导者的顾问,而非向大众宣传的宣传员。”康芒斯认为只有实际经验才能教授政客如何筛选顾问的建议,并且政客可以据此自由选择采纳或者拒绝他认为适合的意见。“他们是领导者,”他在结论中写道,“我只是一名知识分子。”①

30 年代,康芒斯在描述发生在 19、20 世纪之交的事情时未提到自己的功绩,这表明他似乎已经接受他在决策过程中的从属地位和技术角色。然而他对“领导者”和“知识分子”的适度区分掩盖了他在威斯康星州取得的成就,也掩盖了社会科学家不断增加的真实影响力。他们很快将占据华盛顿最重要的顾问岗位。据康芒斯估计,他至少有 30 位学生在新政时期受雇于华盛顿,因此在暮年,他确实能够引以为傲。

慈善基金会这一新型美国机构的创生是康芒斯在 20 世纪早期没有预测到的。 37
它为全国脱颖而出的专家精英和政府核心机构之间搭建更加稳定、持续的交流桥梁。这一新型基金会以及它们所资助的研究院使受过大学教育的社会科学家的言语更有分量,并且为在政府边缘稳定运行的私人机构提供资源。因此,专家形象从 19 世纪的事实收集者和统计学家(与康芒斯对自己政治角色的描述大体相同)转变为在实验室之外尽其所能的饱腹学识的博士。对于如何防治社会问题,及如何提供稳定基础以诊断和治疗社会问题,这些社会政治专家有自己的真知灼见。

四、专家和预防科学

正是得益于自然科学的科学发现和实践成果的遗产,社会科学许下的承诺才得以实现。实际上,因为“社会”科学处理的并不是化学成分之间或者物理属性之间的可预测的稳定联系,而是易受外界影响的人类机构和毫无规律的人类行为之间的联

① 约翰·R.康芒斯:《我自己》,纽约:麦克米伦出版公司,1934 年,第 88 页。

系，所以其自身概念似乎模棱两可，并且这一概念本就是一种比喻，而不是一种可实现的目标。尽管我们对“社会”的理解也许有所提高——甚至这一观点也是可以争论一番的，但是“科学”的预测和控制两大目标并不比 100 年前更加容易实现。

19、20 世纪之交，最受致力于改革的社会科学家欢迎的比喻来自医药领域和与公共卫生相关的领域。这些领域的防治理念深深吸引了那些试图通过科学方法解决社会经济关切的社会科学家。随着“诊断”这一比喻逐渐流传开来，政府插手改善工作环境、保障性住房、教育和休闲等众多领域就有了正当的理由。富裕的慈善家及其顾问特别看重这一比喻，并且开始实践他们所说的新型“防治性慈善科学”。

38 弗雷德里克 · T. 盖茨曾担任浸信会牧师和老约翰 · D. 洛克菲勒的顾问。他辩论称“疾病及其带来的罪恶无疑是人类苦难的唯一来源”，也是经济、政治、道德问题的根源，①这也是当时盛行的观点。1897 年，他用一个暑假的时间阅读威廉 · 奥斯勒爵士描述的医学研究滞后的《医学原理与实践》。返回纽约后，盖茨为洛克菲勒医学研究所制定计划纲要。洛克菲勒医学研究所成立于 1901 年，它是以柏林和巴黎的科克研究所和巴斯德研究所为模型，会聚所有全职投身于研究的医学研究员。研究所的研究员很快成功鉴定多种疾病的病因，并且提出合理的治疗方案。洛克菲勒认为，这成功强烈地暗示慈善本身应该（正如他自己所说）“探究邪恶之原因，并从其源头治愈之”②。

这一观点对当代处理社会经济问题的方法产生重大影响。慈善家、研究员及改革者全都采用源自科学医学领域的比喻，谈论社会弊病，表明不愿止步于减轻病症，而是愿意探究问题根源，寻找治病药方和疗法。与此同时，医学界已经发现导致特定疾病的特定细菌，并且表明有可能能够防病治病。慈善家和社会研究员很容易因此

---

① 详见弗雷德里克 · T. 盖茨：《我生活中的章节》，纽约：弗里出版社，1977 年，第 186 页。

② 详见约翰 · D. 洛克菲勒：《洛克勒菲自传》，纽约花园城市：道布尔迪出版公司，1937 年，第 177 页。关于洛克菲勒基金会起源，详见雷蒙 · B. 佛斯迪克：《洛克菲勒基金会轶事》，纽约：哈珀柯林斯出版社，1952 年。乔治 · 哈尔、彼特 · 约翰生：《洛克菲勒世纪》，纽约：西蒙 & 舒斯特出版公司，1988 年。

相信,社会领域也存在类似的因果关系。

这种从病症到原因、从救济到防治,及从慈善行为到广泛的社会调查表明,社会视野发生了根本性的转变。如今,改革者不再一味地依赖过时的个人慈善以减轻困难的处境,而是更加注重利用可持续的社会调查消除集体弊病。他的这一方法暗含了他们对建立新的社会组织调查方法和成立新的研究机构的呼吁。新的研究机构不单单调查慈善机构的管理问题或者申请救助的民众的道德素养和经济需求,其关注点还在于探索导致这些问题的更为宏观的结构和环境因素。

由于得到新型慈善基金会(它们具有多重目的)的支持,所以将研究员集中到更大的机构进行长期研究的机构型组织形式逐渐成形。成立于 1911 年的卡内基基金会和成立于 1913 年的洛克菲勒基金会为社会研究提供了无可比拟的资源,但是成立
于 1907 年的拉塞尔·塞奇基金会为之指明了方向。作为新型机构,虽然拉塞尔·塞 39
奇基金会在许多方面都进行了创新,但其根基仍是老式的。它连接了旧世界的业余社会调查员和新兴的专业社会科学家,不仅在州政府和当地政府政策的传统领域自由运作,而且还帮助培养全国性政策精英(这些政策精英们日益指望联邦政府出台解决国家社会问题的方案)。

五、致力于“持续改善社会状况”的基金会

1906 年,年近 80 的玛格丽特·奥利维亚·塞奇在其丈夫去世之后,成为全美国(也许全世界)最富裕的女性。她之前曾致力于慈善和教育工作,从特洛伊女子学院毕业之后,就走上了教师岗位。塞奇曾任职于美国卫生委员会,并且以志愿者的身份担任纽约市妇女医院的行政主管(当时共三名主管)。玛格丽特·奥利维亚·塞奇很快利用这次机会将她 7 000 万—9 000 万美元的巨额资产用于她所热爱的各项社会事业之中。在她去世前的 12 年间,她捐出了约 3 500 万美元。她还殚精竭虑地思索一种机制,用以管理其部分用于社会福利的赠款。

许多与她同时代的人,包括她的律师罗伯特·德福雷斯特(他出生于纽约的一个

古老家族，是纽约慈善组织协会的领袖），已经意识到，需要成立资金充足的全国性组织，以致力于研究和著作，实现塞奇基金会章程中所声称的“持续改善社会状况”。1907年，塞奇夫人出资1 000万美元成立塞奇基金会。许多人认为她以丈夫的名字命名该基金会并不是由于对丈夫的感情，而是对她丈夫不热心于慈善事业的反讽。

在进步主义日渐式微的末期，拉塞尔·塞奇基金会为社会调查、政策处方和公共辩论的形成起到了推动作用，并为政策讨论打造了新的全国性舞台。[①] 几乎在任何一个方面，该基金会（如今仍资助社会科学研究和出版项目）都是社会政策研究和推广的典型机构。它的目的在于获取知识本身，不是为了基本的社会调查，而是将研究应用于解决社会问题。基金会的一位顾问这样说道：“我迫切需要获得已有事实的结果，通过进一步获得更多事实，我们也许会得到更多结果。”[②]

40 由于大学研究员的成果具有滞后性，所以该基金会并没有在项目中成功利用这些资源，而是将研究员中的佼佼者汇聚在纽约气势宏伟的文艺复兴风格的办公楼之中。研究员分部门进行调查，部门名称古雅别致，体现了时代的特征，比如儿童救济部、儿童保健部、休闲部、妇女工作部及慈善组织部。起初，它们与运作在美国的慈善组织拥有紧密的联系，并且它们最初的目的在于改善这些组织的工作：私人慈善机构能够更加有效地运作，慈善工作者能够受益于更优质的培训，书籍、宣传小册和期刊能够更广泛流传于改革者组织之间，公众能更加了解关于贫穷和疾病的知识及防治的措施。

拉塞尔·塞奇基金会聚集的专家绝大多数都是通过实践经验而非高级研究项目获得研究技能的。他们急切地希望将自己的研究成果传播到公众领域，并且要求开

---

① 关于拉塞尔·塞奇基金会的遗留记录和玛格丽特·塞奇基金会的个体慈善捐款信函存放于纽约坡坎蒂科山区的洛克菲勒档案中心（以下简称RAC）。关于该基金会的历史及文献使用指南，详见缩微胶片资料：《拉塞尔·塞奇基金会：美国社会研究和社会行动（1907—1947）》，马里兰州佛雷德里克：UPA学术版，1988年。关于该基金会的前四十年历史，详见约翰·M.格伦、莉利恩·勃兰特和F.艾默生·安德鲁斯：《拉塞尔·塞奇基金会（1907—1946）》（共两卷），纽约：拉塞尔·塞奇基金会出版社，1947年。

② 格伦、勃兰特、安德鲁：《1907年至1946年间的拉塞尔·塞奇基金会》（第一卷），第25页。

展更多的公众教育活动。该基金会散发的数百本宣传小册、手册和文章包含一些实用性的意见：产儿喂养方法、孕妇寻找工作方法、组建儿童医护所方法、构建健康的室外凉台方法、传授儿童游戏方法及城市景观规划方法，等等。

该基金会关注当时迫在眉睫的焦点，比如儿童福利、肺结核和女性工作环境。它抓住所有机会，将社会调查与公众改革运动相结合，并且从国家的视角进行运作（这一点不同于传统的组织）。它的研究员收集数据，并将其提供给全国的改革者。30年代，该基金会仍是州立法的法律提案场所，并且就高利贷和少年法庭体系等多种课题起草示范法。①

在早期的匹兹堡项目中，基金会缔造了其最具前景的研究方法。纽约慈善组织协会有时会资助愿意探讨纽约之外的社会问题的作者，并雇佣年轻的作者兼编辑保罗·U. 凯洛格调查匹兹堡的工业状况。该项目得到赛奇基金会的支持，历时 18 个月，成果是 6 卷关于匹兹堡的住房、卫生和工作条件等问题的研究著作。凯洛格和他的同事希望以“人道主义准则”衡量该城市的社会条件，促使匹兹堡政府解决其所面 41
临的问题。因此，该项调查将定量数据与案例分析相结合，将初期调查报告与可读性高的报刊文章相结合，并且插有刘易斯·海因拍摄的图片和约瑟夫·斯特拉绘制的素描。

20 世纪的前 20 年间，调查组织者（特别是参与匹兹堡等一般性城市的调查组织者）对他们的调查将扮演的公共角色一清二楚。这些调查被认为是专业调查者与政府领导进行的合作。它们经常受到民众委员会、教堂总会、商会或者民众提高联合会的监督。之后，这些组织会将技术专家的研究成果传递给大众，并且希望大众受到数据的启发，从而动员社会舆论，敦促形成合理的改革措施。

实际的政治结果很少能达到调查组织者的期待。凯洛格在评估其调查对匹兹堡

---

① 关于社会福利工作的开端，详见罗伊·卢博夫：《专业的利他主义者：社会工作职业的兴起》，马萨诸塞州剑桥：哈佛大学出版社，1965 年。

的直接影响时承认，这种影响非常有限，只体现在工人住房改善方面。但是这项调查的间接影响是促使许多州发起运动，要求通过劳工补偿法。

20 世纪的前 30 年，凯洛格式的调查成为使用最广泛的社会调查工具。这种工具融合了社会调查和大众教育，旨在促进政治变革。1914 年，《匹兹堡调查》的最后一卷发表。之后，赛奇基金会收到大量要求资助同类型调查的请求，它虽然急切推广这种调查方法，但是困于资金不足，无法资助如此多的项目，因此成立了提供技术建议的部门，旨在“培养当地民众对当地状况的问询精神”。1900 年至 1928 年间，美国各地进行的调查达 2 700 多次，调查范围涉及一般性城市调查和对教育、休闲、公共卫生和犯罪问题的专题调查。① 这些早期调查与现代的政策调查的不同将美国各地的技术专家、普通民众以及市政府官员聚到了一起。

新兴的专业社会科学家与他们的第一代业余社会调查者一样，注重收集事实性
42 证据。而且他们开始制定测量标准和单位，这至少表明他们有意解释和解决社会弊病。每间公寓的人均立方英尺的空气可以用来衡量公寓的卫生状况，儿童教师比率可以表明学校的规格，工厂窗户的面积与工人工作场所面积的比率可以判断劳动环境状况。在诸如此类的种种测量中，专家认为测量的结果和社会问题之间存在因果关系，其中暗含了社会问题的解决之道。但是这类调查通常所能解释的远没有表面上看起来那么多。正如基金会的一名职员所言，事实上，这类调查并不是用来测试假设和促进改革的工具，而是用来激发社区意识，加快促进改革的“社区力量”②。

这一时期大部分的调查结果都载于书中，或总结于宣传小册中出版，它们在报纸和杂志文章中得到广泛宣传，并在公众展览会（这是地方教育运动的中心舞台）中被

---

① 关于调查部门，详见格伦、勃兰特和安德鲁的《拉塞尔 · 塞奇基金会（1907—1946）》（第一卷），第 177 - 196 页。关于匹兹堡调查，详见克拉克 · A. 钱伯斯：《保罗 · U. 凯洛格和匹兹堡调查：社会福利和社会公平的呼声》，明尼阿波利斯：明尼苏达大学出版社，1971 年。关于总体的调查运动，详见阿伦 · R. 伊顿、谢尔比 · M. 哈里森：《社会调查参考书目》，纽约：拉塞尔 · 塞奇基金会，1930 年。理查德 · B. 杜森伯里：《真理和技巧：社会学和社会调查运动研究（1895—1930）》，博士学位论文，威斯康星大学麦迪逊分校，1969 年。

② 援引自格伦、勃兰特和安德鲁的《拉塞尔 · 塞奇基金会（1907—1946）》（第一卷），第 177 页。

改编成戏剧。在设计巡回展览时，拉塞尔·塞奇基金会为其提供技术支持和大量的资金援助。展览会在各州县巡回进行，出现在公立图书馆和学校之中。平面设计专家和“视觉教育”专家与调查部门合作，确保大众能理解调查结果。调查者有望对教会和有公德心的民众发表演讲。尽管已经出版多种书籍，但是事实证明，传播实用信息最简单的方式是发放宣传小册。1907 至 1917 年间，该基金会分发的宣传小册有 250 至 300 本。

然而，这些调查带来的直接效果微乎甚微。调查组织者和社区领导者只能声称这类调查拥有短暂影响力，比如警示公众注意地方性问题。堪萨斯州托皮卡市的一位社论作者认为，该项目（指一个民间组织开展的所谓“改善调查”）“唤醒大众，激发大众对系统性和有组织的福利工作的更强烈的支持和信心，让他们对市政的责任和能力有更为深刻的意识，增强自己对城市的归属感”。伊利诺伊州斯普林菲尔德市的一名牧师评论说，在他所处的“极端保守的社区”，调查的价值不在于“已经做了多少工作，而在于它产生的精神，以及促进社会之觉醒”。这种调查思潮深深吸引着伊利诺伊州的诗人韦切尔·林赛，所以他自愿在公民会议上大声朗读调查结果。随后，他
写作了《斯普林菲尔德黄金书》，该书夸张地评论了调查数据。① 43

致力于教育和宣传工作的社会科学家笃信他们的统计研究是教育并激发社区良知的工具。基金会雇佣的研究员从未自诩为科学调查者。正如一位观察者所说，他们是可以与任何著名大学任课教师相比拟的“专家教师”，但是却受雇于完全不同的机构之中，这种机构“能够为 95%的未受过大学教育的人群带来益处”②。赛奇基金会确实是一种全新的机构，拥有卓越的研究实体，具备全国视野，配有稳定的调查员。

---

① 关于托皮卡调查的评论，援引自格伦、勃兰特和安德鲁的《拉塞尔·塞奇基金会（1907—1946）》（第一卷），第 183 页。关于斯普林菲尔德调查，存放于 RAC，拉塞尔·塞奇基金会，33 号卷盒，264 号文件夹。部长为 G. C. 邓洛普，供职于伊利诺伊州注册局（1917 年 1 月 29 日）。在写给谢尔比·M. 哈里森的信中（1920 年 12 月 20 日），韦切尔·林赛谈到他的《斯普林菲尔德黄金书》和他对调查的热情。该信件目前存放于 RAC，拉塞尔·塞奇基金会，33 号卷盒，264 号文件夹。

② 详见爱德华·T. 迪瓦恩：《拉塞尔·塞奇基金会备忘录（1906）》。目前该备忘录存放于 RAC，拉塞尔·塞奇基金会，2 号卷盒，11 号文件夹。

事实证明，它是大萧条之前25年间最为成功的政策研究机构。

玛丽·范克利克是赛奇基金会最为著名的“教师”成员。她于1904年毕业于斯密斯女子学院。之后，她任职于纽约一家社会服务所，负责调查职业女性的状况。随后，她受雇于赛奇基金会，并且于1909年成为基金会工业研究部门的主管。她和同事对书籍装帧行业、女帽行业及人造花行业的职业女性展开调查，调查她们的薪资、工作时间及工作环境，并且就此产出大量数据。她在基金会的工作为其在第一次世界大战前后参与美国劳动部组织的调查项目奠定基础，这些项目最终成就了美国妇女局。尽管她在该基金会工作，但是她的研究如同其他政策精英成员的研究一样，横跨公共研究和私人研究。她在赛奇基金会取得的成功不止一次地激励美国政府组织平行研究项目。

按照惯例，应该采取具体措施促使州政府和当地政府的决策者利用研究结果。1913年，纽约工厂投资委员会利用其自身的数据及玛丽·范克利克的调查报告推动立法通过，以禁止工厂职业女性从事夜间工作。1914年，该委员会考虑制定工资立法时，再次求助于赛奇基金会，但是这次使用的数据是女帽行业的数据。尽管研究员的目标在于改善社会条件，但是他们在这一时期并不认为自己是某一阶层或某一党派利益的拥护者。与此相反，他们认为自己通过出色的调查促进了民主进程。范克
44 利克认为，在做研究时必需抱有这样的信念，“社区自身必须制定符合自身情况的行动纲领”。她和她的同事们认为自己是立场中立的专家，旨在搜寻证据，以唤醒民众采取聪明的行动。①

19、20世纪之交，社会科学的确视社区价值为理所应当之事而未太过注重社区理论。社会科学追寻的真理可以体现在真理的应用之中。“正如活在当下，我们的问题应来源于生活，以及它所产生的需求和一些不协调的现象。”玛丽·里士满这样写道。她是基金会慈善组织部门的主管，并且是《社会诊断》（关于社会服务这一问题的

① 引自格伦、勃兰特和安德鲁：《拉塞尔·塞奇基金会（1907—1946）》（第一卷），第169页。

开创性专著)的作者。[1] 尽管这种早期的社会科学局限于不带任何感情色彩的社会现象调查,但是它仍开始悄无声息地改变其赖以运作的政治环境,从而改变自身的设想。

随着时间的推移,社会改革者通过慈善组织协会、州慈善委员会、政府委员会、改革协会、社会服务所、大学研究机构及最著名的拉塞尔·塞奇基金会进行的社会调查不断增加,从而暴露出私营部门开展的活动中存在的问题。研究员逐渐在社会环境中找寻到社会问题的根源,但社会环境却不会轻易受到慈善救济或者较大的个体投入的影响。最终,在一些重要性问题发生微妙的转变之后,人们对贫穷、失业和健康问题的解释不再关注穷人的道德缺失和责任,也不再关注旨在帮助穷人的私人机构的不足之处,而是开始关注更广泛的社会环境的相互作用。

此外,尽管早期的社会科学家只致力于实现社会教育的理念,但是他们的工作创建了智力环境,这一环境要求专业且受过培训的研究员进行更多的系统性调查。随着专家数量的增加及专业化的增强,专家间互动或专家与大众的互动的方式随之转变。由于社会科学家退居到大学工作,或受雇于管理调查委员会,专家与大众的关系也发生了变化。曾经一度复杂的社会经济现象如今变得清晰可见,社会科学的研究变得更加具体,专家与普通大众的交流变得更加困难。最终,“疾病防治”的比喻逐渐
被社会科学抛弃,专家似乎不再愿意与普通大众进行交流。与此同时,他们为自己寻 45
找到新的公共角色:他们是追求效能并且拥有机构管理技巧的科学家,而不是寻找防治社会疾病的医生。

---

① 玛丽·K. 瑞蒙德写给约翰·格兰的信。目前该信存放于RAC,拉塞尔·塞奇基金会,34号卷盒,274号文件夹。

46 # 3. 效率专家

一、效率至上主义

“城市是一家大型企业，其股东是民众。”①美国国家收银机公司的创立人约翰·帕滕森以这一简洁的论述总结了众多希望市政府更为高效的中产阶级改革者的观点。诸如帕滕森之类的商人，他们在19世纪80年代至90年代曾领导城市改革，深谙市政府的有效运转能够产生切实的经济效益。街道、交通、电灯、港口、码头等新型便利设施，造价昂贵，但它们对城市的经济繁荣十分重要。19世纪末，随着城市扩大其公共服务范围，加上其功能的合法性逐渐得到认可，商人和社会改革者在寻求提高市政管理效率上达成了共识。20世纪头十年，诸多市政府都采取了委员会制和议会—经理制，改革者和商人的努力得到回报。

20世纪初，改革者提出与“防治”比喻相竞争的全新科学性比喻：效率理念。“效率”这一概念取自物理学，为雇用专家提供了新的依据且重新定义了专家应如何参与政府管理。作为指导原则，它也重新确定了专业技能在政策决定中的地位。

20世纪头二十年，美国举国上下都在追求效率，好比“一场世俗领域的大觉醒”，
47 影响范围波及企业、工厂、医院、学校、教会、家庭以及各级政府。② 20世纪头十年，“效率”这个新词汇在政治层面广泛传播，开始取代(并未消灭)“预防医学”比喻，并指

---

① 援引自詹姆斯·温斯坦：《自由国家的企业理想(1900—1918)》，波士顿：灯塔出版社，1968年，第93页。

② 参见塞缪尔·哈伯：《效率与提高：进步时代的科学管理(1890—1920)》，芝加哥：芝加哥大学出版社，1964年，第9页。另参见塞缪尔·P. 海斯：《资源保护与效率至上主义：进步主义资源保护运动(1890—1920)》，马萨诸塞州，坎布里奇：哈佛大学出版社，1959年。特别是第13章《保守主义运动与进步传统》。

导政府政策。对效率的追求激励着商业、行政管理以及社会工作研究所的创建者前行，也成为那些历史悠久的政策研究组织（包括布鲁金斯学会、二十世纪基金组织以及国家经济研究局）的早期支持者前进的动力。很快，专家作为效率倡议者与政府和市民建立起新的关系。他们最初被聘用为企业顾问，后来成为公司管理人员。市民（如股东）被期望遵从专家的明智决定，而专家的工作只需定期评判。

效率的理念在美国人的生活中历来享有受人尊崇的地位。它当时无疑是一种老式的“富兰克林式”的美德。20 世纪 70 年代和 90 年代经济衰退时，慈善工作者和社会改革家曾讨论过组织效率问题。但直到 19 世纪末，新发现的热力学定律应用于分析蒸汽机能量输入和输出的比率时，这一术语才获得一层更为严谨的含义。得益于机械工程师的数学及工艺计算，“效率”才实现了量的精确，并开始应用于工厂和其他领域。

弗雷德里克·温斯洛·泰勒是最负盛名的效率至上主义宣扬者。他为了发现管理效率的科学原理，从 19 世纪 80 年代起就开始辛勤工作。当他手拿记事本和手表在工厂站着仔细观察工人完成日常任务时，泰勒看到了使工人工作变得更为合理以及科学的可能性。他写下有关“铲装科学”和“繁重劳动定律”的文章，相信每位工人的每个行为都可以归纳为机械原理，其效率都可以得到提高。泰勒提出的科学管理原理植根于观察和实验，对一般规律（与自然规律相对应）的探索也推动着他的研究。更大程度地“节约”人力可以以最少的劳动力投入实现工厂或者企业产量的最大化。

泰勒与改革家、慈善家一样，相信科学可以促进工作场所以及整个社会的和谐与
合作。他认为采用科学的管理方法可以从源头上消除工人与雇主之间的纠纷。他找 48
到了办法可以解决卡尔·马克思等预言家提出的阶级斗争，该方法不依赖于历史发展规律或者经济秩序的重大结构变化，而是依赖于每个美国工人（从最卑微的装卸工到技术熟练的机械工和文书工作者）都适用的物理定律。泰勒认为，所有的工作关系都可以通过一种更有成效的方式重新组织，对劳动成果进行分配才能使工人和雇主

的利益相一致。①

在马萨诸塞州洛厄尔市的街道、科罗拉多州勒德洛市的采矿营地，还有其他地区都发生多起劳工暴力对抗事件，这让很多中产阶级改革者觉得泰勒所提出的工人和雇主拥有和谐关系的愿景极具吸引力。但泰勒提出的体系需要全天候的计划、观察、在岗实验、大量记录、对劳动力的高强度培训，以及不断激励工人以维持工作节奏。此外，按照他的规划，专家作为策划者和管理者将始终居于支配地位。工人会把决定如何执行一项具体任务的大部分职责交给专家。“效率”的充分实现会促使工人达到身体耐力的极限，正如查理・卓别林在《摩登时代》中诙谐的表演：奋力奔跑想跟上一直运转的装配线。但是泰勒预测，如果认同专家的判断，生产力就会提高，利益就会增加。如此，管理者和工人的关系定会更加和谐。但他未明确说明收益应如何具体分配。

如果效率的概念可以应用于商业环境中的人们、机器和金钱，过不了多久政治改革者就会考虑将这一概念应用于社会和政府。他们推断，如果民主政府更多地采用现代商业公司权力集中、等级分明的特点，且由训练有素的管理人员接管政府的管理任务，那么政府效率可能就会得到提高。专家管理者会根据竞争及效率的准则，而不是基于政治赞助来做出决定。他们定义公众利益的方式是那些经由党派之争和幕后交易选举出的官员做不到的。专家定义公众利益的方法和确定利益的烦琐政治程序之间的冲突显而易见。

尽管专家们仍在进行广泛的调查（这些调查旨在发动、领导开明的公民进行改
49 革），他们同时还在努力为自己在政府官僚体系内谋得一个永久性职位。在很多城市，有改革意识的市民（通常在杰出企业家的支持下）设立了市政研究所，以推动高效政府这一目标的实现。上述研究所在美国四五十个城市纷纷涌现，它们有时是私立性的，且受到民选官员的质疑，有时是准公共性质的，并与当地政府合作运行。研究

① 参见弗雷德里克・温斯洛・泰勒：《科学管理原理》，1911 年，纽约：哈珀柯林斯出版社，1947 年再版。

所只在当地运作，但它们中的绝大多数也致力于推动可应用于各个领域广受认可的普通管理科学的研究。

1907 年，亨利·布鲁埃尔和威廉·H. 艾伦协助成立了纽约市政研究所，它在新兴机构中最负盛名。布鲁埃尔是新生代的社会科学专家，他在芝加哥大学时师从托斯丹·凡勃伦，也在哥伦比亚大学修过政治科学，还拥有哈佛大学的法律学位。他在麦考密克收割机公司的人事部开始自己的职业生涯，后来在几家私立的改革组织担任研究人员。他在纽约扶贫协会(AICP)遇到艾伦，这是一个研究慈善与改革的历史悠久的组织，它创办于南北战争时期。拥有宾夕法尼亚大学哲学博士学位的艾伦也是一个拥有高学历的新生代专家。在宾夕法尼亚大学就读期间，他师从才华横溢而又为人古怪的经济学家西蒙·帕滕(他被另一位学生称为“扭转宇宙尾巴的人”)。布鲁埃尔和艾伦在 AICP 工作一段时间后，就着手建立了一个研究所，借以充分利用拥有社会科学、会计、管理以及法律学科背景的专业人员的技能，使他们免受政治和反复无常的改革运动的干扰。

1904 年，曾在 1902 年召集过纽约改革人士的市长塞思·洛竞选连任失败，他在碌碌无为的一个任期后被赶下台，这让布鲁埃尔极度崩溃。在反思政治挫折以及找寻“因天性和人格而伟大的管理者”无果后，布鲁埃尔推断理想的管理者“找不到是因为他本来就不存在”①。这也表达出了很多改革者感觉到的幻灭。艾伦也表达过类似的抱怨，他说“几乎毫无例外，所谓的改革政府都只注重美德而不是效率”。在艾伦
看来，政治研究所应该“既不依赖政治，也不依赖普通的(原文如此)公共智慧……最 50
高的需求是有一个能以事实代替灾难和丑闻的智力机构”②。他们的观点赢得了纽

---

① 引自简·S. 达尔伯格:《纽约市政研究局:政府管理的先驱》，纽约:纽约大学出版社，1966 年，第 4 页。

② 对纽约研究所和布鲁金斯早期历史之间关系的精彩描述，参见唐纳德·T. 克里奇洛:《布鲁金斯学会:民主社会的专门知识与公共利益(1916—1952)》，迪卡尔布:北伊利诺伊大学出版社，1984 年。艾伦的评论来自市政研究所计划的早期备忘录，出处同上，第 25 页。另参见威廉·H. 艾伦:《高效的民主》，纽约:多德-米德出版公司，1907 年。

约一些商界精英的支持，其中就有约翰·D. 洛克菲勒、安德鲁·卡内基、J. P. 摩根、E. H. 哈里曼和卡廷·R. 富尔顿。

到 1910 年，纽约研究所已有 46 名职员，年预算近 10 万美元（来自 64 位个人捐赠者），这笔预算在当时相当可观。当市政雇员填补路面凹坑时，你可能会发现研究人员正站在路边做笔记；你也可能发现他们在市政府办公室仔细检查分类账或者设计支出汇报的新形式。虽然坦慕尼协会的政客很快就称纽约市政研究所为“市政污秽局”，但是仍有好几个市政府的部门领导登门拜访并寻求建议。研究所主要专注于研究预算方法和会计方法，这赢得了纽约市官员的认可。到 1911 年，研究所开办了公共服务培训学校，这是美国第一所致力于公共管理的学校，也是雪城大学麦克斯韦尔公民与公共事务学院的原型。纽约市政研究所的研究激励着类似的研究所在全国各地建立，甚至在 19 世纪头 10 年控制密尔沃基市政府的社会主义者们也成立了效率所，并邀请约翰·R. 康芒斯担任主管。在 20 世纪头 20 年对全国做出杰出贡献的纽约研究所于 1928 年更名为国家公共管理研究所。

在全国各地，市政研究所的专家们制定出会计方案，进行了初步的成本效益测试，各机构因而能够向市政府做出精确的工作汇报。但对他们而言，效率指的不仅仅是给公务人员提供绿色的眼罩、削尖的铅笔、规范的凭单形式以及分类账，还指公民身份这一概念的根本变化。纽约研究所围绕一些复杂得让人难以置信的主题制作了数百份小册子和报告，并初步拟定了一个标题——《曼哈顿的治理之道》，但在 1907 年到 1913 年期间，纽约研究所主要出版物的标题却变成了《高效的公民》。

纽约研究所的职员认为效率是政治问责的前提条件。政府工作没有评判标准，公民就不能做出明智的投票决定。如果某无党派机构独立于政府之外，且其职员都
51 是未陷入政治官僚体系的管理专家，那么，该机构很明显可以在任何一个严密的政治体系中占有一席之地。正如沃尔特·李普曼在《转移与控制》一书中宣称：我们需要科学专业知识提供“民主的准则”，设立客观的标准，给机构提供新的管理技巧建议，判定政府是否达到效率的评判标准。

虽然市政研究所的专家们声称，他们从事的事业是科学性而非政治性的，他们只寻求事实，但他们为引导公众、评判政府工作做出的努力不免会有损这种说法的真实性。关于财政部门或者公共工程出现的浪费或者欺骗行为的报告会带来政治后果，他们发起的设立新机构的运动（如提议建立纽约市儿童卫生局）经常被认为是专门控诉市长政权。[①] 管理专家不可避免地会侵犯政治权威。与此同时，效率专家有时候还会泄露这样的事实：他们对行政手段的关注不亚于对政治目的的关注。举例来说，布鲁埃尔就认为除非政府更加高效运转，否则改革目标永远不会实现。而艾伦则解释称，政府提高效率的运动不应被视为“一个节约或者吝啬的提议”，相反，应看成“一场赋予民主生命力的运动，因为它揭示了人们是如何做成一直以来跃跃欲试而又无从下手的事情”。[②] 很明显，艾伦相信专家具有足够的洞察力将民意转化为政治行动。

在各级政府，专家与行政部门缔结了同盟关系，吹嘘有效合理的理想管理将代替杂乱无章的立法程序。这些新生代专家声称，“高效的”公民只需要承认现代政府的复杂性决定了其需要受过专门培训以及具备管理技巧的人，承认如布鲁埃尔坦率地说的“需要代表公民利益的专业服务”[③]。在理想的高效民主社会中，独立的专家会帮助公职人员理性行事，指导公众进行明智的选择。这使人联想到现代的柏拉图式的理想国。在理想国中，护卫者这一特殊阶级会接受会计、经济学和公共管理等学科技能的教育。与此同时，随着众多城市努力实现经济效率的目标，专家们日益把他们的目光转向华盛顿，联邦预算历史性地超过了 10 亿美元，联邦债务也在 1907 年的经济危机后堆积如山。

---

① 革新运动的第一手资料，参见雷蒙德・福斯迪克：《一个时代的记录》，纽约：哈珀柯林斯出版社，1958 年。

② 参见威廉・H. 艾伦：《回忆录》，引自达尔伯格《纽约市政研究所》，第 32 页。

③ 参见亨利・布鲁埃尔：《市政府的效率》，引自哈伯《效率与提升》，第 112 页。

52 二、首次聚焦华盛顿

预算问题令改革者十分困扰，没有什么流程比联邦预算更为错综复杂。迷宫般的预算问题实际上滋生了20多个挥霍和腐败的国会委员会。总统威廉·霍华德·塔夫脱十分了解城市改革者的工作，当他在1910年意识到这个问题时，便成立了经济与效率委员会，并获得10万美元的国会拨款。塔夫脱知道他想从经济与效率委员会那里得到什么。他任命纽约市政研究所的弗雷德里克·克利夫兰为主席，并且让其他主张行政部门控制预算过程的人担任委员会的其他职位。①

该委员会一共发布20份有关联邦机构财政、会计工作的报告，其中有1912年发布的一本600页的册子，题为《国家预算的必要性》。这份报告表达了对当时财政状况的担忧，却未曾提及激励过布鲁埃尔的社会问题。它呼吁增加政府储蓄，要求建立新的行政预算局以集中规划预算，让总统能够向国会提交全面预算。

1913年离任的塔夫脱没有时间将这项提议付诸行动。而伍德罗·威尔逊尽管公开表示对预算改革有兴趣，但他从来没有积极拥护过这项由共和党发起的提案。所以不管怎样，这项议案都会遭遇由威尔逊所在的政党控制的国会的反对。预算改革的支持者们只能撤退到纽约市政研究所。他们在1916年建立了一个私立政府研究所，试图让改革的想法得以在华盛顿延存。这个研究所后来发展壮大，并在1927年更名为布鲁金斯学会。

不像市政研究所依赖于当地商人的捐款，政府研究所的发展壮大得益于新设立的慈善基金会。1913年，洛克菲勒基金会成立之后不久，基金会董事开始着手建立新的机构。他们曾短暂地考虑过模仿洛克菲勒资助的纽约医学研究所或者华盛顿卡内基研究所成立一个社会与经济研究所。但是多年以来，该基金会的公司和慈善活动一直受到严格的审查，在接近公共政策舞台的过程中也总是小心翼翼。

---

① 对经济与效率委员会和1921年《预算与会计法》的概述，参见弗雷德里克·C. 莫舍：《两个机构的故事：对审计总署与管理和预算局的比较分析》，巴吞鲁日：路易斯安那州立大学出版社，1984年，第19-34页。

在标准石油公司经历一系列的法律诉讼后，最高法院于 1911 年判决该公司解
体。诉讼过程揭露了洛克菲勒家族利益的内部运作方式。而约翰·D. 洛克菲勒与 53
其顾问自 1910 年起就设法成立的洛克菲勒基金会，此时仍深陷巨大的争议(争议围绕该基金会为获得联邦特许令所做的种种尝试)。1913 年，洛克菲勒家族持有大量股份的一家公司卷入南科罗拉多州的工人罢工和暴力事件中，为此，家族遭受到了公众十分严厉的批评。沃尔什工业关系委员会听取了小约翰·D. 洛克菲勒和其他合伙人的证词，这使该家族深陷更大的公众争议。

面对各种各样的争议，政府研究所经历了一段非常艰难的时期，它的建立最早甚至被一些人看作是洛克菲勒家族用来对付联邦政府的计划，即对调查政府机构和沃尔什委员会的调查做出反击。洛克菲勒用钱编织了具有政治和经济影响力的灾难性网络，而该研究所似乎是这一网络中的一部分。的确，洛克菲勒基金会秘书杰尔姆·D. 格林在为华盛顿的这家新研究所草拟招股说明书时就已经为此感到担忧。洛克菲勒的多个合伙人也参与到研究所的筹建工作中，但格林知道它必须作为独立实体运行。在塔夫脱原私人秘书查尔斯·D. 诺顿的建议下，格林邀请了一批美国著名企业家和教育家担任基金会的理事。他确信如此声名赫赫的理事会可以保护基金会免受平民主义者的骚扰，因为这些平民主义者迫不及待地想要发现洛克菲勒的又一个阴谋。

政府研究所的赞助者们有意成立一个理事会，以体现自由派与保守派、企业家与学者，甚至东方与西方之间的平衡。研究所的理事包括以下名人：纽约金融家卡廷·R. 富尔顿、哈佛大学前任校长查尔斯·W. 埃利奥特、埃利奥特的继任者 A. 劳伦斯·洛厄尔、哈佛法学院教授费利克斯·法兰克福特、耶鲁大学校长阿瑟·特文宁·哈德利、慈善家、沃尔什工业关系委员会成员 E. H. 哈里曼夫人、铁路公司总经理詹姆斯·J. 希尔、纽约银行家弗雷德里克·施特劳斯、美国电话电报公司董事长西奥多·韦尔、威斯康星大学校长查尔斯·R. 范海斯。时任华盛顿大学董事会主席的罗伯特·S. 布鲁金斯是圣路易斯的一名退休企业家，他的名声虽不如以上人士那么显

54 赫，但他很快就在研究所担任要职。研究所的主席弗兰克·古德诺是一位著名的公共管理学者（在哥伦比亚大学举办过美国首个有关公共管理的讲座），时任约翰·霍普金斯大学校长。

但是，甚至是这样的团体也未能逃过政客和新闻工作者的攻击，后者称其为“洛克菲勒调查”。但是在研究所开始执行它的日常任务——给政府机构的管理例程提供意见后，这些攻击很快消失。因为这种工作既没有危害性，也不可能会吸引公众的持续关注。尽管洛克菲勒的合伙人，如诺顿和格林一直密切关注着研究所，但他们和理事会都试图摆脱基金会或个人等外界因素对研究项目的操控。理事会也帮助洛克菲勒基金会抵挡了一部分来自公众的攻击。

洛克菲勒基金会和政府研究所之间既密切又谨慎的关系为其他基金会提供了效仿模式。美国基金会的职员和理事都会对政治争议保持警惕，而且当有可能导致分歧的社会问题需要研究或者提供建议时，他们经常倾向于通过中介组织进行工作。只有少数捐资基金会（如拉塞尔·塞奇基金会和二十世纪基金组织）的设立目的是实施自己的研究项目。就绝大多数基金会而言，政策研究的主要出资者已经培养了中介组织，他们用资助金成立新的研究中心、数百个私立委员会和工作小组，以执行各种政策研究任务。

就连哈佛前校长查尔斯·埃利奥特这样举足轻重的人物也很关注基金会和新成立的政府研究所之间的最初的关系。设立研究所在他看来是“醉翁之意不在酒”，意在掩护基金会工作。因为基金会参与成立了政府研究所，并对其予以资金支持，所以埃利奥特认为基金会最好还是将研究所纳为下属部门，从而为它承担起全部责任。埃利奥特写道，基金会应该“直面未来可能遇到的攻击。行善积德，日后定会从中获益”①。

从研究所搬到位于康涅狄格大道的临时驻地那一刻起，联邦机构便开始积极寻求研究所的帮助，丝毫没有把它当成谋求不正当影响力的私利之举而感到反感。很多请求是希望研究所对例行工作提供帮助：组织归档系统、撰写人事手册或者优化会计方法。还有一些请求是关于管理方面的研究。研究所在成立初期关注的是联邦机 55
构中有关职能效率的小问题，而不是机构实行的政策和追求的目标。

研究所对效率的狭隘看法强化了威尔逊在很早以前就提出的设想，即政治和管理是可分离的。此外，研究所只任用受过大学教育的精通管理技巧的政治学家，而不雇佣为了良好政府事业长期努力的积极分子。这强调了它所宣称的：它的中立专家可以为任何行政机关提供服务。渐渐地，正式和非正式的关系网络将研究所的职员与行政机构的官员联系起来，这一模式一直延续了约 75 年。

第一任所长威廉・韦罗贝是典型的政府研究者。他曾在普林斯顿大学担任政府研究教授，在政府工作的实践经验使他成为首批“进出”华盛顿的常客之一。1884 年从约翰・霍普金斯大学毕业后，韦罗贝在劳工部担任统计员的工作，在殖民地波多黎各任多个职位，同时效劳于美国统计局和塔夫脱经济与效率委员会。他坦率地承认

---

① 查尔斯・W. 埃利奥特于 1914 年 11 月 21 日写给杰尔姆・D. 格林的信件，现存于位于纽约市波坎蒂科山区的洛克菲勒档案中心(以下简称为 RAC)，全宗号 3，系列号 900，18 号卷盒，128 号文件夹。其他值得关注的关于布鲁金斯早期历史的材料收集存放在政府研究所(IGR)，包括规划委员会几分钟的会议资料和位于华盛顿特区的布鲁金斯学会档案室(以下简称为 BIA)的成立计划书。杰尔姆・D. 格林在他 1954 年 4 月 29 日写给罗伯特・卡尔金斯的信和 1952 年 4 月 5 日写给哈罗德・莫尔顿的信中反思了 IGR 的早期历史，1956 年罗伯特・卡尔金斯起草《布鲁金斯早期历史备忘录》：这三个文件现在都存于 BIA。格林将想出成立 IGR 的主意归功于弗雷德里克・克利夫兰，但他说“最初的推动”来自他与查尔斯・D. 诺顿(离职塔夫脱政府后担任纽约国家银行副行长)站在百老汇大道三教堂前的交谈。大部分 IGR 的启动资金是在纽约的一次晚餐例会上筹集的。关于 IGR 早期历史、经济研究所、研究所院和三者合并的许多资料归档于 BIA 的行政管理文件，103 卷盒。

关于 IGR 的发展简史，参见查尔斯・A. H. 汤姆森：《政府研究所研究成果的论述》，华盛顿特区：布鲁金斯学会，1956 年。关于这一主题的一些叙述，参见查尔斯・B. 桑德斯：《布鲁金斯学会：五十年的历史》，华盛顿特区：布鲁金斯学会，1966 年。

叙述洛克菲勒基金会建立自己的社会和经济研究所这一计划失败的文件现存于 RAC，全宗号 3，系列号 910，2 号卷盒，10 号文件夹，特别参见《社会和经济研究所》(提案)，第 2 页。

自己反感党派政治，因为抱怨贪婪和腐败是党派政治奉行的准则。他认为多数政府“与暴民统治并无二致”，坚称合格的专家不仅适合行政工作，也适合立法工作。与上一代的社会科学家不同，韦罗贝并不相信开明的公民，甚至也不相信受过大量教育的精英。他认为政府应该是训练有素的专家的地盘，并且专家越专业、人数越少越好。不像他以前在普林斯顿的同事伍德罗·威尔逊，韦罗贝赞同铁路、银行业和医疗保健领域的管理应更多地依赖专家委员会，也欣然接受研究所成为明智立法提案的来源。①

尽管韦罗贝倾向于通过行政而非立法的形式解决问题，但他和同事们并没有放弃草拟法规的机会，尤其是为他们期待已久的预算局草拟法规。1919 年，韦罗贝协助组织了国会关于预算改革的听证会，为众议院拨款委员会草拟法案，努力游说议员通过该法案。因为担心总统没有足够的权力罢免总审计长，伍德罗·威尔逊否决了
56 该法案。韦罗贝只好从头开始。威尔逊的继任者沃伦·G. 哈丁上台没多久，韦罗贝便就此事和他交换了意见。而在公共舆论领域，他也另辟蹊径，采取了有潜在危险的措施：雇佣公关经理，在报纸上发表对其有利的故事和社论。

1921 年，哈丁签署了《预算与会计法案》。政府研究所庆祝了这一伟大胜利。尽管研究所未能避开围绕预算改革展开的政治斗争，但它仍公开承诺，坚持中立原则以及行政和政治领域的分离。研究所的职员推断，预算改革可以看作是一场行政管理体制的改革。这些职员自认为是改变政治决议形成框架的提倡者，而不是党派拥护者；他们相信自己是在努力优化行政程序和行政问责制，而不是在决定政策结果。他们对威尔逊提出的区分政治和行政怀有诚挚的信仰，这让他们能够在为行政改革游说的同时，不会觉得自己逾越了专家参与立法程序的界限。②

---

① 关于韦罗贝的职业生涯，参见克里奇洛：《布鲁金斯学会：民主社会的专门知识与公共利益(1916—1952)》，第 34 - 36 页。

② 关于美国预算局最初几年的情况，参见莫舍：《两个机构的故事：对审计总署与管理和预算局的比较分析》，第 35 - 47 页。

三、布鲁金斯先生前往华盛顿

第一次世界大战首次提供了检验专家能力的全国性测试。之后三十年，人们回忆起他们的战时服务经验时，会将其视为典型模范。多个华盛顿战时紧急部门(从训练营活动委员会到中央统计局)需要招募大量人员，这吸引了数千名只要“一美元年薪”的企业高管、律师、社会工作者和教授走出他们通常的活动领域，投入到备战之中。拉塞尔·塞奇基金会的社会工作者和高校心理学家都在处理新兵的教育、测试和训练问题。研究人员则研究女性是否适应新的工作角色。经济学家和统计学家负责为战时工业委员会收集工业生产数据，为关税委员会收集贸易数据，以及为战时劳工委员会收集劳动条件数据。服务于公共信息委员会的心理学家、历史学家与新闻工作者，以及广告经理通力合作，以激起民众对战争的热情。来自各个政府研究所与公共和工商管理学院的管理效率支持者，他们尝试整合仓促建立的各个董事会、委员 57
会和研究局的工作。

备战历时虽短，但强度极大。专家们对这次紧急情况做了充分准备。他们设定航运路线和船期表，尝试让铁路准点运行，盘点皮鞋、纺织品和武器的存货，在士兵集训营内组织歌曲合唱会、棒球比赛以及以“健康”为主题的演讲，监察物价，监视工厂工人的需求量。一战期间，社会科学家做出的贡献与理论和方法没太大关联，也没在华盛顿留下太多制度性遗产。但是他们的工作确实给人们留下了一个大致印象：社会科学可以发挥更大的作用。这场战争既暴露出联邦政府的弱点，也指明了修正这些弱点的道路：更多地依靠企业管理人员和学术界的社会科学家。战争最重要的遗产之一就是联合了企业家和学者。

众多企业家供职于战时仓促建立的机构，罗伯特·S. 布鲁金斯就是其中之一。当时，他已经快 70 岁，头发花白，胡子和八字须修剪得十分整洁。布鲁金斯任职于战时工业委员会，并担任该委员会所属价格管制委员会的主席。1850 年，布鲁金斯出生于马里兰州。1866 年，他搬到圣路易斯，并在这座城市发家致富。当时，他和哥哥都是库普勒斯·马斯顿公司的职员。很快，他就成为明星级旅行推销员，并成为该公司的合伙人，担任基本家居用品（从木质家具、衣夹、柳条筐到细绳、纸袋和包装纸）制造商的代理人。因为需要向许多密西西比州以西的家庭供货，在 19 世纪 60 年代和 70 年代，布鲁金斯的足迹遍布广阔的地域。他 30 岁的时候已经成为百万富翁。后来他说道："那时候我追逐财富，陷害竞争对手。换作现在，我早就锒铛入狱了。"①

40 岁出头的布鲁金斯为了与疲劳和精神崩溃做斗争，有一年时间没有经商，而是远赴欧洲学习小提琴。在那儿他很快发现自己的音乐才能并未达到专业水平。回到圣路易斯的布鲁金斯和以前的生意对手进行了短暂的交锋。这之后，1895 年，45 岁的布鲁金斯退休了，因为他有更广泛的兴趣要从事：教育和慈善。他协助建立了华盛顿大学（圣路易斯），并且和安德鲁·卡内基一道成为多个组织的委员，其中包括
58 1910 年成立的卡内基国际和平基金会。他曾在塔夫脱经济与效率委员会工作，并被任命为政府研究所最早一届委员会的成员。但直到被任命为战时工业委员会的一员，他才真正开始对政府感兴趣。

在战时工业委员会工作的那段时间给布鲁金斯带来的更多是诋毁者，而不是仰慕者。他的同事伯纳德·巴鲁克斥其为"女人似的老光棍"。另一位观察家写道，"布鲁金斯先生人很好，智商高，但大家一致认为他缺乏办事效率"。但是认识他的人最常抱怨的一点仅是他话太多，他们形容他"爱唠叨、讨人厌"，不停地说些"毫无意义的陈词滥调"。②

战争结束后，布鲁金斯决定留在华盛顿。1919 年，他成为政府研究所委员会主席。70 岁的时候，他把精力投入到建立一个机构上。这个机构现在以他的名字命名，也是出于公共目的而成立的征集专家私人意见的模范机构。他的第一个任务是

① 包含布鲁金斯大部分从商生涯的吹捧式传记，参见赫尔曼·哈格多恩：《布鲁金斯传记》，纽约：麦克米伦出版公司，1936 年。

② 以当代视角审视布鲁金斯的战时工作，参见威廉·哈德发表在《新共和政体》18 期（1917 年 3 月 29 日）上的文章《阻止同盟国》，第 238－240 页。伯纳德·巴鲁克和钱德勒·安德森的言论，援引自克里奇洛：《布鲁金斯学会：民主社会的专门知识与公共利益（1916—1952）》，第 53－54 页。哈格多恩在《布鲁金斯》第 261 页对布鲁金斯的喋喋不休表示歉意。

筹集足够多的钱，以确保该机构的生存。于是，他又再次走遍整个国家，说服他的熟人相信降低税收和减少赤字的唯一办法是政府变得更具有效率。他的一个朋友说道："为了钱，他可以和任何人交涉。如果你有一笔还不确定要花在哪里的钱，布鲁金斯可能就会把它搞到手……他从不轻易放过任何人。方法就是磨尽他人的耐心。"①

1922 年，带着建立新的经济机构的想法，布鲁金斯开始接触朋友亨利·普里克特(时任卡内基公司的领导)。在战时工业委员会时，他了解到政府管理者制定经济决策时手上可用的数据太少。布鲁金斯不断地寻求更高的效率，他抱怨经济体中存在太多导致浪费和损耗的源头。他的新机构收集和解释经济数据，研究并尝试根除浪费的现象。最值得注意的是，他带来了新的效率观，这一效率观不仅可以作为准则，应用于个别公司或者政府办公室，而且可以作为一般标准，适用于整个经济的运行。②

为了让这个新机构得以运转，卡内基公司在十余年间捐赠 165 万美元。该公司确信当时经济理论已经足够多(相信其他机构正忙于推进理论研究)，所以它只需要这个机构将经济学知识应用于政策问题、弄清事实，以及让决策者和公众清楚地了解事实。③ 政府研究所和经济研究所的职员和委员会成员都一样，办公室坐落在白宫 59
对面的杰克逊街区。布鲁金斯寻求如他自己所说的"保守主义者"或者"资本主义者"(二者没什么重大区别)担任委员会成员，因而银行家尤其能代表这一委员会。委员会选择了芝加哥大学的经济学家哈罗德·G. 莫尔顿担任机构领导。39 岁的莫尔顿写过有关银行业与金融的书籍，广受好评，而且最近刚完成对战时债务调整的研究。布鲁金斯和他会面讨论新机构的相关事宜时，莫尔顿还很犹豫，因为他对委员会的商业关系和机构的资金捐助者还保持着警惕心理。他不想领导这样的一个机构，该机

① 参见哈格多恩:《布鲁金斯传记》，第 179 - 180 页以及第 253 - 254 页。

② 参见经济研究所的《商业计划书》(1922)，现存于 BIA。

③ 卡内基公司支持经济研究所的声明，参见《经济研究所的历史文件》(1955 年 1 月)，现存于 BIA。

构只会附和其创立者和委员这些外行人所热衷的东西，或是与全国工业会议委员会的研究如出一辙。全国工业会议委员会是由大型制造商提供资助的商业团体，莫尔顿斥其研究结果具有党派性，通过预测就可得到。[①] 他想要布鲁金斯写下一份确保机构职员具备完全独立性的书面保证，并要求一个配套的内部章程，章程规定委员会的主要职责是确保科研工作能够完成，而不是对机构要开展的研究工作表达意见。[②] 尽管布鲁金斯经常对研究工作的进度显得不耐烦，但他还是遵守机构宪章，听从了莫尔顿和其他经济学专家的意见。但是没过多久，布鲁金斯掌管的机构都面临着新的不可避免的问题：办公地点离政府如此之近，本应持中立立场的研究机构怎样才能扮演好恰当的顾问角色。他们还面临着一个反复出现的问题：如何培训、教育梦想成为管理者和顾问的人。

布鲁金斯确信政府需要训练有素的公务人员——用他的话来说就是“高效的工作者”——但他不确定对他们的培训是否应该和专业学科联系起来。但在1923年，布鲁金斯资助成立了华盛顿大学（圣路易斯）的政府与经济学研究生院，研究生院的课程反映出他着迷于解决政府的实际问题。学生被要求在华盛顿的两家研究所实习，同时受机构职员的监督。但在1924年，因为密苏里州的税法问题，这一研究生项目必须作为独立的实体机构并入哥伦比亚特区。这是第三个位于华盛顿地区、由罗伯特·布鲁金斯担任主席并提供资金维持下去的机构。

尽管布鲁金斯研究生院存在的时间不长，于1927年正式解体，但直到20世纪
60 30年代，它仍继续将学位授予已经录取的学生。这是一个高度创新的教育实验，它更加注重社会政治问题，而非特定学科的学术训练。它没有正式的课程、学分或者专业，恰恰相反，学生要参加研讨班，需要与机构职员合作开展实践项目。这些都符

① 参见经济研究所委员会会议备忘录（1922年4月21—22日），引自克里奇洛：《布鲁金斯学会：民主社会的专门知识与公共利益（1916—1952）》，第58页。

② 参见桑德斯：《布鲁金斯学会：五十年的历史》，第29页。

合布鲁金斯的目标：教导学生解决当代问题，而不是简单地向他们传输积累的知识。①

但观察家和评论家们，包括威廉·韦罗贝和布鲁金斯在政府研究所的一些同事却没有觉得新课程有多惊艳。很明显，学生对准备人事手册、研究会计方法或者撰写联邦机构的行政史并不感兴趣，也不太向往与研究所的经济学家共事。相反，他们会成群结队地去听查尔斯·比尔德、约翰·休伊曾加和哈罗德·拉斯基等访问学者的讲座，参加他们开展的简短研讨会。

渐渐地，公共管理专家、经济学家以及研究生项目的老师之间开始产生摩擦。尽管问题经常看上去是学术上无足轻重的争论，但表明了这些人开始对专家在政府中扮演的角色以及能够影响政策的知识工具持有不同意见。公共管理专家（“超然派”和蔑视党派政治的进步主义者的继承人）希望学生精通会计学和公共财政学。他们一直对科学方法和非党派性的专业知识怀有信心。经济学家们则在探索范围更为广泛的问题，包括国际战争债务的处理、关税和贸易政策以及农业政策。他们也出版书籍，这些书籍旨在指导政策制定者处理以上复杂的议题。

渐渐地，两大研究所的人开始对曾经使改革派人士团结在一起的效率观和无党派观持有不同的看法。政府研究所的公共管理学者和政治学者们关注的是职能效率问题，他们避免与政府机构的工作目标发生任何关系。他们的职责是制定联邦退休政策、员工分类体系、划分行政结构以及安排公务人员考试。而韦罗贝回避对政策发表看法，他认为民选官员才应当关心这种事情。“无党派”意味着帮助任何当选的政府高效地追求其选定的目标。但是经济学家却找到了将效率标准应用于政策选择， 61
即根据资源分配和机会成本评估可选政策的方法。专家的方法可能会带来决策标准的确定，因而政策本身可能就是由专家对技术的考虑规划而成。20 世纪中叶就可以看出这两大群体之间的断层线，但直到后来裂缝才变大。

① 参见沃尔顿·汉密尔顿呈布鲁金斯研究生院理事会的报告（1926 年 4 月 30 日），现存于 BIA。

1926年，布鲁金斯请求哈罗德·莫尔顿领导一个研究委员会，该委员会旨在研究合并研究生院、经济研究所和政府研究所的可能方式。在这一过程中，关于专家和私立咨询机构角色的问题自然而然地涌现出来。管理研究者批评研究生院过于关注历史和理论，而忽略将研究内容应用于政府。布鲁金斯抱怨博士学位的授予导致“成熟的学生更少了”，大部分学生只想教学而不想在政府任职。研究生院取得的“结果与我心中一直持有的为政府效力的想法相差甚远”。[①] 没有布鲁金斯的支持，研究生院不可能长久地生存下去。

研究生院的院长沃尔顿·汉密尔顿对为了公共服务而培训研究生持有不同的看法。他认为，专家和公众在提出管理问题之前必须先了解应该实行什么政策。他知道政策依赖于政治假设和道德选择。汉密尔顿为研究生院进行辩护，称它为研究生教育的“一次特别冒险”，认为它与“国民生活方向”息息相关。他对韦罗贝领导的政府研究所和区分政治与管理的旧例提出更为异端的批评。效率的问题被过于狭隘地定义。在汉密尔顿看来，政策、政治和管理紧密交织在一起。此外，他还对莫尔顿和其他人所持的观点——无党派专家可以决定公共利益——提出异议。他争辩道：未得到公认的价值观才是问题的根源，因此，政策制定者需要接受人文领域的广泛培训，以了解哪些价值观还处于争议中，以及应该如何管理它们。

汉密尔顿认为对公务人员的培训需以历史、政治理论和哲学为基础，这与韦罗贝和莫尔顿所尊崇的“中立的专业知识”水火不容。[②] 最后，在全体教员和学生强烈的抗议声中，以及在公众的呼吁和法律威胁（学生向奥利弗·温德尔·霍姆斯和路易
62 斯·D.布兰代斯寻求了意见）下，研究生院还是被关闭了。1927年9月，另外两个研究中心被合并到一起，更名为布鲁金斯学会。莫尔顿成为第一任主席，直到50年代

---

① 罗伯特·布鲁金斯于1927年11月25日写给沃尔顿·汉密尔顿的信。布鲁金斯在1926年5月18日写给韦罗贝的信中就已经表达了他对研究生院的关注。韦罗贝在1926年5月18日的回信中表达了他对忽视公共管理的抱怨。这三封信现存于BIA。另参见起草委员会提出的首个计划，现存于BIA。

② 参见沃尔顿·汉密尔顿的报告。

初他才卸任。

布鲁金斯和他的同事设想成立一个实践研究中心，这个中心既非大学，也非游说和改革组织，而是聚集了一群无私为公众利益服务的专家。它有希望填补华盛顿在这方面的空缺。正如一些人所希望的那样，尽管它永远不会成为一个有能力培养公职人员的全国性著名大学，但它大部分时候都是一个无可比拟的国家社会科学应用研究中心。

或许布鲁金斯学会的支持者是有先见之明的，抑或美国学术生活的发展早已将他们甩在身后。但他们仍将自己的机构视为纠正“教育专业化”这一新兴模式的必要措施。这一模式已经殃及大学，使得社会科学“在服务社会方面越来越发挥不了作用”[①]。因此，虽然政策研究的学术性道路与应用性道路互相平行，但彼此已渐行渐远。虽然布鲁金斯学会在 20 年代末对理解极为棘手的公共议题做出了重大贡献，但社会科学领域的知识进步越来越集中在大学。

于是，布鲁金斯学会便开始努力让联邦机构变得更为高效。这些年来，它一直关注预算和税收政策、国际贸易和经济问题、国际合作机构，以及联邦雇员的工作环境。它自始至终都坚持对政府效率和经济提出问题。实际上，“效率”这一用语仍引起人们对政策的辩论，使人们提出关于政治机构、资源分配以及政府项目成败的问题。在很多方面，美国的公共政策仅仅是对不断变化的效率观做出的注释。但是，专业知识定义的变化反映了赋予“效率”意义的分析能力的变化。并且，在过去的 60 年里，没有任何学科比经济学对定义和再定义“效率”这一概念做出的贡献更大。

四、经济学家的实验室

韦斯利·C. 米切尔于一战期间进入政府工作。1918 年年初，他在日记中简明地 63
记下“宣誓就职——每月兼职收入 300 美元”。44 岁的米切尔已经是美国最有影响

① 参见起草委员会提出的首个计划，现存于 BIA。

力的经济学家之一，他写过关于货币理论、价格和经济周期等方面的书籍。后来，他的一位同事将他描述为“20 世纪上半叶最有代表性的经济学家”，认为他“象征着社会科学研究时代的开创”。[①] 如果说机构是一个人被拉长的影子，那么建立于 1920 年的国家经济研究局就是韦斯利·C. 米切尔的影子。它的演变反映了它发展成熟的过程，也表现了政府官员对社会科学知识的使用越来越成问题。与此同时，它也表明强调理论和方法的研究人员同想要与政策相关的及时结果的研究人员之间的分歧越来越大。

1892 年，芝加哥大学招收第一批学生，米切尔是其中之一。他在经济学和哲学之间左右为难，难以抉择，只好师从两个系的权威人物：托斯丹·凡勃伦（他的课像“没有麻醉药的活体解剖”，米切尔这么写道）、J. 劳伦斯·劳克林、约翰·杜威以及乔治·赫伯特·米德。在加州大学伯克利分校、社会研究新学院（由米切尔协助成立）以及哥伦比亚大学教学和写作的 40 年时间里，米切尔设法让经济学成为严密的统计工作，并设法将量的精确性和理论的严密性应用于对经济周期的研究。正是对事实的耐心积累推动着他在工作上取得进步。[②]

一战期间，米切尔在华盛顿时在战时工业委员会工作。他领导物价部门写备忘录，内容涉及罐装肉、锰以及新西兰羊皮利用的可能性等晦涩话题。米切尔和他战时的同事——来自成立十年的哈佛商学院的埃德温·H. 盖伊——因为受挫于统计数据的缺乏而被迫做出如米切尔所说的“很多猜想”，着手建立一个综合性统计机构。到 1918 年初夏，新成立的中央统计局在盖伊的指导下成为一个联邦经济数据交换

---

① 评价来自约瑟夫·多尔夫曼，参见韦斯利·克莱尔·米切尔：《美国传记词典》附录 4（1946 年），纽约：查尔斯·斯克里布纳父子出版社，1974 年。关于米切尔和很多其他经济学家服务过的战时工业委员会，参见罗伯特·D. 卡夫：《战时工业委员会》，巴尔的摩：约翰·霍普金斯大学出版社，1973 年。

② 关于米切尔的生活和职业生涯，参见露西·斯普拉格·米切尔：《两种生活：韦斯利·克莱尔·米切尔和我的故事》，纽约：西蒙与舒斯特出版公司，1953 年。阿瑟·F. 伯恩斯编著的《韦斯利·克莱尔·米切尔：经济学家》，纽约：国家经济研究局，1952 年。引语来自米切尔：《两种生活：韦斯利·克莱尔·米切尔和我的故事》，第 176 页和第 297 页。

所。米切尔希望它能成为一个从事经济规划和协调的永久性机构，但他和盖伊都不能阻止威尔逊总统将它与其他的战时临时机构一并废除。

在米切尔和其他经济学家看来，战争揭露了美国经济巨大的生产能力。尽管政府对经济的战时干预在危机高峰期发挥了作用，但是这些干预也暴露出政府对国民经济认识的不足，揭示了更佳的统计数据对合理的规划以及高效的经济管理的重要 64
性。战争使米切尔和其他人相信经济统计可以促成“用对社会事实的定量认识来指导公共政策”。此外，面对发生在欧洲的革命以及国内的“红色恐慌”，社会科学似乎为渐进改革和社会和平提供了框架。甚至在一战前，米切尔就表达了对慈善组织者和社会工作者这些外行的些微愤怒。这些人“既不好好做慈善又不好好改革”，不理解社会现象之间的因果联系就开展行动。[①]

当看到老兵回家、经济生产恢复到和平时期程度，米切尔就会担心社会变革会由于阶级斗争和政治骚动再一次断断续续地进行。管理与劳动之间脆弱的战时合作关系也许会破裂，这会使国家回到分裂和充满暴力的局面，战前发生的罢工就是一个典型的例子。米切尔激动地问道：“是我们不够聪明以至于不能想出一个更稳固、更确定的发展方法吗？”[②]米切尔预见到经济学家不只是会处理体制改革问题，他们还会处理范围更为广泛的社会和经济规划问题。

尽管米切尔和其他经济学家确信，社会科学对社会有用处，但与 19 世纪末的业余者不同的是，他们并不相信它可以为具体的社会弊病提供直接的解决方案。战时工作经验教给他们的是：他们可以帮助经济更好地运行。但与战后通货膨胀的较量也揭露出他们所掌握的知识性工具的局限性。社会科学现在看起来并不能提供立竿见影的对策，但它能提供的又不只是效能。如果社会科学家想要实现他们作为科学

---

① 参见韦斯利·C.米切尔：《统计与政府》，收录于《落后的花钱艺术》，纽约：麦克劳-希尔图书公司，1937 年，第 42 页。参见露西·斯普拉格·米切尔：《两种生活：韦斯利·克莱尔·米切尔和我的故事》，第 187 页。

② 参见韦斯利·C.米切尔：《统计与政府》，第 50－51 页。

家的诺言，他们就得提高自己的方法。或许有一天，社会科学可以指导人类前进，使社会变革成为技术问题，而不是只能对动乱做出勉强回答——但这一天还没有到来。

米切尔和其他的社会科学家知道自身学科还极不成熟，他们对社会和经济进程的理解也十分有限。他们中的佼佼者对提出科学主张持谨慎态度。米切尔担心社会科学可能与形而上学或者神学的关系更为密切，而不是力学或者化学。[1] 战争结束后，米切尔和盖伊好奇经济学是否可以成为真正的科学，盖伊认为“在基线足够长，能
65 够从社会测量中得出统计推论之前”，需要“15 或者 20 代人”努力地工作，还需要开展大概 500 年的统计研究。[2]

但是，如果社会学家们追求的是自然科学的精确性和数学的严密性，那么他们得给面临实际问题的人们提供什么呢？他们可能会是哪种政策顾问呢？关于直接放弃“治疗”这个比喻的说法，米切尔说社会学家做的实验工作不够多，比不上医学研究员的实验工作量，但他仍然相信就算是基础研究也可以发挥作用。他的看法极具启发性。米切尔相信，即使社会学家们没能全部理解经济或者社会行为背后的因果联系，他们还是能从衡量变化、高度敏锐地观察事件入手，从而理解这些联系。即使缜密的观察和报告不能够提供直接的解决方案，它们还是可以提高政府官员的决策质量。米切尔的尝试需要新型研究所——这种研究所会收集政府手边没有的数据，它的实证调查既会带来理论上的对经济的深刻理解，也会带来虽说是试验性的实用的决策指导方针。

学术界、商界和慈善界对建立经济研究局的想法已经讨论了很多年。马尔科姆·C. 罗蒂是工程师和统计学家，任职于美国电话电报公司。在那里，他每个月都会筹划对商业环境进行考察，与包括米切尔在内的很多人谈论在第一次世界大战期间建立这样一个国家经济局。和其他经济趋势观察家一样，罗蒂担心美国收入分配的不公平。他认为，在有关国家收入和收入分配的可靠数据出现前，劳资纠纷的问题

---

[1] 参见韦斯利·C. 米切尔：《统计与政府》，第 51 页。

[2] 参见赫伯特·希顿：《行动派学者：埃德温·F. 盖伊》，马萨诸塞州，坎布里奇：哈佛大学出版社，1952 年，第 196 页。

不可能得到解决，社会和谐不可能得到恢复。1916 年，他和朋友内厄姆 · I. 斯通对收入分配问题进行讨论。罗蒂说："我们正在考虑一个最重要的问题，它会深刻地影响这个国家每个男人、女人和儿童的生活。尽管我们拥有大量的统计数据，但对分别是哪部分国家收入流入各社会要素这个纯算数的问题却没有取得一致的意见。如果我们有一个组织，它致力于查明涉及重大公众利益的争议性经济问题的实情，这难道不是一个很大的进步吗？"①

罗蒂和斯通一致同意这样的组织必须代表所有流派的经济思想——"从极端保守的到极端激进的"，必须包括国家所有重大利益团体的代表。因此，国家经济研究 66
局的创立者们招募了各个选区的代表，而且从一开始他们就避免对政策提供具体的建议。他们的目标仅仅是建立一个客观的场所，在这里有智慧的人们可以讨论可供选择的行动方针。这反映了一个存在已久的信条——事实证据可以与价值判断相分离。但该研究局不会迈出下一步，即建议应该采取哪些行动。

但是，创立者们却认为即使是最正直、最具有自我批判意识的研究者也不能摒弃偏见，因为似乎并"没有绝对公正的人"存在。② 因此，他们建立了一个集体评议机构，大家先要对提交的初稿进行评论；如果修订稿没有采纳批评意见，那么持异议的相关负责人就可以发表他们的看法。创立者的目标是建立一个会带来公正研究结果的机构，这个机构会促进人们对政策达成一致。根据米切尔的说法，这个机构将设法把对

① 内厄姆 · I. 斯通在讲述研究局的起源故事时，引用了罗蒂在《国家经济研究局的开始：致敬其创立者马尔科姆 · C. 罗蒂》中的话，这段话出自《第二十五份年度报告》（纽约：国家经济研究局，1945 年）中的《国家经济研究局的四分之一世纪》一文，见于第 6 页。所罗门 · 法布里坎特也在《迈向经济政策更为坚实的基础：国家经济研究局的成立》（马萨诸塞州，坎布里奇：国家经济研究局，1984 年）一书中叙述了研究局的早期历史。另参见盖伊 · 奥尔康：《看不见的手：20 世纪 20 年代的资本主义、社会科学以及国家》，新泽西州，普林斯顿：普林斯顿大学出版社，1985 年。英联邦基金会现为 RAC 所有，拥有一组关于研究局成立的第一手文献，这些文献展示了"一战"期间和"一战"之后罗蒂对研究局规划的变化。来自劳拉 · 斯佩尔曼 · 洛克菲勒纪念馆（LSRM）的材料也阐明了研究局早些年的历史，比如《国家经济研究局最初的三年：对研究局如何运行的非正式叙述》，现存于 RAC、LSRM，系列号 3，51 号卷盒，538 号文件夹。

② 参见《国家经济研究局最初的三年》，第 2 页。

政策的讨论提升到一个更高的层次。它以客观事实取代主观印象，教导那些持有不同意见的人相互之间可以达成一致，从而促成“明智、民主的工作方法”的形成。①

随着1920年经济衰退，经济周期这一课题受到人们的迫切关注。也正是在这一方面，米切尔凭借其1913年的创作《经济周期：问题与背景》在学术界声名大噪。此时，米切尔设想对经济过程进行统计研究。统计研究会以图表的形式表示工厂生产、商品订单、招雇和解雇、信贷需求、资本支出、偿付借款，以及其他所有构成经济不定期兴衰的复杂交互元素的波动。尽管米切尔和他的同事不情愿从自己的工作中得出理论或者实践结论，但他们收集的数据可能会提供一个概念框架，而其他人在处理经济管理工作时会觉得这一框架大有裨益。②

经济学极具实际应用前景。随着20年代被定义为经济衰退的十年，一些观察家们开始展望一个“新时代”。经济管理居于新时代的中心——它依赖于经济学家的实
67 证调查、快速的数据通信以及经济管理者与政府官员之间的协同响应。人们相信经济可以被操纵，而不是由永恒不变、盲目自发的经济规律决定，这进一步巩固了美国社会科学中实证主义坚如磐石的地位。以经济统计形式呈现的数据可以帮助企业管理者安排资本投资、购买存货的时间，帮助政府官员安排公共工程的支出。企业和政治领导者会合作调节经济周期，但是，实证研究和经济政策行动之间还未形成强有力的联系。

五、赫伯特·胡佛与政策联系

找到将经济数据转变成政策的方法并不是韦斯利·C.米切尔成立国家经济研究局（NBER）的主要关注点。而于1921年担任商务部长的赫伯特·胡佛则开始了

---

① 出自露西·斯普拉格·米切尔：《双重生活：韦斯利·克莱尔·米切尔和我的故事》，第355－356页。有关工作15年后的评价，参见韦斯利·C.米切尔：《回顾与展望（1920—1936）》，纽约：国家经济研究局，1936年。

② 早期的研究参见威尔福德·I.金、弗雷德里克·麦考利和韦斯利·C.米切尔：《美国的收入总额与分配，（1909—1919）》（第二卷），纽约：国家经济研究局，1921年，1922年。

长达十年的实验,实验对象是将研究与政策联系起来的各种方式。在担任商务部长以及后来担任总统期间,胡佛一直声称美国急需更好的数据以及对经济周期更为深刻的理解。胡佛的看法反映了开明的企业领导、经济学家和慈善家的基本共识。这些人开始不再将经济周期和非正规就业看成是资本主义的必然特性,而将其看作异常现象。前者是过度生产的自然而然的结果,后者则必然会产生一批剩余劳动力。它们是经济浪费、经济效率低下的前兆。

这时,社会科学各个领域的人们想法趋于一致。消灭浪费、提高产量是社会工作者、改革者、企业管理者、工程师、学者和政府研究人员一致认可的目标。玛丽·范克利克和她在拉塞尔·塞奇基金会的同事对特定行业所做的研究表明,贫困和工作环境恶劣是非正规就业和不稳定就业的结果。米切尔等研究过经济周期的经济学家们逐渐将经济的兴衰看成是一系列事件,及时地调节可以预测到这些事件并使其趋于稳定。①

但是社会学家们却很不确定用什么方法可以使国民经济更为高效地运行。政府在这方面可以发挥什么作用,第一次世界大战并没有留下明确的经验。伯纳德·巴鲁克是战时工业委员会的极具威严的主席,也是一位精通巨额融资的资深政治家。他相信战争已经促使人们搁置过时的自由放任传统。② 尽管政府最近在调动国家生 68

① 《经济周期:问题与背景》(纽约:国家经济研究局,1927 年)是国家经济研究局的研究成果,该书第一部分讨论了仍处于争论中的经济周期理论,解释了为什么对构成经济周期因素的全面定量描述必须要先于更进一步的理论化。"引起经济波动因素的相对重要性是什么?这些因素波动特点的相对振幅是什么?这些因素产生影响的相对振幅是什么?什么顺序下经济波动会发生?发生在什么时段?这些问题只能通过统计数据解决。"研究局的研究考察了历史数据,尝试理解随着时间的推移经济体制如何变化。长远的观点对发现经济周期和趋势十分重要,而且要想发现经济行为的规律,一系列数据都必须是连续的、一致的以及全面的。

米切尔和他的同事知道数据收集对研究其他问题的经济学家、决策者和商人大有裨益,但研究局承担不起定期发布数据所需的费用。为 17 个国家提供历史记录的《商业年报》于 1926 年出版,定期更新到 1931 年。逐渐地,政府机构开始接管出版的任务,出版量等同于美国统计局的《美国历史统计资料》(1949 及以后)以及美国商务部月刊《商业环境文摘》的出版量。

② 参见伯纳德·巴鲁克:《巴鲁克:我自己的故事》,纽约:霍尔特-莱恩哈特-温斯顿出版社,1957 年,第 308 页。

产能力上取得了成功，但是大多数商人并不愿意听从政府的指示。如果说人们能从短暂的战时规划经历中吸取到经验的话，那么这一经验也倾向于使他们更加确信一件事情：只有企业、政府和劳动力之间自愿合作（以劝说为基础），经济才能平稳运行。历史学家埃利斯·霍利将这种合作模式描述为“联合政府”。这一模式下，私立团体（而非联邦政府）居于决策活动的中心。①

战时的经验给人们提供了展望：制定独一无二的美国式方法，解决经济社会问题。以自愿合作为基础的方法既不会像自由放任竞争一样倡导无政府主义，也不会像集体主义和国家主义一样扼杀个人自由。集体主义和国家主义是出现在欧洲的极具危害的趋势，它让很多美国人感到担忧。很少有美国人比赫伯特·胡佛更关注战时规划和自愿合作的经验。胡佛在1921年到1929年担任商务部长，之后又担任总统，他有计划、有步骤地致力于建立一个扎根于社会科学知识的合作联合体，他的方式是召集专家参加委员会和会议。在1921年的经济衰退期间，才在商务部任职几个月的胡佛就召开了失业会议；在总统任期快结束的时候，他发布了大量社会趋势研究委员会的报告。在总统任期内，胡佛一共召开了大约30次会议，主题有诸如教育、住房、公有土地、石油资源保护、执法和浪费等方面。其中很多会议都是付出巨大努力的合作研究的成果。单单“白宫儿童健康与保护”会议就有2 500个代表参加，发布了35份研究报告。

胡佛相信可以通过教育、宣传和劝说唤起开明的个人主义，它没那么自私，更关注长期的合作目标。在他所憧憬的和谐、平稳运行的资本主义体系这一合理的共和政体中，学术工作小组是最为重要的因素。根据胡佛的看法，专家委员会将评估科学

① 关于20世纪20年代的经济学家和经济政策，参见奥尔康：《看不见的手：20世纪20年代的资本主义、社会科学以及国家》。威廉·J.巴伯：《从新时代到新政：赫伯特·胡佛，经济学家与美国的经济政策（1921—1933）》，英国，剑桥：剑桥大学出版社，1985年。参见埃文·梅特卡夫：《商务部长胡佛与宏观经济管理的兴起》，出自《商业史评论》（第49期），1975年，第60-80页。参见埃利斯·A.霍利的各种作品，包括霍利等人编著的《赫伯特·胡佛商务部长：对新时代思想和实践的研究（1921—1928）》，爱荷华市：爱荷华大学出版社，1981年。参见霍利：《第一次世界大战和现代秩序的形成（1917—1933）》，纽约：圣马丁出版社，1979年。

信息，并就如何解决具体问题达成一致。委员会将会与来自公众的压力相隔绝。委员会的报告将被用于引导公众舆论，动员人们支持那些出自客观冷静考虑的政策。私立慈善基金一如既往地为这些项目提供资金（胡佛是一个精明、熟练的募捐者）。 69
大多数专家在私立研究所和大学进行研究工作。

与很多他雇佣的专家相比，胡佛对专业知识的应用前景持有更为乐观的态度。他召开失业会议时，国家正遭遇紧急救济和创造就业岗位的问题，但胡佛真正的目标是找出避免经济周期性波动的方法。① 这个会议设立第一个研究委员会时，它呼吁NBER 研究 1921 年的经济萧条，评估降低失业率的各种提议。NBER 在规定的六个月内完成了报告，但是被要求赶紧完成任务让韦斯利·米切尔和他的职员非常困扰。米切尔抱怨道，他的职员停下工作仅仅是因为截止日期到了，而不是因为调查已经完成。② 他固有的谨慎的科学态度与政治紧迫性相互冲突。在米切尔看来，对及时性而非理性的强调损害了初生的社会科学的标准。

但是在整个 20 年代，社会科学一直被寄予厚望：要成为“基于事实的”决策工具。胡佛借助手下的委员会，利用专家的智慧，宣传委员会的调查结果，希望可以达成自愿合作，这样政府就不必动用立法手段规定解决办法。他相信，只要专家可以达成共识，美国经济就会进行自我调节，而政府的活动范围也不会扩大。

1927 年，经济出现较小幅度的衰退。胡佛再次求助于纽约基金会，这次他的计划是研究经济。为此成立的近期经济变化委员会召集的代表和早期的失业会议召集的代表基本一样。该委员会也是依靠私立基金会提供资金支持，依赖私立研究组织所工作。NBER 再一次发挥主导作用，与此同时还有几十个大学、政府机构、商业组

① 关于 1921 年的失业会议，参见卡罗琳·格林：《1921 年的失业大会：全国合作规划的尝试》，出自《美国中部：历史评论》（第 55 期），1973 年 4 月，第 83－107 页。参见梅特卡夫：《商务部长胡佛》。关于胡佛召集的会议和委员会，参见巴里·D. 卡尔：《总统的计划和社会科学研究：胡佛的专家们》，出自《美国历史研究》（第 3 期），1969 年，第 347－409 页。参见卡尔：《查尔斯·E. 梅里亚姆与政治学研究》，芝加哥：芝加哥大学出版社，1974 年。

② 引自法布里坎特：《迈向经济政策更为坚实的基础：国家经济研究局的成立》，第 24 页。

织、行业组织和劳工组织协助其完成工作。1929年初，委员会发布报告，称赞了经济管理十年来取得的显而易见的进步。[①] 企业似乎能够解决周期性经济波动和其他较小的经济波动，而且毫无疑问的是，统计学知识和智力合作已经开始让国家能够在很
70 大程度上控制经济生活。1929年秋天的股市大崩盘和随之而来的经济大萧条，很快使这份乐观的报告沦为对20年代的活力和自信的讽刺性评论。但胡佛对社会科学的信心并未动摇。

担任总统期间，胡佛推广了他担任商务部长时就采用的研究技巧和政策制定技巧。1929年夏末，胡佛指派手下的一位职员——弗伦奇·斯特罗瑟——组织对国内趋势的大调查。作为大调查的发起人，胡佛总统也私下会见了很多他想要招募的人，包括被胡佛邀请为项目提供资金的洛克菲勒基金会高管。与此同时，不管米切尔和其他社会学家对加入胡佛的另一个委员会持何保留意见，作为政策顾问，他们都不会错过提升自己地位的机会。[②] 胡佛将委员会的工作设想为“第一份全面的用于指导公众政策的社会事实的报告”，而且他极为期待这份报告能够指导他第二任期内的政策制定。对研究抱有热情的胡佛没有指望联邦政府承担研究费用，最后，他从洛克菲

---

① 关于总统召集失业会议后成立的近期经济变化委员会，参见《美国最近的经济变化》（第二卷），纽约：麦克劳-希尔图书公司，1929年。

② 对于这次机会，北卡罗来纳大学的一位教授表达了他的观点：“胡佛先生最近曾在一次私下的谈论中讲到，他希望他的政府能够以事实为基础。即使他可能会有点儿着急，但这是一个最为重要的局面，而且我们面对的是实际情况而不是理论。它似乎是一次不同寻常的可以进行努力尝试的机会，而这种机会并不多见。”参见霍华德·奥德姆1929年9月2日写给E. E. 戴的信，现存于RAC，洛克菲勒基金会，全宗号1.1，系列号236，9号卷盒，112号文件夹。

勒基金会拿到500万美元支持自己的研究工作。①

作为守旧派的进步主义者，胡佛比他雇佣的大部分专家更加致力于合理地规划社会的变化。他视科学为令人不安的民主政治活动过度的解药。尽管胡佛直率地表示自己确信科学可以缓和公众情绪，但他没有预料到大萧条的破坏程度之深、造成的困难之大，也没有预料到社会科学研究会涉及令人费解的政治事务，而后者几乎是一个棘手的问题。20年代，新出现的大学研究职业化和人们对技巧、方法的愈加关注

---

① 关于总统的社会趋势研究委员会，参见卡尔：《总统的计划和社会科学研究》。参见赫伯特·胡佛：《赫伯特·胡佛回忆录：内阁与总统任期(1920—1933)》，纽约：麦克米伦出版公司，1952年，第312－313页。有关社会趋势项目早期规划的文件和有关洛克菲勒基金会参与提供资金支持的文件现存于RAC，全宗号1.1，系列号200，326号卷盒，3873号文件夹；《总统社会研究委员会的报告》中阐明了委员会的目标。

关于20世纪20年代的基金会和社会科学，参见戴维·M. 格罗斯曼：《美国基金会和对经济研究的支持(1913—1929)》，出自《密涅瓦》(第20期)，春夏刊，第59－82页。参见马丁·布尔默、琼·布尔默：《20世纪20年代的慈善和社会科学：比尔兹利·拉姆尔与劳拉·斯佩尔曼·洛克菲勒纪念馆(1922—1929)》，出自《密涅瓦》(第20期)，1981年秋刊，第347－407页。一般性讨论，参见巴里·D. 卡尔、斯坦利·N. 卡茨：《美国私立慈善基金会与公共领域(1890—1930)》，出自《密涅瓦》(第19期)，1981年夏刊，第236－270页。关于国家经济研究局与基金会，参见韦斯利·C. 米切尔：《回顾与展望(1920—1936)》。

关于美国社会科学产生及其在公共政策制定中的作用，最具启发性的研究之一是巴里·D. 卡尔写的传记.《查尔斯·E. 梅里亚姆与政治学研究》，芝加哥：芝加哥大学出版社，1974年。梅里亚姆的众多贡献之一是成立社会科学研究理事会，关于理事会的起源在卡尔的书中有所叙述，见第118－139页。有关起源的叙述，另见于埃尔布里奇·西布莉：《社会科学研究理事会：第一个50年》，纽约：社会科学研究理事会，1974年。

尽管成立于1923年的社会科学研究理事会不属于政策研究机构，但它在激励基金会支持社会科学、大量发展合作性研究项目、保持科学关注与社会科学学科实际应用之间微妙的平衡等方面发挥了一定的作用。梅里亚姆第一次提及要建立一个支配一切的社会科学学科协会这个想法时，他遭遇到相当大的质疑。他提议的研究理事会似乎给稀少的资源提供了不必要的竞争，也似乎与国家研究理事会和美国学术团体协会(ACLS)的一些工作相重复。历史学家看上去对ACLS很满意，经济学家(一些已经被证实擅长为自己的学科筹集资金)却并不渴望加入梅里亚姆和其他政治学家建立的这又一机构，特别是一个至今仍没有资金的机构。

面对漠视，以及偶尔来自声誉卓著的专业协会和个人社会学家的反对，梅里亚姆坚持了下来。那些社会学家认为纯科学的需求不会与慈善家和政治家更为实际的需求达成妥协。在基金会可能更偏向将钱投入医学和自然科学这些更为安全的领域的时候，梅里亚姆能够让基金会觉得社会和政治研究的提议极具吸引力，而且他能够保持社会学家的脑力劳动与社会、政治行动领域之间的联系。在卡尔所著的《查尔斯·E. 梅里亚姆与政治学研究》一书的第121页有如下文字："梅里亚姆接受了专业化的技术设备，但他支持民主作为政府的一段科学进程，认为引进科学是民主传统的非革命性延伸，而这两方面都依赖于新的科学技术的发展与出版业更为快速的发展之间保持平衡。"

让两派人产生了思想冲突。一派是许多的学术型社会学家，另一派是像胡佛一样的人们，他们仍然将科学看作党派政治的“疗药”，看作对政府有用的工具。值得注意的是，为胡佛的社会趋势研究委员会收集、呈现事实的社会学家们，更大的兴趣在于数据收集和理论建构等抽象问题，而不是这些事实所揭露的政治和经济问题。①

1933 年 2 月，委员会发布的 1 500 页报告成为头条新闻。虽然很多评论家称赞实情调查的基本工作，但相当大的敌意指向技术专家和策划者。在《瑞查蒙德时讯报》的社论作者看来，这份报告是规避社会、经济变革的合理指南。《克利夫兰报》则
71 认为这份报告会修正“无计划的摸索”，为“立即的实际指导提供事实教科书”。但《华盛顿邮报》认为报告除了提出社会主义是解决经济危机的办法外，并无其他作为。这份报告被描述为“论技术官僚的文章”，其中夹杂着“共产主义学说、对耶利米的哀悼和少许‘约伯记’的叙述”，一些人还在这份报告中看到令人恐惧的意识形态暗示。其他新闻工作者和编辑则认为该报告是“爱丽丝漫游奇境似的谬作”，甚至是“反基督的工作成果”。但典型的反应相对比较平静。人们认为报告内容全面、分析到位且不持偏见，但不太可能产生很大的影响。②

阿道夫·A. 伯利是这份报告较为细心的阅读者之一。伯利是哥伦比亚大学的法学教授，也是《现代公司与私有财产》一书的合著者，该书在研究美国财富和企业权力方面很具影响力。1932 年春天，他受聘为富兰克林·D. 罗斯福的竞选顾问，成为后者所谓的智囊团中的重要人物。伯利评论该报告的特征是“缺乏定量理论和统计计量”。他抱怨报告只描述社会情况，却没有尝试回答萧条是否势必会继续这一问题。他断定学术界未能从数据中得出结果，以及委员会过度追求了客观性。报告的作者根本就没有运用他们的研究指出经济走出萧条的方式。到最后还得需要一位

---

① 关于总统的社会趋势研究委员会，参见《美国最近的社会趋势》(第二卷)，纽约：麦克劳-希尔图书公司，1933 年。参见胡佛：《赫伯特·胡佛回忆录：内阁与总统任期(1920—1933)》，第 312 - 313 页。

② 简报和新闻摘要现存于 RAC，全宗号 1.1，系列号 200，326 号卷盒。

“大师”将它变成“有用的工具”。①

伯利对胡佛学术研究事业的评论暗示了新政期间专家将要发挥更为积极的作用。的确，大萧条对社会学家来说是一个分水岭。20 年代的信心和对决策框架的共同设想都让步于对当下政策能否引导国家走出萧条以及关于专家的社会角色的困惑。

专家们不能达成一致的判断，这甚至也让曾参与胡佛组织的社会趋势研究的专家大为受挫。爱德华·E. 亨特是委员会的行政秘书，他认为这份报告完全回避了大萧条这一悲剧，并抱怨他得费力地读完 50 页才能看到它承认大萧条的存在。他说：
“如果经济和政治体系是稳定的，请委员会在报告中的第一句就说明。如果不稳定， 72
也请委员会在报告中的第一句就说明，并在报告的第一段就表明自己的观点——‘弊病无处不在’。”②

这份报告的了无用处暴露出知识与其在政策上的应用之间仍然存在鸿沟，并且随着经济问题恶化，这一鸿沟还会扩大。看来殃及社会和经济体系是比低效率更为严重的事情。专家收集的数据既没有提供明确的解救措施，也没有就以上体系是否应该修补乃至重建这一问题提供讨论框架。危机时期，体系的缺陷暴露出来，专家们长期依赖的解释的不足也暴露无遗，他们拥有的知识的价值受到质疑。但同时，他们也找到了测试新见解和新假说的机会，于是处于边缘的知识分子可能会转移到舞台中心，专家间的争论会愈加激烈。而且，正如每次危机发生，当依赖专家分析的政治领导者向更广的范围寻求建议时，公众服务的机会就会扩大。1932 年，在为罗斯福这位“令人印象深刻、和蔼可亲的人”提供支持的过程中，沃尔特·李普曼尽管保留了很多个人意见，但他还是为罗斯福“几乎所有的事情都依赖于其顾问”而感到担心。③的确，专家们很快在新政上留下了自己的印记。

---

① 小阿道夫·A. 伯利发表于第 9 期的《星期六评论》(1933 年)，第 533 - 535 页。

② 引自卡尔：《总统的规划》，第 392 - 393 页。

③ 引自约瑟夫·P. 拉希：《商人与梦想家：重新审视罗斯福新政》，纽约：道布尔迪出版公司，1988 年，第 86 页。

73 # 4. 专家咨询

一、相信智囊

在富兰克林·D. 罗斯福面前，那些进言献策的专家常常感到慌张和困惑。他的思想反复无常，想法前后矛盾，却又坚守“尝试一切”的信条，令每个政策理念坚定的献策者都沮丧不已。罗斯福倾向于使用谈话和讨论的方式制定报告和备忘录，且能接触到他的人数众多，会面也不拘礼节。大约有 100 人能够进入他的办公室，这一点无疑能够解释为何许多在华盛顿的人感受到了这股思想热潮。H. G. 韦尔斯在 1934 年对罗斯福这样评论道，“他仿佛就是意见的接收、表达、传递、整合和实施等决策环节的枢纽。在我看来，这正是一个现代政府所应该有的样子”①。

显然，罗斯福饶有兴致地挑弄顾问之间的关系，以引起观念对立和争论，借机筛查各方想法并构建政策理念，同时他又手握真正关键的决策权。对于献策者而言，他展现出十足的个人魅力，吸引着他们为他效忠。尽管罗斯福吸引了一大批专家和知识分子入驻华盛顿，并安排他们以新的方式为政府效力，但却时常打他们个措手不及。

雷克斯福德·G. 特格韦尔曾描述过罗斯福在 1932 年总统竞选初期与自己的一
74 次见面。他说道(语气像是个被爱神击中的青年，而非四十岁的经济学教授)：“我像是丢了魂似的……和他见面就有点像是见到了命运本身一样。这次经历真是叫人惊

① 引自小阿瑟·M. 施莱辛格：《新政的到来》，波士顿：霍顿·米夫林出版公司，1959 年，第 527 页。

慌失措，只有经过很长时间才能意识和领悟到其中的细节。”[①]在竞选期间，特格韦尔、阿道夫·A. 伯利和雷蒙德·莫利创立了智囊团。当时，塞缪尔·罗森曼（一位精明的律师和法官，在罗斯福担任纽约州州长期间为其提供咨询）意识到他和他们长期的伙伴——上了年纪的政客路易斯·豪——需要在竞选上得到智囊的协助。

罗森曼拜访了哥伦比亚大学的刑事司法专家莫利，邀请他就这些专业问题对罗斯福进行辅导。当时莫利四十五六岁，在纽约州司法管理委员会任职。他在政治上信奉亨利·乔治和身为克利夫兰市市长的改革派汤姆·约翰逊的理念，以及崇拜伍德罗·威尔逊，他认为自己可以追寻威尔逊的脚步，从学者转行为政治家。他先是在俄亥俄州任教，而后担任了克利夫兰基金会的主席；过了一段时间，他又前往哥伦比亚大学任职。

莫利带着哥伦比亚大学的两位同事一起赴邀，他们分别是农业政策专家特格韦尔、公司法和金融专家伯利。罗森曼把这些教授视作最后的救命稻草。此前，他断定商界人士和其他国家领导人不能针对大萧条提出有前途的建议。他认为，这些教授“不会仅仅因为有新的道路而不敢开创”[②]。随着一批经验丰富的政治顾问的加入，组建于竞选前几个月的核心智囊团在规模上迅速扩大。

通常情况下，怀有个人政策理念的知识分子都能在竞选活动早期找到工作。阿瑟·拉弗的“供给侧”经济学在1980年里根竞选活动中得以孕育和孵化，即使是伍德罗·威尔逊在竞选期间也乐于接受帮助。候选人往往就像期末考前心急火燎、临时抱佛脚的学生。针对那些先前可能从来就没有思考过的领域，他们必须制定出有说服力和吸引力的政策提议。通常在竞选活动中，总统的顾问们无须考虑官僚阶级利

---

① 引自雷蒙德·莫利：《第一次新政》，纽约：哈考特-布雷斯世界图书公司，1966年。智囊团对莫利就1932年大萧条的观点进行了完善，有历史学家记述了此事，具体参见埃利奥特·A. 罗森：《胡佛、罗斯福和智囊团：从大萧条到新政》，纽约：哥伦比亚大学出版社，1977年。乔丹·施瓦策：《自由主义：阿道夫·A. 伯利和美国时代的设想》，纽约：弗里出版社，1987年。当代记者们密切注意着总统身边的知识分子，参见约瑟夫·艾尔索普和罗伯特·金特纳：《罗斯福身边的人》，纽约：道布尔迪出版公司，1939年。

② 塞缪尔·罗森曼：《与罗斯福一起工作的日子》，纽约：哈珀柯林斯出版社，1952年，第56－59页。

益或立法上妥协的近期前景，他们只需将自身理念以最连贯的形式表达出来。

20 世纪 30 年代早期的经济危机是各专家推销解决问题方案的大好时机。1932
75 年春夏之际，罗斯福同身边学术顾问就许多将在他执政的头一百天内成形的项目进行了讨论。同时，许多人为了自己的意见能传入罗斯福的耳朵，相互间展开了激烈的竞争。莫利小心翼翼地守护着接近他的机会。救济议案、公共工程议案、增收公司税和个人税、管控公共事业、银行业以及证券业等应对大萧条的提案都是由罗斯福身边的几位教授从宏观层面设计的。特格韦尔承认虽然有一些“新政”的立法项目是临时决定的，但他仍然认为几乎所有想法在竞选期间都得到了详细地讨论。事实上，尽管特格韦尔倾慕于自己仪表堂堂的学生，但是他把自己的角色看作是政治上的皮格马利翁，他想把这位见识广博但将政策想得“过于简单的”业余政治家改造成令人敬畏的能全方位把握这些议题的专业候选人。莫利同样对专家能影响总统的观点感到认同，他仍然深信，1933 年的救济和复兴议案以及《社会安全法案》(1935)和《公平劳动标准法》(1937)等立法项目的总体框架在州长官邸的规划会议以及随后几个月的政权交接时期就会确立。

然而，在身边的几位教授眼中，罗斯福是个古怪的学生。随着 1932 年的竞选活动达到高潮，特格韦尔认识到了竞选咨询的一些潜在缺陷。罗斯福对抽象的知识概念尤其不感兴趣，而且似乎厌恶经济学理论。(约翰·梅纳德·凯恩斯也会就他对经济学的理解少得可怜这一点做出评论。)特格韦尔回忆道：尽管专家们做出了极大努力，但他们仍然对罗斯福在政策上的反复性感到“不安”。在竞选活动后期，罗斯福允诺削减 25%的政府开支，但同时又致力于一项高额开支的失业人员救济议案。特格韦尔就此写道，“这极其矛盾”①。顾问们知道，在经济数据上，两种情况是不可能同时实现的。这不是罗斯福最后一次冲击到学者敏感的神经，这也预示着他将选择性

① 雷克斯福德·G. 特格韦尔：《罗斯福的革命：从个人视角看改革的第一年》，纽约：麦克米伦出版公司，1977 年，第 4 页。关于特格韦尔的生平和职业，见伯纳德·斯滕谢尔：《雷克斯福德·特格韦尔和新政》，新不伦瑞克省，新泽西州：罗格斯大学出版社，1964 年。

地采用他们的建议——他受自身政治直觉的指引更多，受身边顾问的指引更少。有一回，莫利提供了两个截然相反的选择，罗斯福无法从中挑选，而只是吩咐他把它们整合在一起。

莫利写道，罗斯福“喜欢非正统观点的刺激”，他似乎尤其垂青特格韦尔，因为他
擅长向自己解读经济议题，尤其是和农业政策有关的复杂观点。特格韦尔“广博的兴 76
趣可（为罗斯福）调配出一种精神鸡尾酒”，这是罗斯福本人对手下智囊团发表的最为精辟的评论之一。他清楚顾问团这一提法的政治色彩过浓，因此对伯利说自己没有智囊团，只是“相信智囊”。①

没过多久，他的智囊团就解散了，但“智囊团”一词一直作为一种象征，表明罗斯福愿望接受新观念。确实，这个词蕴含了罗斯福本人不同寻常的吸引力，不论是对那些推销锦囊妙计的人来说，还是对严肃的学者以及知识分子来说。同时，它还蕴含了公众对这群教授的质疑，公众认为这一团体不但可能操纵思想，还可能控制总统。事实确实如此。莫利是智囊团中第一个讲述自己角色职责的成员，他着力将罗斯福描述为他手下顾问的牵线木偶。

1932 年，罗斯福察觉到，举国上下由于绝望而对新思想满怀渴望。他们并不在乎思想是否前后一致，只在乎它们能否取得成功。例如，他曾在亚特兰大奥格尔索普大学发表了一次著名的竞选演讲，发人深省。（奇怪的是，演讲稿的起草人是报道竞选活动的记者欧内斯特・K. 林德利，而非智囊团成员。）他说道：“若我的理解无误，我认为这个国家需要——迫切地需要——持之以恒地进行大胆实验。要是这个办法行不通，我们就坦率地承认，然后再换一个办法。但一定要尝试。”②罗斯福向专家咨询、寻求实验的方法。虽然他急切地想投身于实验，但这无关科学，完全是因为国家面临着空前的危机，急需有人化解这一形势。罗斯福同胡佛之间的差异十分明显。

---

① 引自雷蒙德・莫利：《第一次新政》，第 356 页。

② 富兰克林・D. 罗斯福：《公众评论和罗斯福演讲》（第一卷），塞缪尔・罗森曼编辑，纽约：兰登书屋，1938 年，第 646 页。

胡佛是工程师出身，极为坚定地致力于以事实调查和深思熟虑为基础的科学方法，只有手头有证据了，才会采取行动。反观罗斯福，尽管他有时使用那些实验科学家式的语言，但测试方法的可行性并不是他的目的，力争获得理想的结果才是。

罗斯福行动派的作风不但在华盛顿圈内众人皆知，甚至在亲近幕僚之外也有着深远的影响。曾任教于哈佛大学的米尔顿·卡茨回忆道："实际上，我所生活的世界似乎没有政府，近乎所有人都很消沉，不知该向谁求助。"当时，他还是复兴金融公司
77 的律师。卡茨说，罗斯福的出现带来的改变"几乎能感知到"。[①] 华盛顿就像是一块磁石。的确如此，费利克斯·法兰克福特认为罗斯福政府早期最重要的成就是它"激发了年轻一代对于参与公共事业的向往"[②]。法兰克福特在哈佛的学生本杰明·科恩和托马斯·科科伦是其中两位受激励者，他们起草了关于规范证券股票市场以及控股公司的法律。

罗斯福吹响了"行动与立即行动"以及"持之以恒、大胆实验"的号角，这对于专家来说是一大利好消息。然而，若主要把智囊团、法兰克福特的学生，或是20世纪30年代的专家看作新思想的创造者或与总统关系亲近的顾问，却会有失偏颇。这些人中确实有许多人是政治参与者，设计过政治策略和项目，起草过法案，并撰写过演讲稿，但是，于30年代前往华盛顿政府就职的数千名专家当中，绝大多数从事的是项目

---

① 米尔顿·卡茨的说法引自凯蒂·洛凯姆：《罗斯福新政的形成：知情者的披露》，麻省，剑桥：哈佛大学出版社，1983年，第121页。就新时代到新政的过渡，参见阿尔伯特·U. 罗马斯科的《胡佛—罗斯福和大萧条时代：一项长期对比的史学调查》，詹姆斯·霍尔特的《新政和美国的反集权传统》，埃利斯·W. 霍利的《新政》中的《新政和商业》，由约翰·布雷曼、罗伯特·H. 布雷姆纳和大卫·布罗迪编辑的作品（哥伦布：俄亥俄州立大学出版社，1975年），分别在卷1，第3-26页、27-49页、50-82页。乔丹·施瓦茨：《失望的过渡期：胡佛、国会和大萧条》，厄巴纳：伊利诺伊大学出版社，1970年。威廉·J. 巴伯的《从新时代到新政》以及赫伯特·胡佛的《经济学家和美国经济政策（1921—1933）》（英国，剑桥：剑桥大学出版社，1985年）。

② 关于20世纪30年代的政府社会科学家方面的信息，参见吉恩·M. 莱昂斯：《不安的合作关系：社会科学和20世纪的联邦政府》，纽约：拉塞尔·塞奇基金会，1969年，第50-79页。理查德·S. 柯肯德尔：《社会科学家和罗斯福时期的农场政治》，哥伦比亚：密苏里大学出版社，1966年。关于新政时期的律师，参见杰罗德·S. 奥尔巴赫的《十年萧条期间的律师和社会变化》，以及布雷曼、布雷姆纳和布罗迪的《新政》，第一册，第133-169页。本书第148页引用了法兰克福特的话。

的管理，而非创新型政策的设计。因而，专家这一角色的定义在 1933 年仍不确定，没人清楚该把他们安排在哪个职位上。

二、新政的“医生们”

虽然许多专家在竞选期间都曾效力于罗斯福，但是选举结束后他们是否会得到任用，不得而知；即使竞选中与他关系最亲近的顾问也不知道自己的去处。路易斯·豪与这帮教授相处时从没有自在过，他甚至希望并期待他们在政权交接后，可以结束政治生涯，回到原来的学校任教。雷蒙德·莫利不止一次告诉罗斯福，自己不想在政府任职。阿道夫·A. 伯利表示自己更喜欢大学生活，于是他就回到了纽约。不过在“百日新政”期间他确实抽空前来协助立法工作，并且后来还受命履行其他政治任务。特格韦尔担任农业部部长助理（后来任副部长），在部门里熬了四年。总而言之，罗斯福的智囊团有力地象征着某些变化，这些变化随后促使政策专家的公共角色发生了转变，但也仅是象征罢了。

解散智囊团的原因仅仅是 1933 年政府里没有什么特别需要他们的职位。白宫里不存在正式的咨询体系，辅助总统执政的行政部门数量也不多。实际上，赫伯特·
胡佛就因大幅增员引起了小范围的轰动。他把高级行政人员从两个增加到四个，还 78
任命了两个军事副手，以及多达四十名的打字员和办事员。而罗斯福在就职后，任命了一名行政助手和三名秘书（路易斯是其中的一名秘书，史蒂芬·厄尔利任新闻秘书，马文·麦金太尔任人事秘书）。顾名思义，这些职位得以保留是为了白宫的日常需要，而不是为了政策的设计。

罗斯福别无选择，只好在内阁部门为手下的专家安排职务。虽然莫利是与他关系最亲近的政策顾问，但是由于担心路易斯会失望，罗斯福没有选任他作为行政助理。莫利最终（按他的话说是不情愿地）接受了助理国务卿一职，并十分清楚他会直接与总统一起进行决策。尽管只在位了六个月，但这期间莫利的曝光度极高，几乎所有的立法提案都主要由他负责。《新闻周刊》的一篇文章曾经写道：他“一个人就相当于整个接待委员会”，所有的政策观点都要经过他。他充当国会的联络人，负责招募筹划救济与复兴议案的立法起草工作。

莫利虽作为助理国务卿，却处理着白宫助理的事务。身份与职责的不相称显得尴尬，这致使他很快下台。内部的政策分歧，外加伦敦经济会议上发表的一份失策备忘录，在政治上对他造成了致命的打击。当罗斯福要在政治地位显赫的国务卿科德尔·赫尔与他名义上的助理莫利教授中选择一位留下时，他偏向了赫尔。莫利拥有广博的知识储备，但没有政治根基，因此是可以舍弃的。就连莫利自己也清楚这一点，时机一到，他便转行，推出了名为《今日》的新闻杂志。不久之后，莫利成了“新政”最尖刻的批评者之一。

其他专家早在罗斯福入驻华盛顿之前就已经在此工作了。布鲁金斯学会搬到了杰克逊街一幢更大的办公大楼内。该学会主席哈罗德·G. 莫尔顿渴望为即将上任的新一届政府提供帮助。在政权交接时期，布鲁金斯学会主动请求为政府效力。这一请求遭拒的概率极低，因为弗雷德里克·德拉诺是学会董事会的主席，也是城区规划领域的一位重要人物，同时他还是罗斯福的舅舅。据悉，罗斯福对行政和预算问题
79 很感兴趣，对他这样一位在竞选期间承诺创立政府经济的新总统来说，布鲁金斯学会顺理成章地成了他征询建议的地方。在起草复兴法案这一立法热潮中，学会会员也被招纳于内。不过由于就最终版《全国工业复兴法》中的定价条款产生分歧，他们同罗斯福政府的关系最终破裂，随即成为“新政”最顽固的反叛主力之一。

1933 年立法热潮期间，富有学识的研究人员几乎供不应求。拉塞尔·塞奇基金会和国家经济研究局(NBER)的成员也慕名进驻华盛顿政府，在应急机构任职。任职期间，他们为数据收集程序的设计和新项目的监管提供了帮助。NBER 的经济学家协助商务部设计了经济统计方法，而西蒙·库兹涅茨领导建立了联邦国民收入核算体系。拉塞尔·塞奇基金会的研究人员对联邦紧急救济总署的项目进行了检查，并考察了公共事业振兴署，以及短暂存在过的全国复兴总署和后来全国劳工关系委员会的劳动政策演变过程。

虽然在一开始为总统手下的重要学者安排正式职位不是件容易的事，但新的立法项目很快就为社会科学家创造了成千上万个工作岗位。之前的学者就职于战时官僚机构，它们成立仓促并很快解散，而在 20 世纪 30 年代进驻华盛顿政府的学者都愿意留下来。随着大部分的“新政”议案已落实，截至 1938 年，文官委员会统计大约有 7 800 名社会科学家在联邦政府工作，其中经济学家超过了 5 000 名。美国联邦机构名目繁多，专家们怀着激动和满足的心情加入这些专业机构队伍。20 世纪 20 年代，有抱负的年轻人纷纷前往华尔街，但到了 30 年代，他们接踵奔赴华盛顿。[①] 随着联邦项目不断增多，越来越多的专家参与到数据收集以及项目的监管和执行过程中去。机构不同，研究的目的也不同，有纯粹做研究的，也有把研究作为规划工具的。许多新机构都雇有经济学家、统计学家以及人口学家，社会保障总署就是其中之一。署内，职员可以开展私立机构无法开展的研究，比如，大规模地收集社会经济数据、分析项目，以及调查老年人、儿童和残疾人的长期需求。农业经济局、儿童局以及妇女局 80
等成立较早的联邦机构的研究项目也获得了新的动力。

大部分专家都为日益扩张的官僚体系效力，但其中也有许多紧密地参与到决策过程中。比起赫伯特·胡佛执政时期，罗斯福任期内的专家工作与决策的关联更为紧密。胡佛通过设立各种委员会和召开各种会议为他的专家提供提建议的渠道，极力避免他们参与到行政决策中。罗斯福则把备受关注的专家直接引进政府以及其政治和审议流程中。

有时候新的角色也是充满危险的。从幕后转向台前的专家们可能会卷入政治纷争。特格韦尔先后担任农业部部长助理和农业部副部长，这使他有机会参与制定农业复兴法案、土壤保护法案与食品药品法案等立法项目的机会，同时，他还负责安置管理局，因此有机会参与贫困户迁居项目的监管工作（将 15 000 个贫困农业家庭迁

① 美国统计局：《美国历史统计资料：从殖民时期到 1870 年》，华盛顿：美国商务部，1975 年，第二部分，第 1102 - 1103 页。

居到归属于政府的土地上）。他公开地参与到具体议案的制定中，尤其是1933年的一份修改《食品和药品法案》的议案，旨在为药品上的标签和广告宣传设定更严格的标准。媒体私底下把它称作特格韦尔提案。这份饱受争议的议案使他成了主要替罪羊之一，他遭受了来自“新政”质疑者反罗斯福商业团体的抨击。到了1936年，赫斯特旗下的报纸对总统身边“特格韦尔们”加以挞伐，《星期六晚报》形容特格韦尔为煽动总统颁布“挑起阶级仇恨的反商业政策”的主谋。事实上，这位现代专家起到之前通常由朝臣和谏士扮演的角色所起的作用：替政治领袖挡下外界的批评。

专家的参与很快就影响到了政策审议的思维框架。各顾问在专业背景和所受专业训练上的学术差异往往导致众多分歧的产生。类似的差异有很多，但是经济规划专家之间的差异是最广为人知的（现在看来这种差别被过分强调了）。有的规划专家对一定程度的产业集中化感到满意，而有的却担心“巨头的魔咒”，试图恢复自由市场竞争。作为一名制度学派的经济学家，特格韦尔是经济规划最赤诚的支持者。他曾和西蒙·帕滕以及斯科特·尼尔林一起在宾夕法尼亚大学从事研究，且深受托斯
81 丹·凡勃伦著作的影响。伯利是一名法学教授，与加德纳·米恩斯一起从事美国产业集中化的研究，他和特格韦尔有许多共同的理想。通常情况下，费利克斯·法兰克福特门下当律师的学生（包括本杰明·科恩、托马斯·科科伦、詹姆斯·兰迪斯、戴维·利连索尔、马克斯·洛温塔尔和查尔斯·怀赞斯基等）在另一阵营，他们对经济规划更加谨慎，渐进地接受政策措施，而且更熟悉宪法的细节。

到了20世纪30年代末，联邦政府的行动派风格还改变了政策辩论的公共舞台。国家讨论的中心从州和地方转移到了华盛顿。记者约翰·张伯伦是最早描述这一转变的人之一，他把联邦政府称作“掮客政府”，他们在团体组织争抢财富或竞争优势的过程中起到监督作用。① 无独有偶，初露头角的私人利益游说团体和社会活动组织也把焦点放在了华盛顿。虽然行政部门已经积累了大量的人才资源（且到“二战”结

---

① 约翰·张伯伦：《美国的利害关系》，纽约：卡里克 & 埃文斯出版公司，1940年。

束时会吸引更多的人为政府效力)，但利益集团已开始培养自己的研究人员、分析师，以及由公关专家组成的骨干队伍。有的利益团体由于未能招募到和政府的经济学家及律师拥有同等智力水平的专家，因而在华盛顿毫无建树。例如，全国制造商协会和美国商会因没能及时为华盛顿的团队增补经济学家，在 30 年代中期就通常处于公共辩论舞台的边缘。事实上，美国商会的创始人之一爱德华·A. 法林由于未能更新会内的研究和咨询体系，便辞去了工作。

J. H. 威利茨长期以来一直任洛克菲勒基金会社会科学部主管，他预见了“利益集团”在成为智力活动框架的同时会伴随着产生一些问题。慕名前往华盛顿的学者牺牲了自己的独立性，和有党派政客(无论是“新政”项目的支持者还是反对者)结盟。此外，他们被迫拥护某一党派，所思考的并不是可进行检验和修正的假设，而是将产生政治后果的政策观点。威利茨谴责道，华盛顿知识分子的党派性越来越强，职责和宣传人员并无差别，因而其成果对那些“引人不快的事实视若无睹”①。

在这种环境下，我们就不能再认为专家不带有任何感情色彩，以政治中立的立场 82
参与到决策中，也不能把研究视作“不受价值影响”，凌驾于政治之上并为客观定义普遍利益指明方向的一项事业。即使是独立的私立研究机构(它们很早就努力为新一届联邦机构提供行政帮助)也卷入了官僚政治之中。拉塞尔·塞奇基金会的研究员直言不讳地批评了联邦救济政策，布鲁金斯学会的经济学家也抨击了复兴议案。虽然专家们为自己在政治和行政上赢得了一席之地，却也付出了相应的代价：他们宣称自己为政治中立的科学实践者，但这一宣言终成一纸空文。

三、信心危机

具有讽刺意味的是，尽管专家们赢得一席之地，但公众对社会科学的信心却摇摇

① 源自 J. H. 威利茨写给沃伦的信(1942 年 8 月 24 日)，藏于洛克菲勒档案中心(下文简称为 RAC)，纽约，洛克菲勒基金会，全宗号 3，系列号 910，3 号卷盒，17 号文件夹。

欲坠。曾于1910年到1930年为社会科学研究这一新生事业的建立做出贡献的人尤其感到绝望。洛克菲勒基金会社会科学部的主管埃德蒙·E.戴表示，他的绝望感与日俱增。他说道："目前我们尚不得知，针对这一毁灭世界的力量，采取何种方法应对才较为明智。我们也毫无防备。这一代还没有什么情况能暴露出我们缺少真正的社会智力这一事实。"他无意中带有讽刺地总结道：对科学的信仰正是我们所缺失的。"我们必须相信每个社会目标都可通过某一有效的手段实现，"他说，"还须相信特定的目标必须经由特定手段实现。"①他的信仰一定是具有实用主义色彩，相信方法而非诉诸目标。

令许多慈善基金会和研究机构的成员感到困扰的正是这种科学手段。整个20世纪30年代早期，基金会的受托人和职员多次焦急地召开会议，讨论应对大萧条的最佳方式，并思考20年代花费数千万美元的研究经费所获得的真正的回报。展开类似研究的大型基金会（主要是卡内基基金会和洛克菲勒基金会两家）直接主张抛弃研究，利用已有知识自由地开展实验。受托人似乎察觉到了来自华盛顿的感召力。人类正受苦受难，这似乎已是不言自明的事实；在当前情况下号召机构开展更多的研究，纯粹就是为进一步的拖延和不作为找借口。卡内基基金会的董事会成员着手削
83 减经济研究的经费。NBER参与胡佛总统的经济趋势研究委员会让他们尤其尴尬，因为这意味着该局在某种程度上已屈服于政治压力，且未能预见到大萧条的来临。②洛克菲勒基金会的受托人对他们才华横溢的、但一心只想研究的职员失去了耐心，于是成立了大萧条期间"特殊问题"处理委员会，同时希望把基金会的工作重心从基础研究转向实验性应用。与此同时，拉塞尔·塞奇基金会的基金随着股市的下跌而蒸发（年度预算从70万美元滑落到了50万美元），因而他们难以决定到底是该继续从

---

① 埃德蒙·E.戴：《社会智力》，毕业典礼演讲，佛蒙特大学（1931年6月15日），藏于RAC，洛克菲勒基金会，全宗号3，系列号910，3号卷盒，17号文件夹。

② 源自纽约市卡内基公司档案中拉塞尔·莱芬韦尔写给弗雷德里克·卡普尔的信（1931年3月14日）。这批档案最近被搬到了哥伦比亚大学。

事研究，还是利用会内资源缓解经济困难。

上述机构的知识体系显然无法应对这一危机。拉塞尔·塞奇基金会最终搁置了自身的研究项目，转而投入到能带来实际帮助的工作中，比如，为州、市和私立救济机构提供咨询服务，考察新的联邦项目和开设传统的自救培训活动。该基金会鼓励诸如自给菜园和物品交换系统等实用项目的建设。拉塞尔·塞奇基金会成立之时，政策的焦点还集中于私立组织、州和地方，因而它甚是艰难地把控着大萧条时期的国民经济动态，并洞察着联邦政府角色的急剧变化。①

20 世纪 30 年代，布鲁金斯学会和 NBER 都察觉到自己背负着经济重压。NBER 的预算在五年内减少了 60%，最后只剩 10 万美元出头。一些员工也跳槽到商务部。然而，一向眼光长远的韦斯利·C. 米切尔在给基金会赞助人的信中平静地写道："大萧条结束后，我们预计将仔细探究始于 1928 年 1 月的商业周期的异常特征。"②由于一贯不愿参与政策咨询，该局把重心转向了更加学术的问题：劳动力市场的结构（一段时间后，该局的研究改进了那个时代原本极为糟糕的失业率的计算方法）以及技术和失业之间的联系（米切尔希望借此消除一些普及面广的错误观念，比如，很多人认为技术是大萧条的成因，实则不然）。NBER 继续撤离政策咨询业务，不断发展成为一家协调学术研究合作的机构。最后，最让米切尔感到悲观的已经不是研究的长期利益前景，而是本局的研究成果遭到了政客的剽窃。

就布鲁金斯学会而言，它与卡内基公司和劳拉·斯佩尔曼·洛克菲勒纪念馆签订的捐资协议到期。此外，学会长期的募捐者罗伯特·布鲁金斯于 1932 年去世，他 84
生前总共捐赠了 100 万美元。洛克菲勒基金会承诺从其他来源筹集 200 万美元，但最终没能兑现。这一迹象既表明富人度日艰难，也表明了社会科学遭遇到信任危机。

---

① 约翰·M. 格伦、莉莲·勃兰特和 F. 艾默生·安德鲁斯：《拉塞尔·塞奇基金会（1907—1946）》（卷 2），纽约：拉塞尔·赛奇基金会，1947 年，第 515－516 页。乔安娜·科尔克德：《现金救济》，纽约：拉塞尔·塞奇基金会，1936 年。

② 源自韦斯利·米切尔写给弗雷德里克·卡普尔的信（1933 年 3 月 3 日），藏于哥伦比亚大学珍本与手稿图书馆馆藏的卡内基公司文件。

布鲁金斯学会以每年30万美元的预算迅速缩减，不得不为来自州政府的合同制研究项目以及美国商会和美国劳工联盟提供咨询服务。它同时还为国家运输委员会研究全国运输系统，该委员会的资金主要来自为铁路建设提供大笔投资的金融机构。有了匹茨堡福尔克基金会的支持，布鲁金斯学会启动了它在20世纪30年代最庞大的项目——探究美国经济“生产力”并由此推测大萧条起因的一系列项目。

虽然大萧条给著名的研究机构带来了困难和不确定性，但是20世纪30年代政策环境的变化却为另一类研究组织提供了机遇，比如二十世纪基金会。尽管办公地点不在波士顿和纽约，但基金会却能比其他组织更快地适应华盛顿政府新的决策步伐和基调。基金会的创始人爱德华·A.法林是个干净利落、诚挚热情的进步派人士，曾经也是波士顿的百货大亨。法林既是善意基金会和国际管理学会的创始人之一，也是美国商会的主要发起者和信用合作社背后的支持者。法林于1911年捐出了自己的一部分财富，成立了一个研究机构。该机构感兴趣的领域为工人合作社，因此被贴切地命名为“美国合作社联盟”。1919年，机构扩张后，被重新命名为二十世纪基金会。

法林是富兰克林·D.罗斯福最敢言的支持者之一。“法林比总统本人对‘新政’还更有信心”①，林肯·斯蒂芬斯写道。他总是对顾客的需求变化很敏锐。百货商店著名的自动打折地下商店就是由他创立的。店内未售出的商品每周降价一次，最终无人问津的鞋子、衬衫和连衣裙都捐赠给了当地的慈善机构。因此，当制造商和工业工程师在担心生产成本的时候，法林关心的是顾客的需求和商品的分配。同时，他还

---

① 源自林肯·斯蒂芬斯于1934年8月22日写给弗雷德里克·豪的信，参见埃拉·温特和格兰维尔·希克斯编辑整理的《林肯·斯蒂芬斯的信》(卷2)，纽约：哈考特，布雷斯与世界出版社，1938年，第992页。有关法林的生平，参见杰拉尔德·W.约翰逊：《自由主义者的进步——爱德华·A.法林：从店主到社会政治家》，纽约：科沃德-麦卡恩出版公司，1948年。金·麦奎德：《一位美国欧文主义者：爱德华·A.法林和工业革命的参数(1890—1937)》，《美国经济学与社会学杂志》(第35卷)，1976年1月，第77－94页。纽约二十世纪基金会的档案包含法林一些助手的口述历史。法林的一些演讲收录于E.A.法林：《论变化》，纽约：私人印刷，1939年。关于法林的百货商店和福利资本主义，参见玛丽·拉达姆：《法林百货商店》，纽约：拉塞尔·塞奇基金会，1930年。斯图尔特·D.布兰德斯：《美国福利资本主义》，芝加哥：芝加哥大学出版社，1970年。

比许多其他商人更加体恤工人。

法林认为大萧条是第二次工业革命的一部分，这次革命源于在公司组织中应用 85
科学管理技能。像第一次革命一样，该过程中也产生了过度行为、社会混乱以及民生疾苦等现象。目前，它正受到“某些危险因素的威胁”，而“商业政治家”的职责就是识别并消除这些危险因素。① 在法林看来，社会研究的任务，尤其是对于二十世纪基金会(他一直掌管该基金会直到 1937 年去世)来说，在于预见本次工业革命的问题，以避免社会再次出现“极度骚乱”的现象，这在过去既“代价高昂”又“毫无成效”。根据社会科学的理论研究，社会冲突似乎有望得到缓解。法林为基金会提供一小笔初期基金，且后期每年提供大约 10 万美元的赠款，但他并不是以纯学术研究为目标。法林想要的是能够触发“明智且有效的行动”②的研究。

法林认为有用的知识是以实验研究结合实践经验的方式获得的。他曾谈道：“商业诊断是‘直觉’、猜测以及个人意见拼凑成的奇怪大杂烩，偶尔才由实践研究对其进行全面检验。”1930 年他援引了医学研究的旧模型，该模型曾经激励了早期的慈善家，且仍在影响着已经七十岁的法林的观点。他要求二十世纪基金会领导一项“科学性社会治疗学领域中的伟大实践运动”，以诊断和治疗“社会有机体”的各种疾病。③ 无论他这番话想要表达什么，法林的基金会把注意力转向了公共政策建议的研究，尤其是联邦政府层面的建议。他选用了埃文斯·克拉克这名记者来领导这项事业。七十年来，该基金会的主席一直是记者。④

---

① 爱德华·A. 法林：《总统的演讲》(1930 年，2 月 21 日)第 3 页，收录于二十世纪基金会的档案。

② 爱德华·A. 法林：《总统的演讲》(1930 年，2 月 21 日)，第 4 页。

③ 爱德华·A. 法林：《总统的演讲》(1932 年 3 月 17 日)，收录于二十世纪基金会档案。

④ 二十世纪基金会：《二十世纪基金会年报》，纽约：二十世纪基金会，1933 年，第 8 页。该基金会在 20 世纪 30 年代的研究成果包括埃文斯·克拉克的《美国国内债务》(1933 年)，克拉克的《如何编制健康预算》(1933 年)，克拉克等的《控制股市》(1934 年)，由阿尔弗雷德·伯恩海姆和玛格丽特·格兰德·施耐德编辑的《债券市场》(1935 年)，玛格丽特·格兰德·施耐德的《为老年人提供更多的社会保障》(1937 年)，保罗·斯图尔特和鲁弗斯·塔克的《国家债务和政府信用》(1937 年)，阿尔伯特·哈特的《债务与复苏(1929—1937)》(1938 年)。

和 NBER 的学术型研究员有所不同，二十世纪基金会希望自己的大部分研究能够提供政治行动的步骤措施，即便该基金会的首席研究员 J. 弗雷德里克·杜赫斯特是一位备受尊重的经济学家。“不仅要做研究，更要迈出下一步”，这句话在基金会的董事会和员工会议上不断被提及。这有时候会导致与其他学者间的尴尬关系，因为他们谨慎小心，对为决策者提供解决问题的方案犹豫不决。不同于拉塞尔·塞奇基金会，二十世纪基金会和私立机构之间并没有太多的联系；它也不用担心联邦政府会干预其经济生活，这是它有别于布鲁金斯学会的地方。

86 20 世纪 30 年代，二十世纪基金会密切追踪“新政”的立法议程，研究有关股市、证券业、社会保障项目以及劳工关系的立法议案。其方法是组建由著名学者、商人以及政府职员构成的大型委员会，以监督研究人员和写作人员组成的队伍——这一队伍通常就政策议题（非原创性研究）制作许多本专家意见汇编。一般情况下，基金会将这些建议正式传达给总统和行政部门的官员；有时候，它也会将信息传给国会议员。虽然展现研究和分析、政策建议以及立法行动之间相互关系的因果矩阵纷繁复杂，但二十世纪基金会开展的讨论推动了各参与者就总体目标和方法达成一致意见。在关于股市、劳工关系、老龄人口问题、健康以及美国国内债务结构的会内研究中，基金会充当思想的掮客，提供甄选建议的讨论平台，并起到促进精英阶层达成政策共识的作用。

然而，一段时间后，法林便失去了耐心，质疑基金会汇编的图书只是“档案汇编”，极度偏离了他一直信奉的行动主义。基金会设在纽约，但法林人在波士顿，而行动的中心从州政府、市政府和全国各地的私立改革和研究机构转移到了华盛顿政府及其行政机构。私立机构也发现很难跟上联邦政府决策的脚步，甚至是那些支持其行动的机构。过去，政府外的专家像是请上门的医生，为病人诊断病情并提供治疗方法；政府外的效率专家也仅依靠行政改革提案，就可重组旧组织并使之顺利运行，但现在已时过境迁。华盛顿政府的新秩序形成后，专家们必须得重新审视自身角色。

四、"调整"与"计划"

虽然在大萧条期间入驻华盛顿的专家和政客都不是真正的实验科学家，但是 20 世纪 30 年代，社会科学和政治学的辞藻中充斥着"实验"一词。真正的社会和经济实验直到 60 年代晚期才出现，它们包含管理控制和可检验的假说。30 年代，"实验"一词仅仅让人联想起国家的旧形象：不断开展自治实验。当时，知识分子的理论知识和政客的实践经验都无法提供确切的政策方针。决策者以实验为由，就可不受先例的 87
羁绊，迅速行动，甚至是采取前后不一致的行动。在任何政策的成功性不确定的情况下，"实验"和"试验"这两大词语则令人安心。

虽然供职于美国社会保障总署、全国资源计划委员会或证券交易管理委员会的专家确实是国家政策实验中的一分子，但是他们并不是实验科学家。调节和规划，这两个相关的术语能更好地解释和阐明专家们在华盛顿政府的职责。"调整"与"失调"是取自新兴的心理学的一对概念，并受"适应性"这一生物理论的强化，贯穿了经济学、人类学、社会学和政治学等诸多学科。到了 20 世纪 20 年代，该词就已经为人所知。哈罗德·拉斯基回想起不少社会科学家都有从自然科学（如 18 世纪的艾萨克·牛顿和 19 世纪的查尔斯·达尔文提出的理论）借鉴术语和概念的老习惯。他曾在 1928 年指出"观察家把心理学的最新发现应用到社会进程的做法已经变得很流行了"①。

"调整"一词频繁地出现在社会科学家和决策者的言语中，以至于人们对它习以为常。社会科学研究理事会的主席罗伯特·克兰写道，社会缺乏调节是"人类无尽苦难的源头"，而"随着社会变化的速度不断加快，现代社会日趋复杂，这一缺乏变得更加严重"。另一位社会研究观察员杰尔姆·D. 格林在布鲁金斯学会演讲时告诉观众，在呼吁政府进行更大规模规划的运动中，"当下生产和消费、供给和需求之间的失

---

① 哈罗德·J. 拉斯基：《基金会、大学和研究》，《哈波斯杂志》（第 157 期），1928 年 8 月，第 295 页。

调”是中心议题。①

候选人罗斯福在旧金山的一次演讲（演讲稿的起草人是阿道夫・A. 伯利）中也提到了“适应和调整”这一主题。罗斯福宣告“伟大的推进者或金融巨头的时代”已经结束了，他认为目前政府的任务是管理现有资源，重建海外市场，“使生产面向消费”，以及“使现有经济组织的研究工作面向为人民服务”等。② 若将经济问题仅“诊断”为调整问题，这场危机就不会显得如此糟糕。毕竟比起要求彻底的经济变革的诊断，“调整”要令人安心得多。罗斯福在演讲中告诉选民，国家经济没有崩溃，只是市场失
88 衡了而已；原材料和工业产能仍然充足，也有相当多的人愿意工作，只是各自的关系失调了而已。若要抑制商业周期，则需采取措施调整生产能力和需求之间的关系；国际贸易和关税之间的关系需要调整，农业问题将通过专门的农业调整署来处理；同时，个人和群体的非理智行为将以心理和社会调整的方式进行治疗。

利用“调整”这一概念，政府雇请专家就有充分的理由。对学者和政府专家而言，“调整”既意味着其工作是科学的，同时自身又不用承担预测和控制这两大重责。它表明政府所需施行的是试验性措施而非大规模的变革，也意味着政府所采取的行动存在回旋的空间，在第一步行不通的情况下可调转行动方向。它还解答了备受指责的社会科学如何为公共行动贡献力量；无独有偶，它需要专家一直在政府中监督联邦项目，并使之适应新的需求。此外，利用“调整”这一概念，国会在授予行政机构多方面的权力时就有了正当的理由。由此，多方面的立法委任权能够通过，行政专家可以制定并调整细节（也正因国会的授权，法院宣布全国复兴总署违宪）。

“平衡”与“调整”这一对概念屡屡出现在当代政策讨论中。它们在新政的农业政

---

① 罗伯特・T. 克兰：《对社会科学项目的讨论和未来发展的建议》，1938 年，5 月和 10 月。收录于 RAC，洛克菲勒基金会，全宗号 3，系列号 910，3 号卷盒，27 号文件夹。杰罗姆・戴维斯・格林：《布鲁金斯学会新大楼的落成活动上的演讲》，收录于布鲁金斯学会档案，华盛顿，政府特殊纪念活动，1 号卷盒。

② 引自小阿瑟・M. 施莱辛格：《旧秩序的危机》，波士顿：霍顿・米夫林出版公司，1959 年，第 425 页。

策上(尤其是亨利·阿加德·华莱士所撰写的那部分)得到了最清晰的展现。华莱士出生于爱荷华州,时任农业部部长,也是一名研究植物遗传学和农业经济学的严肃学者。他致力于科学和经济统计的研究,但也着迷于基督教神秘主义和神秘学。按一位记者的话说,他就是一个"精神上只看不买的购物者"。华莱士于 1933 年入驻华盛顿,搬进了其父亲亨利·坎特韦尔·华莱士 10 年前居住过的小公寓,担任和父亲相同的职位。老华莱士曾在哈定总统和柯立芝总统执政期间担任过农业部部长。虽然小华莱士深受部内同事喜欢,但是他在政府内与人相处并不自在。一位政客就指出,"亨利是个很难懂的人,你猜不透下一步他会干什么"。①

在华莱士看来,农业问题的根源在于城乡之间发展不平衡,农民的购买力远低于 89
城市居民。《农业调整法》(1933 年)是应对这一问题的针对性措施,从许多方面来看,它也是专家十年来就农业问题所做思考的结晶。华莱士、特格韦尔以及政府内外的经济学家(主要包括约翰·D. 布莱克、农业部的莫迪凯·以西结,以及蒙大拿州立大学的 M. L. 威尔逊)研制出了国内农作物分配体系,并将其推销给总统。1932 年,威尔逊解释说,该计划效法以维持商业稳定性和连续性为目的的斯沃普计划和美国商会的计划,将"使生产面向消费"这一基本理念应用到农业上。②

《农业调整法》(其草案主要由华莱士、以西结以及记者杰尔姆·弗兰克拟定)旨在调节农业价格以适应生产水平,乃至平衡农业在经济体中的角色。与胡佛采取自发性规划作为周期性经济波动的应对措施相背,该法案以稳定农产品的价格替代生产控制的方式,从而协调价格与供给。华莱士认为经济调整与民主要齐头并进,"只有推动所有主要生产团体之间达成平衡,民主才可能持久,少数人构成的超富阶层才不会形成"。虽然华莱士坚称自己并不认为该法案和其他复兴措施能够持续存在,但

① 引自小阿瑟·M. 施莱辛格:《旧秩序的危机》,波士顿:霍顿·米夫林出版公司,1959 年,第 34 - 35 页。

② 同上,第 38 页。"平衡"这一概念是"调整"这一概念的必然结果。关于平衡的主题的详细解释,参见理查德·H. 佩尔斯:《激进的视角和美国梦:大萧条时代的文化和社会思想》,康涅狄格州,米德尔敦市:卫斯理大学出版社,第 79 - 80 页。

确实认为市场已经崩溃，需要新的规则来重建价格、利润和收入分配之间的和谐关系。罗斯福向国会承认这些措施将开辟一条全新的无人涉足的道路，但是他解释道，“情况空前，因此需要尝试新的方法”①。

“调整”这一概念是理解大萧条的起因以及摆脱大萧条所需措施的核心。但是“调整”这一个词的应用面十分广泛，足以囊括多种针对国家经济灾难成因的解释。大萧条早期，有些人认为衰退是不可避免的，它也是市场自我调节的一种表现。他们可能会辩称，市场会自发地调节成本和价格间的关系，然而，1932 年之后，“自发性经济调整”这一观点就不那么有说服力了。还有一些人认为大萧条是一场国际危机，根本原因是一战遗留下的国际债务和金融机制的失效。这些人则是从“调整国际债务”这一角度谈论“调整”的。然而华莱士和特格韦尔等另一批人则认为美国经济的基础
90 结构失衡，他们所倡导的“调整”已假定美国经济的基础结构需要进行重组。

另一个概念，“国家规划”，同样也广具吸引力，但它并没有明确的定义。规划的理念是进步派人士管理遗产的一部分，其根源来自对环境保护、自然资源管理以及公共事业的公共所有权等问题的关切。诸如田纳西河流域管理等特定规划方案是以 20 世纪 20 年代的经济学家、工程师和城市规划者的区域规划研究为基础。大萧条期间，更宏大的规划理念也得到了赫伯特·克罗利、托斯丹·凡勃伦、查尔斯·比尔德以及约翰·杜威等众多知识分子阶层的领军人物的支持。同时，他们对美国自由主义的命运感到担忧，因其难以适应大萧条这一环境。

杜威明确说明了自由主义和计划之间的联系，个人主义和自由主义之间的历史性联系正在经历一种变革。19 世纪的个人主义是一种粗犷朴实的个人主义，其含义和核心都汲取自小型的地方团体。然而，20 世纪是大众社会和国民经济时代，个人主义需要新的方向定位。在杜威看来，新的个人主义必须通过政府才能实现，而不是反对政府。虽然杜威并没有具体指出恰当的机制，但是他认为如果仅仅依靠成千上

① 亨利·华莱士：《新疆域》，纽约：雷纳尔 & 希契科克出版公司，1934 年，第 21 页。

万的追逐私利的个体无规划的行动，社会是无法运转的。相反，计划会提供目标和结构，以指引社会朝着自由目标迈进。①

20 世纪 30 年代早期的规划方案不胜枚举，其中有许多方案是一战期间看似很成功的短期措施的变体。同时，并不是所有的方案都源于左派。二十世纪基金会的一名研究员一直在追踪此类想法，根据他的说法，1930 年到 1933 年，华盛顿流传着六个立法提案，它们都要求成立一个中央计划机构。此外，私立团体也提出九个此类立法的提案。而采矿和服装等是出了名的不稳定行业，它们的劳工领导也提出了一些方案。矿工联合会的约翰 · L. 刘易斯和服装工人联合会的悉尼 · 希尔曼渴望政府能成立一个国家经济委员会，为国家出谋划策。与此同时，通用电气的杰拉尔德 · 斯沃普和美国商会的亨利 · 哈里曼等企业家提出了各自的合作计划方案，方案均涉及对贸易协会的利用问题。历史学家查尔斯 · 比尔德谈到了五年计划并竭力主张政府创立一个国家计划委员会。记者斯图尔特 · 蔡斯也是“计划”这一理念的传播者。 91
蔡斯比大多数其他人都开明，他曾打趣道：“凭什么让俄国人独享重建世界的乐趣？”②

由于政界的大多数人士都对规划感兴趣，因此全国计划协会（NPA）在 20 世纪 30 年代成立，至今仍在运转。NPA 研究各方就建立一个国家计划机制拟定了提案。各提案中，既有公开呼吁政府将工业国有化的，也有谨慎建议政府创立经济研究团体的。然而，当正式机制和具体目标开始成形的时候，有关“国家计划”的思想不可避免地走向衰落。即便各种形式的计划机制或许为政府任用专家提供了帮助，国家经济计划的支持者在制度上没有留下任何不朽的遗产。无论计划的模型是全国复兴总署（NRA）保守的贸易关系方法（赫斯特报纸谴责总署纯粹是“国家社会主义性质”的组

① 约翰 · 杜威在《一个新政党的政策》一文中论及政策问题，谈到大萧条时期的一个新政党，《新共和政体》（第 46 卷），1931 年 4 月 8 日，第 202 - 203 页。

② 关于 20 世纪 30 年代“规划”这一概念和它的吸引力，参见奥蒂斯 · L. 格雷厄姆：《走向一个规划的社会：从罗斯福到尼克松》，纽约：牛津大学出版社，1976 年，第 1 - 68 页。该书第 14 页引用了蔡斯的话。

织，到了 1935 年，法院宣告该组织违宪），抑或是全国资源计划委员会所支持的更全面的规划（该规划在 1943 年被国会废除），规划的支持者都只看到了短暂的成功。

NRA 是“新政”下政府与企业联合规划的启程之作，旨在控制工业生产和就业水平，但遭到了最彻底的失败。渴望结束“灾难性竞争”的大企业商人一开始就接纳了它；自由派知识分子和工人领袖把它看作是改善工作条件和提高工资的一种潜在的途径。虽然两年的规划实验触及了大约 500 家企业，但随着最高法院宣告它违宪，它(NRA)便灭亡了，而且几乎没人为其哀悼。农业部的莫迪凯·以西结总结道：除了 NRA 试图规划的经济极具复杂性之外，它失败的原因绝不只因为缺少训练有素的工作团队和充足的数据。以西结认为，要建立一支能够在各种经济部门胜任规划职责的专业队伍，NRA 要花十年的功夫。①

“计划”这一理念催生了“新政”中制定农业和自然资源政策以及落实公共工程项目的方法。出于计划的需要，政府加快了聘用专家的步伐。20 世纪 30 年代，在将计划人员的专业知识制度化的众多尝试中，全国资源计划委员会（NRPB）的成立意义
92 最为重大。委员会的名称和驻地经常更换。成立十年以来，它经历了四次名称变更，却从未稳稳地扎根于华盛顿的官僚体系中。起初，NRPB 在内政部办公并作为计划公共工程项目的机构存在，随后搬往总统行政办公室。由于罗斯福总统一心想让专家从事自然资源规划，因而它有机会发展为中央政策计划机构。

罗斯福对 NRPB 发表的《一份关于计划的计划》（1934 年）显示出了极大的热情，并对该文件温和的观点加以支持。文件的作者写道：计划的任务“并不包括筹划人类活动的总蓝图以规约人类活动，就像是将钢架放在人类社区的血肉之躯上”。相反，计划的任务包括建立能灵敏感知新情况和新问题的“重新调整和修正”体系。这份报告呼吁政府成立更永久的计划机构（和许多新政机构一样，这个最初的计划委员会只

---

① 参见奥蒂斯·L.格雷厄姆：《走向一个规划的社会：从罗斯福到尼克松》，纽约：牛津大学出版社，1976 年，第 30 页。

是因紧急的立法条例而成立的)。委员会的员工队伍将充当“总参谋部”的角色,帮助总统收集数据、协调政策以及规划新的法案。①

30 年代中期,在罗斯福的强力支持下,委员会的 50 名职员(20 世纪 40 年代初期全盛的时候,该委员会雇有 250 名全职职员和 250 名左右的顾问)就污染、自然资源、公共工程等议题发表了报告,并且逐渐扩大报告的议题范围,内容涵盖经济问题、人口趋势与科技的影响力等方面。NRPB 在运行期间,支出了大约 1 000 万美元,由于其一直由罗斯福的舅舅弗雷德里克·德拉诺主持,因此与总统之间的深厚关系得以确保。而查尔斯·E. 梅里亚姆(一位芝加哥大学政治科学家,被人亲切地称作“查尔斯”叔叔)在委员会十年的历程中,一直是重要的董事会成员。通过 NRPB,罗斯福政府发挥政府外专家的作用,与社会科学研究理事会、公共管理清算中心以及众多个体学者一同开展工作。

然而,民众对规划和总统权力的质疑是根深蒂固的。这一质疑开始于 1933 年,当时,胡佛手下的专家就社会趋势发表了一份言辞温和的报告,但不包含政策方案;而当一位行动派总统和一群专家顾问公开结盟时,质疑甚至变得更为强烈。《纽约时报》谴责“崇拜规划”这一行为。即便是罗斯福的内阁成员,也会由于白宫专家正侵占他们官僚体系内的地盘,对他们形成了威胁,而感到焦躁不安。② 最后,NRPB 无法 93
幸免于来自政府内部的暗中破坏,也没法熬过批评家的公开嘲讽。批评家将 NRPB“不切实际的想法”描述成敲开社会主义大门的石砖。③

美国总统行政办公室在 1939 年经历了扩张和重组,NRPB 因而离总统更近了,但它依旧还是没存活下来。有些失败是它自己的行为造成的。委员会从来就没有阐明研究和政策计划之间的关系,它仍是行政部门内被孤立的研究机构,在总统的政策

① 全国资源委员会:《一份关于计划的计划》,华盛顿:全国资源委员会,1934 年。

② 关于全国资源计划委员会,参见菲利普·W. 瓦尔肯:《全国资源计划委员会的历史(1933—1943)》,纽约:加蓝出版社,1979 年。马里恩·克劳森:《新政规划:全国资源计划委员会》,马里兰州巴尔的摩:约翰·霍普斯金大学出版社,1981 年。

③ 格雷厄姆:《走向一个计划的社会》,第 56 页。

上只施加零星的影响。同时，面对国会针对总统的反对声，NRPB 专家显得毫无还击之力。

NRPB 设计出扩大“新政”的计划时，保守派加剧了对它的厌恶。长篇报告《社会保障、工作与救济政策》(1942 年)常常被比作英国的“贝弗里奇报告”，因为它呼吁政府建立一个更加全面的社会保险网络。就“新政”项目的反对者而言，这份报告是针对他们的一次公然叫板。① 由于国会反对总统的权力日益扩大，外加来自美国陆军工程兵团、林业局、美国垦务局等官僚阶级堡垒的长期反对，NRPB 于 1943 年被迅速而有效地扼杀了。

政府建立国家规划机构这项短暂实验在二战期间戛然而止。当时战时经济管制和规划全面展开，但具体措施却是由许多显然是临时性的机构实施的。NRPB 的灭亡讽刺意味十足。社会科学专家和自然科学专家对作战而言弥足珍贵，此外，就战后计划的范围所开展的全国性讨论也在进行。十年的经济危机和二战的打响吸引了大批专家入驻华盛顿，数量前所未有。专家的分析技能为自身在许多政府部门的就职、项目管理以及数据收集提供了帮助。但二战结束，新的咨询关系形成之后，由社会科学家担任的政策顾问这一角色才完全成熟，成为政府内常设的正式角色。

五、知识何用

虽然智囊团是专家加入罗斯福政府的象征，但他们真正的工作是在上千间狭窄
94 的办公室内开展的，离总统的心腹圈还很远。然而，备受瞩目的专家激发了大众和记者的兴趣，特别是特格韦尔。虽然 1932 年竞选结束后智囊团就不再作为“私人委员会”运作，但是“智囊团”一词仍继续出现，这表明公众对其权力的认识不断增加。“‘智囊团’让内阁彻底地黯然失色，”《芝加哥论坛报》的一位记者写道，“就日常的行

① 阿尔文·汉森：《战后——充分就业》，华盛顿：全国资源计划委员会，1942 年。全国资源计划委员会：《社会保障、工作和救济政策》，华盛顿：NRPB，1943 年。

政事务，你咨询一位内阁成员就够了，但是就政策问题和治国这种高级本领，你需要咨询专家。”[①]然而这些评价都太离谱了，其目的在于贬低罗斯福和他手下的顾问。特格韦尔 1932 年的话距离真相更近。他认为智囊团只是为总统的演讲注入了“学识”。他说道，专家们已经掌握了“紧跟罗斯福的想法，满足其需要的诀窍”，但是“编织政策”的指导思想“不为我们所知”。显然，最接近罗斯福总统的专家知道他们无法篡夺，甚至无法分享罗斯福的政治领导地位。[②]

但是，随着专家离政治和官僚权力的源头更近，他们所拥有的知识权威又发生了何种变化呢？新政之前，专家是否具有权威取决于他们是否明确自身在党派纷争中的中立立场。在自身创立的独立机构和演变后的咨询模式中，专家主要以试图调和意识形态或“价值”差异的事实调查者的形象示人，因而得以保留这种使人敬而远之的态度。但到了 20 世纪 30 年代，一些专家开始担任政治咨询职务，还有更多专家开始担任政府项目的规划者和管理者等职务。相应地，他们的专业知识开始以不同的方式在政治进程中发挥作用。他们的知识开始服务于政治家，并为政策以及政治信念提供合理性说法和正当性说明，变得不再无私，不再只是以推动政策方案达成共识为目的。毫无疑问，掌权的专家和知识分子总是受到权力的诱惑。但是，进入现代后，由于时代对专业知识的需求非常大(尤其是十年危机之后)，知识和权力之间的距离通常得以弥合。此外，随着专家和政治领袖之间的距离最终消失，专家开始担任管理者和政策规划者等职位，知识变得不再是知识性建议的构成要素，倒更像是政治权力的又一种工具而已。

就在社会科学家名声日显，离权力更近时，其中至少有一位科学家表达了他的担 95
心：他们的视野在功利心的驱使下缩小了。罗伯特·林德，这位哥伦比亚大学的社会学教授在许多其他社会科学家都在为政治手段苦思踌躇的时候，他关注的是最终的

---

① 引自理查德·霍夫施塔特：《美国生活中的反智主义》，纽约：阿尔弗雷德·A. 克诺夫公司，1963 年，第 256 页。

② 斯滕谢尔：《雷克斯福德·特格韦尔与新政》，第 346 页。

政治目标和价值问题。林德在1939年出版的《知识何用？社会科学在美国文化中的位置》中提出了“知识何用”这一根本性问题。

林德出生于中西部，于1914年从普林斯顿大学毕业，他的父亲是个银行家。他的职业生涯的发展轨迹平行于20世纪早期社会科学的演变轨迹。在《出版商周刊》担任了四年的总编辑之后，林德进入了纽约协和神学院。通过参与怀俄明州的夏季实地调查，他目睹了印第安纳标准石油公司员工的悲惨生存状况。于是他直接向标准石油公司创始人的儿子小约翰·D.洛克菲勒投诉，并于1923年在《调查》和《哈泼斯杂志》上发表了一系列辛辣的文章。林德的批评引起了洛克菲勒基金会的几位慈善事业顾问的兴趣，他受邀负责一项研究项目，该项目属于受基金会资助的社会与宗教研究所。研究起初聚焦于一个美国小镇，是针对当地宗教和慈善机构展开的一项普查，为的是探究以上各机构间社会工作合作的可能性。该研究最终演变成社会学经典著作《中镇研究》——关于印第安纳州曼西市生活的调查报告。

曼西调查试图跳出“制度层面”去探索林德所谓的“重要的道德和精神因素，生活问题及价值观”，并以此向社会研究中盛行的实用主义假设发出挑战。调查人员想要了解“某个社区居民真正的道德和精神体验，想要从道德的角度评价他们惯常的活动”①。总之，林德想知道价值观是如何产生的，是什么样的制度培育了它们。

林德认为城市生活的实质是企业和工人阶级文化，而非分离化、碎片化的制度性事实。针对社会科学研究的基础价值观，林德提出了多个极富挑衅性的棘手问题，借此向强调制度效率的传统调查发出挑战。他也没有取悦本次研究的赞助者，在他们看来，他的工作已经越过了客观性的界限。

1939年，也就是《中镇研究》出版十年之后，林德又将目光转向这些棘手的问题，并毫不留情地批判了社会科学。《知识何用？社会科学在美国文化中的位置》通过询

---

① 关于那些成为中镇研究计划的文件，收录于RAC，雷蒙德·B.福斯迪克的材料，尤其是《小城市研究的历史》，盒2，文件夹15。

问社会科学——这一“公正无私地”致力于社会状况调查的学科——究竟服务了谁的 96
利益，该书质疑了它的科学立场，进而又质疑了它之于政策的有用性。社会科学究竟出了什么问题？“是否正如社会科学所断言，困难在于没有‘足够的数据’，抑或是手头的数据和所要研究的问题没有关系？”①他总结道：社会科学事业的混乱应部分归咎于以上因素和其他因素。但是，在林德看来，现代社会科学的专门化和“原子论”才是限制它理解社会和探究人类价值观的最主要原因。

林德的心里存在具体的攻击目标，其中包括他的朋友，NBER 的负责人韦斯利·C. 米切尔。林德严斥了 NBER 严谨的实证研究。虽然林德承认 NBER 是当代最优秀的经济学研究机构，但是他不同意其“默认的假设”：仅靠私人企业和利益诱导就能对解决生产和供给问题的应用技术技能进行指导。NBER 没有质疑或很大程度地超越“社会习俗的核心”。它也没有挑战习俗、习惯，或重新审视广为接受的社会价值观。林德还批评了布鲁金斯学会，尽管该学会适度主张再分配的经济政策，但其对美国生产和消费能力的研究情况还是“由企业发展的传统决定的”②。

至少，绝大多数的社会科学家心照不宣地接受盛行的价值体系。显然，他们对事实习惯性的迷恋使他们避开了以上问题。由于担心价值观领域的差异会引发不可挽回的社会分裂，19 世纪美国社会科学学会以及近代 NBER 的创始人都将信仰寄托在事实上，希望以此减轻价值观的分歧并达成政治共识。然而，林德需要的社会科学应该是一个涉及面更宽广，旨在综合专家的理解而非生产出“碎片化”知识的社会科学。只有当社会科学被认为是对文化的研究，尤其是对人类需求的研究之时，社会科学才能找到因过多地专项化实证工作而缺失的“共同参考框架”③。

但是社会科学仍然需要一套明确的价值观，以帮助其定夺研究问题。林德敦促

---

① 罗伯特·林德：《知识何用？社会科学在美国文化中的位置》，新泽西州普林斯顿：普林斯顿大学出版社，1939，第 7 页。

② 出处同上，第 146 页。

③ 出处同上，第 19 页。

其同行明确指出他们“关于‘重要性’的默认标准”，并建议他们超越把自身文化当作
97 价值观“自然和必然”的来源的局限，去探索以人类需求和渴望根源的更基本的价值观。他说，关于人类，社会科学家应该询问：“他们是如何渴望生存的？”[①]

林德把批判的矛头对准了社会科学，在他看来，社会科学在追求科学确定性、专业化和服务于权力的机会的过程中，脱离了社会真正关注的问题。太多时候，社会科学关注的问题仅仅是政府和企业当下的关切中所出现的技术和方法上的疑难。关于社会科学，他总结道，“对待长远问题，我们的文化中充斥着短视的看法，但我们必须要有勇气从其中抽身而出，以争取自由”[②]。林德先于众人表达了他根深蒂固的不满，不仅因为美国社会科学演变方向，还因技术官僚在管理上强调进步主义的传统。

研究机构和政府机关为社会科学家参与政治进程提供了通道。尽管林德担心这些组织机构，但他的思维仍是传统的思维，仍致力于理性主义、实验和规划。他对价值观的理解确实是基于公民的物质需求，以及实用主义的传统观念：物质环境的变化先于价值领域的“调整和适应”。他仍像进步派人士一样，认为人是可以不断完善自我的，理智的力量是能指引政治发展的。

然而，林德就专家和知识分子所扮演的角色提出了棘手的问题，并预测战后问题将会再次浮现。社会科学家越出了自身的角色范围，为政府和企业效力，而就普遍存在的权力和利益是如何结合的这一问题，政府和企业却阻挠其开展更深入的调查研究。实际上，林德怀疑社会科学家是否曾提出过有重大意义的问题。由于社会科学过分关注技术（不论是研究方法还是管理技术），它在社会和政策目标的讨论中已经毫无作用。

---

① 罗伯特·林德：《知识何用？社会科学在美国文化中的位置》，新泽西州普林斯顿：普林斯顿大学出版社，1939，第 200 页。

② 出处同上，第 203 页。

5. 技术官僚的信仰 98

一、“新政”医生赢得战争

20世纪40年代早期，剧作家罗伯特·舍伍德曾为罗斯福撰写演讲稿，他把新政看作是国内对第二次世界大战的一次预演。富兰克林·罗斯福与哈里·霍普金斯通过实施新政，帮助全国上下为全球性战争蓄“大力”。舍伍德精彩绝伦的华盛顿回忆录就以他俩战时的关系为中心，他写道：“在人们意识到用坦克、炸弹和航空母舰对付强大的邪恶势力可能同样有用之前，需先有精神上的准备。”①罗斯福则以另一种说法表达了这层意思。随着战事的爆发，“实施新政”不得不让位给“赢得战争”。

战争蕴含着众多矛盾，它极具破坏力却又加速社会变革；它毫无理性且混乱不堪，但却激发全社会以全新的方式集结力量；它是一种原始的返祖行为，但却推动了人类的科技发明创造。第二次世界大战最具讽刺的地方在于，现代战争的力量恐怖且具有毁灭性，但却复苏了公众对科学发展前景的信心。

科学家与政治家们一致同意获得战争胜利是当务之急，他们也清楚系统的科学
知识所能取得的成果。战争开始时，他们运用手中现有的科学方法，在战时研究机构
提供的有利环境下，发明新的科学技术工具。战争结束时，打败法西斯让位于两大同 99
等重要的目标：一是维持战后国内就业与生产，二是在政治和军事上遏制共产主义。
由于社会就政策目标达成广泛共识，专家们转而关注实现这些目标的技术手段。对
经济学家，也就是国内最优秀的政策专家来说，二战后达成的政策共识标志着他们的

① 罗伯特·E. 舍伍德：《罗斯福与霍普金斯大学的蜜月期》，纽约：哈珀柯林斯出版社，1948年，第xiii页。

影响力达到了一个新的高峰。该共识基于约翰·梅纳德·凯恩斯理论，直到60年代才开始瓦解。对于新一代冷战策略家来说，二战后的20年同样也是思想上的极乐时光，在此期间，他们构想出理性、量化且系统的考虑政策的方式，以解决各类问题。倘若科学家时不时地感到不适，主要原因在于他们不确定自己开发的核技术是否可以通过政治手段与社会手段得到控制。

原子弹是这一战争时期最具划时代意义的研究成果，它是科学对战争最为突出的贡献。雷达、飞机的设计与驱动、光学研究、合成材料、电子计算则是战争的其他科技产物，是联邦协作研究项目（由科学研究办公室负责）的成果，也是战争时期大幅增加研究开支的结果。1940年，也就是美国参加二战的前一年，联邦政府用于研发的开支介于7 500万美元到1亿美元之间，其中大约三分之一用于农业研究，四分之一左右用于军事研究。到1945年，这一金额变成了原先的15倍，达到近15亿美元，其中大部分用于核武器的研发。①

经常受到美国新左派和其后继者谴责的现代“军事—科学—工业”复合体，在战时就已得到孕育。合同制研究与国家研究实验室的成功，为利用科学技术专业知识满足政治需求提供了新的模式。二战这场大戏中，尽管主角是在洛斯阿拉莫斯麻省理工学院放射实验室开展研究工作的物理学家和数学家——他们制造原子弹，改进雷达，但是社会科学家这一配角的戏份也相当重。

尽管新政实施期间，许多社会科学家入驻华盛顿，提供政策建议、项目设计和管
100 理，但为证明自身的“使用价值”，他们在战争期间的贡献远不止于此。经济危机虽然亟待解决，但它只是对社会科学家战时表现的一次预考验。战争动员的头几个月，各个领域的社会科学家纷纷涌向新建立的政府机构，比起1942年的某一项预估，人数

---

① 有关联邦政府对研究的支持，参见迈克尔·D. 里根：《科学与联邦资助者》，纽约：牛津大学出版社，1969年，第320页。数字引用，参见吉因·M. 莱昂斯：《不稳定的伙伴关系：20世纪的社会科学和联邦政府》，纽约：拉塞尔·塞奇基金会，1969年。A. 亨特·杜普雷：《凯恩斯时代》，《联邦政府中的科学》，剑桥大学，英格兰：剑桥大学出版社，1957年。唐·K. 普赖斯：《政府与科学》，纽约：纽约大学出版社，1954年。

激增了近一倍，达到1.5万人以上。历史学家、地理学家、语言学家、人类学家、经济学家、社会学家和心理学家在国务院、战时情报局、战时生产委员会、战略情报局、海军人事局、武装部队信息和教育司等许多其他战时委员会和机构各尽其能。他们为备战做出的实际贡献包括经济分析、民意调查、智力测试、作战压力检验以及团体动力学探索。①

社会科学家们在战争时期分散在各个政府机构，然而，他们并不能做出任何与原子弹相比肩的重大思想突破，似乎也不像物理学家和工程师那样对战争至关重要。的确，军队心理医生和社会学家有时会被应征士兵和职业军人奚落。面对军官们的抱怨，战争部长亨利·斯廷森以损害军队凝聚力为由，短期内禁止了对军人的民意调查。

然而，海军人事局的心理医生却设计了帮助海军对新兵进行人员分组和任务分派的个人测试，这些新兵大多没出过海。当新投入使用的战舰“新泽西号”需要挑选一队船员时，心理学家研制出了任务分配方案；他们的成功让经验丰富的海军官员惊讶不已。军队研究团队成员筹划了一些培训项目，包括如调查种族关系、制作电影和手册等细致的任务。如《黑人军官》《黑人军队管理》等电影或手册旨在帮助白人军官担任好指挥一职。人类学家在战时搬迁管理局成立的研究小组中研究日本战俘的观点态度，既为了管理战时营地，同时也是为了了解动荡不安的日本沦陷区的社群运作方式。掌握世界特定区域专业知识的学者也参与进来，并在战争前期为人类地理学会(从史密森尼学会分立出来的组织)效力，后来被分遣到了各个军事与外交情报收集小组。

这些社会科学家为战后继续效力铺平了道路。研究小组虽然大量削减，但在武 101
装部队中仍得以保留。战争时期首创的合同制协定也让大学学者能够继续为军队研究出力。战后还新成立了一些政府顾问机构，包括国家安全委员会、国务院政策规划

① 战时社会学家的动员，参见莱昂斯：《不稳定的伙伴关系》，第80-123页。

办公室以及中央情报局，这些机构的建立使华盛顿的顾问团体的制度化进程又往前了一步，也随之反映出社会科学家获得的新的声望。

战争期间，没有哪一个领域的声望能像经济学一样飞速蹿升。尽管经济学家因为生产瓶颈、复杂的价格管制以及分配制度而受到责备，但就像一战时期那样，功劳还是要归于他们，他们成功地组织生产、部署军队及文职人员。战争早期，政策制定者断断续续地探索出一个管理经济的组织架构。40 年代中期，国防顾问委员会成立，随后，生产管理局与战时生产委员会分别于 1941 年初与 1942 年成立。之后成立的还有物价管理局和优先供应与分配委员会。这些机构的名称、所在地以及结构不断发生变化，但始终都是最重要的计划机构。

美国资本主义体系的生产力似乎无法比拟 30 年代法西斯高效非凡的战时经济，但却在短时间内赶超了后者。大量的坦克和炸弹走下生产线，数量前所未有。截至 1944 年，仅军工产值就已接近 1929 年的国民生产总值。战争结束时，工业生产是战前水平的 2.5 倍，失业率略高于 1%。保罗·塞缪尔森是众多年轻的凯恩斯学派经济学家之一，30 年代晚期也曾入驻华盛顿，在他看来，正如一些人把第一次世界大战看作“化学家的战争”一样，也可以毫不夸张地将第二次世界大战视为“经济学家的战争”。①

承受着军方截止日期这一持久压力，经济规划者设定了生产的优先顺序，并研制出价格控制与定量配给计划。在缺乏充足的数据（尽管 30 年代政府统计学家取得了一定进步），并几乎没有可供持续分析的时间的情况下，政府经济学家既要监督军事生产的扩大，又要尽量将物价和民用物资供给维持在可控范围内。

102 迫切的需求催生出新科技，对经济运行方式的新见解也应运而生。在不得不进行更频繁的数据调查的情况下，劳工统计局与美国统计局发明了新的采样技术，并依靠当时还时新的计算机设备进行调查。因为经常需要应对在定量配给及物价问题上

---

① 塞缪尔森的引用，出自罗伯特·莱卡赫曼：《凯恩斯时代》，纽约：兰登书屋，1966 年，第 160 页。

摇摆的舆情，物价管理局为有关消费者以及民意调查提供了资助。一些如战时情报局以及战时劳工委员会这样的机构需要评估舆情，据此组织安排战时战争的运动，敦促工人生产并鼓舞民众士气。社会学家与这些机构的同事们一起，在调查研究以及了解经济运作方面均取得了切实进步。

经济学家们定价并构想定量配给的方案，即便没起到作用，这也让他们收益颇丰。约翰·凯尼斯·加尔布雷斯在40年后回忆战争带给他的启迪时说道，“犯过灾难性的大错是有益处的”。在写出一篇广为流传的关于控价的文章后，1941年4月，加尔布雷斯便被物价管理局负责人雷欧·汉德森选中，监督该局的定价政策。但不到一年间，加尔布雷斯便不得不总结道：“极具逻辑性的战时经济管理模式给了我巨大的权力，让我大受欢迎，但这一模式本身就是一场灾难。”①产品名目繁多，价格也参差不齐，因而逐一控价是无法实现的。然而，1942年4月，《最高价格通用规管法》开始生效后，价格便稳定了下来，通胀也几乎停止了。战争接近尾声，废除这项管理法后，价格随之回升。或许，经济学家对战争的最大贡献就在于他们消除了一战时期严重的通货膨胀，并解除了其带来的不良影响。如今人们想起这场通胀仍心有余悸。

虽然就战时经济管理的功过是非所展开的争论永无休止，但国家产能大幅扩增，经济学家在确保“民主国家军火库”拥有充足的武器的过程中发挥了重大的作用，这是明摆着的。战后，社会科学家变得更加自信，声誉也有所提高，这在很大程度上要归结于他们在战争中所提供的帮助，这在20世纪30年代他们常常是做不到的。社会科学家并不是因其个人拥有大量学科知识（或掌握了快速学习的方法）而证明自身价值，而是作为单个学科的成员之一，将有用的技术以及分析方法应用于政策问题， 103
从而彰显自身价值。②

① 约翰·凯尼斯·加尔布雷斯：《我们时代的生活》，波士顿：霍顿·米夫林出版公司，1981年，第163页。

② 有关大学社会科学在“二战”后的发展，参见罗格·盖格：《美国基金会与社会科学专业化》，密涅瓦大学，1988年，第315-341页。

经济分析手段将对战后经济政策的制定产生直接的影响，尤其是在人们接受凯恩斯学派需求管理思想之后。不只经济学家，经济学本身也开始切实影响政府官员和企业家的思想，催生了一系列官方与非官方的研究组织，并以单纯的咨询关系做不到的方式影响政策的形成。社会科学家发挥作用，运用技能，成了政策制定过程中不可分割的一部分。

二、经济学家地位提升

战争时期，国家产能大幅扩增，但就在美国人考虑恢复和平时期的生产时，那场由工业产能过剩(在许多人看来如此)而导致的经济萧条依然历历在目。1937 年，经济在似乎将要重现繁荣之时，却发生了衰退，这一残忍的、令人沮丧的现实让人记忆犹新。军事生产停止、军队解散之后，对就业能否维持战时水平的担忧四处扩散，引发了全国范围内关于战后经济轮廓的辩论。1944 年，联邦的开支占当年国民生产总值的一半以上。军队开支缩减后会发生什么？战后需要为退伍军人提供 1 000 万个工作岗位，为在战争相关产业工作的平民职工提供 2 000 万个工作岗位，问题是如何才能找到这 3 000 万个工作岗位。

较早建立的一些政策研究机构，如布鲁金斯学会、二十世纪基金组织以及国家经济研究局都关注怎样使国家避免再次陷入经济萧条的问题。虽然这些组织的学者们一致认为就业生产水平需在一个“混合经济”中维持，但是其构成成分却远不那么清晰。政府可以采取什么手段干预经济事务？这种干预的又有怎样的限度？特定政策工具的选择会不可避免地影响经济学家的角色。在哈罗德・G. 莫尔顿的领导下，布鲁金斯学会采取了保守的立场，不论在国会还是在商业界都选择与新政反对者共命
104 运，并且强烈抵制新兴的凯恩斯主义。二十世纪基金组织曾赞助过斯图尔特・蔡斯撰写的一系列畅销书，该组织的正式规划方案以及对凯恩斯主义的自由解读最为人所知。40 年代中期，拉塞尔・塞奇基金会为学术社会学家所支配，该基金会对战后政策的影响微乎其微。随着辩论渠道的形成，一个重要的新研究机构——经济发展

委员会(CED)便由此诞生。①

战前,有关政府在经济中角色的辩论就已经在学术圈展开。哈佛大学经济学家阿尔文·汉森率先向美国人民解读了凯恩斯主义。1942 年,全国资源计划委员会(NRPB)出版了广为流传的宣传手册《战争之后:充分就业》。作为手册的作者,汉森成了坚持保持财政平衡这一过时信条的保守派人士最爱攻击的对象。汉森与一群以全国资源计划委员会为阵营的经济学家指出,30 年代末,美国的经济已经达到了"成熟"状态。他们还预测,下一代会提出世界已经达到了"增长极限"这一观点。在分析了 19 世纪经济增长的来源(领土扩张、人口增长、技术创新)之后,这些经济学家在 20 世纪 30 年代得出结论,未来经济持续增长的前景黯淡。他们预见的只有持久的经济停滞。因此,在 1937 年至 1938 年经济下行时期,汉森主张用政府开支创造收益,以此推动经济发展,即使这意味着联邦政府背负更多的债务。他认为,随着经济增长加速,政府开支便可得以削减。②

随着战争逐渐接近终将来临的尾声,企业家也被卷入了国家经济的辩论之中。生产者与工厂主担心,若美国的资本主义社会没能迅速由战时军队生产向和平时期生产成功转型,其命运将会如何。这种担心不无道理。然而,不论商人多么渴望结束战时的控制措施,战争带来的成本加成合同利润丰厚,相比之下,转型带来的却将是巨大的不确定性。企业将不再与政府签订制造飞机、步枪以及制服的合同,工厂将从生产坦克转型为生产汽车,政府将结束价格控制:以上措施以及其他拆分政府和商业

---

① 二十世纪基金组织要求全国计划协会的乔治·加洛维编写一份参加计划的机构名录。目录最初在 1941 年是油印版本,后于 1941 年、1942 年及 1943 年得以印刷、扩印和修订。出版物的标题为《美国战后规划:机构名录》(纽约:二十世纪基金会)。

斯图尔特·蔡斯撰写的图书是《当战争结束》的一部分,均由二十世纪基金会出版。其中包括 1942 年出版的《我们走过的路(1914—1942)》,《美国人的目标:需求与资源预算》,1943 年出版的《钱从哪里来?战后财政问题》,1945 年出版的《压力下的民主:特殊利益抗衡公共福利》,《明天的贸易:对外商业存在的问题》以及 1946 年出版的《为此而战》。

② 凯恩斯主义经济学为政策制定者及商人所接受的部分,参见莱卡赫曼的《凯恩斯时代》以及罗伯特·M. 柯林斯的《凯恩斯主义:商界的反响》(纽约:哥伦比亚大学出版社,1982 年)。

之间关系的措施，都将使这场愈演愈烈的辩论变得更为紧迫。

就影响这场辩论以及维持战后经济政策上的共识而言，没有哪一个研究组织会
105 起到更重要的作用。委员会于1943年建立，是一个商业研究团体，创始人是一群商界人士，其中大部分人在商务部工商咨询理事会任职时就互相认识了。理事会创立于1933年，那时正是在全国复兴总署主导之下，政企合作的首段“蜜月期”。理事会由大约50位大型公司的总裁组成，他们定期在商务部会面，享有半官方的顾问身份（政府不负担理事会的费用，但给他们提供办公地点和人员协助）。大量有关经济政策的备忘录和报告，与政府官员的私人会面，这些在新政的早期为大型公司带来了强大的话语权。①

工商理事会的一些成员曾在战争前夕计划成立一个独立的研究团体。1940年，保罗·G.霍夫曼、威廉·本顿与芝加哥大学校长罗伯特·哈钦斯为此会面。保罗·G.霍夫曼是斯图贝克公司的董事长，精力充沛，爱好交际。威廉·本顿创立了本顿与鲍尔斯广告公司，他也是大英百科全书的发行人。霍夫曼先于芝加哥大学学习了一年，后来由于他父亲经济出现困难，无力负担学费，霍夫曼就加入了校董事会。本顿放弃广告事业后，成了芝加哥大学的副校长，他是哈钦斯的密友。

当霍夫曼觉察到有机会让全校的教师更加直接地参与到国家政治事务之中，他便提议召集学者与商界人士，成立一个研究与咨询的论坛。在政治学家哈罗德·拉斯韦尔的帮助下，他们试图成立了一个叫美国政策委员会的组织，15到20名“有文化的”商界人士每隔几个月在委员会与大学教授会面，共同致力于“缩小知识和政治之间的鸿沟”。② 1940年，他们主要的话题就是合理平衡混合经济中的私人企业和政

① 工商理事会的部分，参见金·迈克奎德：《大企业与总统权力：从罗斯福到里根》，纽约：威廉·莫罗出版公司，1982年。经济发展委员会的历史，参见卡尔·施里弗吉赛尔：《走向成熟的商业：经济发展委员会的影响》，纽约：哈珀柯林斯出版社，1960年。《商业与公共政策：经济发展委员会的职责（1947—1967）》，新泽西州：普伦蒂斯·霍尔出版社，1967年。斯福勒尔在撰写这些书时，同时整理了经济发展委员会的档案资料，这些资料目前以微缩胶卷的形式存放于纽约经济发展委员会办公室。

② 威廉·本顿：《经济发展委员会的历史背景报告》，经济发展委员会文档，1943年10月26日。

府之间的关系，他们的目标是将关于政府和企业间极具争议的辩论转化为经济学家、商人与政策制定者之间更富有建设意义的对话。

美国即将参战，这项以大学为基地的计划暂时搁置，后来只在以霍夫曼为副会长的工商理事会中重新开展过。商务部长杰西·琼斯希望吸引商界人士参与战后规划，其主要目的在于防止 NRPB 制定出更为自由的计划。琼斯号召理事会的成员于 106
1942 年 9 月成立筹备委员会，该委员会随后被催生出来。出于政治因素的考虑，琼斯等人刻意淡化工商理事会和委员会之间的联系，原因在于许多小型企业主和保守派不再把理事会看作他们在华盛顿的传声筒。新成立的是一个研究规划机构，孕育于商务部，但相对于政府独立。与许多其他在私营部门运作的政策研究组织一样，经济发展委员会也是公共与私营部门混合的产物。政府官员与私营部门的个人都发现这类横跨公共、私营两大部门的组织用处极大。

虽然保守派的企业出版物很快就把委托人准确归类于思想较为自由的美国商人一类，但是在大多数美国媒体看来，经济发展委员会既保守又孤立，简而言之就是和自己所声称的不符，或许相当于之前的全国工业会议委员会的再生体。人们允许 CED 存在，主要因为它最初是作为一个研究与经济复苏等最紧迫问题相关的临时机构而成立的。这些问题包括终止合同、改造工厂、解雇和招聘员工等，而其他研究机构无法很好地对其进行研究。

随着战争接近尾声，这些问题变得愈加紧迫。比尔兹利·拉姆尔在离开慈善界与学术界后任职于梅西百货，这位 CED 的骨干代表了该委员会内许多商界人士的心声。他认为，除非失业问题可以得到控制，否则私企会被从事商品与服务的制造和分配工作的"其他形式的组织替代"①。分析师担心，倘若战后商业活动降至 1940 年的水平，1 500 万名工人将找不到工作。他们的目标是将生产水平保持在高出 1940 年 35%—40%之间，并在私营部门创造 700 万—1 000 万的就业岗位。尽管 CED 的研

① 比尔兹利·拉姆尔：《商业组织展望》，经济发展委员会文档，1943 年 4 月 14 日。

究人员进行了一系列有关经济转型的短期调查，但保罗·霍夫曼和他的同事们很快就意识到，集中解决眼下的问题并不能保证商界对范围更广的经济政策制定产生长期影响。

霍夫曼在CED的主导作用下被推上了马歇尔计划总策划人以及福特基金会会长的位置。他对研究的价值深信不疑，并在1941年发言称，如果企业在20年代投入
107 500万美元用于政策研究，30年代就能省下5 000万美元的生产损失。霍夫曼与本顿、拉姆尔、拉尔夫·弗兰德斯（佛蒙特州工具制造公司总裁，后成为参议院议员）等其他几位CED的领导人希望他们的短期研究可以突破全国制造商协会或美国商会狭隘的地方观念。他们是思想最不正统的一群商界人士，没有一个人代表大型企业，但却都与学术有着某种联系。霍夫曼谴责了“压力集团经济”与带有党派性的政策研究，他表示CED将会向人们展示“商界人士并不害怕新事物的光芒”。[①] 这里他们早已发现凯恩斯主义之光，并准备用美国商业可接受的方式对其进行传播介绍。

CED是一种新型的政策研究组织。尽管它不隶属于任何行业，但它是由企业家管理运作，企业直接出资成立而非通过募资基金会的赠款。基金会内部的决策权逐

---

① 霍夫曼在经济发展委员会建立中的作用，参见阿兰·R. 劳赫尔：《保罗·G. 霍夫曼：对外援助的缔造者》，来克星顿：肯塔基大学出版社，1985年。有关威廉·本顿，参见西德尼·海曼：《威廉·本顿的一生》，芝加哥：芝加哥大学出版社，1969年。经济发展委员会文档，威廉·本顿：《经济发展委员会的历史背景报告》，1943年10月26日。

1944年，霍夫曼把经济发展委员会描述为一个“临时自偿性组织”（经济发展委员会文档，委托人会议，1944年9月22日）。一开始，人们就认为战后生产恢复在本质上是一个短期问题。将经济发展委员会的工作描述为临时性的也是有必要的，如此就可以与美国商会合作。后者对行业发展部的组织活动持警惕态度。

1944年9月董事会举办会议，弗兰德斯、本顿、福尔松与霍夫曼显然都已经想好了研究计划。霍夫曼提出教育应有长期的目标：“（我们）必须尽力让公众理解重要的经济学事实。”福尔松所看到的则更偏向于政治，他指出，国会议员对“因为没能以个人身份与国会建立合作关系，商界人士正失去参与公共服务的机会”这句生意人说的话颇感兴趣。1945年福尔松在会议上指出，国会对政治的影响作用越来越广泛，但他也同时注意到国会委员会非常缺乏工作人员。研究负责人西奥多·英特码看到了一个完全开放的研究领域，他预计，每年私立机构只在政策研究上投资50万美元。1945年，安德玛希望将此项预算增加到比原来的一半还要多，达到90万美元。1946年年初，行业发展部的工作终止了，自此，经济发展委员会独自研究。霍夫曼的话引自经济发展委员会的文档，保罗·霍夫曼的《委托人会议》（1945年10月5日）以及《董事会会议纪要》（1946年2月12日）。

渐落入行政人员之手，一般而言，这些行政人员和他们选择支持的学者一样是学术派的。创立 CED 的商人们尊重经济学家的专业知识，并试图将学术研究应用于政策制定。委员会雇用了一批常驻的经济学家，以芝加哥大学西奥多・英特码教授为带头人，委员会也愿意在需要时雇佣其他的高校学者。CED 创立了发表职员个人学术作品，并同时保留会内商界人士发表机构政策声明特权这一模式。第一个十年间，委员会出版了 15 本书，发表了 30 多份政策声明。CED 的负责人明白，对于想要在政策制定中发挥充分作用的商界人士来说，他们需要对研究、收集数据、追踪最新理论、与专家评议委员会探讨、表达观点等之间的关系进行重新排布。他们认为，CED 通过成立论坛，汇集政府代表以及美国大学最为出色学者的“商业观点”，创立了一种新的模式。① 因此，委员会将架起商界人士与专业经济学家以及政府决策者之间的双重桥梁，这更多是建立于学术知识之上，而非执着于教条的原则或者狭隘的经济利益。

CED 的信条——“自由社会的经济学：美国经济政策宣言”，颁布于 1944 年。它 108
欣然承认，大萧条暴露出古典经济理论的一些缺陷。委员会承认竞争性的市场不能满足所有的社会需要，并宣布愿意接受政府在集体谈判以及养老和失业保险中的新角色。最重要的是，CED 承认用财政政策以及货币政策的手段减缓商业周期中的极端状况是联邦政府的任务。② 但令人费解的是，经济发展委员会呼吁政府“机智地处理”国家债务，这意味着委员会成员要在经济衰退时期容忍联邦赤字，并把这当作一种必要的政策手段。

信条的宣布以及 CED 教育商业领导者的行为帮助确立了经济政策的中间地带，使许多商人远离自由市场基本理论。40 年代末，CED 在正统的财政保守派与凯恩斯

---

① 威廉・本顿：《经济发展委员会的历史背景报告》（经济发展委员会文档）。

② 《自由社会的经济学》第一次出现在《财富》杂志中（1944 年 10 月），后重新印刷为宣传册。经济发展委员会每年发布 2 到 4 篇政策陈述。20 世纪 40 年代，这些陈述就包括《战后就业及战争合同终止解决方案》（1944 年），《国际贸易，国外投资：怎样才能更为有效》（1947 年），《使经济更为稳定的财政与货币政策》（1948 年），《国际贸易组织与世界贸易的重建》（1949 年）。

主义自由解读者之间达成了一项政策。前者坚持主张年度平衡预算以及最少的政府干预；后者则得出结论，经济易遭受停滞，需要政府不断支出以维持经济发展。在随后的至少二十年中，美国经济政策的理论基础建立在分支凯恩斯主义思想上，赫伯特·斯坦(CED 的经济学家，后来在理查德·R. 尼克松总统执政时期担任委员会主席)将其称为"受芝加哥学派影响的凯恩斯主义思想"。该思想以货币政策、减税以及相对被动的财政政策为奠基。在 CED 的助推下，关于哪些是战后合适的经济政策工具的辩论渐止，尽管关于何时以及如何实施特定措施的讨论依然存在。① 过去的国家计划目标理念(在全国资源计划委员会的平民公共工程项目、自然资源计划以及稳步扩张的社会保障措施中均有体现)如同脑中的概念一般虚幻缥缈，从实践的角度也让许多人惴惴不安。战时的规划机构以及它们对生产和价格的控制措施，在罗斯福总统看来均为合情合理的应急措施，可它们很快就被哈里·S. 杜鲁门总统废除了。

凯恩斯主义有着计划手段所没有的吸引力。前者基于理论，建议适当限制政府干预。战后经济政策制定者没有关注特定经济部门的表现，也没有想法像全国复兴
109 总署以及农业调整署那样对每个行业的生产都进行烦琐的调整，他们使用联邦政府开支、利率，以及税收政策等更为多样化的工具刺激或限制总需求。这些管理手段限制了政府直接参与经济的范围，并且为战后 20 年间严肃的政策讨论划定了边界。

凯恩斯主义的方法也确定了公共政策辩论中最重要的两个方面：主要的专业知识种类(宏观经济学训练)以及分析类型(总和经济分析)。与 30 年代国家计划的支持者的预测不同，战后政策制定者对联邦政府的经济角色的界定更为狭窄，但是其影响在于为政府的经济学家创造更为安全的环境，并且从特定专业知识而非广义知识的角度，将他们扮演的咨询者角色合理化。经济学家的理论和分析方法与政策措施有着直接联系，因此，政府一直需要经济学家。在解释经济运行方式的社会科学理论上达成的思想共识，第一次促就了政策含义上的广泛共识。理论上的真知灼见成为

① 来自 1986 年 3 月 11 日作者对赫伯特·斯特因的采访。

1946 年《雇佣法令》的基础，同时也决定了一些经济学家作为咨询者在政府中的位置。

三、制度化的总统咨询

《就业法》(1946 年)创生了经济顾问委员会，并要求总统每年发布经济报告。作为一份关于政策制定的声明，《就业法》反映了一代人的不安情绪，他们曾在 30 年代见证过经济管理措施的败绩。① 有些人希望限制政府的干预，而有些人则害怕竞争性市场的不稳定性，该法令艰难地折中了两派观点，既确定了联邦政府缓和商业周期的责任，又同意用最保守的凯恩斯学派的工具制定财政政策与货币政策，以此作为实现经济稳定的最佳方法。在布鲁金斯学会任职 23 年的埃德温・诺斯成为委员会的第一位主席。他将《就业法》描述为确立国家经济政策"科学"基础的里程碑。②

《就业法》标志着经济学家成为战后美国总统的心腹。同样根据该法案创立的联 110
合经济委员会(最初为联合经济报告委员会)赋予经济学家在立法部门中的重要地位。专家建议制度化可能是战后最为重大的发展，尽管咨询机构的存在并不保证它们能被合理或是明智地应用。由于杜鲁门总统没能就任何国家经济政策问题有效地咨询顾问的意见，埃德温・诺斯于 1947 年愤慨地写道："一年多过去了，却依然没有清晰的证据显示，我们曾对政策制定、行动措施或项目特色的采纳起到过任何切实的

---

① 有关 1946 年《就业法》的部分，参见斯蒂芬・K. 贝利：《国会如何制定法律：1946 年〈就业法〉背后的故事》，纽约：哥伦比亚大学出版社，1950 年。本书讲述了订立《就业法》的历史，经济顾问委员会的第一任主席讲述了此法案的故事。关于委员会最初的几年，参见埃德温・诺斯：《公共服务中的经济学》，纽约：哈考特-布雷斯世界图书公司，1953 年。经济顾问委员会自成立到 1964 年的部分，参见小爱德华・S. 弗莱士：《经济咨询与总统领导力：经济顾问委员会》，纽约：哥伦比亚大学出版社，1965 年。有关凯恩斯主义经济学更为普遍的解释以及其在英国和美国对政策制定过程中所产生的影响，参见唐纳德・温奇：《经济学与政策：一项历史研究》，纽约：沃克出版公司，1969 年。有关经济政策制定的广阔视角，参见赫伯特・斯特因：《总统经济学：从罗斯福到里根时期政策制定及其他》，纽约：西蒙 & 舒斯特出版公司，1984 年。

② 诺斯：《公共服务中的经济学》，第 7 页。

影响。”①

然而，首位享有这一思想财产的杜鲁门总统却称赞经济顾问委员会为“卓尔不群、名副其实的”机构。这样的夸赞并不足为奇，因为委员会的成员都是由杜鲁门总统亲自挑选的，并且，正如他在回忆录中所写的那样，不同成员的观点相互独立，这会使委员更为有用。② 实际上，诺斯的观察更加接近事实。杜鲁门在任职总统早期极少咨询经济顾问委员会的意见；直到 1950 年利昂·凯泽林接替诺斯成为主席时，杜鲁门才开始频繁向委员会征求咨询。讽刺的是，没有经济学学位的凯泽林却拥护杜鲁门更为青睐的经济增长政策。此外，他似乎比前任主席更了解总统，以及他对咨询的需求。凯泽林点评诺斯道说：“他可能永远无法理解，这位美国总统事务缠身，没空再像布鲁金斯学会这样的机构闲谈经济学。”③

虽然罗斯福总统将专家以及知识分子吸纳入政府之中，并且似乎还在无序的政策流程中感受到愉悦的快感，然而杜鲁门以及德怀特·D. 艾森豪威尔总统却并不喜欢非正式的建议和辩论。罗斯福曾在各专家间酝酿冲突和竞争，但杜鲁门和艾森豪威尔却将不同的咨询者角色制度化，试图通过设计更为系统的、可斟酌不同政策方案的手段，以减少冲突。

虽然杜鲁门在很多方面对前任罗斯福总统感到敬畏，但他对罗斯福的执政方式却无敬意。杜鲁门的执政方式与罗斯福不同，后者制造混乱，前者则收集所需信息，并通常当场就做决定。埃夫里尔·哈里曼曾在杜鲁门总统任期内短暂担任商务部
111 长，负责欧洲复兴计划，随后又成为总统特别助理，他回忆道：“你可以带着问题走进他的办公室，出来时就已经有了他的决定性意见。他做决定的速度比谁都要快。”④ 杜鲁门绝不以抽象概念作答，或将问题层层复杂化。在亨利·华莱士看来，他做决定

① 诺斯：《公共服务中的经济学》，第 380 页。

② 哈里·S. 杜鲁门：《抉择的年代》，加登城，纽约：道布尔迪出版公司，1955 年，第 494 页。

③ 引自弗莱士：《经济咨询与总统领导力：经济顾问委员会》，第 25 页。

④ 引自罗伯特·J. 多诺万：《冲突与危机：杜鲁门的执政时期（1945—1948）》，纽约：诺顿出版公司，1977 年，第 24 页。

的方式很简单，有时候甚至未经仔细考虑。但是杜鲁门的确以罗斯福不情愿的方式将专家咨询关系制度化。

在担任参议员期间，杜鲁门就已经批评了军队和外交情报收集碎片化，情报分别来自陆军和海军、国务院、联邦调查局以及战略情报局。因此，杜鲁门就任总统后便成立了一个协调机构，即 1946 年 1 月通过颁布行政命令成立的中央情报组。《国家安全法》(1947 年)则更进了一步创生了一个永久性的总统咨询机构，即国家安全委员会(NSC)。杜鲁门以他曾经担任过的百货商店店员式的言辞说道，NSC 将会保持美国政策利益“动态平衡与永续盘存”，并且委员会中的专家也将是“客观公正、毫无政治纽带关系的”。此外，杜鲁门还强调，NSC 不仅为他服务，还将保证前后两届政府间政策的连续性。①

在某些政策领域，杜鲁门自己便是最优秀的专家。用他的话来说，联邦财政预算是自己“严肃的爱好”之一，这爱好早在他任职于参议院拨款委员会的十年间就养成了。杜鲁门每星期与预算办公室主任詹姆斯·E. 韦布至少会见两次，在某些必要的预算周期内，他们会进行长达一天的谈话。韦布成了杜鲁门最信任的顾问之一，他帮助筛选立法提案，有时预算局几乎成了白宫预备立法的分支机构。杜鲁门为自己掌握预算相关细节而引以为傲，也乐于接待记者，在长达两三个小时的“预算研讨会”上，他逐页向记者们讲述开支计划。②

就任于特定咨询机构的专家越来越多，杜鲁门总统需要更多职员以及一个协调专家之间工作的体系。在他的众多心腹中，克拉克·克利福德与约翰·斯蒂尔曼脱颖而出，他们成了政策协调人。前者于 1946 年至 1950 年间担任特别理事，后者则拥有特别助理的头衔。除了这两位，总统还有一些在密苏里州的朋友与攀附者。如 I. F. 斯通所描述的那样，“他们大腹便便，心地善良，熟知许多黄色笑话”。和白宫许多 112

① 哈里·S. 杜鲁门:《考验和希望的年代》，加登城，纽约：道布尔迪出版公司，1956 年，第 58 - 60 页。

② 有关杜鲁门早期对预算的兴趣，参见杜鲁门:《抉择的年代》，第 146 - 147 页。

密苏里人不同，克利福德与他们划清界限。接受过律师训练的他负责国际和国内安全事务，是白宫里最为练达从容、天资出众、勤奋刻苦的职员。

斯蒂尔曼出生于阿肯色州，乐观友好，有些夸夸其谈，曾就读于范德比尔特大学、哈佛大学以及北卡罗来纳大学，是一名经济学家。他在 30 年代的经历集中代表了那些曾经被吸纳入政府的学者的经历。在一次会议上与劳工部长法兰西丝·帕金斯相遇后，他离开了阿拉巴马女子大学，转而就职于劳工部，很快就被提拔为联邦调解局局长。杜鲁门任命斯蒂尔曼为战争动员和复兴署署长，随后于 1947 年年初把他调入白宫。斯蒂尔曼在白宫主要负责国内政策，尽管他的才能天资并没有给许多人留下深刻印象。

杜鲁门逐渐学会了如何利用行政建议这一新的财富，正如当初学会发挥凯泽林以及经济顾问委员会的作用一样。杜鲁门把先前的顾虑搁置一旁，在朝鲜战争期间向 NSC 寻求意见。计划局初步建立，安全政策建议书的起草是在白宫，而不是在其他机构进行。虽然杜鲁门总统发现了法定咨询机构的作用，但随着专业知识激增，总统似乎需要拥有像克利福德那样的调解人和通才(特别助理们也开始建立自己的员工团队)将专家的贡献转化成政策。

艾森豪威尔总统则延续了这一做法，甚至为咨询机构以及内阁部门的管理制定了更为正式的流程。整齐的组织结构与明晰的权威界限都为两位总统所重视，但艾森豪威尔比杜鲁门更善于遵循白宫正式的阶级制度。从很多方面看，杜鲁门把自己当作幕僚长，负责主持职员早会，布置每日任务，甚至是监督白宫预算。他的天性过于随意，太过容易接近，不适合留在组织最中心的位置。杜鲁门知道自己需要多少信
113 息，用管理白宫的方式便于他收集和吸纳信息。然而，他一再坚持自己做决定，像 NSC 这样的机构只是为其提供建议。正如他所言，“政策本身必须由总统制定，所有的最终决策也必须由他做出”①。杜鲁门渴望参与决策和迫不及待下决定的性格特

① 杜鲁门：《考验和希望的年代》，第 59 页。

点，有时似乎与其推崇咨询机构的精神相违背。

40年代后期，总统可以通过经济顾问委员会以及其他经济学家云集的联邦部门，利用专业技术资源。专业知识还可以来源自NSC的职员、国务院政策规划人员以及中央情报局。事实证明，新型的制度化政府使专家们颇为获益。它不仅仅为拥有学术专长的人创造了正式的顾问职位，而且为拥有不同专长的政府顾问以及在政府之外工作的一大批专家提供机会，可与公共决策相关的问题进行更多的洽谈。因此，将白宫内专家咨询制度化的做法，虽然远没有取代任职于高校及智库的外部顾问所发挥的作用，但开创了新的机遇，同时也无意中证明了学术调查在处理社会、经济以及国际议题中的价值。

对于越来越多关心政策议题的专家来说，最为重要的新发展便是合同协定。通过该协定，政府官员可以任用外部的研究人员。美国在全球范围内出现的新包袱，尤其是原子时代永久存在的爆发战争的危险，迫切需要联邦政府为科研投资。的确，政治领袖对专业知识的需求比任何时候都更为紧迫。一些新的联邦机构，如最重要的国家科学基金会以及美国原子能委员会，均是出于向大学以及私人研究中心提供资金的目的而成立的，尽管纯粹的社会科学研究在许多年内并不会成为国家科学基金会的重要部分。各军种以及国防部也是研究的主要出资方。政府内外的专家都因为这一大笔新赠款而大为获益。

四、合同制咨询

战后合同制研究机构的成立，从根本上改变了专家与公共政策制定之间的关系。几乎任何政府机构现在都可以拥有半永久性的外部专家储备。虽然战争爆发前也存
在类似的合同协定，这一类新机构的出现则是战时科学家们最卓越的贡献。这些机 114
构的原型便是二战结束后建立的兰德公司（RAND），其名称是英文“研究”与“发展”两词的缩写。兰德公司的成功促就了一批新的研究公司，这些公司在50到60年代

期间与政府机构订立合同，听命于政府。①

1945 年，战争接近尾声之际，美国陆军航空队指挥官亨利·哈利（哈普）·阿诺德将军预测，军队研究基金即将期满终止，政府科学家也将随之退回到他们原来在大学或私营企业较为安逸的职位。阿诺德认为，下一场战争的输赢取决于国内的科学家。在这个已经因技术而变小的世界，20 世纪后期的战争规模很可能是全球性的，攻击速度以超音速计，破坏性也将比刚刚结束的这场战争大几千倍。之前工业动员的速度（1 年到 2 年全面完成战时生产筹备工作）已不足以保证国家的安全。首先在进攻性武器的研发上取得突破的一方可掌握巨大优势，因此国家研究和技术资源必须用于永久满足国家安全的需要。

早在 1944 年，阿诺德就写信给空军科学咨询组织的负责人西奥多·冯·卡门，提议咨询团所有成员停止研究打赢对德国及日本的战争这一当前问题，转而"调查战后以及未来战争中所有可能和必要的研发成果"。对于其他项目，阿诺德则对是否可能产生取代飞机的新发明、远程控制和"电视辅助"火箭以及核动力推进是否有可能实现显示出兴趣。② 这些问题不该由空军军官来回答甚至提问，但国会给军队的直接拨款以及今后空军的长期建设与生存正取决于这些问题。

战争的最后两年间，战争部中的其他一些人，尤其是科学研发局的科学家们也曾经询问过：该怎样维持军队与科学界之间成功的合作关系？战时，研发局与研究者之
115 间建立合同制关系是稀松平常的，它同时还与一些大学实验室建立了直接联系。以

---

① 有关兰德公司建立于 20 世纪 60 年代早期的部分，参见布鲁斯·L. R. 史密斯：《兰德公司：以一家非营利咨询公司为例》，剑桥，马萨诸塞州：哈佛大学出版社，1966 年。此外，有关兰德公司的创建以及其在制定维护国家安全政策的角色，参见弗雷德·卡普兰：《与末日决战的魔法师》，纽约：西蒙 & 舒斯特出版公司，1983 年。公司早期的回忆录，参见 R. D. 施佩希特：《兰德公司历史之我见》，《美国运筹学学会期刊》（第 8 期，9—12 月），1960 年，第 39 - 825 页。另外可以参见，《兰德公司：第一个十五年》，圣塔莫妮卡，加利福尼亚州：兰德公司，1963 年。

② 从 H. H. 阿诺德将军到西奥多·冯·卡门的备忘录于 1944 年重新刊登于《空军杂志》（1984 年 8 月）第 71 页。冯·卡门和他的同事在 1945 年一整年都在书写一份名为《朝向新视野》的多卷报告。该报告指出，有必要采取策略，"使科学工作者对于空军中出现的问题兴趣永驻"。报告中的文章引自开普兰：《与末日决战的魔法师》，第 56 页。

麻省理工学院辐射实验室为例,其研发的雷达对备战的贡献极为巨大。

辐射实验室科学家爱德华・L.鲍尔斯,以及道格拉斯飞行器公司的两名工程师阿瑟・雷蒙德与弗朗克・科尔博姆,曾经使用运筹学的最新分析技术一起研究过项目。以投入太平洋使用的B-29轰炸机为例,他们发现,如果可以简化防护层,提高飞行速度与高度,B-29则会超过日本战斗机,达到更高的飞行效率。这种建设性的策略给空军最高指挥部留下了深刻印象,其中就包括李梅将军以及哈普・阿诺德。“我们必须要留住这些科学家,”阿诺德对冯・卡门说道,“这是最重要的事情,是我们必须去做的。”①

鲍尔斯认为研究机构应当开始探索火箭技术和洲际战争。科尔博姆向阿诺德建议,道格拉斯飞行器公司应该组织一个民间研究小组为空军服务。阿诺德采纳了这个观点,1945年9月与科尔博姆会面后,他借了一架总统专机飞往旧金山汉密尔顿机场,与道格拉斯飞行器公司的一些主要负责人见面。阿诺德当场就同意从剩余的战争研究基金中取出1 000万美元,为该项目融资。1946年3月,在道格拉斯飞行器公司的圣塔莫妮卡工厂,一个小组就在其中一个部门开始了研究。

然而,随着调查项目不断扩大,它超出了道格拉斯飞行器公司的应付能力,或许还对公司与空军签订丰厚利润的合同造成了阻碍。到1947年,研究人员增长到了150人,他们也看到了摆脱企业的监督后可以获得的益处。1948年,在空军的许可下,又有福特基金会为之提供贷款,保障其生存,“兰德计划”从道格拉斯飞行器公司分离出来,成了一个独立的非营利组织——兰德公司。

最初的空军合同催生了美国最大、最知名的非营利智库,它与战争前建立的政策

---

① 阿诺德的话,引自开普兰:《与末日决战的魔法师》,第58页。阿诺德带着紧迫感匆匆行动,因为显然他很担心战后从国会获得资金的问题。“我担心,空军战后以及下一次战争的研发项目是否建立在良好且持续的基础上。此外,我希望,这些项目除了可以守护国家安全,指导接下来的10年到20年之外,还应该包括长期、周密的思考,让推荐的项目成为获得国会充分拨款的基础。”从H. H.阿诺德将军到西奥多・冯・卡门的备忘录,引自开普兰,第71页。

福特基金为兰德公司这家刚刚起步的研究组织提供了贷款保证,在其成为一家独立的非营利组织的过程中起到了主要作用。有关借贷与拨款以及商讨的文件保存于福特基金会纽约总部的档案中。

研究机构是两类不同的机构。但实际上，兰德公司与“智库”几乎是同义词。“智库”一词改编自战时的俚语，战后用于兰德公司以及其他研发机构。政府组织并资助研
116 发、技术评估活动，由非营利性的私立机构实际操作，兰德公司是这一模式的首个应用者。合同协定使专家既不完全依赖政府，也不彻底独立于政府。脱离了政府官僚机构的种种限制和烦琐程序的专家们现在必须为客户的需要和偏好负责。发布一份劣质的报告需要“胆大包天”才行。与政府签约的研究者们虽然在政府外工作，但由于合同一直处于更新修改之中，短期内，他们在许多方面与客户间的依存程度更强。

兰德公司模式在50年代风靡一时，既导致其竞争者纷纷从所附属的公司拆分出来，也推动其他军事分支机构建立类似的部门。米特公司、系统开发公司、分析服务（组织）、海军分析中心、研究分析公司以及国防分析研究院等组织机构源源不断地为军队规划者输送掌握先进科技技能的研究人员。尽管诸如武器评估、发动机问题分析、专门的电脑系统开发等诸多工作有很强的技术性，非营利咨询机构在签订与具体政府机构的合同后，很快就在政策制定、开展政府机构因资源匮乏而无法进行的研究，以及为政府内官僚系统中的相关机构提供非正式性建议等方面发挥了更大的作用。事实上，政府的内部专家远未取代外部研究人员，相反，他们试图与大学和机构建立联系，所利用的金融资源范围远大于私人基金会及个体所能获得的范围。

到50年代，一个由政府出资的大型专业知识市场开始形成。在这个市场中，专家更经常提到的是客户—机构关系，而非公共责任。通常情况下，报告和研究是对政策制定者及其员工提问的回应。但是如今为了生存，依赖于合同关系的研究组织需要向政府“推销”自身服务，“兜售”思想并为其提供研究“成品”。对于身处这一环境的个人研究者来说，其技术与方法对解决一系列问题有使用价值，也就是说它们需要“良好的销路”。

五、系统性思考 117

兰德公司不仅仅成为新一代智库的榜样，而且在研发新的分析方法中扮演了重要角色。之前的模式，如调查研究、体制分析以及总体统计研究，在政策制定中已经获得一席之地，但是兰德公司采用的新兴的系统分析技术拥有更为宽广的前景。系统分析法借鉴了成本—效益分析法、线性规划技术、博弈论等方法，完美地迎合了合同制企业的需要，而对这些企业更有利用价值的是综合性分析而非大量狭隘的专业知识。

从一开始，兰德公司的研究人员就认为自己如高深的思想家一般，“从根本上对笼统的理性生活富有兴趣，并且极力追求这种生活”[1]。数学家、工程师以及物理学家的定量推理促就了其观点的形成。随着兰德公司所从事的研究由技术问题的精确界定，扩大到核战略以及国家安全等领域，其研究人员接纳了理性分析方法，它将成为美国政策史上一个时代的不可磨灭的印记。

作为运筹学的衍生品，系统分析是二战时期不太起眼的思想副产品之一。兰德公司的研究人员，不论原来在何种学科下进修，都采纳了系统分析的术语与方法。虽然运筹学不如战争武器以及其他技术奇迹那么让人印象深刻，但它却以定量分析的方式确定了使用某一武器的最佳方法，从而为赢得战争做出了重要贡献。比如，深水炸弹安置在什么深度可以摧毁敌方潜艇？雷达系统以及防空炮兵部队应该部署在哪里才能有效保护目标？飞机应该以什么队形飞行？重装飞机是否比质量轻、速度快的飞机更容易成功完成使命？

运筹学者在“二战”的最后阶段隶属于陆军航空队中的多个战斗部队，他们曾关注某一武器具有针对性的战术考量及其局限性。战后新型武器的发明让这一问题愈加复杂。1947 年，加入兰德公司的数学家 E. W. 帕克森提出了战后军队规划者面临

---

① 兰德公司于 1947 年 9 月在纽约召开了一场社会学家的会议(会议记录整理为兰德公司的报告发表，R－106，圣塔莫妮卡，加利福尼亚州，兰德公司，1948 年 6 月 9 日)。文中措辞源于沃伦·韦弗对此次会议的公开评论。整场会议都充满了这样的话语。

的一些问题。如果目标是摧毁一架潜水艇或攻击某个目标，什么样的武器可以完成
118 这个任务？摧毁一组特定目标的成本会是多少？什么武器可以以最低成本完成这个任务？[①] 帕克森在兰德公司的部门制作结构框架之外工作，试图融合物理学家与工程师的成果，不久便被同事们称作系统分析师，其创造的定量方法也因此被称为系统分析。

关于制造何种新武器的问题引出了更多复杂的问题。仍处于新兴阶段的技术系统的设计需要复杂而熟练的数学应用，而系统分析则将工程学家、经济学家与数学家各自关心的问题串联在了一起——因其根基植于这三大学科之中。随着兰德公司雇用的研究员学科背景越来越广泛，系统分析法不断发展，增强了其研究队伍的团结性。

系统分析拥有一套工具，丰富多样，无所不包，因此它更像是一种思维方式，而非一种固定方法。其核心是决定如何选择政策手段的一系列步骤，而政策手段的选择随着武器体系与社会项目成本的增加而变得越来越重要。由于方法的选择是重点，系统分析师的手段经常要比思考目标来得重要。系统分析对于合同制顾问来说是一个合适的工具，因它对咨询顾问的角色进行了限制，只充当实现客户所设目标的多种方法的评估者角色。

帕克森的代数方程展示了系统分析法在分析武器上的潜力，而约翰·冯·诺伊曼的博弈论研究却将其提升了一个层次，使其成为国家在核能时代选择策略的工具。兰德公司早期研究火箭推进、飞行器设计以及与运筹相关的问题。50 年代，该公司演变成为国内首屈一指的核战略研究中心，并吸纳了伯纳德·布罗迪、赫尔曼·卡恩、威廉·考夫曼、托马斯·谢林以及阿尔伯特·沃尔斯泰特等思想家。[②]

---

① 笔者关于兰德公司对系统分析贡献的描述，来源于史密斯的《兰德公司》、开普兰的《与末日决战的魔法师》以及对目前兰德公司员工的采访。

② 有关战后战略思考的演进，参见格雷格·赫尔肯：《战争顾问》，纽约，艾尔弗雷德·A. 克诺夫出版社，1985 年。

出生于匈牙利的数学家冯·诺伊曼是战时曼哈顿计划的领导人物之一，他于 30 年代来到美国。随后，诺伊曼在其朋友爱德华·特勒的协助下，试图揭开氢弹这个新式热核武器的秘密。诺依曼还是电子计算机的先驱人物，其研究成果极大地加快了计算机运行的速度。在普林斯顿大学执教期间，他同时担任兰德公司和洛斯阿拉莫斯武器实验室的顾问人。他在博弈论方面的研究对战略性思考产生非常重要的影 119
响。博弈论是在不确定对方行动的情况下，用数学计算得出理性策略的一种方法。设想博弈中的双方都会理性行动，当然这也是大的前提，博弈论可以让战略家以严谨的数学方法分析出对方的最佳行动，并依此进行预测。

冯·诺伊曼在与奥斯卡·摩根斯坦合作出版的篇幅浩瀚的著作《博弈论与经济行为》(1944 年)中指出，博弈论在经济以及社会领域有着广泛的应用。它看起来尤其适用于分析国际争端的战略不确定性。在一个了无信任、对立双方隔着意识形态的沟壑相对而视的世界里，博弈论提供了数学的方法来评估策略，这让人感到慰藉。博弈论与时代精神保持一致，既悲观厌世又满怀希望，它认为核问题的博弈者足够理性，会选择避免毁灭性的行动；如果他们不足以信任对方，但至少可以预见博弈另一方的行为。

随着博弈论不断发展，系统分析在权衡战略选择时成为更有力的工具，同时，博弈论也为兰德公司提供了一种手段，使其由纯技术调查扩展到核能策略的制定以及防卫政策的推测。艾伯特·沃尔斯泰特是兰德公司将其应用到该领域的实践者。他曾经主修哲学，是一名满怀激情的逻辑学家和数学家，在辞去战时生产委员会质量控制专家一职后，他于 40 年代后期来到兰德公司。1951 年，兰德公司的经济部长查尔斯·希奇 提出让沃尔斯泰特为空军对海外轰炸机基地进行研究，但沃尔斯泰特对此的热情并不大。这项工作对他来说一点儿也没有趣："了无趣味，全是些最基本的东西，通常会让人联想到逻辑学。"①

---

① 沃尔斯泰特的话，引自史密斯的《兰德公司》，第 200 页。

但在沃尔斯泰特了解到空军构建问题的过程之后，他发现了一个基本的但却非常明显的两难战略困境：轰炸机离目标越近，就越容易受到敌人攻击。空军似乎认为，若世界大战再来一次遇到的问题与“二战”末期战略性轰炸行动中遇到的那些问题一样，只是选择目标与路线的问题。他们并没有回答倘若轰炸机没有起飞，或者苏
120 联率先发动攻击将会发生什么后果。沃尔斯泰特没有忘记“二战”是如何在美国展开的。当时，他的妻子丽贝卡正从事一项研究，后来该研究成为珍珠港突袭事件经典的记叙。虽然沃尔斯泰特并没有与像肯尼斯·阿罗这样精于数学的同事们一起对博弈论进行阐述，但他早已理解了博弈论的基本前提：制定战争计划时必须考虑对手的最佳策略。

沃尔斯泰特有强烈的好奇心，每当他遇到感兴趣的事物便急不可耐。他工作极其努力，彻夜工作是出了名的。他开始向兰德公司的其他专家穷追猛打，步步紧逼，就防空系统、飞行器技术能力、战略以及飞行器的燃料补给、维护及修理提出一系列问题。沃尔斯泰特的问询证实了他的猜想，前沿基地战略使轰炸机处于极其脆弱的位置。苏联的一次核攻击使用约 120 个 40 千吨级的炸弹，可以摧毁美国约 80%的轰炸机力量。1953 年，沃尔斯泰特和他的团队随之建议改善预警系统，强化供应站以及燃料储存区域以承受核爆炸的冲击。他们随后提出了一个激进的建议，即将海外设施仅仅作为燃料补给及修理基地，而非永久基地使用。

沃尔斯泰特及其团队所进行的研究是兰德公司的项目之一，简称为 R－266。这项研究对兰德公司理念的形成起到了部分决定作用，现仍被吹捧为系统分析有能力取得巨大成就的例证。公司内的研究人员喜欢说，他们的第一步就是确保提出正确的问题，正如沃尔斯泰特的研究展示的那样，智慧始于对问题的合理描述。然而不论分析多么有说服力，也不能决定政策。政策制定大部分取决于研究成果的传播方式、向政府呈递研究成果的时机，以及它是否与最终决定其影响力大小的执政者和官员的议程一致或冲突。

沃尔斯泰特及其团队（除他之外，另有 3 人参与了著写工作）出版了一份 400 多

页的绝密报告，报告的主要内容被浓缩到可穿插航线图、地图以及坐标图展示的 45 分钟的情况介绍会。当沃尔斯泰特在同事面前首次为介绍会排练时（兰德公司为了在挑剔的观众面前测试产品而进行的惯例），话语中十分明显地暗含了对空军最高指挥部的质疑。介绍会结束后，一位同事这样说道："阿尔伯特，要是李梅将军在你前两句话说完后还停留在屋内，那么这项研究将给兰德公司带来有史以来最大的影响。"[①]1953 年第一次面向奥马哈战略空军司令部高级军官的介绍会结束后，在场军衔最高的李梅将军的助理简短地评价道，"非常有趣"，随后他便急匆匆地离开了会 121
场。但是他听完了整场介绍会。更多的介绍会接踵而至，共计 92 场。

战略空军司令部指挥人员，尤其是李梅将军，似乎不愿意出资保护轰炸机编队。在他们看来，解决轰炸机脆弱性的方法就是投入更多轰炸机，并最终建造出射程更长的新型洲际轰炸机。战略空军司令部指挥人员直接向参谋长联席会议而非空军参谋部汇报，因此他们对接受来自一群空军雇佣的外部顾问的建议心怀警惕。

沃尔斯泰特的建议本来可能很容易受到空军官僚体系的阻挠，但他一直坚持着。兰德公司为空军临时代理总参谋长安排了一场介绍会，总参谋长对报告高度重视，并很快开始实施其中的一些建议，减少对海外基地的依赖。然而，倘若不是苏联 1953 年 8 月引爆了一颗氢弹（比沃尔斯泰特设想的武器要庞大得多），证明了美国轰炸机的脆弱性，就算是最高级别介绍会的说服力都极为有限。同样证明了美国轰炸机的脆弱的还有 1952 年秋天横扫卡斯威尔空军基地的龙卷风，它摧毁了机场 80 余架轰炸机。

该项研究的影响力并不一定来自其中。战略空军司令部更感兴趣的依然是快速调遣飞机上天执行任务，而非准备抵御来自苏联的攻击。但是研究报告却将注意力集中在军队潜在的弱点，并且为战略脆弱性做了相对明确的评估。在政策的考量上，赋予这份报告长期影响力的是"脆弱性"这一概念，而非任何具体的建议。此外，这并

---

① 引自赫肯：《经济学与政策：一项历史研究》，《战争顾问》，第 92 页。

不是一份书面的报告，而是 92 分钟传达要旨的情况介绍。沃尔斯泰特的这些智力成果让人印象深刻，但展示研究成果时他所表现出的自信与坚持才是真正值得关注的。

50 年代后期，政策制定者面临两个主要问题：经济发展与核能策略。经济学家、数学家以及战略家建立了多种分析工具以及假设。尽管风险大到令人生畏，但这些分析工具却是政策制定过程中非凡信心的来源。专家们的名望以及政治影响力也将达到新的高度。60 年代，人们对社会科学方法的信心渐长，政府内外专家的事业也随之起飞。

6. 行动知识分子 122

一、象牙塔里的活跃分子

1960年，在一次演说中，约翰·F.肯尼迪向选民解释了他竞选总统的原因：“我不仅要成为一位敢作亦敢当的总统，一位既能开立新项目又能创建研究小组的总统，还要成为一位无论是庞杂的事物还是备忘录的草拟这类小事皆能驾驭的总统。”他信誓旦旦地表示要成为“一位各方面都名副其实的最高领袖——不只是将解决问题的希望寄托于下属身上，更能亲自指导他们”①。显然，这一“行动派”的形象让人联想到了富兰克林·罗斯福的执政之风；同时也起到了含沙射影的作用，老一辈和消极行动的时任总统艾森豪威尔成了他矛头暗指的对象。在肯尼迪看来，艾森豪威尔政府内精细化的幕僚咨询体系和高度结构化的内阁会议给总统的自由行动强加了障碍。

肯尼迪许诺将成为一位“行动派”的总统，逐步解散研究小组并取消精细化的幕僚审议会。表面看来，这对杜鲁门和艾森豪威尔执政时期赢得政府顾问一职的专家来说不是个好兆头。（在此期间，政府制度化程度逐渐加深。）专家作为官僚制行政系统中的一环，在内部商议中拥有明确的沟通渠道，并享有正式的位置。肯尼迪许诺“他将采取积极行动”，预示着专家们将像罗斯福执政时期的教授学者一样自由参政。
他树立起理性“行动派”的形象，成功吸引了一批学术专家——西奥多·怀特称之为 123
行动知识分子，这一称呼至今仍令人记忆犹新。他们在华盛顿的成就创造了政策知识分子的现代神话。白宫这座现代的卡米洛特宫殿不仅需要年轻英俊的国王和高贵

---

① 摘自詹姆斯·麦格雷戈·伯恩斯：《领袖》，纽约：哈珀柯林斯出版社，1978年，第394页。

典雅的王后，同样还必须拥有巫师梅林和圆桌骑士。

竞选开始后的前几个月，肯尼迪并非是学术界人士的第一总统候选人。1960 年 1 月，《时尚先生》杂志发起了一项由杰出学者和作家参与的投票，结果显示肯尼迪远落后于阿德莱·史蒂文森、休伯特·汉弗莱和理查德·尼克松这三位总统竞选者。从感性上来说，史蒂文森显然最受自由派知识分子的欢迎。1952 年的首次竞选中，他的表现相当业余，因而败下阵来。此后，一大批民主党人又鼓励他成立一个持续时间更长的政策筹备小组，以为 1956 年的大选做准备。“共和党是富人的党派，并不会吝惜金钱，”1953 年，约翰·肯尼思·加尔布雷思这样写道，“而民主党是知识分子的党派，也应踌躇满志地利用自身的知识和经验。”在前空军部长托马斯·奈特·芬勒特的指示下，麾下外号“芬勒特”的小组将各方的意见和建议汇总后呈递给史蒂文森。史蒂文森将其用作演讲的素材，并在访问全国各地的途中单独和许多学者会面，但出乎意料的是，他并没有参与他们的集体会议。访问前，在写给加尔布雷思的信中，史蒂文森说道，“我不愿让他人认为这是史蒂文森阵营的智囊团运筹谋划的结果”。这位 20 世纪最为“学术派”的总统竞选者明白，和知识分子过于紧密的联系会进一步坏了他的风评，这是他负担不起的。①

尽管肯尼迪并非国内知识精英的第一候选人，但某些后来效力于他的幕僚对他并非一无所知。在担任参议员期间，肯尼迪毫不起眼，偶尔会拜访哈佛的熟识以寻求建议。他时不时会和加尔布雷思通话，咨询经济问题，尤其是农业问题——不难理解，这对于一位来自北部工业州的参议员来说确实十分棘手。像其他在 1952 年和 1956 年竞选中为史蒂文森效力的知识分子一样，加尔布雷思似乎也逐渐被肯尼迪游说进了他的阵营，即便一些哈佛的教师仍然会对他浅薄的本科学历感到不满。他在一卷回忆录中透露，“许多哈佛的教职员工难以相信肯尼迪兄弟已经跃居第一阵营，

---

① 波特·麦基弗：《阿德莱·史蒂文森：他的一生和遗产》，纽约：威廉·莫罗出版公司，1989 年，第 315－316 页。

并不完全值得哈佛大学的赞誉和祝贺”。但一忆起周六晚上在洛克奥伯餐厅，自己偶尔与肯尼迪以及小阿瑟·M. 施莱辛格共享的晚宴，加尔布雷思的语调就轻柔了下 124
来，“他谈话内容涉猎广泛，显示出本人广博的知识面，”他回忆道，“我对他的敬重和喜爱与日俱增。”①

但加尔布雷思也在肯尼迪身上看到了一丝急躁不安。正因如此，在担任总统期间，肯尼迪有时会突然中断讨论，还经常阻止最絮絮叨叨的顾问充分表达其观点。毫无疑问，这丝急躁反映了他思维敏捷的特点，同样也显示了他雷厉风行的性格。尽管肯尼迪明显不能胜任立法者一职，也显然不愿主掌参议员烦冗的政治程序，但他对行政决策的形式之于总统的利害却了如指掌。

国内政治精英对国家目标的高度不确定性深感不安。50 年代末，许多美国人似乎认为国家处于飘摇不定的状态中。由于太空计划的初期受挫，苏联又于 1957 年出人意料地成功发射了“斯普特尼克号”人造卫星，美国科技“大厦”的公信度，尤其是教育体系的公信度遭到了极大的削弱。许多人也在担心所谓的“导弹鸿沟”，虽然随后被证实为子虚乌有，但却引起了切实的担忧。除去以上对技术的关注之外，小阿瑟·施莱辛格谈到了美国人生活“质量低下”的问题，引发了公众的共鸣。

任期末尾，艾森豪威尔总统召集成立了一个全国委员会，旨在评估本国的表现，并制定长期目标。在 1960 年的选举即将来临之时，《时代》周刊的发行商亨利·卢斯授权出版并编辑了一本散文集——《国家目标》。该书作者包括 10 位美国杰出人士，他们对眼中的这个迷不知途、死气沉沉、飘摇不定、停滞不前的国家忧心忡忡，其中几位作者期望出现一位前所未见的总统。“我们等待着有人能指明前进的道路，”沃尔

① 约翰·肯尼思·加尔布雷思：《我们时代的生活：回忆录》，波士顿：霍顿·米夫林出版公司，1981 年，第 355 页和 357 页。在来自阿默斯特学院的厄尔·拉瑟姆的帮助下，西奥多·索伦森于 1958 年底开始为学术顾问委员会招募成员，成员包括：阿奇博尔德·考克斯、杰罗姆·魏思纳、阿瑟·施莱辛格、约翰·肯尼思·加尔布雷思、W. W. 罗斯托、保罗·尼采、卡尔·凯森、保罗·塞缪尔森、罗杰·希尔斯曼、詹姆士·托宾。以上成员都曾为肯尼迪政府效力。委员会成员之间很少会面，但都会上交行动报告和及时的意见。索罗森明确指出政府需要培养知识分子群体。参见西奥多·C. 索伦森：《肯尼迪传》，纽约：哈珀柯林斯出版社，1965 年，第 117－118 页。

特·李普曼写道，“我们期待有一位创新者加入罗斯福总统和威尔逊总统的行列中。”①

肯尼迪以其理智而沉着的作风受到了自由派知识分子的喜爱，与其说是因其明确提出的目标，倒不如说就因为一句简单直白、反复提及的承诺——“让美国再次起飞”。在一般说来毫无效益的总统竞选活动中，他吹响了“活力”“前进”和“行动主义”的主旋律，进而逐步赢得了知识分子群体的支持。知识分子群体对肯尼迪的支持日涨，显然，这足以令其竞争对手理查德·尼克松借题发挥一番。尼克松给民主党打上
125 了“由施莱辛格、加尔布雷思和鲍尔斯操持的党派”的标签，借机煽动南方选民的反智情绪。

以毫厘之优赢得大选之后，肯尼迪进行了人事任命，其安排既安抚了反对者，又奖励了支持者。共和党投资银行家克拉伦斯·道格拉斯·狄龙被任命为财政部长，原北卡罗来纳州州长和企业家卢瑟尔·霍奇斯担任商务部长，备受尊重的肯塔基州州长亚伯拉罕·里比科夫当选美国卫生、教育和福利部部长。只有两大内阁任命似乎打破了传统模式，或者说政府和国内知识精英的高层联盟开始形成。肯尼迪任命洛克菲勒基金会主席、先前长期效力于国务院的迪安·腊斯克为国务卿，然而，肯尼迪却在腊斯克身边安插了名气更大、政治势力更强的副国务卿。他还任命前商学院教授、新近当上福特公司总裁的罗伯特·麦克纳马拉为国防部长。

长年担任肯尼迪的国会助理和白宫特别顾问的西奥多·C.索伦森，在其白宫生涯纪事中称，总统的人事任命就相当于打造一个“人才部”。索伦森留意到，在重要的职位上，肯尼迪任命的学者数量比之前的任何一位总统都要多(根据他的详尽记载)，其中包括15位罗德学者。但这群“行动派”知识分子并不在内阁中任职(麦克纳马拉和腊斯克除外)，也不担任白宫高级幕僚(施莱辛格、麦克乔治·邦迪和索伦森除外)。相反，他们被分遣于政府内的各个次级职位中。

① 亨利·R.卢斯等编：《国家目标》，纽约：霍尔特-莱恩哈特-温斯顿出版社，1960年，第127页。

肯尼迪政府和过去政府最实质的区别在于，它更为关注二阶和三阶人事任命，以及被分遣至各个咨询机构和监管机构的人员。由于肯尼迪的政府结构转型计划受到当时布鲁金斯学会的研究，以及政治学家理查德·诺伊施塔特为他筹写的备忘录的影响，他十分清楚，控制好低层职位的任命对决策的帮助最大（1980 年的里根革命中，这一见解再次得以应用）。而担任首席人才猎手的萨金特·施莱佛则广泛撒网为政府招贤纳士。①

比起艾森豪威尔政府等级化的组织体系，肯尼迪政府的人员安排在正式程度上要相差很多。当然，这种安排是经过审慎考虑的。内阁会议和幕僚会议极为少见，秘 126
书处也被取消。总统的特别助理地位大致相同，他们和普通职员共事，还能频繁地会见总统。肯尼迪将白宫形容为一个由“轮胎和轮辐”组合而成的转轮，而他自己位居轮心。在必要时，“轮辐”甚至可以深入内阁部门。但大多数情况下，负责协调国内政策的索伦森依赖的是预算局和经济顾问委员会的工作成果。同时，在外交政策方面，国家安全部顾问麦克乔治·邦迪手下拥有一支精干的团队，由该领域的专家和专职小组构成，他们能够取代国务院的咨询体系。由于行政机构多补充了数百个决策职位，专家意见散布于官僚体系中的各个层级，随时都可以召集到。人们可以察觉到各咨询机构间——不单是各顾问间——相互争辩的方式，这或许尚属首次。②“行动派”知识分子不再是艾森豪威尔政府时期正式审议程序中的附属品，而是试图撼动官僚制行政系统的思想“起义者”。麦克纳马拉手下从兰德公司招募来的国防知识分子就是最为明显的例证。

在这种环境下，无论是从学术界或是智库聘请来在政府里担任全职工作的，或只担当政府顾问、仍是受聘于高校或智库的外界专家，他们都在政策制定的过程中起到重大作用。当时，耶鲁的教授詹姆士·托宾拒绝了肯尼迪邀请他加入国家经济顾问

---

① 索伦森：《肯尼迪传》，第 254－256 页。

② 同上，第 262 页。关于肯尼迪白宫最有见地的政策研究之一，罗杰·希尔斯曼：《推动国家发展：肯尼迪政府外交政策的“权谋”》，纽约：三角出版社，1968 年。

委员会的建议，并谦称自己为“象牙塔内的经济学家”。据传，肯尼迪回应道，“没关系，我也可算作是一位象牙塔内的总统”①，从而逐渐成功说服了他。但事实上，肯尼迪主要对那些他能预见有实用性成果的想法感兴趣。他也了解，尽管大部分知识分子会强烈否认自己对积极参与政治生活有任何兴趣，但也会慕名前来为他效力，倒不是因为总统推崇他们“象牙塔”的观点，而是因为他承诺要行动，并借机将他们的想法付诸实际；而且实际上许多专家的想法或许比他的想法更具实用性。这些
127 人就是技术官僚和社会工程师，主要对设计行事的工具感兴趣。与此同时，尽管“行动派”知识分子空降华盛顿，但一些美国人已经开始考虑不再将思想作为政治的驱动因素。

二、意识形态的终结

专家在担任政治顾问、密切参与决策的过程中，只能充当解疑者和技术员的角色。尽管亨利·斯图尔特·道格拉斯和理查德·霍夫施塔特等历史学家对知识分子和脑力技术员做了区分，但社会学家创造了一个自相矛盾的术语——“官僚知识分子”，以此定性服务于政府机构的专家所扮演的角色。罗伯特·K. 默顿描述了一些专家在依赖决策者和上级官僚之后，为了适应这一生存状态做出的改变，“在此种依赖关系下，专家的观点受到限制，其公式如下：在决策者设定目标后，技术员依据自身的专业知识提出实现目标的不同手段”②。这一公式或许是全新的，但其潜在的假设却不然。19 世纪与 20 世纪之交，实用主义者从追求抽象理论和绝对真理的大潮中撤退，由此开辟了这条相反的航道以供知识分子和专家群体前行。美国的政策专家主要就是构拟各种手段的技术员。

60 年代，各界专家开始跻身于政治权力的内部，而另一方面，政治生活中不同观

---

① 索伦森：《肯尼迪传》，第 256 页。

② 罗伯特·K. 默顿：《知识分子在公共官僚机构中的作用》，《社会理论和社会结构》（修订版），纽约：弗里出版社，1957 年，第 213 页。

点间的相互作用开始稳步衰减。过去长达 20 年(接近 30 年)的反法西斯战争,急剧加深了美国长期以来对各意识形态体系的怀疑(尤其是在战前示好法西斯主义的知识分子)。所谓的“共识史学”学派,主要成员有丹尼尔·布尔斯廷、理查德·霍夫施塔特和路易斯·哈茨,他们在 50 年代宣称美国的政治生活和精神生活拥有共同根基。布尔斯廷认为美国人之间缺少重大的思维差异显然与意识形态无关,这一点可追溯到在定居新大陆时期,众人以生存斗争为首要任务的时期,而哈茨则认为这和粗浅的意识形态有关,人们接受了大量洛克式教条的结果。(背景:哈茨认为,洛克式的自由主义在美国具有压倒性的地位,即使美国的普通民众未必知道洛克的理论和观念,他们的生活观念和行为方式也早已是洛克式的了。)但无论如何,可以肯定的是美国人普遍不喜欢思考终极价值。因此,作为“共识学派”的拥护者,他们以史学家的身份传达了自己这辈对老一辈进步主义思想(认为冲突是社会发展的驱动因素)的怀
疑。作为目睹过大萧条、“二战”、冷战和麦卡锡主义造成的一系列国内和国际动乱的 128
一代人,他们正在传达(或许是无意识地)找寻并重申美国社会共同根基的诉求。①

像史学家一样,不少社会科学家也开始警惕抽象的思想,其中以丹尼尔·贝尔和爱德华·希尔斯最为突出。纳粹集中营、莫斯科审判以及东欧的残酷镇压都表明思想是危险的政治工具,拥有毁灭性的后果。用贝尔的话来说,作为将思想转变成“社会杠杆”的利器,意识形态现已丧失了任何精神吸引力,因此走到了历史尽头。20 世纪 50 年代,贝尔担任《财富》杂志的编辑,也频繁为《文汇》和《评论》杂志撰稿。他辩护道,意识形态的创造者不只在沉思,也在付诸行动。但事实上,意识形态的潜在作用仅是呼唤公众情感,并将其往有利于实现政治目标的方向上引导。贝尔说道,“严肃的大脑”不太可能相信左翼的乌托邦蓝图,或认为福利国家制度、政府干预经济会导致农奴制的预测(比如古典自由主义经济学家弗里德里克·海克就持这种反对意

---

① 关于“共识”史论,参见伯纳德·斯滕谢尔:《共识、冲突和美国历史学家》,布卢明顿:印第安纳大学出版社,1975 年。

见）。在《西方意识形态的终结》一文中，贝尔预见了“初步共识”的形成，其内容包括接纳“福利国家”制度、追求权力去中心化，以及致力于构建混合制经济和政治多元化。①

耶鲁大学的政治学家罗伯特·莱恩以往主要研究美国商业和公众舆论，他将这一“共识政治”出现的原因归结为两点：国民经济的持续增长和政府对商业周期强大的把控能力。比起大萧条或麦卡锡时期，50 年代末的政治风格要稍微温和一些。莱恩引用了一句话解释这个时期乐观主义盛行的原因：美国人感到“不再那么听天由命、任人摆布，而是更能掌控自己的生活”。他洞悉到宗教机构和其教条的影响力正逐渐衰弱，这一预测颇为耐人寻味（站在 80 年代原教旨主义者复兴的高度往回看，它还颇具讽刺意味）。莱恩的其他预测也属无稽之谈。他指出人与人之间、民众与政府之间的信任感在不断增强，同时还预测，随着国家日益富裕，在不断扩大的争取种族平等的运动中，斗争压力将会减轻。

莱恩预测非意识形态化的政策将现身于世，它们“更少地涉及绝对道德，而更多地探讨方法而非目标”。在一个经历过他所谓的“第二次科技革命”（即战后大规模加
129 大对社会、经济和政治问题研究的资源投入）的社会中，意识形态将变得不再那么重要。莱恩认为在社会科学和政策科学上投入的智力资源将引发政治决策的本质性改变。他在“纯政治”领域和“纯知识”领域之间划了一条界线：前者是通过权衡影响力、权力和选举优势后做出决策，后者是就如何实现约定价值高效、合理地做出决策。在他来看，纯知识领域在不断壮大，而纯政治领域在不断缩小。这一时期政治领导人在寻求更好的顾问，使用合理的标准并依赖更可靠的证据来制定政策。② 因此，不断见证事物终结的知识分子于 60 年代初又宣布了冲突、意识形态，甚至是政治的终结。

---

① “意识形态的终结”这一概念首先由爱德华·希尔斯探讨，《意识形态的终结》，《文汇》（第五期）1955 年 11 月，第 52 - 58 页。另见丹尼尔·贝尔：《意识形态的终结》，格伦科：弗里出版社，1960 年。

② 罗伯特·E. 莱恩：《知识社会中意识形态的衰落》，《美国社会学评论》（第 31 期），1966 年，第 649 - 662 页。莱恩：《富裕时代的共识政治》，《美国社会学评论》（第 59 期），1965 年，第 874 - 895 页。

在耶鲁大学 1962 年的毕业典礼上，肯尼迪总统围绕“知识”和“政治行动”这两大主题发表了演讲。他也在庆祝这个对意识形态丧失激情的年代，并对一个广泛认同的观念产生共鸣：我们已经就自由价值达成广泛的共识。肯尼迪说道，当今国内的中心问题，“不再与各哲学理论和意识形态之间的基本冲突相关，而和实现共同目标的方式和方法相关，即探寻成熟的解决方法处理复杂和疑难问题”。他表示，与 30 年代的问题不同，60 年代的问题“造成的挑战复杂多变，因而政府必须提供技术性解决方案而非政治性解决方案”。这番言论宛如出自莱恩的学生之口。我们必须抛弃过时言论、错误观念和分散精力的“虚假对话”，他说道。毫无疑问，肯尼迪并非指向学术界的观众，而是指向 4 月份就钢铁产业价格上涨而展开惨烈的你争我夺的商界人士。“现今经济讨论中面临的风险并不是敌对意识形态阵营发动的势将轰轰烈烈席卷全国的大规模战争，而是对现代经济的实际管理。我们不需要‘标签’式语言和陈腐言论，而需要在维持经济体前行的过程中，对涉及的复杂技术问题做更基础的讨论。”①

肯尼迪对抽象概念持怀疑态度，因而更关注管理效率和专家意见，也对应用型技术创造的收益怀有普遍信心。在耶鲁的演讲中，他的观点再次反映：他像个典型的进步派人士一样坚守非党派性，并倚仗政治上中立化的专家意见，而这在先前的人事任命中已有映照。无论肯尼迪是否完全赞同莱恩理想化的预测，他都确信决策要求精
巧的筹划、多方的权衡、老练的判断和精湛的技术，因为毕竟他是个强硬的职业政治 130
家而非知识分子。为肯尼迪效力的幕僚似乎都对此表示认可，认为知识通过“灵活回应”军事威胁和经济“微调”等高度精细化的方式服务于政策目标。

因此，肯尼迪政府大肆宣扬的“理想主义”实质表达了他相信理智和精湛的技术

---

① 约翰·F. 肯尼迪：《耶鲁大学毕业致辞》，1962 年 6 月 11 日，发表于《美国总统文献：约翰·F. 肯尼迪(1962)》，华盛顿：美国政府印刷局，1963 年，第 470－475 页。几周前，肯尼迪在国家经济问题白宫会议的开场致辞中做出了类似的评论。

拥有化解社会经济问题的力量。① 它的核心是:决策是一项依靠知识驱动的实践性事业,设法解决特定问题,并在必要时进行实验。尤其是在冷战时期,国家在与强大的技术强敌进行角逐时,需要具备过人的技术能力、政治手段构想能力和反应机敏的公务人员。政治生活的目标和理想似乎已是个自明之理,显而易见。

三、现成的专家

“智库”一词在肯尼迪当选时尚不算作流行语汇。但记者很快注意到在马萨诸塞大道上集聚着所谓的“头脑银行”和“思想工厂”。其中一超群雄、遥遥领先的当属布鲁金斯学会,它于 1960 年在距离杜邦环岛一街区的地方建立了新的高等研究中心,很是威严气派。大选后仅两星期,中心就开始正式运营。《华盛顿邮报》在报道这一事件时,发表了鼓励性社论,并表示希望“有学识、有思想的人再次接管政府”。然而,《华盛顿新闻报》则更为审慎周全,以“知识分子重见阳光”描述了此事件。不到一年,《经济学人》将布鲁金斯学会的研究人员描述为肯尼迪手下“现成的专家”,并赞扬“知识分子参与政府管理”是新政府的一大特色。②

政府内部的专家不可避免地依赖政府外部的专家。但这一联系通常是比较随意的,是政府早前就与布鲁金斯建立起来的。虽然肯尼迪政权交接小组在政府中没有正式的工作职位(随后,关于为总统交接划拨联邦政府资金的法案是布鲁金斯学会研
131 究总统交接问题的直接成果),但一些小组成员在布鲁金斯学会不仅拥有办公室,还可享用图书馆和会议室,而且这一政权交接的“专职小组”广泛征询意见,他们极其依赖在布鲁斯金学会从事政策问题研究的近 100 位学者(包括隶属于学会的大学研究人员)。劳林·亨利是其中贡献最大的一位,他过去在总统交接工作中的经验为肯尼

---

① 肯尼迪对于“理想主义”的定义,参见小阿瑟·M.施莱辛格(历史学家以及肯尼迪白宫幕僚团的成员):《总统声誉的变迁》,《美国历史的循环》,波士顿:霍顿·米夫林出版公司,1986 年,第 376 - 418 页。

② 新闻叙事和社论摘自如下报纸:1960 年 11 月 20 日的《华盛顿邮报》和 1960 年 11 月 17 日的《华盛顿新闻报》。提到肯尼迪对专家的倚仗和布鲁金斯学会所起作用的文章是《现成的专家》,载于《经济学人》,1961 年 12 月 2 日。

迪的政权交接小组提供了指引。[①]

布鲁金斯学会和兰德公司的研究人员和分析师就是60年代政策知识分子的典型。比起其他机构，这些机构更能象征这个时代“技术至上”的风格。两者影响公共政策的手段都比较分散，因而难以衡量。前者的优势在于它们是华盛顿首家政策调研组织，拥有覆盖多领域的研究项目，并和联邦行政机构与国会工作人员建立了长期的联系。后者与之大不相同，主要涉足国防研究，和空军以及其他政府机构都有合同关系，也是罗伯特·麦克纳马拉试图控制国防力量的主要征兵基地。大部分情况下，它的影响是通过向政府输送人才，并由这些人才提供政策分析方法实现的。

罗伯特·卡尔金斯自1952年起担任布鲁金斯学会的主席，见证了它的崛起和壮大。他刚接手时，学会的财政情况并不是很稳定，也因为其在三四十年代激愤地反对“新政”和“公平决议法案”政策而名声不佳。但在他的任期内，布鲁金斯学会恢复了和政府之间的联系，为高级联邦行政官员设立了“高级研究计划”，并雇用了一支强大的研究团队。像前任哈罗德·G. 莫尔顿一样，卡尔金斯也受过经济学培训。他曾在极难管理的加州大学伯克利分校经济系担任过系主任，以及在哥伦比亚大学商学院担任过院长，也曾在战时劳工委员会担任过劳动关系协调员，还执掌过最古老的洛克菲勒慈善机构——通才教育董事会。到学会上任起初他有些不情愿，也和比斯利·拉姆尔等朋友的建议相悖，因为他们认为布鲁金斯学会衰落时间太长，绝不可能复兴。在纽约基金会（任何机构的扩张都须依赖它的慷慨赠予）看来，布鲁金斯学会在50年代初期似乎就背离了政治主流，也和大学社会科学中最具前景的研究成果脱节。

在审视了当下的局面之后，卡尔金斯接受了复兴布鲁金斯学会的挑战。一年之 132
内，他裁掉了将近一半的员工，并组建了会外学者顾问委员会。他还不断地向纽约基

① 劳林·亨利：《总统交接》，华盛顿：布鲁金斯学会，1960年。关于总统交接和两位候选人的幕僚之间通信的备忘录见《总统的交接文件(1960—1961)》，华盛顿：布鲁金斯学会档案馆。

金会申求资助，最终修复了和慈善界的关系。其中与洛克菲勒基金会、福特基金会重新交好意义最为重大，因为此前它们对学会工作的智力素质颇有微词。① 认识到基金会的某些抱怨之后，他着手雇用了一批一流学者，以加强学会的核心建设。

这项任务进展缓慢，许多学者拒绝邀请，但最终卡尔金斯成功创建了一支实力强大、经验丰富的经济研究项目核心团队。新成员包括约瑟夫·佩奇曼以及沃尔特·萨伦特。前者曾效力于经济发展委员会、经济顾问委员会和财政部，后者曾先后师从著名经济学家凯恩斯和汉森，并曾在物价管理局和经济顾问委员会等政府部门任职。事实证明，政府和外交政策研究项目的建设要更为困难。但到了 1960 年，布鲁金斯学会已拥有大约 200 万美元的预算和一支由约 40 位高级研究员和 60 位助理研究员组成的员工团队；它和高校间的联系也在不断扩大，可以说是万事俱备，它即将在华盛顿扮演重要的新角色。②

整个 60 年代，学会持续进行了 70—100 个研究项目。尽管从根本上来说，它不是合同制研究组织，但它会响应政府机构和基金会发起的项目。从 1955 年到 1967 年，福特基金会向学会捐赠了大约 390 万美元，旨在创建一个基金会成员口中的“辅助政府运行的私人情报部门”③。福特基金会为学会提供资金，修建大楼，捐赠基金，并长期资助其研究项目。政府机构、基金会和研究中心之间的关系是非正式的，因而在提交议案的竞争性流程和正式定责机制方面受到的制约要小得多。比如说，1964 年，国务院想要就联合国新技术援助项目草拟一份备忘录，以概述美国的政策选择。

---

① 20 世纪 50 年代初期，洛克菲勒和福特基金会认为在卡尔金斯接班莫尔顿当选学会主席之际，这一发展迟滞的机构迎来了复苏良机。卡尔金斯在接受学会的工作时忧心忡忡，“我意识到在我接受布鲁金斯学会主席一职时，它的名声（被誉为提供最高级别学术工作的机构）已经受到了影响，尤其是在经济学家和政治学家之间，原因在于一些出版物的质量偏低以及小部分员工发表了不当的社会观点”。罗伯特·卡尔金斯寄给福特基金会托马斯·卡罗尔的信（1953 年 10 月 14 日），陈列于洛克菲勒档案中心，波坎蒂克山，纽约，洛克菲勒基金会，全宗号 1.1，系列 200，盒 311，文件夹 305。

② 关于卡尔金斯对布鲁金斯学会作用的看法，参见对他的一次访谈，《私立研究机构》，《挑战》，1964 年 2 月，第 15 - 21 页。

③ 福特基金会档案馆，案卷摘录，1958 年，9 月 25 日。

国务院官员告知福特基金会他们需要外部援助。福特基金会同意提供资助，而布鲁金斯学会正好拥有从事联合国研究的研究员，他们也愿意准备这份报告。另一次，福特基金会在和经济顾问委员会的委员会谈之后，接洽了布鲁金斯学会，并提议它着手 133
研究 1964 年减税的影响。不久，由于众多政府机构都上门寻求服务(学会的管理层抱怨研究服务的申请数已经多到应接不暇的地步，这与 10 年后该学会面临的筹资竞争压力形成了鲜明的对比)，学会的项目开始扩展至多个领域。

经济研究部门一直被视为布鲁斯金学会规模最大、实力最强的研究部门，其研究工作的重点涉及经济增长与经济稳定政策、产业集中效应、财政和税收政策以及国际竞争等。学会发布的研究报告涉及经济自动稳定器、政府投资、个人所得税以及财政政策，这些都是主导政策辩论的凯恩斯学派感兴趣的话题。1960 年，凭借福特基金会的 200 多万美元赠款，在佩奇曼的领导下，学会开展了一系列政府财政研究，最终出版了 30 余部书。①

布鲁金斯学会政府研究部门的研究人员拟成了一份百余页的关于高层政府文职机构和政府人事政策的长篇报告。卡尔金斯的新员工团队打破了过时的公共行政管理传统，不再追究细枝末节，转而投向那些审查影响政府官僚工作政治环境的项目。他们也开始研究政策，关注总统提名和选举程序，并通过观察国会议员的工作、体察美国国会对新制度和新组织结构的需求来探究立法部门。② 与此同时，布鲁金斯学会也在继续寻求切实提升官僚自身技能的方法。它先设立了培训研讨会，后成立了

---

① 50 年代至 60 年代初，布鲁金斯学会杰出的经济学出版物：小威尔弗里德·刘易斯，《战后经济衰退时期的联邦财政政策》；理查德·古德，《个人所得税》；约翰·G. 格利、爱德华·S. 肖，《金融理论中的货币》；马歇尔·鲁滨孙，《国债上限》；沃尔特·萨伦特、比特丽丝·瓦卡拉，《进口自由化与就业》；J. M. 克拉克，《动态过程下的竞争》；马克·马塞尔，《竞争和垄断》。到了 60 年代中期，布鲁金斯学会每年发布大约 20 项研究成果。

② 50 年代末至 60 年代初，政府研究项目的成果：玛维尔·H. 伯恩斯坦，《联邦行政长官的工作》；查尔斯·L. 克拉普，《国会议员如何看待自己的工作》；富兰克林·P. 基尔帕特里克、小密尔顿·C. 卡明斯、M. 肯特·詹宁斯，《联邦政府服务的形象》；保罗·大卫、拉尔夫·戈德曼、理查德·C. 贝恩，《政党全国代表大会中的"权术"》；哈罗德·奥兰斯，《联邦项目对高等教育的影响》。

培训高级政府职员的“高级研究项目”。该项目是公共政策教育中心的前身，现已成为学会最大的运行部门。

外交政策的研究人员对联合国、国际经济发展和美国对外援助项目（尤其是在肯尼迪启动了进步联盟后对拉美的援助项目）的管理进行了研究。他们同样对发展中国家的政治领袖和管理人员培训十分感兴趣，耗时几年在越南开展顾问项目。此外，他们还研究了教育在欠发达国家中的作用。①

每年，布鲁金斯学会的年度报告都总结了会内研究人员扮演顾问角色的种类，但
134 其工作的核心仍然是图书发行项目。他们的研究工作的根基是几百页的研究报告；顾问服务位于次位，因为所有人似乎都一致认为书的影响是长期的。学会在 50 年代末期每年发行 8—10 本书，但在 60 年代末期每年发行数量达到了 25 本。当时，尽管政策研究机构拥有不少为政府提供咨询和建议服务的机会（无论是以个人会面方式还是以草拟简短备忘录的方式），但这并没有促使他们过多地思考自身影响力的本质，以及提升这种影响力的最佳策略。

60 年代，政策研究人员一定和罗伯特·莱恩一样，坚信知识领域在扩大，而政策领域在缩小。为政府效力的机会多如牛毛，无论是正式的还是非正式的。通常情况下，政府官员会主动向机构寻求协助，并非机构向政府力荐自己的技术服务。然而，专业服务市场显然正在成形，这将重构布鲁金斯学会等老一批智库的运行环境，并改变专家的职业机会和职业红利。尽管布鲁金斯学会在 60 年代迅速扩张，但和兰德公司比起来还是相形见绌。

四、贸易工具

肯尼迪的做事风格在许多地方符合兰德公司重分析的精神，同样，兰德公司的做

① 外交政策研究是布鲁金斯学会的研究中最小的项目，主要集中于对发展中国家和对外援助的研究。学会发布了众多相关出版物，比如，约翰·P. 刘易斯的《印度平静的危机》，罗伯特·阿什尔的《补助金、贷款和本地货币》。

事风格也似乎在很多地方投肯尼迪之所好。早在 1959 年,兰德公司内的一些分析师就为肯尼迪的竞选活动呈递备忘录并提供演讲材料。他们反对大规模报复战略,认为“导弹鸿沟”正在扩大,并提议加强传统作战能力,这些都赢得了肯尼迪和其内部幕僚团的一致认可。①

大选之后,由于兰德公司的现任员工和前任员工接受了政府任命,该公司的直接影响力随之增长。肯尼迪任命罗伯特·麦克纳马拉为国防部秘书长,随即麦克纳马拉在兰德公司中选拔了一批预算分析师、经济学家和战略家组成团队的核心,外号“神童队”(Whiz Kids)。44 岁的麦克纳马拉在当选前刚被任命为福特公司的董事长,因而对系统分析并不陌生。战争期间,他是运筹组的成员,协助空军处理后勤问题,如准时将飞机、飞行员和设备送往指定的地点。战后,他和一些同事联合起来向 135
美国企业售卖技术服务。受雇于亨利·福特二世后,他们开始应用新的分析技术,以帮助陷入困境的福特汽车公司。

离开福特公司加盟国防部后,麦克纳马拉组建了一支新的团队,成员包括兰德公司经济部门的领头兼五角大楼主计长查尔斯·希契、系统分析部门的副助理秘书长阿兰·恩索文和国际安全事务部门副助理秘书长利·罗恩。由于公司和国防部建立了咨询关系,兰德公司的许多其他成员可以参与国防决策。他们之所以受到雇请并不仅是因为广博的知识面,更是因为他们对自己擅长的具体分析方法满怀信心。②

麦克纳马拉及其团队对武器系统进行了成本与效益测算,从国家安全的宏观目标出发,全方位、多领域地审视了国防预算,这也是兰德公司的分析师过去十年来致力的内容。主计长希契提出了一些兰德公司的分析师善于提出的问题,如“在既定成本下,哪一种武器系统能摧毁最多的目标?在既定目标下,哪一种武器系统需要最低

---

① 关于兰德公司和肯尼迪政府的研究,参见格雷格·赫尔肯:《战争顾问》,纽约:艾尔弗雷德·A. 克诺夫出版社,1985 年。

② 关于国防部的变化的研究,参见威廉·考夫曼:《麦克纳马拉的战略》,纽约:哈珀柯林斯出版社,1964 年。

的成本？”[①]上述问题都会产生具体的政策结果，为反对增设武器的提议提供证据。成本与效益分析对空军的计划方案造成了毁灭性的打击，质疑了 B－50 轰炸机、B－70 轰炸机和六个导弹系统的存在价值。

但分析不可避免地要根植于政治程序中。一进入政府，兰德公司的分析师就立刻发现其分析工具的局限性。麦克纳马拉要求希契和恩索文定夺国家所需弹道导弹（ICBMs）的数量。他对定量分析并不陌生，认为 400 枚左右弹道导弹对苏联造成的危害足以遏制其进攻。恩索文的计算大体上和麦克纳马拉的预估吻合。两人都认为空军 2 400 枚的需求量毫无合理性可言。一些兰德公司的分析师认为计算数量过少是事后归因分析造成的，为的是证明政府目前走向的正确性。但最终决策时，在军事部门和国会的施压下，肯尼迪政府不得不向现实屈服，并没有采用分析假设和审慎计算后的数字，而是承诺研制 1 000 枚弹道导弹。

136 兰德公司的分析师开始将系统和分析方法应用于新技术与预算决议共同面临的问题上。直接采用运筹学研究和经济分析等理性的定量方法来进行采购决议、长期计划以及控制庞杂预算。但即便是在武器收购、预算和物流等最容易受到定量分析影响的领域，也没人能够保证分析结果会影响事件的实际结果。即便决议和分析结果一致，也没人能证明分析结果将决定实际结果。[②]

50 年代，兰德公司与空军之间的关系发展并非一帆风顺，尤其是在分析结果向炙手可热的武器系统或是标准运行程序发起挑战的情况下。到了 60 年代，系统分析师受到了更多来自五角大楼的阻力，主要是因为一些空军官员鄙视他们缺乏实际经验。前空军总参谋长托马斯·怀特在退位时写道，“我很是了解国防部雇请的这帮神

---

① 两大系统分析和国防政策的经典研究，查尔斯·J. 希契、罗兰·N. 麦基恩：《核时代的国防经济学》，马萨诸塞州，剑桥镇：哈佛大学出版社，1960 年。阿兰·恩索文、C. 韦恩·史密斯：《多少才算足够？》，纽约：哈珀柯林斯出版社，1971 年。更具批判性的著作是艾达·胡斯：《公共政策中的系统分析：批评性研究》，伯克利：加州大学出版社，1972 年。分析国防决策的影响的研究者是彼得·德利昂，著有《美国国防决策影响力分析》，兰德公司文书 7136 号，加州，圣塔莫尼卡：兰德公司，1985 年 8 月。

② 《兰德公司：第一个十五年》，加州，圣塔莫尼卡：兰德公司，1963 年，第 14 页。

气傲然、聪明绝顶的所谓的职业'国防知识分子'"。在他眼中,麦克纳马拉任命的一批年轻教授太过自信,妄自尊大,只知道强调自己的年轻资本,不但缺乏军事经验,更缺乏处世经验。分析师拥有的知识是抽象、学术的,他们对实际作战知之甚少,还总有一种瞧不起军事人员的倾向。"'国防知识分子'一词,"他总结道,"传递了一种美好温暖、远离战乱和硝烟的情感,仿佛只要在布满常春藤的大厅里下一盘棋就能平息一场现代化战争。"①

二十多年后,一些兰德公司的退休员工坦言,他们或许过于天真,高估了自身方法所能取得的成就。吉恩·费希尔自1951年起就在兰德公司任职,进入五角大楼后他开始协助查尔斯·希契建立所谓的计划项目预算制(PPBS),这种预算制度成了麦克纳马拉试验性管理革命中的核心项目。费希尔立即狠下苦功学习分析方法。但这些看似适用于辅助预算决策的方法在政策最终结果上却收效甚微。"我们都很天真",他在1986年的一次采访中懊丧地说道。无论是深谙权谋的官僚,抑或是政治上精明的决策者都不会轻易因定量分析而动摇。尽管兰德公司的研究人员承认自身的方法有一定的局限性,但他们使系统分析法成了政策精英的通用方法。

虽然美国社会科学的研究方法一直和统计方法、定量分析挂钩,但系统分析师却 137
将专业的数学知识融合进了前人的方法中,这一贡献可谓令人耳目一新。系统分析是自由派技术官僚(他们设法将政治简化为一门定量科学)最精密的工具。最终,社会科学家似乎获得了从事政策学研究的工具,并拥有了一批渴望测试这些工具、愿意支持他们参与政治活动的赞助人。事实证明,兰德公司建立的高度理性的分析方法与肯尼迪的"新边疆"口号和约翰逊的"伟大社会"计划反映的风格和期望高度契合。一时间,新的定量分析法使决策者及其顾问团队获得了前所未有的信心。

虽然早期社会学家的方法屡试屡败,但他们不缺处世的智慧。新的系统思想家

---

① 怀特的话收录于弗雷德·卡普兰的著作《世界末日的巫师》,纽约:西蒙 & 舒斯特出版公司,1983年,第255和257页。

并没有继承这一优点，他们不是大肆吹嘘自身技能所能取得的成就，就是助使错误的观念在政治领导间大范围传播。但在 60 年代初期，一些兰德公司的分析师已经开始警惕自身创造的工具。R. D. 施佩希特是公司数学部的一位员工，他注意到兰德公司的分析师一直试图用单一的数学模型（描述现实世界），从而能够"生成一套包含参考结论和建议的简明解决方案"。这些分析师对计算机的兴趣比对潜在背景和假设的兴趣更高，他们认为后者是"既定因子"，只有政治领袖才应该关注它们。但实际上，他们并不是在"已知、明确的背景下"分析问题，"简单的最优化程序"因而不能有效运行，施佩希特提醒道，甚至目标也并不一定明确。凭借其对分析确切问题和设计政策措施的区别的独到理解，施佩希特在这段提醒中预见了分析师在试图设计适用于变幻莫测的政治世界系统时可能面临的困境。①

一批在 60 年代初期慕名前往华盛顿的专家承认了国内外问题的复杂性——甚至还欢欣雀跃。他们不像早期专家那样大谈社会弊病的治疗措施或是社会经济秩序失衡的调整方法，而是找到了思考知识的政治用途的新隐喻。他们采用工程师的语言，利用最精密的数学分析工具和经济分析工具谈论"系统"和"设计"。系统分析、计算机建模与工程学紧密结合在一起，而博弈理论中的理论发展成果、投入产出分析、
138 线性规划则进一步使工程学和经济学相联系，并扩大了其概念工具的应用范围。

系统分析师承诺将社会经济进程视为一体，并在设计政策时探索系统内各组成成分之间的复杂关系。但更常见的情况是，他们将整体简化为若干个数学上的公分母。在透过模型和系统而看到的世界中，数学关系中的人为秩序常与混乱的现实世界秩序混为一谈。系统分析师承诺使用简单的方法解决问题似乎就是将问题重新定义为可由技术方法解决的疑难。无法定量的解决方法就不会被采用，无法量化的问题通常会被忽视。就结论的精确度而言，定量分析远高于经验和周全的判断。但科

① R. D. 施佩希特：《兰德公司历史管窥》，载于《美国运筹学学会期刊》（第 8 期），1960 年 11—12 月，第 836－837 页。

学技术的目的基本上不是为了加强政治判断力，而是在必须做出判断的领域移除具有争议性的问题。实用社会科学起初是一门试图参与真实世界的实践而非透过抽象的哲学理论看待世界的学科，并认为行动具有内在适应性。大约六十年之后，它已发展成了一门试图以极度理性的方式将量化的秩序强加于真实世界之上的学科。因此，到了 60 年代，知识分子好像又回到了原点，比起一个世纪前他们试图回避的抽象的政治经济理论，他们现在的理论似乎更为抽象，也更为脱离现实。

专家及其政治伙伴的信心没能持续很长时间。这种对专家意见以及专家意见在决策中发挥的作用的信心，在林登·约翰逊的“伟大社会”计划时期达到顶峰，但也为之后政客普遍的反专家情绪和对政治复杂性理论、自由主义本身的回避埋下了伏笔。他们很少有时间和耐心关注公众教育、培育普选选民，或酝酿一个长期政治承诺。“复杂性”似乎意味着政府没有必要多花力气将研究发现和计划公之于众。因此，专家糊里糊涂地、悲剧性地抛弃了 19、20 世纪之交的进步主义者关注的一个问题。

兰德公司和其他合同制研究组织一直在为特殊客户而非公众撰写报告。虽然一些机构曾经希望扩大影响力，现在也只专注于服务由政策专业人士和政策决策者组成的相对较小的小组委员会。罗伯特·卡尔金斯及其继任者——1967 年布鲁金斯学会主席克米特·戈单，都将其受众视为决策者、任职于大学的专家以及其他政治精 139
英阶层的成员。在其他较早成立的机构中，国家经济研究局为经济学家制作技术报告，而拉塞尔·塞奇基金会则越来越多地在学术社会学的框架下进行研究，其会员主要参与社会科学方法和技术的研究。只有二十世纪基金会仍然专注于出版可能面向更多受众的书籍。该基金会的政府合作项目由奥古斯特·赫克舍(也是位记者)与继任者默里·J. 罗森特先后执掌。

60 年代，全国性研究单位不断扩张，并在政府中找到了一批渴求贤才的客户，技术和方法学上的问题使得政治讨论与政治目标、价值观以及隐藏在政策之下的假设渐行渐远。专家由于陶醉于自身高超的技术本领，甚至对受过良好教育的公众也日渐疏远。在了解到自身技能在政府中备受重视之后，政策精英对自己的职业期望也开始转变。肯尼迪的任命结果暗示了专家学者进入公共服务岗位的多条学术路径，包括担任学院院长、基金会主席和备受尊崇的教师，以及参与政论写作。这些路径的形成为专家学者向政府提供建议开辟了非正式通道，也开启了一个公共服务高度透明的时期。罗斯福的智囊团成员（雷蒙德·莫利、雷克斯福德·G. 特格韦尔和阿道夫·A. 伯利）在选举之后对自身的角色定位不明确，情愿重回学术界而把政府的事务交给政治家处理，就连罗斯福本人也不确定该如何任用他们。但对于1961年前往华盛顿的学者来说，就没有那么多的疑虑了。知识和力量似乎结合得天衣无缝。在新的分析技术和职业晋升机制的推波助澜下，对于志向远大的政治精英来说，决策已经成为一项职业，而不是一系列巧合事件。

60年代专家的突然崛起是诸多有利情形极为罕见地同时出现的结果。这些情形包括：公职人员在处理公共政策问题时强调技能和才智；开明的总统在重要职位上安设了专家和偏向学术的通用型人才；美国社会就国家目标达成一致，技术手段因而成为了实现国家目标的核心手段；分析技术和源于社会科学的深见似乎使政治决策
140 变得更为合理；政府机构愿意提供研究资金；国家在这一时期持续繁荣发展，为基金会募集了大笔基金，也给公共政策研究机构带来了大量资助。但是，在林登·约翰逊任用专家的过程中，专家们也很快地暴露出了他们自身虚伪的本性和参政能力上的弱点。

五、权力的迷宫

“我们的世界已经逝去了吗？”林登·约翰逊在1965年的就职演讲中问道，“让我们对它说声‘再见吧’。一个崭新的世界即将来临么？我们对它表示欢迎，并将使之服从于人类的愿望。”在这份由其特别助理理查德·古德温起草的演说词中，约翰逊凭借直言不讳的发问和豪情万丈的宣言激起了全美对改革的单纯乐观情绪。他随性地将过去抛诸脑后，胸有成竹地断言政府能够塑造未来，并使之服从美国的最高理想。

虽然约翰逊的演说才能有限(然而他充分继承了德克萨斯人天生的吹嘘能力,“信誉鸿沟”一词便由此而来,用于形容试图说服公众的行为),但他却能有效地利用文字的力量驱动并控制政策程序。他演讲时手势笨拙,表述生硬,与他私下交谈时的一副帝王般威严的样子形成了鲜明的对比。1964 年到 1965 年期间,约翰逊总统的许多重大演讲稿都是古德温执笔撰写的,因而他靠直觉掌握了约翰逊的言语方式。他说,约翰逊知道“在言语的交流中(仅仅就言语而言),许多人会做出让步并臣服于他的意愿,从而进一步增强了他的权力”①。

约翰逊提出的两个备受瞩目的称号——“伟大社会”和“反贫困战争”——囊括了整个政府及其目标,比起演讲稿作者形容后几届政府的称号,它们更加深入人心。它们体现了他的抱负,原因很简单:在约翰逊政府,演讲写作和决策的功能是密不可分的。事实上,约翰逊手下的十一位特别助理中有九位能娴熟地驾驭文字,足以胜任写作工作。(尼克松将手下的撰写员调往行政工作部门,其继任者也纷纷效法,这不但象征着个人信誉鸿沟在不断加大,也象征着政治演讲和行动之间的鸿沟不断扩张。)

“伟大社会”这一称号首次写入总统的演讲材料是在 1964 年密歇根大学的毕业
典礼上。此前,新政府已经为拟定主题和基本理论而数月踌躇,以将政府法案和计划 141
相联系,表达宗旨并最终提出一项和过于强调消除物质贫穷的“新政”相异的进步性事业。古德温提出了这一说法,同时他也意识到它与沃尔特·李普曼的《美好社会》(1937 年)以及极负盛名的费边社会主义者格雷厄姆·华莱士的《伟大社会》(1914 年)相呼应。起初,这只是为一场无足轻重的演讲而准备的“一套说辞”,古德温在约翰逊的鼓励下将其写入了毕业致辞中,以彰显总统的抱负。

向贫穷宣战的思想始于 1964 年《国情咨文》的产生。当时,约翰逊尚没有一个条理清晰的项目。尽管经济顾问委员会仍在对许多反贫项目进行斟酌,约翰·肯尼迪

---

① 理查德·古德温:《追忆美国:六十年代的呼唤》,波士顿:利特尔-布朗出版公司,1988 年,第 252 页。另见林登·B. 约翰逊:《总统就职演讲》,《1965 年总统文献》(第一卷),华盛顿:美国政府印刷局,1966 年,第 71 页。

遇刺前数月，主席沃尔特·赫勒已经开始了扶贫项目的研究工作，但正式宣战却早于任何详细的作战计划。在约翰松就任总统期间，手下的专家不论是受其激进论调的鼓舞，抑或是在其构建一个“伟大社会”的宏伟抱负的鼓动下，竞相提出新方案，从而与其口头承诺步调一致，或为已公之于众的立法倡议提供根据。在密歇根，他承认自己尚未找到答案，但他承诺召集“最优秀的人才”处理城市、教育和“自然风貌”（“环境”一词在当时还没有被广泛使用）等问题。据报道，几天之后，还沉浸在民众的强烈反响和媒体的一致好评中的约翰逊对古德温、比尔·莫耶斯和杰克·瓦伦蒂说：“是时候使我们的计划丰满起来……让我们行动起来，先将所有专家都召集过来再做好安排。此外，不要担心政治，我会解决的。”①

“伟大社会”计划的宗旨与其说是唤醒物质繁荣的愿景，不如说是号召美国人民注重高质量的精神生活。尽管这一计划听起来十分宏大，但它是由众多具体的法规构成，而不是几大主干构成。尽管“反贫穷战争”这一称号带有军事色彩，但它并不像大多数战争一样耗时长，也不需要艰苦的战斗。政府筹划了一系列重大的立法运动，并在短短的两年时间内取得了成功：1964 年至 1965 年间，国会通过了《经济机会法》
142 《投票权法案》《初等与中等教育法》，并创建了医疗保险和医疗补助制度。这一运动如大火般快速蔓延，自 1964 年至 1968 年，全国总共通过了约 400 条国内法。到 1969 年尼克松上任的时候，政府已开展了 400 多个国内项目，是 1961 年艾森豪威尔卸任时的十倍。

但在“反贫穷战争”中，最持久的战役却是一场激烈的思维冲突——关于如何解读其成败，以及如何分摊美国自由主义过度导致的后果。“反贫穷战争”的遗产是过去二十年中最热议的主题之一，它影响了各种意识形态的形成，包括保守主义、自由主义，以及两者在 60 年代和 80 年代的新变体。实际上，宣称是受“新思想”指导的保守派人之所以获得政治成功，最佳解释就是他们广泛察觉到了国内政策在 60 年代遭

① 古德温：《追忆美国：六十年代的呼唤》，第 284 页。

遇的失败。①

在正式的“反贫穷战争”中，政策专家是“伤亡”最为惨重的群体，他们身败名裂地离开了政坛。事实上，一些最开始反对“伟大社会”项目的人也参与了该项目的建设。突然间，他们开始对自己应对国内问题时所使用的武器，甚至是他们选择扮演的政治角色产生怀疑。这些斗争点燃了大众批判的激情，从而最终诱发了对专家所谓的中立性、专家的政治、经济和人类行为知识，以及专家武器库中的分析武器的质疑。

20 世纪 60 年代是政府、大学、各类智库、合同制研究组织和咨询公司中的社会科学企业发展的黄金期。在肯尼迪任期内，西奥多·怀特观察到了它的兴起。而到了 1967 年，随着约翰逊的大部分立法工作的完成，他即宣称“美国生活中的新型权力体系……当下时代美国特有的由行动知识分子组成的新型神职团体”已经形成。他们的思想似乎推动着整个政府的运转和政治活动的开展，包括影响国防、外交政策的制定，以及经济管理，重新设计学校，规划城市，试图改变整个国家所有地区的面貌。怀特和其他人注意到了肯尼迪和约翰逊内阁组成人员中曾经担任大学教授的人数的变化。但他也同样注意到政府开始依靠智库、大学研究基地、基金会和专家委员会这一新的趋势；总统的职责已经演变成“像传送带那样将学者的思想打包，处理成项目的
形式，然后卖给国会”。约翰逊的国内项目初期报告出来时，怀特已经准备好询问一 143
个关于专家和知识分子的永恒问题：“未来我们定会生活在一个十分不同的世界里，

① 在整体评估“伟大社会”计划的著作中，有一本是由伊莱·金兹伯格和罗伯特·索罗主编的《伟大社会：未来的教训》（纽约：巴西克出版社，1974 年），最初是《公众利益》（该杂志经常对“伟大社会”计划中的项目进行研究）的其中一期。较新的评估著作是由马歇尔·卡普兰和佩吉·库赛迪编辑的《“伟大社会”计划和其遗产：近二十年美国社会政策》（北卡罗纳州，达勒姆市：杜克大学出版社，1986 年）。约翰·E. 施瓦茨的《美国隐藏的成功：20 年公共政策的重估》（纽约：诺顿出版公司，1983 年）对 60 年代政府设法完成的任务做出了有利评价。查尔斯·默里的《节节败退：美国社会政策（1950—1980）》（纽约：巴西克出版社，1984 年）认为政府的社会举措会起到反作用。亨利·亚伦的《政策和教授：正确看待“伟大社会”计划》（华盛顿：布鲁金斯学会，1978 年）高度评价了社会科学家对“伟大社会”计划做出的贡献。亚伦认为：“从许多例子中可以看出，社会科学的研究成果随着政策的变化而变化，并非先于政策而变化。这就意味着相比学术研究对政策的影响，政治事件对学者的影响更大。”（第 9 页）

但社会科学家会拥有足够的知识指引我们吗？他们能既提供智慧又提供知识吗？”①

尽管想法转变为政策的过程很难说顺利，但60年代乐观主义情绪的高涨，社会科学家和政策专家的贡献是最大的。也正是因为这一情绪，政府找到了正当的理由更为广泛地插手美国社会和经济生活。但他们实际为公共政策做了何种贡献？他们实际为具体政策和项目的设计做出了多少贡献？若衡量整个十年的成败，公众对政府能够完成任何社会目标的信心又会因他们的败绩受到多少影响呢？

约翰逊吸纳了一批天赋出众的人才为政府效力（尽管他们不像肯尼迪团队中的职员被称为知识分子），同时又保留了一批肯尼迪任命的职员。约翰逊内部幕僚团的成员比尔·莫耶斯、哈里·麦克弗森、理查德·古德温、道格拉斯·凯特和霍勒斯·巴斯比个个都是写作好手，但最为难得的是还能和知识分子与专家融洽相处。幕僚团成员对知识分子与专家的想法进行筛选后，再将其转变成立法倡议。

其他人为总统立法项目的设计工作找到了更为具体的分析手段，其中包括早先赢得约翰逊信任的两位经济学家——克米特·戈丹和沃尔特·赫勒。戈丹是经济顾问委员会前成员，在肯尼迪和约翰逊政府中都担任预算主管；赫勒是经济顾问委员会的主席，负责起草减税法和预算法，他也参与了早期的反贫穷提议的筹划。约瑟夫·卡利法诺曾在国防部担任罗伯特·麦克纳马拉的助手，他是律师出身，他让系统分析在白宫国内政策委员会中普及开来。1965年，政府对待这些技术格外热情，因为当时约翰逊颁布了行政令，要求所有政府机构使用所谓的计划项目预算系统。用他的话说，这个系统具有“革命性意义”，它使决策程序“像探索宇宙的设备一样先进”。②

约翰逊确实对政策专家群体提供的技术性建议感兴趣，但也同样谨慎地视之为

① 西奥多·H.怀特：《行动知识分子》，《生活》，1967年6月9日，第43-58页。这一系列继续在6月16日刊物的第44-56页和6月23日刊物的第73-78页登载。

② 关于计划项目预算系统的兴与衰，参见艾伦·希克：《官僚制的死亡：联邦规划项目预算系统的终结》，《公共管理评论》(33期)，3—4月，第146-156页。

一支不愿给予他支持的重要政治群体。对于这一由“哈佛派”和其他派别的知识分子 144
组成的群体，一方面，他会要求手下的幕僚前去寻求建议，另一方面，他又因他们的心高气傲而进行谴责。约翰逊对细节和战略超凡的掌控力让那些为他直接效力的人尤为敬畏（手下助理一直对他强大的记忆力十分惊诧）。但他仍极度渴望赢得更广范围的知识分子群体的尊重，因为他们应该说是所有群体中对其人权倡议最感兴趣的一个群体。然而从上任总统之位开始，约翰逊在和他们打交道时并不自在，态度也反复无常。“这届政府不会因知识分子的在场而感到不自在”[①]，他在上任初期召开的一次国内政策思想家集会上不得不这样说道。正好相反，西南德克萨斯州立师范学院的毕业生和曾经的高中教师在与常春藤联盟教授的相处中并不自在。但约翰逊深知他需要这群教授，需要他们在公众舆论上的影响力，也需要他们在政策上给出的专家意见。

在众多知识分子中，约翰逊向埃里克·戈德曼寻求了帮助。戈德曼是一位普林斯顿大学的历史学家，主要研究 20 世纪美国史。他以约翰逊“特别顾问”的身份被召入华盛顿，两年多来一直担任和美国知识分子机构进行联系的首席总统密使。约翰逊对在白宫纳入知识分子的矛盾心理是显而易见的。他坚决要求戈德曼不要向外界透露他总统顾问的身份（甚至私下建议戈德曼不要把任命书挂在办公室的墙上）。此外，约翰逊不想让戈德曼成为第二个施莱辛格，即不希望他担任的角色为人所知，因此明确禁止他使用施莱辛格之前的办公室。

戈德曼耗费大量的时间为约翰逊组建专职小组和卓越的顾问团队。但约翰逊更倾向于让这些团队的运行尽可能地秘密进行。因此，戈德曼招募人才变得更为困难。因而，在古德曼看来，这些团队没有发挥重大的影响也就不足为奇了。国内政策团队只在两个重大项目以及在其他一个项目中发挥过比较大的作用，尽管戈德曼在回忆

① 约翰逊的话收录于埃里克·F. 戈德曼的《林登·约翰逊的悲剧》，纽约：艾尔弗雷德·A. 克诺夫出版社，1969 年，157 页。

录中并没有指出任何一个项目的名称。在他看来，外界专家和知识分子在决策的内部圈子里发挥的影响力极为有限，尤其当他们的效力对象是像林登·约翰逊这样强
145 硬的政治势力时。但他也承认自己招募的专家或许并不能胜任决策的任务。“从长远来看，”戈德曼谈到，“专家并不擅长速创想法。无可厚非，这样的人在政府里确实没有用武之地。”①

在发起立法运动时，由于总统强制要求保密，戈德曼的顾问团队扮演的角色就更为复杂了。尽管专家的想法可以通过总统的特别咨文传递到国会手中，并最终体现在立法倡议上，但由于约翰逊个性强硬，事实证明顾问委员会或是专职小组的任何审议计划都很难实施。计划流程快速而任意地推进，想法总是要先经过总统最亲近的幕僚之手。戈德曼自称孤客，政治技能不强，也很少能和总统会面。他和人类学家玛格丽特·米德一样都对政府持负面评价。米德在为专职小组效力后，将政府描述为“人类制造的复杂迷宫”。约翰逊精悉立法上的“迷宫”，不需要社会科学家为他设计项目或起草法案，也并不是特别信任他们。

此外，传记作家多丽丝·卡恩斯指出“快速政治”削弱了约翰逊手下咨询专职小组和其他规划和审议机制的作用，这正是其风格。② 约翰逊之所以采纳那些想法，并不是因为它们本身稳妥周全，而是因为它们满足了某种紧迫的政治需要。快速和紧迫是约翰逊的两大特征，他靠直觉做出了发动“反贫穷战争”的决定，充分反映出他超越知识分子的实力。像罗斯福一样，他对想法的看法有别于学者。他征集想法是为了立即完成一件事。“想法，”戈德曼写道，“应当面向他提出，告知他明天需要完成的事，比如演讲中要阐明的观点、亟待完成的实质性或礼节性行动，以及需要立即送往

---

① 埃里克·F.戈德曼：《林登·约翰逊的悲剧》，纽约：艾尔弗雷德·A.克诺夫出版社，1969 年，第 132 页。

② 多丽丝·卡恩斯：《林登·约翰逊和美国梦》，纽约：哈珀柯林斯出版社，1976 年，第 217 页。

国会、作为立法基础的立法原则。”①杰克·瓦伦蒂对其白宫生涯平和但犀利的回忆印证了戈德曼的叙述。总统们对想法的需求从未间断，他们“需要不断有人提供可能适用于具体问题的想法，这些问题可能是职位空缺、一场骇人的危机、尚未满足的需求，抑或是有待商讨的规划”②。

---

① 多丽丝·卡恩斯：《林登·约翰逊和美国梦》，纽约：哈珀柯林斯出版社，1976 年，132 页。戈德曼的《林登·约翰逊的悲剧》（第 132 页）对知识分子影响政策的方式做出了总体评述：“从西奥多·罗斯福上任开始，尤其是从 30 年代开始，知识分子为设计和推动新项目的开展做出了杰出的贡献，其方法主要是通过书写开创性著作并让他人实施书中理念，或是投入政府内部的运行之中。”

② 杰克·瓦伦蒂：《温情的总统》，纽约：诺顿公司，1975 年，第 65 页。

146 # 7. 自由主义的局限

一、贫困战争

在肯尼迪遇刺身亡的第二天，林登就把经济顾问委员会主席沃尔特·赫勒叫进了总统办公室，让他对经济的发展状况做一个简要的汇报。一段时间以来，赫勒一直在说服肯尼迪向贫困宣战，而肯尼迪在去世前一个月左右也曾对相关计划充满热情。因此，当约翰逊听到相关计划受到广泛的推动时，他已经不需要再接受任何说服。他已在肯尼迪遇害一事中惊醒过来，并发现了当下的机遇，他认为是时候采取立法措施对抗贫困了。依据赫勒的表述，约翰逊“表示很有兴趣，赞同发起贫困战争，同时，对这一问题他做出了正面的回答，他认为我们要全面推进这项计划”①。

20 世纪 50 年代以前，贫困问题从未在国家的议程中受到过重视。战后的繁荣似乎帮助美国的白人和黑人摆脱了贫困，而那些仍然在贫困线挣扎的人中的大部分只零星分布在阿帕拉契亚及其他地区。肯尼迪早期曾寻求办法解决区域贫困问题，并在 1961 年设立专门的地区重建机构。但在 1962 年至 1963 年之间，大部分关于经济政策的讨论都集中在整体经济刺激的必要性方面，尤其是赫勒的减税提案。在众
147 多有关社会批判的作品中，最具影响力的著作要属迈克尔·哈林顿的《另一个美国》，当时适逢自由主义者的良知开始觉醒。

当约翰逊告诉赫勒要尽快执行扶贫计划时，其实二人都知道他们还没有形成一系列清晰的计划，并且还面临来自政治、官僚及智力方面的严重阻碍。当时，赫勒正

---

① 尼古拉斯·莱曼在《未完成的战争》(《大西洋月刊》，第一部分，1988 年 12 月；第二部分，1989 年 1 月)中对贫困战争做了深刻的解释，并充分利用了采访、档案材料以及内部人士的补充说明；其中，第一部分中第 39 页的内容是引自赫勒的话。

忙于审查从不同政府机构拣选出的 58 项提案。在与约翰逊谈话后，他也试图向美国预算局寻求帮助，并希望找到一种能够把 36 项计划连在一起的方法。在“社区行动”的概念里，赫勒和他的伙伴都相信，他们已经找到了一种能解决多个问题的方法。这种方法仿佛带着新思路的光环，不仅能够解释贫困，而且能够利用实用性强、成本低的方式将人们从贫困中解救出来。此外，地方社区发展团体需要决定如何分配和使用资金，这一问题在当时也被讨论，在政治上具有吸引力。该做法可以卖给国会和当地政府。

“社区行动”一词出自理查德·克洛尔德和劳埃德·奥林的学术作品，他们作为学术研究者和社会活动家，自 20 世纪 50 年代起就致力于纽约市青少年犯罪的研究。他们认为，青少年会犯罪的原因在于社会没能给他们提供其他选择。奥林和克洛尔德在曼哈顿成立了一个名为“青年动员项目”的社会服务机构，并对自己的理论模型和潜在的治疗方法进行了测试。他们认为，以社区为基础的组织是为青少年提供犯罪机会的关键因素。

尽管奥林和克洛尔德并没有刻意将二者关联起来，但他们的“机会论”对解决贫困问题具有更广泛的意义。这一理论在福特基金会的项目中引发共鸣，该项目主要是针对城市贫民区中日益严重的问题。同时，这一理论也塑造了“青少年犯罪总统委员会”的思想，并成为司法部长罗伯特·肯尼迪最为重视的一个项目，主要负责对一些社区团体提供少量拨款。

当赫勒正找寻办法，希望能将该项扶贫计划的各个部分整合成一份连贯的智力成果时，“社区行动”的想法可能因其模糊的含义吸引了他。更确定的是，该想法之所以具有吸引力，是因为它强化了关于自助和地方计划的传统信念。“行动”可能是社区团体需要的。某些类型的行动还会涉及对现有的项目进行协调，使它们更有效率，
反应更迅速。其他行动也会采用拨款的形式资助地方团体，但由于它们往往是针对 148
既定目标的短期项目，且成本低廉，由此消除了约翰逊对经费投入过多的担忧。因为他曾强调将联邦预算控制在 1 000 亿美元以内。

尽管有预算限制，约翰逊仍有很大的野心。赫勒最初计划先进行小范围的试点，成立 10 个社区行动小组。然而，这一小心翼翼的计划很快就屈服于约翰逊的扩张目标，最终设立了 75 个社区机构。而社区行动甚至使赫勒想起了之前担任德克萨斯州国家青年局负责人的那段光辉岁月。约翰逊在他 1964 年的《国情咨文》中声称，一个未经检验的犯罪理论及相关提案成为社会政策的框架。不过，这一框架并不是为了对社会政策进行初步实验，而是作为 1964 年约翰逊在《国情咨文》中宣布的“无条件的贫困战争”的行动纲要。

社会科学家对贫困战争贡献的评价，大多都是围绕社区行动及草率地拥护这一计划等内容。丹尼尔·帕特里克·莫伊尼汉作为继伍德罗·威尔逊之后最为成功的学者型政治家，以及利用当代社会科学家的分析能力开启政治生涯的第一人，他于 1969 年担任理查德·尼克松在城市事务方面的顾问时，回顾了社会科学家在推动思想上扮演的角色。他所著的《最大可能性误解》一书围绕“最大可能性参与”的概念展开，描述了社区行动项目的一个目标。同时，该书也是最先对社会科学家扮演的角色提出了控诉。丹尼尔身为劳工部的一名助理秘书，负责政策规划研究办公室的工作（20 世纪 60 年代美国国内机构中创建的一个研究部门），但同时也受到其他社会科学家同事的影响，变得有些盲目乐观。当丹尼尔回顾这些事时，他认为是“对成功的迫切渴望”导致他和他的同伴丧失了自己批判的本能，低估了困难，对结果有过高期待，并忽视了一些渐渐浮出水面的问题的迹象。[①]

社会学家彼得·马里斯和马丁·赖因是负责审查社区行动项目的社会学家，他们发现研究和政治行动之间在根本上就存在不协调。当政策和计划不可避免地具有“不确定性、不明确性，且需要适应调整”，而严谨的研究却需要遵循一个明确的行动方针，直到一个理论被证明或被推翻。[②] 对于莫伊尼汉而言，贫困战争时期专家权势

---

① 丹尼尔·帕特里克·莫伊尼汉：《最大可能性误解：贫困战争中的社区行动》，纽约：弗里出版社，1969 年，第 xii-xiii 页。

② 彼得：《社会改革的困境：美国的贫困和社区行动》，纽约：阿瑟顿出版社，第 205 页。

集团的整体失败，“不在于接受或坚持他们所提出的理论本质”。事实上，他明确表明：“如果抱着这是唯一可能，且事实既是如此的心态继续下去，就是对社会科学的滥用。”①

然而，滥用社会科学的责任不仅仅在于社会科学家，那些积极拥护他们的想法并 149
加以利用，为其政治选择的合理性和合法性服务的政治家们也难辞其咎。而这并不是什么新鲜事，也不足为奇。在 20 世纪 60 年代，社会科学家和政治家的过高期待加剧了社会科学的幻灭，加之社会科学家对其事业取得的成就和遭遇的失败无法达成一致，这种无法释怀的情绪便促使社会科学的幻灭一直延续。而造成这些分歧的原因就在于社会科学被应用到决策过程的方式发生了转变。对社会科学家而言，无论是否在政府中工作，他们都不断发展成为政府项目的评论者和评估者，并利用自身的本领去评论政府的事业。

随着“伟大社会”计划的推进，社会科学事业逐渐扩张。1965 年，联邦机构用于应用性社会研究的经费约为 2.35 亿美元。截止 1975 年，经费已上涨至大约 10 亿美元。从更广义的角度看，截止 20 世纪 70 年代末，联邦用于社会科学研究与发展的经费投入近乎 20 亿美元。② 在许多方面，社会科学事业已不再是思想的源泉，而是成为制度化质疑的温床，其焦点主要是对政策和项目的评价，且有可能成为一股更保守

---

① 莫伊尼汉：《最大可能性误解》，第 188－189 页。莫伊尼汉对 20 世纪 60 年代研究的缺点和用途的总结十分尖锐：“我们总是低估困难，对结果期待过高，避免任何不协调和冲突现象，出于对成功的迫切渴望，而不断陷入失败中。然而，缺点还不仅于此，目前它还存在一个致命的缺陷……在社会科学中，一些承诺能够改变社会的想法，它们通过操控所谓的社会隐藏进程得以实现，而当这些想法越来越多地被引入政治和政府中时，危险就会进一步加剧。”（第 xii-xiii 页）

② 关于政府研究和评估的拓展可参见以下作品：阿诺德・J. 梅尔茨纳的《官僚机构的政策分析师》（伯克利：加利福尼亚大学出版社，1976 年）、劳伦斯・E. 林恩编辑的《知识和政策：不确定的联系》（华盛顿：国家科学院，1978 年）、爱德华・班菲尔德的《形而上学疯狂主义的政策科学》，以及其他一些官僚主义的文章，如，罗伯特・A. 戈尔德温编辑的《政策分析师、政治家：谁负责领导》（华盛顿：美国企业研究所，1980 年）、阿布特・克拉克编辑的《美国社会政策研究的问题》（剑桥，马萨诸塞州：阿布特图书公司）以及彼得・德利昂的《建议和认同：政策科学的发展》（纽约：拉塞尔・塞奇基金会，1988 年）。关于政策科学领域的讨论在《社会科学与当代社会学报》（1979 年，9—10 月），第 9—51 页中的“政策分析大爆炸”主题的系列文章中可以看到；社会科学研究经费扩张 20 亿美元的数据来自阿布特的《美国社会政策研究的问题》，第 3 页。

的政治势力。

二、评价的力量

几十年来，社会科学家长期致力于研究广泛的社会现象和经济现象。同时，其中一些人也在试图修改政策，制造政治工具以解决社会弊病，或追踪社会趋势和问题。到 20 世纪 60 年代末，随着政府的逐渐发展，尤其是国内预算开始与军事预算竞争，政府需要对自身的项目进行更为严格的审查。1965 年，约翰逊为了加速审查工作的发展，他命令所有机构都要采用“计划—项目—预算”这一技术系统。

关于政府利用社会科学的问题，总统于 1966 年布鲁金斯学会 50 周年纪念日上做出了明确说明。在一篇由哈里·麦克弗森撰写的演讲稿中，约翰逊说道：“在我们这个时代，有两股智力力量可以应对我们国家的问题：其一是创造力，发现那些给我们造成困扰的问题，并提出解决措施；其二就是通过合理的方式管理复杂项目的能
150 力。然而，另有第三股力量也是我们国家迫切需要的……没那么光鲜……也不大引人注目……评价的力量……即评论公共政策和私人选择，这股力量具有重要作用，但是目前并未发挥其影响力。”①

政府通常通过授权立法形式对其项目进行评估，而无论是在政府内还是政府外，随着这一评价需求的显著增长，社会科学事业再次受到极大的推动。专家和政策分析人员需要将他们的焦点从社会转向政府，并重新定位“关键的本领”，即从研究广泛的社会和经济现象转向分散的政府活动。

国内机构加快成立分析局，一些政府部门还设有助理秘书，负责管理研究、计划和评估。十年内，政府的研究（主要是评估研究）和之前相比已更加广泛分散。截止于 20 世纪 60 年代末期，在 16 个国内政策研究机构中，大约有 800 位分析人员从事

---

① 林登·约翰逊：《政府与紧急情报》（1966 年 9 月 29 日发表的一篇演说），华盛顿：布鲁金斯学会，1966 年，第 13－14 页。

相关工作。1971年，行政管理和预算局编制了部分机构的列表，其中有36个机构都参与了计划和评估政策的机构。①

目前，有成千上万的人投身评估政府新项目的事业中，并且，他们收集的数据可以作为一种工具，帮助政府重新思考自己可以完成哪些项目。总的来说，这些数据催生了幻灭感，加深了公众对政府举措的怀疑，而且这种怀疑蔓延到了社会科学本身。有点讽刺的是，国防预算分析师们首创的成本效益技术促成了阿布特公司的创始人克拉克·阿布特的观点，他认为“社会研究广泛持有的观点在本质上是消极的和有害的，并不能对社会产生帮助”②。因此，研究事业的扩张不仅会增加公众对政府举措的失望，还会导致公众对主导美国改革的技术官僚价值观产生逃避心理。研究在很大程度上侵蚀了一些根深蒂固的信念，这些信念恰是改革立法的动力源泉。而作为布鲁金斯学会的学者及联邦卫生、教育、福利部（HEW）的前任助理秘书亨利·亚伦表明，研究程序可以“侵蚀任何围绕政治联盟建立起来的单纯信仰”，这是不可避免的。当研究尚无定论，或者被新的研究结果所取代，同时，学术争论削弱了公众对专家意见的信任，那么政治意愿及其前景将变得黯淡。③

美国自由主义知识分子的失败及其渐进的改革模式始于其自身的内部危机，并 151
早于保守主义者提出的替代方案。自第一批立法如雨后春笋般呈现，贫困战士就对战争发动的形式持有怀疑态度。他们也知道，这场战争不会像总统的豪言壮语所讲的那样，能够迅速取得胜利。早在1966年，白宫的工作人员就感觉到国内的政策管理缺乏秩序，并且管理新项目的执行机构不能提供大量的必要信息。

① 梅尔茨纳：《官僚机构的政策分析师》，第173－175页。政府机构工作的政策分析人员的数量很难准确地计算出来，梅尔茨纳在他的研究中只是把数量简单地概括为“一定有成千上万的政策分析人员”（第173页）。

② 阿布特：《美国社会政策研究的问题》，第4页。

③ 亨利·亚伦：《政策和教授：正确看待“伟大社会”计划》，华盛顿：布鲁金斯学会，1978年，第159页。他认为“经过长期的研究与实验（R&E），公共政策争论中将会出现一股知识上的保守势力”。他也认为，政策分析人员“有助于提高可靠证据的标准，他们能够丰富并加深对问题的复杂性及行动的意外结果的理解”。

1967年3月，当约翰逊向国会传递了一条关于城市和农村贫困问题的消息时，他让美国住房与城市发展部的秘书罗伯特·韦弗去推动建立一个“城市发展研究所”[①]。由于这一提议与1964年总统的专案组提出的解决城市问题的建议不谋而合，因而促进了城市研究所的萌芽和发展。如今，城市研究所已成为华盛顿最大的政策研究组织。当约翰逊的顾问意识到国内政策的进程过快，并且各部门和机构都过于零散，以至于无法协调快速增加的新项目，这时便加快了建立研究所的计划。此外，国内预算与越南战争上持续增加的经费投入开始产生冲突，因此，一些并不成功的项目将会遭受削减，甚至被取消。

时任白宫特别助理的约瑟夫·卡利法诺主要负责国内的社会项目，他在新研究所的规划中扮演着重要角色。尽管他看到新成立的研究所并不仅仅依赖于某一个主要客户，而是同许多不同的联邦机构签订合约，但他仍然心系非营利研究组织的兰德模式。

卡利法诺在担任国防部长特别助理的18个月里，他目睹了麦克纳马拉为使军事政策计划合理化所付出的努力。等到了白宫工作之后，他认为国内问题的数据可以按需要随时提供利用。但当他了解到政府所知甚少，计划者要想找到所需要的信息相当不易时，卡利法诺非常失望。尤其是当他从联邦卫生、教育、福利部的秘书那里都不能得知美国享受福利的人数时，更是心烦意乱。卡利法诺想要证明的事实，竟如
152 此难以从联邦机构获取，他回想起说：“我们有很多数据，但是却没有你所需要的东西

① 华盛顿城市研究所档案馆收藏了大量与机构创立有关的材料，例如，格蕾丝·巴西特的《城市研究所的机构史》(1969年7月)，这个未出版的案卷中包含一个年鉴及一些重要的早期文件；近期还有一篇由研究所职员兰德尔·鲍夫毕尔格和吉尔·谢洛撰写的一篇未发表的文章《城市研究所简史》(1983年9月)。福特基金会为研究所前十年的运营评估提供了资金支持，与评估材料有关的档案在城市研究所和福特基金会都有保存。见弗雷德里克·奥莱利·海斯、安东尼·F.雅非亚和卡尔·凯森的《城市研究所(1968—1978)：绩效评估、前景和财政问题》(1978年)。约翰逊的演讲《未尽的事业：美国城市和农村的贫困》(1967年3月14日)被收录在林登·B.约翰逊的《美国总统的公务文件》(1967年)一书中的第一卷(美国华盛顿，政府印刷局，1968年)，第331-346页。

为总统在重大政策方面提供建议。"[①]分析和评估更是困难重重，这迫使政策制定者不得不成立特别工作小组、跨部门委员会，或者一个又一个的专责小组。此外，项目信息的获取本应依赖于联邦机构，但约翰逊和卡利法诺却不信任这些机构。当卡利法诺对此做出评价时，他直率地指出，"启动项目的家伙却不能给你答案"[②]。因此，他极力推进研究所的计划，相比于利益集团的执行机构，研究所将提供更为可靠、客观和及时的数据。

1967 年秋季末，卡利法诺组建了一个团体，并将新机构合并进来。这一团体成员包括罗伯特・麦克纳马拉（最近被任命为世界银行行长）、阿杰・米勒（福特汽车公司总裁）、欧文・米勒（康明斯发动机有限公司的主席）及赛勒斯・万斯（一个纽约律师，前民主政治委员）等人。城市研究所成立于 1968 年 4 月，最初只有 6 个联邦机构为其提供支持，尽管政府各机构都表示理解，但没有人愿意为这样一个组织提供资金，更何况这个组织的目的在于批判和刺激他们的项目。麦乔治・邦迪自 1968 年离开白宫后就成为福特基金会的主席，他承诺给城市研究所 100 万美元的额外工作资金，以确保研究所拥有一定程度的自治权，这些资金不仅来自政府机构，也有学术研究者的支持。尽管如此，城市研究所为了生存，还是要将它的分析服务卖给执行国内政策的政府部门。[③]

---

① 格蕾丝・巴西特在准备撰写城市研究所历史的过程中，采访了一些主要参与者，其中包括约瑟夫・卡利法诺（1969 年），这些副本被保存在城市研究所档案馆（下文都以 UIA 来代指）。

② 同上。参见 UIA 中《董事会备忘录》（1968 年 4 月 8 日），第 6 页。尽管城市研究所采用了兰德公司模式，但如果罗伯特有自己的想法，可能会采用另一种模式。伍德认为兰德公司的模式并不合适："这是一个糟糕的类比，因为不同于当时国防研究和兰德公司的合作，现在大学也参与进来，你不能寄希望这个或那个城市中心的消失。而且糟糕之处还在于，这种情况无法进行比较，且没有像这样混杂的情况。它可以主要依赖于一种学科——经济和成本效益分析。在我看来，城市现象需要具备更广泛的基础。"依据伍德的观点，城市研究所需要同大学更加紧密联系，这样不仅可以利用大学的多学科视角，而且相比与政府签订合约工作的研究者而言，独立的大学学者如果对政府政策进行批判，将会更加容易一些。格蕾丝・巴西特与罗伯特・T. 伍德的访谈（1969 年 1 月 11 日），来自 UIA。

③ 弗雷德里克・博恩对城市研究所计划的评论是具有启发性的，可参见 UIA 中格蕾丝・巴西特对弗雷德里克・博恩的采访（1968 年 12 月 18 日）。鉴于戈勒姆与研究所的关系，因此白宫的一些人认为 HEW 向研究所提供资金并不合适，而且 HEW 与 HUD 在一些秘书的关系上也搞得很僵。城市研究所最大的困难在于它成立于约翰逊总统执政时期，但却需要在尼克松总统执政时期建设发展。

威廉·戈勒姆大约三十五岁，是麦克纳马拉的一个神童，他被挑选作为研究所的主席，现在仍然担任该职位。他过去曾在兰德公司、国防部及 HEW（作为计划与评估办公室的助理秘书）工作过，当他接受了研究所这个职位的工作时，就意识到“伟大社会”的计划正陷入困境。他于 1971 年写道：“截止到 1968 年，尽管联邦政府的追踪能力仍然欠缺，并且依目前情况来看，成功的案例似乎很少，但计划的早期复苏已经到来。”[①]大部分的立法措施都是在现有的知识基础上构建起来的，而这一知识基础却十分薄弱，对此戈勒姆深为不满，他公开指责了搜集现有项目信息的整合系统，并谴责其没有经过适当的修正测试，就草率地被应用于重大事业中。

153 一开始，城市研究所的项目重点放在对收入的分配和再分配、城市管治、失业与通胀、为穷人提供的住房以及福利改革上，并在其报告中引入成本效益分析的方法。然而，早期的重大项目主要是对联邦政府评估其社会项目的能力进行全面的测试，还有一些研究包括评价“伟大社会”计划的重大立法措施、1965 年通过的《初等和中等教育法》及“示范城市”计划。尽管对这些项目及其他政府举措的批判风气有愈演愈烈之势，但研究所似乎并没有对政府的角色产生怀疑。反而，它的关注点在于“如果有更多可利用的信息，且政府日益加增的活动可以得到应用，这样就可以缓和一些国内问题”[②]。在任何情况下，研究结论似乎总是要求进行更多的评价、现场试验和实验，项目管理者也会提供更广泛的技术援助。

研究所最初的研究结果表明，20 世纪 60 年代中期的大量法律法规都是草率、计划不周全的，且欠缺管理。但是，由于相信定量知识、成本效益和分析系统，并坚信政府最终可以利用充足的工具完成其开展的项目，研究项目印证了之前技术改革所断言的假设。尽管政府的工作表现不尽如人意，但更多的技术知识有助于完善它的执政管理。

---

① 威廉·戈勒姆写于《报告》中，1968 年—1971 年（华盛顿：城市研究所，1972 年），第 2 页。

② 同上，第 3 页。

1970 年，布鲁金斯学会的主席克米特·戈丹注意到公众“对政府信心减弱”，并呼吁大家关注“广泛的共识”，即为解决社会和经济问题，国家已经斥资数十亿美元。戈丹认为，查尔斯·默里等更为苛刻的保守派批评家预计在某些情况下，社会问题在政府干预下确实变得更加糟糕，这些失败也显露了政府“特有的缺陷”，即政府行动缺乏市场测试、总统的管理权力有限、官僚主义的惰性，及政府在面对需要解决的社会问题时缺乏相关的经验。但戈丹同戈勒姆创立的城市研究所里的分析人员一样，呼吁提供更多的证据，进行更多的测试和实验，及开展更多的研究，而不是当受到知识引导时，怀疑应用研究或政府行动能力。①

尽管一些政策分析人员和社会科学家承认，他们在知识上有欠缺，但他们要求更 154
多的研究和数据则引起了右翼和左翼评论家的不满，一些同行甚至对自由主义者构建的社会科学的整个发展进程产生怀疑。20 世纪 60 年代成立了一些新兴机构，它们对传统思维、专业的社会科学组织及政策分析都构成了一定的挑战，他们的兴起也意味着自由主义的智力事业出现分裂。

三、哈德逊研究所与未来主义情景

可能没有人像赫尔曼·卡恩那样，让传统类型智库所遵守的陈规变得如此牢不可破。赫尔曼·卡恩曾在 20 世纪 50 年代作为兰德公司的分析师，构想出了不可思议的核战争，并于 1961 年在纽约郊区成立了自己的智库，即哈德逊研究所。卡恩以他的大胡子、啤酒肚、急躁的脾气塑造了智库知识分子的典型形象（疯子天才、心不在焉的独行客，及核灾难的战略家），并且支持智库吸纳身怀异才的知识分子。

在研究所里，“赫尔曼的事例”在卡恩的前任同事中屡见不鲜。直到 1983 年卡恩去世，他为这些同事主持了 20 多年的研讨会。② 据这些同事所说，卡恩曾开着他最

---

① 克米特·戈丹：《1970 年度报告》，华盛顿：布鲁金斯学会，1971 年。

② 作者采访了赫尔曼·卡恩的一些前任同事，包括托马斯·贝尔、威廉·布朗、卡罗尔·卡恩、罗伯特·梅尔尼克、尼尔·皮克特、吉米·惠勒等。

豪华的红色敞篷车，头戴好几顶羊绒帽，穿越暴风雪，就像教育学家苏斯博士的形象一样。此外，他们还提到关于卡恩很出名的一个形象，就是在会见一个大学客户前，卡恩刚在一个过度氯化的泳池游过泳，以至于头发和胡子都变成了亮绿色。卡恩通常在震惊和激怒他人时喜形于色，这让人很难推测出在多大程度上是由他个人性格决定的，又在多大程度上是他那种学者似的心不在焉的状态引起的。

卡恩极具个人魅力，天赋异禀，这一点毫无疑问。他的数学能力也十分惊人，一些人甚至声称，卡恩能够对浏览过的信息过目不忘，至少在他事业早期确实如此。但同时，他又是一个邋遢、不遵守纪律且举止散漫的人。他在兰德公司的时候，经常会同上级发生争执，而在哈德逊研究所也只能算是一个无关紧要的管理者，在他逝世时研究所甚至还出现了一些财政危机。近几年，他成立的研究所也正经历一些艰难的转型事件，其中包括将在纽约韦斯切斯特州的资产转移至印第安纳波利斯的新总部。

155 卡恩虽然仅获得了加州大学洛杉矶分校（UCLA）的物理学士学位，以及在加利福尼亚理工学院进修的应用数学和物理的研究生课程，但 1948 年，他却以一名学生的身份加入了兰德公司的物理部。他一直没能取得博士学位，并且不屑于那些在执着于追求更高学位的人。在兰德公司，他从事不同项目的研究，从核动力飞机的研发到建筑物材料的研究均有涉及。他同样也涉足了数学理论的研究。但最终，出于兴趣的考虑，他开始致力于核战略和民事防护的问题。兰德公司的一些前任同事在形容他时说道，卡恩对自己部门以外的工作总是持有无尽的好奇心。而这是在物理部的成员中少有的情况，因为在 20 世纪 50 年代，物理部是一个看似冷漠又不可向迩的部门，它独立于其他部门之外。卡恩的衣服下摆总是从裤子里跑出来，他常在走廊里徘徊，在办公室谈论一切吸引他关注的事物。那些同他交谈过的人屡屡夸赞他的言谈“引人入胜”，快言快语之中充满了鲜活的形象、形象的比喻，妙语连珠，让人拍案称绝。

但到了 20 世纪 50 年代，卡恩开始对大型的合约研究组织受到诸多官僚的限制感到不满。而弗朗克·科尔博姆作为兰德公司的总裁，当看到卡恩对项目管理松散，以及不能在截止日期前完成工作时,同样对卡恩表示不满,而这些陋习卡恩始终没能克服。随着弗朗克·科尔博姆和卡恩的分歧日益恶化,卡恩最终于1961年离开了兰德公司,他在此之前出版的《论热核战争》一书曾吸引了全国的关注,卡恩由此也成为一名首要的战略知识分子。[①] 当时的卡恩本可以轻而易举地进入大学任教,但他却选择在纽约哈德逊河畔的克罗顿街成立自己的研究所,并聚集了一群特立独行的分析人员,这些人最初都是对核战略和民事防护颇有兴趣。

哈德逊研究所成立的时间正合适。1962年,卡恩因出版了《设想难以想象的事》一书而声名鹊起(掺杂着诋毁)。并且,他发现在20世纪60年代早期,研究合约是相对比较容易获得的。[②] 截止1965年,研究所年度预算为120万美元,其中有一半都是来自美国国防部的合约,四分之一来自民事防护局,剩余的则来自其他政府机构和私人捐助者。随着"伟大社会"计划扩张,进一步增加了可利用的研究经费。截止于1970年,研究所一半的工作都是围绕国内事务展开。研究所占地22英亩,鸟瞰着哈德逊河,研究团队由40名常驻人员和100名顾问组成。 156

在研究所的研究团队中,只有较少一部分人具有传统的学术背景或取得了博士学位。卡恩在挑选员工时全凭直觉,他发现这样做很刺激,即使其他人可能并没有像他有这样的感受。他曾对一个潜在的同事说,他希望在研究所工作的人最好是"自大偏执狂"类型的,理由是尽管这种类型的人"常容易出错,但很快他们便能成为全能型人才"[③]。卡恩非常推崇业余者的见解和思想自由,不希望员工是沉闷的、学术兴趣受到纪律约束,或者成为"高才低能"(借用托斯丹·凡勃伦的话)的受害者,以至于将视野局限在自己狭窄的专业范围。最重要的是,卡恩将对传统观念的探究视为他和哈德逊研究所的使命。他反复地强调:"传统的观念都是错误的。"这句话似乎成为研究所的座右铭,并最终成为研究所自身传统观念的烙印。

---

① 赫尔曼·卡恩:《论热核战争》,普林斯顿:普林斯顿大学出版社,1960年。

② 赫尔曼·卡恩:《难以想象的思维》,纽约:地平线出版社,1962年。

③ 威廉·施耐德:《令人难忘的赫尔曼·卡恩》,载于《读者文摘》,1984年7月,第82页。

卡恩最主要的方式就是交谈，他认为交谈可以防止因思想受到束缚而贸然下定结论。因此，员工中聚集了松散的研究团队和非正式的闲谈者，但却没有作者的先入之见或设想的情况可以形成一个研究报告，这就营造了一种刺激且新奇的晕眩感的氛围。然而，在无休无止的研讨会中，合议制的这种氛围通常导致最终无人负责撰写报告，因此项目也不能按时完成。同时，卡恩的好奇心开始锐减，只能焦躁地等待下一个知识谜题。

20 世纪 60 年代，哈德逊研究所的工作重点集中在民事防护、导弹防御系统、核战略，及越南战略的疑难问题方面，并出版了相关书籍。[①] 但到了 70 年代早期，客户对研究所的评价竟是经常不交付报告或者在指定日期一两年后才交付。有时候，研究所的工作似乎是琐碎的，时而又夹杂一些重复的事情。从审计总署（GAO）对哈德逊研究所民防工作的一份评估中可以看出，其对哈德逊研究所的审计流程普遍收紧，加之政府合约数也逐步削减，这也会对大多数合约性研究组织造成影响。尽管对研究所在工作拖沓和其他管理问题上的评价是准确的（就像 GAO 也指正了其他公约性研究组织的缺点），但 GAO 的报告仍然让至今仍在哈德逊工作的小部分元老级职员耿耿于怀，因为他们认为这样的评价是不公平的。

157 到了 20 世纪 70 年代中期，曾经很容易就能够赢取的六位数合同，此时却变得尤为困难。由于政府签订额外协议的规程被取消、研究经费的缩减，以及政府机构暂停了“独资”合约，哈德逊研究同其他合约研究公司一样，都将面临更加激烈的竞争环境。此外，客户对工作标准和责任感提出了更严格的要求，而哈德逊研究所因其交付研究结果遥遥无期的恶名（正如卡恩所说：“他们花钱自讨苦吃。”），致使基金会和政

① 哈德逊研究所的学者在 20 世纪 60 年撰写的书：赫尔曼·卡恩，《论逐步升级：比喻和情景》（纽约：普拉格出版社，1965 年）；赫尔曼·卡恩和安东尼·J. 韦纳，《公元 200 年：关于未来 33 年预测的一个体系》（纽约：麦克米伦出版公司，1967 年）；埃德蒙·斯蒂尔曼和威廉·普法夫，《歇斯底里的政治：20 世纪冲突的来源》（纽约：哈珀柯林斯出版社，1964 年）；斯蒂尔曼和普法夫，《权力与无能：美国外交政策的失败》（纽约：古典书局，1966 年）；弗兰克·安布鲁斯特等，《我们能够赢得越南战争的胜利吗？》（纽约：普拉格出版社，1968 年）。

府机构不愿再与研究所签订长期协议。卡恩算不上一名合格的管理者，他尤其不擅长研究所的长期财务规划，这也是他自己及董事会都意识到的问题。20 世纪 70 年代至 80 年代早期，由于研究所接二连三地遭遇经济危机，管理者的人员流动率很高。但是，由于卡恩这位天才的存在，哈德逊研究所从未缺少煽动性，并持续在全国备受关注。

与此同时，到了 20 世纪 60 年代晚期，卡恩的兴趣领域从国防问题进一步扩展到全球化的背景之中，而这也正是当时美国政策的重要内涵。因此，当其他研究组织都在进行项目评估，回顾以往问题并思考未来三年或五年计划时，哈德逊研究所却在展望世界的未来，将目光大胆地投向未来 25 年，甚至 50 年。卡恩采用的特征线法就是将社会、经济、人口统计及其他具有量化趋势的数据与对历史模式更广泛的思考相结合。他本身作为一名宏观社会学家，对历史周期和引起各时期潜在重大转型的原因颇为关注。但他不是趋势的预测者和助推者，只是他全面的视角为其提供了一些预见性的观点。卡恩曾写道："未来情景同历史典故一样重要，由于它们促使作家通过叙述的形式将相关的事件彼此联结，从而有助于历史预测更加具体化。"①

一些人曾预测未来是一个充满缺点和限制的黯淡时代，其中典型的代表就是罗马俱乐部的一份名为《增长的极限》的报告。罗马俱乐部是一个由国际商业领袖和学者构成的组织，它对未来的推测是基于复杂的计算机模型，并预测将出现一个存在严重短缺的熵化的世界。然而，卡恩并没有尝试去预测未来，他的观点恰恰相反。卡恩不依赖于计算机，而是依靠讨论和想象。他以"零意外"发展样式为起点，排除一些类 158
似于战争、大萧条或其他类型的动乱等无法预料的剧变，以此想象在这种情况下最有可能发生的变化。这种"最有可能"或"标准的世界"成为与那些测量的变化相反的基本情景。正如《公元 2000 年》《今后 200 年》及《正在到来的繁荣》等书描述的，为卡恩

---

① 赫尔曼·卡恩：《走向 2000 年：正在进行的工作》，《美国文理学会会刊》(第 96 卷)，1967 年夏，第 938 页。

的未来预测打下基础的是一种掩饰了他作为核毁灭的预言家和哲学家的世俗的乐观主义思想。①（他仍然持乐观主义的心态，认为我们也许会在核战争中幸存下来。）他关于过去的观点使他相信，人类的进步和科技的发展势不可挡。

卡恩相信人类具有独创性，这和他的另一信念有关，即他认为自由市场经济的整体运作进展得非常好。对于20世纪70年代早期的能源危机，卡恩和他的同事并没有将其视为未来危机的先兆，而只是看作市场的失常现象。尽管他并不是一位自由市场经济的思想家，但他对市场发展及其长期存在的合理性充满信心，这就奠定了研究所在20世纪70年代早期的工作基调。他对未来怀抱坚定的乐观主义精神，认为自由主义者不会再次聚集游行。他缺乏满腔热血来激励新保守派，反而预示了他们的担忧。

由于哈德逊研究所无法适应日益激烈的研究资金的竞争，它的预算在20世纪80年代早期骤跌至300万美元（其中有50万美元是卡恩的演讲费，卡恩将这部分钱让给了研究所）。挫伤的士气、不断增长的辞职率，及1983年享年61岁的卡恩逝世，这些显然意味着研究所即将消亡的命运。研究所由于自身陷入严重的债务危机，于是便出售了它在哈德逊河的资产，希望寻找一个新家园和一个慷慨的资助者。在这一过程中，尽管搬迁至亚利桑那州、俄亥俄州或德克萨斯州的协商谈判失败，但印第安纳波利斯的一个财团（这个财团由当地商业领袖和基金会高管组成，并由礼来基金会提供支持）却向研究所抛出了橄榄枝，它承诺资助研究所的搬迁工作，并每年为其提供75万美元的财政支持。地方的工商业、州政府及地方政府似乎都迫切希望利用哈德逊在研究上的专业知识。截止1985年，研究所在印第安纳波利斯的业务预算已达到700万美元。此外，海军分析中心还额外提供了2 100万美元资金，该中心是位

---

① 许多关于未来主题的书籍很好地总结了哈德逊的研究成果，同时，卡恩的方法及对一些类似“零意外”的情景和苏格兰式判决等概念的依赖也提供了一些见解。参见赫尔曼·卡恩的《公元2000年》；卡恩，威廉·布朗和利昂·马特尔，《另一个200年》（纽约：威廉·莫罗出版公司，1976年）；卡恩，《即将来临的兴旺：经济、政治和社会》（纽约：西蒙&舒斯特出版公司，1982年）。

于华盛顿的一个由联邦资助的合约性研究中心，自 1983 年起，海军分析中心由哈德逊研究所为政府代管。

哈德逊研究所目前更加邻近沃巴什河的支流，而距离哈德逊河的塔本西河段相 159
对较远，在转型过程中失去了很多员工，总裁也不断更替。自搬迁以来，它在教育、劳动力及国际贸易方面的工作出类拔萃，并在中西部发展了政府和企业客户。尽管研究所打算扮演区域性研究中心这样一个重要角色，但在维持学术的活力及卡恩对其所赋予的精神上，它仍然面临一些难以解决的问题。那些同卡恩共事过的人希望维持他那种严谨的智力游戏精神，持长远目光来看待人类活动；让决策者直面现实，即未来的假设也应该经过系统的检验。

赫尔曼·卡恩认为，决策者一定要践行的知识根本不可能符合科学或法律论证的严格标准，并且，相比于那些具有科学头脑的分析师（他们寻求一组又一组的数据或研究结果），他更为直接和明确地指出了不确定事物的本质。卡恩认为，决策者通常面临的情况都是“苏格兰式判决”。也就是说，他们必须处理一些看似合理却缺乏证据的情况。他对那些所谓的专业知识和短暂的思想潮流持有怀疑态度，而对自己热衷的事物却毫无抵抗力。单纯凭借人格力量，他的奇思异想对技术论分析人员的设想提出了挑战，但尽管如此，他关于历史发展的长远观点及对市场的信念预言了右翼将对自由主义进行批判，并使得哈德逊研究所在 20 世纪 80 年代更加趋向于保守主义。

四、对左翼的重新改造：政策研究所（IPS）

1961 年，在众多最年轻的“行动知识分子”中，马库斯·拉斯金和理查德·巴尼特从很多方面而言，算得上是卷入外交政策势力集团的学术性政策思想家的典型代表。拉斯金毕业于芝加哥大学，获得了法学学士学位。在过去艾森豪威尔总统执政时期，他在华盛顿的一个国会议员团体工作，这个团体打算启动一项名为“自由主义计划”的项目。他们预测在共和党执政八年后会产生一些政治波动，这个项目试图构建新政策，以此超越罗斯福新政时期建立的经济计划的框架。

160 在肯尼迪赢得总统选举的胜利后，由于拉斯金关注的问题是国防和裁军，并且与国会的自由党联系紧密，因此他被选为国家安全委员会的职员，并作为麦乔治·邦迪的助理。当拉斯金在白宫任职时，他仅有二十多岁，且并不招人喜欢，最终于 1963 年被迫辞职。在离开白宫后，他开始越来越多地对政府政策进行公然批判。邦迪对他这个前任助理非常恼火，并曾告诉他："请你不要再把自己视为白宫的前任助理。"①

理查德·巴尼特比拉斯金大五岁，曾获得哈佛大学文学学士学位和法学学士学位，从事过法律工作，并在哈佛大学的俄罗斯研究中心工作过一年。理查德·巴尼特是《谁希望裁减军备》一书的作者，并在迪安·腊斯克任职期间，于 1961 年进入国务院工作，但很快就被调到军备控制与裁军署的政治研究办公室。尽管巴尼特和拉斯金都是法律专业出身，但他们后来常说自己是带着对社会科学分析工具的信念来到华盛顿，并持有一种教科书式的信仰，认为美国机构有能力回应改革面临的公众压力。

这两位政策研究所的创始人第一次见面是在 1961 年的一次裁军计划会议上。约翰·麦克洛伊作为一个研究战后外交政策的智者，辞掉了美邦律师事务所高级合伙人职位，被重新召回到公共服务中为肯尼迪提供军备控制建议。他在关于武器和政策专家的会议上的演讲中说道："如果这个团体都不能实现军备裁减，那其他人就更不用提了。"拉斯金和巴尼特彼此交换了一下眼神，抑制住了自己的笑声。他们深深地怀疑，这样一支由在冷战中发展个人职业生涯的上将和国防专家构成的团体，如何能够挑战战后外交政策的军事基础。事实上，仅在肯尼迪执政的几个月后，他们就已经清楚地知道自己并不适合政府公职。他们需要一个知识分子的根据地，以此对那些为政府服务的专家进行批判，并在之后的两年里精心规划建立一个独立的研究所，使其免受政府合约工作的官僚限制。

---

① 大卫·哈伯斯塔姆：《出类拔萃之辈》，纽约：兰登书屋，1972 年，第 60 页。作者与马库斯·拉斯金谈论了关于政策研究所的历史。

巴尼特和拉斯金要在华盛顿的研究所创建一个基地,仅有少量的专职员工与外部学者,这样的计划看似已足够保守。他们甚至还与布鲁金斯学会的成员反复讨论过这些计划,并曾认真考虑是否要雇佣他们中间的某些成员。此外,他们也走访了许多基金会。在20世纪60年代早期,当巴尼特同基金会的高管们交谈时,他非常耐心 161
地解释建立一个新研究所的必要性。这个研究所要脱离联邦官僚机构,拥有更大的独立性,并与大学研究中心建立更广泛的联系。布鲁金斯学会和兰德公司安于他们专业顾问的身份,而IPS希望同那些执政掌权者拉开更大的智力差距,及开展更具批判性的对话。但对于声称"价值中立的"社会科学,研究所那些自称"公共学者"的人怀疑其是否能够引导政策。

经过多次讨论,少数支持自由主义的富裕家庭向IPS提供了资金。其中,菲利普·斯特恩作为西尔的继承人,提供了20万美元,出身银行业家族的詹姆斯·沃伯格也赞助了相当一大笔资金。此外,塞缪尔·鲁宾基金会(鲁宾是费伯奇香水的创始人,同时也是自由主义事业的长期支持者,这项事业包括1948年亨利·华莱士发起的运动)和鲁宾的女儿卡罗尔·韦斯也从早期开始就一直为IPS提供资助。

新研究所于1963年10月正式启动。① 从董事会就可以看出,研究所最初同大学建立了紧密联系,成员包括前新政拥护者和律师瑟曼·阿诺德(《资本主义的传说》的作者)、哈佛大学法学院的戴维·卡弗斯、普林斯顿大学的物理学家弗里曼·戴森、芝加哥大学的政治科学家汉斯·摩根索、康奈尔大学国际研究中心的主任史蒂文·马勒,他后来也成为约翰·霍普金斯大学的校长,以及来自哈佛大学的社会学家大卫·里斯曼。尽管巴尼特和拉斯金的观点在肯尼迪和约翰逊执政期偏左,但二人并没有脱离时代政治和学术的主流。

在民权运动和越南战争期间,美国出现的巨大裂隙可能撕裂美国社会,而这一裂

① 政策研究所在它20周年纪念日汇编的一些书籍和文章样本,参见约翰·S.弗里德曼:《政策研究所的第一个收获期(1963—1983)》,纽约:格罗夫出版社,1983年。

隙在 1963 年几乎没人察觉。然而，新左翼派已经初具规模，准备挑战“老”左派关于共产主义和冷战的设想。在随后的 25 年出版的众多书籍中，巴尼特将为冷战的起源、美国的“国家安全至上”及其永久性的战争经济做出修正主义的解释说明。同时，拉斯金将投入精力撰写系列丛书，以此批判这个国家在知识和政治权力之间的关系。

IPS 作为一个学术组织，一开始似乎像是布鲁金斯学会的替代品，虽然它位于布鲁金斯学会的左侧，但并没有与执政掌权者失去联系。拉斯金、巴尼特、阿瑟・瓦斯
162 科及其他一些聚集在 IPS 的知识分子活动家，他们强烈反对有组织的知识力量与官僚势力在华盛顿联合的方式。同时，他们对社会和经济的渐进改革及高度依赖军费开支的经济持有怀疑态度，并且越南战争促使他们对美国外交政策提出更加明确的反对。实际上，IPS 早期成功出版过一本名为《越南读者》的书籍，该书由拉斯金和伯纳德・福尔编辑。伯纳德・福尔是一名法国记者，多年致力于报道法国在印度支那问题中的溃败问题。这本书成了时事宣讲会的主要素材，标志着大学学生与教师反对越南战争的开端。20 世纪 60 年代末到 70 年代初，IPS 成为一个反战讨论和组织活动的中心，并且受到那些反对战争的参议员和国会议员的欢迎。早在 1967 年，拉斯金曾鼓励参议员乔治・麦戈文参与总统竞选(乔治・麦戈文后来成为 IPS 的成员和董事)。1968 年，在芝加哥民主党代表大会的暴力冲突后，拉斯金曾试图组建关于反军国主义和反干预主义的新党派。

IPS 曾吸引了一些学者和作家，他们的培训和专业追求也不同于其他智库。例如，像索尔・兰多和保罗・雅各布斯这样的纪录片拍摄者，他们作为高级研究员，曾利用影片去探索一些主题，包括古巴和尼加拉瓜的革命、政府在 20 世纪 50 年代对核辐射的瞒骗等。此外，保罗・雅各布斯、I. F. 斯通及阿里尔・多尔夫曼等作家和批评家也曾在不同时期加入到 IPS 的工作中。还有一些左翼学术活动家，包括保罗・古德曼、芭芭拉・埃伦赖希等人也都将 IPS 作为活动基地。

纵观其发展历程，IPS 一直致力于实验项目的研究，试图将知识探索与改变社会的活动相结合。在 20 世纪 60 年代，IPS 在华盛顿的黑人社区协助建立了社区发展

组织和合作食品店，尝试了多种方法组织社区卫生服务。同时，研究所还曾举办不同主题的研讨会和课程，有时针对孩童，但更多是针对成人的。它的教育性项目后来发展成为 IPS 的华盛顿学院，并吸引了几百人报名课程，还有更多的人前来听讲座。在 20 世纪 60 年代，IPS 衍生出了一些分支机构，包括湾区研究所、亚特兰大的南方研究学院，以及由前任研究员克里斯托弗·詹克斯和加尔·阿尔佩罗维茨创立的剑桥研究院。

1973 年，IPS 成立了跨国研究所，并将基地设立在伦敦和阿姆斯特丹。IPS 和它的分支机构一同研究南北问题，尤其是革命运动、人权侵犯行为，及跨国公司的作用 163
等。1976 年的革命事件对 IPS 造成了直接影响。智利的军事政变，社会党总统萨尔瓦多·阿连德被推翻，研究所最悲惨的时刻也随即到来。时任阿连德的外交部部长和驻美国大使的奥兰多·莱特列尔，当选跨国研究所的总裁。在 1976 年，当他和一个名为龙尼·莫菲特的 IPS 年轻职员开车前往华盛顿工作时，智利政府雇佣刺客在他们的汽车上预先安置了炸弹，导致他们最终身亡。尽管联邦大陪审团告发了共谋者，但智利政府拒绝引渡他们受审讯。

谋杀标志着 IPS 开始进入困难时期。研究所难以获得资金支持，而仅依赖于少数资助者，这使得它变得非常脆弱。随着左翼人士普遍被分散到不同的选区，并且按照性别、人种、民族或性取向进行组织，IPS 发现满足特殊群体的需要变得越来越难。研究所依据参与民主制的理念进行运作，但是它既不能确定智力的优先顺序，在聘任新研究员上达成一致，也不能解决僵持的内部管理纠纷。其中，一个派系从研究所中脱离出来，独自成立了一个新的研究所，并带走了 IPS 大约 50 万美元（将近三分之一）赠款。随着国家越来越倾向保守主义，IPS 再也无力召集左翼知识分子。

讽刺的是，在保守派掌权时期，一些激进的反共产主义的右派仍对 IPS 痴迷不已。一个保守派作家曾认为 IPS 在追求“苏联路线”的过程中形成了“连锁董事网”。另一位保守派作家则将 IPS 的活动描述为“垄断共产主义”，认为 IPS 虽然一直认同共产主义革命，但又要求旗下大部分正式的共产党员脱离共产主义集体。事实上，很难辨别 IPS 的路线、党派或其他方面，也很难相信右翼人士为研究所极力渲染的形象，即 IPS 在美国或世界上是一股强大的颠覆性的政治力量。右翼对 IPS 的攻击更多是基于保守派的思想及其恶习，或者对对手冲动地进行侮蔑的行为，却很少论断当代美国左翼或 IPS 的知识根基。①

164 巴尼特和拉斯金很关注自由主义原则，他们的研究重点在于探索建立知识和改变之间联系的方式。他们必然也会批判专家和技术官僚（拉斯金在 20 世纪 60 年代早期提出“百万人口死亡的知识分子”这样一个短语），认为专家团体在智力上无法超越政策选择的框架体系。多年来，他们通过借鉴一些优秀的智力成果，恢复自由主义思想，其中包括约翰·杜威和威廉·詹姆斯的本土实用主义思想，这激励着巴尼特和拉斯金努力将知识和行动相结合；法国存在主义者鼓励他们践行新社会运动；马克思主义理论家对第一世界和第三世界之间的经济关系做出的评论。

《存在与行动》(1973 年)被视为研究所的辩解书，书中拉斯金提出了“重建哲学”及他称为“存在主义的实用主义”的理论。② 他声称“共鸣与证明”必然取代“权力独享和等级制度那些无意义的事物”，从而作为社会行动的指南。依据拉斯金的观点，现有的社会科学形式开始服务于以稳定性和操纵性为目的的官僚主义，支持而不是挑战机构的权威。回到杜威和詹姆斯的思想，拉斯金和他的同事试图恢复一个由直接经验和实验构成的社会科学。从更根本的意义上说，他们试图挽救实用主义，使其成为推动社会进步的工具。

拉斯金折中了一些学派的观点后形成了关于认识论的观点，他的观点时不时地出现在 20 世纪 60 年代末 70 年代初的智力解放思想中。在《存在与行动》一书中，拉

① 右翼势力的攻击逐渐演变成对 IPS 的全面诋毁。1977 年 5 月，IPS 已经成为传统基金会“机构分析”的一个主题，并作为乔舒亚·穆拉夫切克文章中的攻击对象（“左翼智库”，1981 年 4 月 26 日，《纽约时报》；《垄断共产主义和政策研究所》，1984 年至 1985 年冬，《世界形势》）。IPS 甚至被编写成小说，在阿诺·德·博什格拉夫和罗伯特·莫斯著的《钉子》（纽约：皇冠出版社，1980 年）一书中，IPS 被描述为一个由共产主义掩护的组织。

② 马库斯·拉斯金：《存在与行动》，波士顿：灯塔出版社，1973 年，第 xi 和 xviii 页。

斯金劝勉读者去发现他们所感知的一切，从而避免在森严的等级制度机构中，因琐碎的官僚事务而变得麻木沉闷。他承认，这种麻木的感觉是构成“金字塔权力”的前提。诺姆·乔姆斯基曾公开指责美国人生活中的“新官僚”阶层，拉斯金也跟着附和并且认为，官僚制会形成政治和道德上的“专业知识理念”，最终导致“仅有少数人可以对大众关心的问题提出见解和评论”。

拉斯金着重批判了运筹学研究，并为数值计算和定量分析贴上“欺骗模式”的标签。拉斯金总结道：“通过抽象概念和‘客观现实’，我们发现官僚团体形成了一种惯例语言，它的社会后果是排斥、剥削及操控他人。”无须多言，这些专家和他们的分析工具同参与制民主理想是对立的。①

《存在与行动》利用这一标题唤起人们对杜威和琼·保罗·萨特的记忆，书中试 165
图解释研究所致力于对知识和行动的追求。拉斯金和他的同事认为，知识只能从“参与、共鸣和实验”中获得。因此，他们的项目或“社会发明”总是将研究和政治参与相结合。20 世纪 60 年代，自由主义的共识在于相信所有的问题都可归结于技术官僚主义的复杂性，而 IPS 对这种认识提出了挑战，它不仅质疑政策，同时还对现代民主中专门技术、知识和公众讨论的组织方式表示怀疑。尽管社会调查的实用主义方法一直是美国人思考政策和制定备选方案的基础，IPS 却挣扎于其不断发展变化的制度框架。拉斯金写道：“当一个国家不能够解决那些简单的与民众息息相关的或显而易见的问题，当它的结构超出了人类的广度和深度，并且人们认为没有人或自然的必然性能够使事物和关系按照它们本来的方式排列和认可，那么这个国家及其内部组织就会风雨飘摇，随之便分崩离析。”②这种不稳定的情况确实存在，但瓦解预言还为时过早。

技术实用主义采用的方法无法考虑结果和价值，因而为了挑战技术实用主义有

---

① 马库斯·拉斯金：《存在与行动》，波士顿：灯塔出版社，1973 年，第 12、134 和 236 页。

② 马库斯·拉斯金：《存在与行动》，波士顿：灯塔出版社，1973 年，第 xi 页。

限的知识范围，IPS的创始人希望恢复美国实用主义中激进的活动家精神，这种精神可以在行动中发现和优化结果。左翼和右翼中的激进分子都认为，在面临国内的众多问题时，自由主义不再是一种政治哲学，而是一套工具和计划。并且，无论自由主义是否解决了国内或国外事务，它都陷入了一种僵局，即无法明确表达自身的基本价值，不能捍卫自己的公共话语权，或者无法塑造一个未来愿景。

20世纪60年代末，自由主义作为一种政治哲学，表述得并不清楚，只是说明了它致力于技术和专门知识。罗斯福新政期间建立的纲领性结构不断发生变化；技术调整而非对政策结构重新进行评估；对复杂的事物需要专家的分析和判断的信念；对于将自由主义从其智力基础和群众基础中分离出来的这种大众思想持有怀疑；此外，自由改革的革新精神、罗斯福的“尝试一切的哲学”，以及约翰逊强制性的立法活动，这些似乎都使得自由主义偏离了一贯的政策方向。历史学家艾伦·马图索总结说
166 道：“自由主义已经尝试了如此多的项目和知识重组，以至于看起来更像是营造的一种氛围，而并非是历史的产物。”[①]自由主义及其具有百年历史的研究事业本试图将知识和决策联系在一起，却又如此不堪一击。它充满了复杂性和专门知识，已经远离右翼所拥护的简化物。保守派知道他们确信的是什么，并且，他们关于政治知识和思想的构想对政策专业知识中传统的制度框架也构成了威胁。

① 艾伦·马图索：《美国的解体：20世纪60年代的自由主义史》，纽约：哈珀柯林斯出版社，1984年，第3页。

8. 意识形态的分歧 167

一、保守派的反主流体制

竞选活动或许能点燃民众的激情，但却很少被看作划时代的标志性事件。然而，1964 年巴里・戈德华特总统竞选的观察员却觉察出了一些异样。虽然此次竞选时间短，且最终以失败告终，但与其说是一场总统竞选，它似乎更像是一场社会运动。正如西奥多・H. 怀特此后不久所言，此次竞选触及了“美国人生活中根深蒂固的东西，一次变革或者说变革的一种表现，它不能被简单地定性为政治事实，而是书写了一段历史”①。事实上，这是新兴保守派运动的首个政治发言。它源自道德和思想上的义愤，意图推翻近一个世纪的国家政策及现有的政治思考和讨论框架。

戈德华特是这场运动的发言人，方下巴，资质平平。由于对学习兴趣不高，在亚利桑那大学读了一年之后，他便辍学回家，经营家族的百货商店，并继续致力于地方政治活动。戈德华特的伯父创建了亚利桑那州的民主党，他便以独立候选人的身份首次参选了凤凰城（菲尼克斯市）的市议员。1952 年，身为共和党人的戈德华特，依靠艾森豪威尔的政治影响力，在一个民主党人占大多数的州被举荐为参议员，随后很快就在反对艾克“我也是”共和主义思想的国会右翼势力中找到了他最亲密的盟友。168
因在舆论宣传上的天赋和妙语连珠的演说才能，戈德华特似乎的确是保守派发言人的理想人选。

许多人都是到了晚年才确立起政治或宗教的信仰，戈德华特也不例外，他信奉

---

① 西奥多・H. 怀特：《1964 年总统选举》，纽约：雅典娜神殿出版社，1965 年，第 88 页。论战后美国的政治权利，参见戴维・W. 莱因哈德：《1945 后的共和党右派》，列克星敦：肯塔基大学出版社，1983 年。

“个人主义”“自由”等抽象概念，相较于那些很早就被灌输怀疑论，或习惯将各种理念对比权衡的人而言，他对此抱有更大的热情和信念。正如怀特对他的评价，“像机械般精益求精，专注于纯虚幻的事物”，他就是一个“极右派的托洛茨基”。[①] 事实上，他更像是中世纪的一个柏拉图主义者，认为理想是真实的、永恒的、经久不衰的，而不仅仅是人们对经验的命名。在“老右派”的中坚人士克拉伦斯·马尼恩撮合和《国家评论》杂志的评论员L.布伦特·博泽尔的协助下，他出版了竞选手册《一个保守派的良心》(1960年)。[②] 书中他坦言：“上帝和自然的法则是没有期限的。”

戈德华特在初生的战后保守派群体和华盛顿的政策圈之间充当掮客一角。作为政治思想的散播者，他的能力不容小觑。戈德华特在书中提出了许多保守派政治格言，因而斩获了一批读者，在第一年便卖出了70万本书。戈德华特主张“对国际共产主义势力取得绝对胜利”，终止僭越国家和个人权利的联邦政府计划，并拟定了一份议程，对两党在冷战时期“遏制”政策基础上提出的外交政策，以及渐进式改善社会福利的国内政策发起了挑战。

20世纪60年代早期，意识形态上的保守派操控了共和党的运行，并在旧金山牛宫举行的党内大会上提名戈德华特为候选人。当时，他们是党派政治的新成员，其中大部分人甚至对于本州的共和党领导人而言都是新面孔。但在大会期间，他们被缜密地组织起来，在运动领导人的敦促下阅读戈德华特的会议简报，每天观看三次他的电视广播，收听五次他的电台节目。[③] 新兴的保守派活动家相信大众传播的力量，也同样坚信思想的力量。

作为一场思想运动，现代美国保守派思潮已经酝酿了二十多年。1964年，党派活动家吸引了一笔智力资本，来自拉塞尔·柯克、理查德·韦弗和彼得·维尔瑞克等

---

① 西奥多·H.怀特：《1964年总统选举》，第208页。

② 巴里·戈德华特：《一个保守派的良心》，谢泼兹维尔，肯塔基州：维克多出版社，1960年。

③ 保罗·蒂利特对戈德华特支持者的评论，《全国代表大会》，密尔顿·C.卡明斯主编的《1964年全国大选》，华盛顿：布鲁金斯学会，1966年，第18-19页。

对前工业化社会稳固的秩序充满怀念的传统主义者。许多戈德华特的支持者还研读 169
了奥地利的弗里德里克·A. 哈耶克和路德维希·冯·米塞斯，以及美国的米尔顿·弗里德曼等古典自由派经济学家的作品。他们从幻灭反叛的左翼反共论战中汲取激情，比如，惠特克·钱伯和弗兰克·迈耶——这两人对攻击“软弱”自由派人士的激情丝毫不亚于反共热情。与美国自由主义一样，这一“保守”思想的融合体也不是一种前后统一的政治意识形态，自始至终都不稳定。但如人们所预料，自始至终它都有一项不变的事业：攻击历来占统治地位的自由主义。虽然自由派并不总是十分重视保守派，但保守派却对自由主义严阵以待，把它看作一种系统性的，并在美国人生活中占统治地位的意识形态。

保守派经常会谈及自由派权势集团（有时西部的民粹主义者将其视为东部权势集团），它由美国的主要基金会、常春藤盟校、纽约出版社、研究机构、报纸和广播媒体构成，致力于维护自由派观念和政策的至高无上性。当然，“权势集团”与运动是对立的，这一概念意味着停滞控制一个由各个机构组成的自给自足的团体。20 世纪 50 年代，“权势集团”这一术语从英国引入美国，也是理查德·罗维尔发表在《美国学者》杂志上的一篇亦庄亦谐的文章的标题。① 罗维尔于书中提到了几个名字，其中约翰·J. 麦克洛伊很可能是自由主义权势集团的主席，而林登·B. 约翰逊、理查德·尼克松、爱德华·特勒和杜克·斯奈德绝对不是集团成员。

戈德华特在竞选中驳斥了自由派权势集团代表的大多数政治理念。他反对罗斯福新政、公平决议法案，以及艾森豪威尔的“折扣商店新政”。罗纳德·W. 里根在 80 年代提出的议题，戈德华特早就凭其辛辣、机智与坚定的信念构想了出来，包括严密的宪政建设，缩小联邦政府规模和恢复州政府的政治权力，反对联邦政府干预民权和

① 理查德·罗维尔：《美国权势集团札记》，《美国学者》（第 30 期），1961 年秋，第 489－495 页。转载自罗维尔：《美国权势集团》，纽约：哈考特-布雷斯世界图书公司，1962 年，第 3 页。50 年代中期，英国记者亨利·费尔利推动了该术语在英国的普及，以此来描述一群统治英国的人组成的圈子。在《美国权势集团》的第 8 页中，罗维尔写道：“权势集团没有掌控一切，但它的影响却无所不在。在确立美国社会的大政方针上，权势集团相比它的对手而言，鲜有失利的时候。”

教育，反对工会，实现美国在与苏联争霸中的军事优势，反对限制军备协议，包括《禁止核试验条约》(1963 年)，支持反共“自由战士”，以及质疑联合国。但与里根不同的是，戈德华特 1964 年的竞选没有打动选民的心。除了党内组织方面的困难以及林登・B. 约翰逊对各种政治利益不遗余力、游刃有余的利用等原因之外(虽然这些理由就已足够充分)，戈德华特坦率、毫不妥协的政论表达方式使他在大选中遭遇惨败。
170 与大多数的总统候选人不同的是，他竞选的重心并没有偏向中间派，因而吓跑了温和派共和党人和商界人士，只赢得了六个州的选票和不超过 39%的民众选票。

在反思的过程中，保守派坚信自由主义权势集团的高高在上是他们的思想缺乏吸引力的原因所在。保守派把权势集团的存在视为理所当然。它是“一种经验性的东西，它的存在……指导着美国人民的生活和命运”，保守派的编辑和作家 M. 斯坦顿・埃文斯在 1965 年写道。埃文斯试图将戈德华特惨败的原因解释为自由派权势集团“引导”民意的结果。小威廉・法兰克・巴克利的解释则少了些阴谋论调，他认为是“国家的思想财阀”掌握了“巨大的文化资源和财政资源”。

面对一致的口诛笔伐，保守派这一四面楚歌的少数派，虽然在思想上存在众多分歧，但不得不建立一个新的堡垒。[①] 因此，在认清当务之急是要宣传保守派的信仰以获得人心之后，保守派加大了研究机构建设的力度。相应地，他们将当前任务由政治组织运动转向了知识基础设施的建设。在接下来的十年里，胡佛战争、革命与和平研究所和美国企业研究所等机构成了保守派慈善援助的受益者。70 年代初期，美国传统基金会和自由意志派的加图研究所等新的机构也应运而生。

如果保守派因为面对共同的对手而团结在一起，那么，他们也同样地被一条共同的思想路线串联在一起，即对思想在历史和政治话语中所扮演的角色持有一致的观点。与 20 世纪中叶实用主义和自由主义的继承者相比，自由意志者和古典自由派、

---

① M. 斯坦顿・埃文斯：《自由主义权势集团》，纽约：德温・阿代出版公司，1965 年，第 18 页。威廉・法兰克・巴克利：《左翼右翼之争》，纽约：帕特曼之子出版公司，1963 年，第 30 页。

柏克传统派、新保守派，以及激进的反共人士更加严肃地看待思想和抽象知识，并将其视为历史上的一股动态力量。自由派始终认为抽象概念容易产生分歧。保守派却若无其事地援引空泛的理念，并将其放置于宏大的历史背景下，任由它们碰撞斗争。

虽然保守派内部存在根本的分歧，但保守派知识分子群体的领军人物却似乎持有一个共同的坚定信念：知识体系错误（大多存在于社会科学学科）是现代社会问题 171
的根源。保守派作家反对自由派乐观的历史演进理论，并发现了西方历史上具有决定性的思想转折点，但这是不幸的转变。弗里德里克·A.哈耶克的经济分析是基于对理解和改造社会的理性主义方法的谴责。在他看来，一项带有进步主义和改革色彩的传统始于对笛卡尔的理性主义的接受。[①] 芝加哥大学的政治理论家利奥·施特劳斯猛烈地抨击了历史主义者对 19 世纪的见解，并试图复兴古代“天赋人权”的传统。施特劳斯认为，哲学研究的转折点是从尼可罗·马基亚维利反对古代政治思想家，及其关于人性和最佳政治秩序的高深言论时开始的。马基亚维利通过强烈的现实主义手法和对政治美德的系统再定义，将政治领袖的关注焦点从对超验思想的冥思，转向了对经世致用的治国之术的考量。他认为政治目标的确取决于其必要性，而非道德目标。施特劳斯认为，马基亚维利“为达目标局限了自己的视野”，这使得他听起来更像是威廉·詹姆斯和约翰·杜威的先驱。[②]

理查德·韦弗的著作《理念的后果》（1948 年）长期以来被保守派奉为家珍。他认为现代思维困境起源于十四世纪哲学家之间的一场论战。当时一些所谓的唯名论者打着“观念只不过是称谓”的旗号，将哲学唯心主义者从中世纪的大学驱逐出来。西方思维传统从那时开始向实证主义转变。现代科学脱缰似地迅猛发展，促使人类

---

① 笔者对战后保守主义复兴运动的观点很大程度上依赖于乔治·H.纳什杰出的研究著作，参见《1945 年后的美国保守派知识分子运动》，纽约：巴西克出版社，1976 年。弗里德里克·A.哈耶克的两部作品是《通往奴役之路》和《个人主义与经济秩序》（芝加哥：芝加哥大学出版社，分别发表于 1944 年和 1948 年）。

② 利奥·施特劳斯：《自然权利与历史》，芝加哥：芝加哥大学出版社，1953 年，第 178 页。

的大脑转向对自然世界的探索，而不是对更深层次思想的冥思。人们对获取物质世界知识日渐痴迷，这寓意着“智能的退位”。用韦弗的话说，西方人已沦为“道德白痴”。①

在《保守主义思想》(1953 年)一书中，计划重新传承保守派思想遗产的拉塞尔·柯克则认为转折点出现得要更晚一些，他断言称西方社会在启蒙运动期间一股脑地冲向了一条离经叛道的路。随后爆发的法国大革命是柯克思想的政治力量来源。他偏向于大革命的批评者，而这其中最负盛名的当属埃德蒙·伯克，他被柯克称为“真正的保守主义学派”的创始人，相信神的意图统治着社会，并认为政治问题归根结底是道德和宗教问题。作为一个彻底的传统派人士，柯克还将习俗和“合理的偏见”辩
172 称为对人类意志和冲动的欲望必不可少的约束，同时声称，一个稳定的社会需拥有秩序、阶级和伟大的领袖。②

无论是基于宗教信仰还是西方政治思想的“伟大传统”，保守派知识分子不仅对左翼自由派，同时还对实用自由主义的核心知识体系发起了猛烈的(尽管鲜为人察觉)思想攻击。保守派抨击理性主义、“道德相对主义”以及自由派对科技解决方法的痴迷。对保守派而言，现代世界最棘手的问题并不是因为对经济和社会运行的方式缺乏了解，且这些问题也不可能通过同一类知识的积累得以解决。在保守派看来，实用主义者强调理解经济和社会力量的重要性，但认为它们不能替代对基本理念和原则的关注。

的确，相较于思考道德价值观，美国的自由派通常更青睐于探索事实。他们从一开始寻求的就是制度和管理解决方法，而非从根本上重新制定社会和经济秩序，因而同时招致了左翼和右翼批评家的攻击。但就如路易斯·哈茨在《美国的自由主义传

---

① 理查德·韦弗：《理念的后果》，芝加哥：芝加哥大学出版社，1948 年，第 12 页、第 58 页和第 1 页。

② 帮助过许多美国保守派人士的拉塞尔·柯克的《保守主义思想》(芝加哥：莱格尼里出版社，1953 年)将自身的思想驻扎于一项思维传统中。

统》(1955年)中所言,自由主义在他们的思想中早已根深蒂固,他们根本不屑理会这些质疑。哈茨这部极富影响力的著作对于塑造当时的学术知识体系起到了积极作用,也与克林顿·罗西特撰写的关于美国保守主义的论著一样,因其对保守派观点不屑一顾,激怒了保守派人士。①

哈茨认为美国社会的核心就是自由主义。这一思想范式是根深蒂固的,因此无需有群体为之发声,也不用政治运动或政党给予其力量。在认识到深植于美国社会的自由主义信仰和实用主义思潮间的联系之后,他直言:“只有在个人的伦理观已成为定式的情况下,所有问题才会成为技术问题。”②他认为自由主义对美国人而言是与生俱来的,是一种天生的思维模式。因此,他们对自由主义的坚持到了保守的地步,他们试图保护的是自由主义的价值观念。但在美国社会,自由主义的这种天然性已经凌驾于自我反省之上了。

自由派不愿讨论思想范式和价值观,这并不新奇。30年代末,罗伯特·林德在《知识何用? 社会科学在美国文化中的位置》中强调了这一问题。“二战”结束后,其他人忆起了此前自由主义价值观面临着早期法西斯主义和共产主义等意识形态的挑 173
战时,其思想防卫日渐式微。而在战后的世界中,自由派内部就如何在欧洲和亚洲对抗共产主义上仍存有分歧。有时,他们既不确定自己相信什么,也并不完全相信自身所了解的自由民主。虽然在具体的政策规定上,他们有可能达成临时协议,但实施手段有时似乎缺乏思想支撑,也忽略了更为基本的价值观。虽然曾经自由主义思想极具吸引力,推动了美国政治的“生命中枢”的形成,但不连贯性是其当下的症结。为了试图弥补这一点,小阿瑟·施莱辛格在1947年坦言,“如今,自由派分析事物的方式大体都是一厢情愿的、伤感的、虚夸的”③。

---

① 路易斯·哈茨:《美国的自由主义传统》,纽约:哈考特-布雷斯世界图书公司,1955年。克林顿·罗西特:《美国的保守主义:吃力不讨好的劝诱》(第二版),纽约:艾尔弗雷德·A.克诺夫出版社,1964年。

② 路易斯·哈茨:《美国的自由主义传统》,第10页。

③ 小阿瑟·施莱辛格:《抽象与现实》,载于《国家周刊》(第164期),1947年4月26日,第489页。

面对自由派对价值观的缄默不语，韦弗和柯克等传统保守派呼吁回归绝对道德。但当保守派在战后谈起“思想的后果”时，他们不只是在肯定哲学唯心主义。在展望未来的时候，他们还自我安慰，认为自己的思想会在今后产生政治影响。二战后的十年左右，保守派复兴始终是一个四分五裂的边缘化的思想运动，在自由派和中间派眼里，他们被贴上了离经叛道、不入流，甚至是病态的标签。与任何一个自认为独立于公共辩论范围之外的团体一样（因为通常公共辩论的内容是关于手段，而不是结果），保守派除了辩称公共辩论没有结果和价值以外，别无选择。

如果辩论的规则确是如此，保守派不可能获得理想的结果，那么显然他们的任务是去改革辩论规则，及至辩论本身。战争一结束，传统派和自由意志者的哀怨声可以使人察觉到保守派游说组织，以及期刊、社团和协会、基金会和研究机构等意识形态基础设施已初步建成。保守派使一大批激进分子相信，到 1964 年保守派可以掌握共和党的运行机制，并提名一个强硬的保守派候选人。但巴里·戈德华特的溃败让党内绝大多数人意识到，他们的思想基础设施依旧太薄弱，还无法战胜实用主义倾向的自由派。起步不过二十年的保守派计划仍太过稚嫩和不成熟，无法瓦解根深蒂固的
174 自由主义和实用主义的习惯性思维。20 世纪 60 年代，他们加快步伐，以构建一个推广宣传保守派信仰的体制框架，以及一系列能与自由主义权势集团抗衡的机构。

二、商业原教旨主义：美国企业研究所

很多商界人士和共和党中的极端保守派认为，新政是彻头彻尾的异端邪说。约翰斯·曼威尔公司的总裁，同时也是极富影响力的商界代言人路易斯·H. 布朗，便是其中一位较为温和的批评者。但他仍然相信美国人对经济缺少“明智的认识”。1929 年，布朗接任约翰斯曼威尔公司总裁一职仅仅几个月后，金融危机爆发，这对他长期致力的科学管理和福利资本主义提出了真正考验。当他看到越来越多的工人开始拥护激进思想时，他意识到企业家与劳工之间的沟通出现了问题。具体而言就是，企业家没有将企业和经济系统实际的运行方式教授给员工。布朗和其他商界人士一

致认为，企业职工有必要更多地了解他们所谓的“经济基本原理”——这一称呼不含讽刺，即便当时正处于大萧条时期。

30 年代，布朗在公司内部创立了一个创新型企业教育项目。该项目为员工提供商业环境的年度报告和介绍公司在工资、工时以及工作条件等方面相关政策的小册子。其他公司纷纷效仿，为自己员工建立教育项目，以期借此“化解”离间企业与员工之间关系的“阶级意识和敌对情绪”。[①] 但与此同时，布朗也意识到，企业必须改变对政府的态度，不能主张回归自由放任的 20 年代。与经济发展委员会的创始人一样，布朗也十分赞赏罗斯福政府在经济危机中的表现，但他试图为政府干预的程度划定一个界限。他反对公共工程项目，公然驳斥再分配政策，并指责联邦官僚机构的恶行。然而，他对新政的接纳并不意味着他认可凯恩斯学派寅吃卯粮（赤字性支出）的行为、战时工资和价格控制，或其他在他看来有损个人积极性和职业伦理的政策。正 175
如他所言，他相信财富应该进行累积，而不是分配。

1943 年，布朗作为领头人，联合了一群志同道合的企业家在华盛顿成立了“美国企业研究所”，旨在向公众普及商业知识，为国会和有关各方的待立法案做分析和评估。40 年代末 50 年代初，美国企业协会虽受到企业的支持，却始终默默无闻、鲜为人知，与经济发展委员会（CED）的对比就相形见绌。机构的行政人员很少，由布朗及董事会直接管理，他们负责所有出版物的审批工作，主要依赖于律师。而聘请的律师一般来自赞助公司的法务部门（一位名叫阿德莱·史蒂文森的年轻律师曾受协会邀请，为之起草一些初步的立法纪要）。虽然这些立法分析对那些人手不足的国会议员班子可能有所裨益，但在这一时期的政策辩论中几乎无迹可寻。当 CED 正费尽心力思量如何扮演好商业研究团体一角，并聘请了一支专业的经济学家骨干队伍之时，作为商业宣传机构和政策研究中心的美国企业研究所，可以说在很大程度上却是名存实亡。一些当时在布鲁金斯学会和 CED 任职的经济学家回忆说，甚至到了 50 年代

---

① 《寻求管理规范》，《商业周刊》，1938 年 10 月 22 日，第 22 页。

中期，他们对这个组织的印象都还相当模糊。①

借用一个老员工的话说，协会只不过是一个“高端午餐俱乐部”，董事会成员对这一点也都心知肚明，所以都做好了随时解散的准备。但在 1953 年，他们决定最后放手一搏，挽救这个萎靡不振的协会。通用电气的董事长 A. D. 马歇尔同意担任协会主席。他的第一步就是从美国商会聘请两位经济学家——来自哈佛大学的博士 W. 格伦·坎贝尔和来自新罕布什尔大学的文学硕士威廉·J. 巴鲁迪，使之在政策社群发声。协会摒弃了以往聘请律师进行立法分析的传统，组建了一个学术顾问委员会，聘请了一批学术顾问，包括国内最权威的保守派经济学家：芝加哥大学的米尔顿·弗里德曼和戈特弗里德·哈伯勒、威斯康星大学的保罗·麦克拉肯，以及弗吉尼亚大学的 G. 沃伦·纳特。②

176 作为各华盛顿研究所中最精明能干、精力充沛的一位主席，巴鲁迪在世界各大智库中可以说是自成一派。他既不是一个像爱德华·A. 费林或罗伯特·布鲁金斯那样对政治有兴趣的商人，也不是一个像韦斯利·C. 米切尔、约翰·R. 康芒斯或哈罗德·G. 莫尔顿一样致力于特定分析方法的学者。巴鲁迪是一个政策企业家，因此他的职业生涯与他着手建立的这一协会的发展轨迹密不可分。

三、思想的掮客

巴鲁迪出生于 1916 年，父亲是一位移民到新罕布什尔州曼彻斯特市的黎巴嫩石匠。他们一家人都是虔诚的麦勒卡派基督教徒（尊崇东正教习俗的一个教派），在爱尔兰裔天主教徒占主导地位的社区安居落户。巴鲁迪的父亲从工友口中学会了英文，如果仔细听，甚至还能听出一点爱尔兰口音。巴鲁迪住在离家很近的地方，十九

---

① 虽然地下室里待归档的材料堆积如山，但目前 AEI 尚未建立档案馆。我在为撰写这本书做调研的期间，AEI 正经历着巨大的动荡。而当时老威廉·布鲁迪的文献资料由他的儿子保管，遂无法查阅。因此笔者不得不通过采访 W. 格伦·坎贝尔、托马斯·约翰逊、罗伯特·普拉格以及赫伯特·斯坦，最大限度地回忆有关 AEI 的历史。

② 托马斯·约翰逊，1985 年 9 月 19 日的笔者访谈。

岁时娶了一位黎巴嫩移民的女儿，并顺利从圣安塞姆学院毕业。不曾想 30 年代他在新罕布什尔州一家失业补偿机构的工作经历，在冥冥之中为他日后成为一名知识型企业家奠定了基础。二战结束后，他搬到了华盛顿，在联邦政府下属的退伍军人管理局专业补贴服务处任职，担任研究和统计部门主管。①

1950 年，巴鲁迪辞去了相对稳定的政府职位，成为美国商会经济安全委员会的执行秘书。在那里，他结识了 1954 年当选美国企业协会董事会主席的 A. D. 马歇尔，并被他任命为执行副会长。巴鲁迪在这个日渐式微的机构里担任首席筹款人和科研主管，并不遗余力地投入到扩大机构的支持阵营这一项缓慢而烦琐的任务中去。到 1960 年，该机构共有 12 名全职员工，以及 23 万美元的年度预算。这笔资金主要来自大型企业的资助，不过巴鲁迪也从当时为数不多的，对保守派事业或经济研究感兴趣的基金会募集了一些资金，其中包括埃尔哈特基金会、福尔克基金会、克雷斯吉基金会、皮尤慈善信托基金、斯隆基金会等。1960 年，他还说服董事会将机构名称改为“美国企业研究所”(AEI)。“协会”一词会让人误以为它是一个游说机构，与华盛 177
顿林林总总的贸易集团并无二致，而不是一个研究中心，因而不利于筹资。

1964 年，巴鲁迪与卡尔·赫斯等同事一道，为戈德华特出谋划策、撰写发言稿，将 AEI 推至公共争论的风口浪尖，并最终推动它往更学术的方向发展。为查实 AEI 的工作人员参与竞选这一行为是否有违研究所的免税身份，众议院特别委员会调取了研究所的财务记录，并敦促国内税务署开展为期两年的调查。虽然调查结果显示 AEI 没有任何不当行为，但这次调查让巴鲁迪在对待公开的政治活动上更为谨慎，也使他相信研究所有必要向政见分歧较大的学者敞开大门。

如果说，他之前没有完全意识到这个问题，那么此时巴鲁迪很快发现，要想长期生存下去，机构必须建立起学术威望。正如许多初出茅庐的机构一样，AEI 仍相当于一个召开会议、出版研讨会记录和政策文件，以及与志同道合的学者沟通交流的组

① 《威廉·J. 巴鲁迪》(华盛顿：美国企业研究所，1980 年)上转载的一篇简短的传记和颂词。

织，而非专注于学术研究的研究所。AEI 的出版物包括立法分析文件（如今，甚至 AEI 自己的图书馆里都没有完整的一套）、立场声明书，以及为高中辩论队筹划的长期发行的系列手册，但都很快夭折了。

巴鲁迪在研究所建设中采用的策略既体现了保守派对思想力量的信任，也反映了他们在为自身观点争取听众时的沮丧。如果保守派想成为一股有能力对抗自由主义的思想力量，他们就必须建立起与之抗衡的机构。保守派坚信“思想的后果”这一信仰并不意味着思想单靠历史洪流的推动就能发挥作用，而是必须由强大的发言人通过一个强大的机构阵营进行宣传推广。巴鲁迪向资助者鼓吹的观点是，保守派思想被锁在了政策对话的大门之外。他声称，事实上真正的辩论并不存在，自由市场和有限政府两大观念在华盛顿是孤立无援的，同时还抱怨了自由派社会科学家的造就。他认为，自由派社会科学家们为政府扩大管理创造了工具，与官僚主义者沆瀣一气。

178 巴鲁迪将自己的经济保守主义贯彻到决策过程之中，并将这一过程视为市场交易，最终脱颖而出的应是最佳理念，但结果往往事与愿违。他将思想市场比作一个排斥竞争的垄断企业。的确，如果一些保守派人士看到的是自由派权势集团，那么巴鲁迪看到的则是一个自由主义思想纵向一体化的产业，它纵跨挖掘智力资源（即思想）的高校公共政策与公共管理社科学院和系所、提炼加工思想的华盛顿研究所和政府机构，以及营销思想的出版商和媒体。这一设想与过去五十年中，高校、政策研究组织和政府机构之间演变而成的实际联系大致相似。但巴鲁迪称之为意识形态垄断企业，侧面反映出他确实太过相信社会科学家、基金会高管、乐善好施的企业家，以及与创建了拉塞尔·塞奇基金会、二十世纪基金会、布鲁金斯学会和兰德公司等机构管理者们的远见和思想动机的一致性。

不管事实依据是什么，巴鲁迪在基金会和公司之间不知疲倦地斡旋着，并在此过程中发现塑造一个自由派的思想垄断企业形象不无益处。巴鲁迪反复强调“一个自由的社会可以容忍机械部件制造上一定程度的集中，但一旦思想形成走向垄断，便是它分崩离析之时”①。最后，在与福特基金会的高管洽谈多年无果之后，巴鲁迪成功利用会议上的观点为研究所筹得30万美元赠款，而捐赠这笔款项的机构长期以来被保守派视为自由主义价值观的壁垒。巴鲁迪利用这次契机打开了其他基金会的大门。

巴鲁迪知道，保守派思想若想得以推广普及，依靠小型组织是不切实际的，必须通过精通公共关系和营销技能，同时拥有庞大的财源和良好的学术声誉的大型机构才能得以实现。巴鲁迪知道他想要创立的是一个保守派的布鲁金斯学会。在着手打造匹敌者的时候，巴鲁迪选择将布鲁金斯学会刻画成一个自由主义思想的堡垒(不管它的前身——创建于早期改善效能和经济的运动中，或曾强烈反对新政的立场)。到60年代，巴鲁迪主要看重的是布鲁金斯与联邦官僚机构和谐的合作关系。布鲁金斯学会的经济学家为国务院、国际开发总署、财政部以及其他机构提供咨询。学会的政

---

① 威廉·J. 巴鲁迪在AEI任职期间，这段引文被各大年报转载。老布鲁迪清楚地意识到，传统的自由主义基金会的支持是对AEI不断增长的学术权威的一种认可。同时，他大概也明白，20世纪60年代后期，党派内部受意识形态驱使的赠款活动使福特基金会等自由派基金会饱受政治压力，同时也可能促使他们将一些资源投放到更为保守的研究机构。

布鲁迪向福特基金会申请500万美元一般性支持资金的举动招致了基金会对AEI项目的审查。基金会的职员和学术顾问对研究所的工作质量略为有些吃惊。AEI中大多数学者的观点是偏向保守的，但正如一个评价员所写的那样，“AEI通过一个明晰且深入的出版项目，始终致力于为重大的国家问题出谋划策”。一位职员发现，由大约三十位商人组成的董事会一年只召开一次会议，因此他认为保罗·麦克拉肯领导下的11人学术顾问委员会实际掌握着AEI的项目控制权，甚至可能比七人组成的专业职员团队拥有更大的影响力，因为大部分的工作是由外界的学者依据合同完成的。尽管福特基金会的职员对AEI以商业研究团队形式起步的事实持谨慎态度，但他们认为，AEI的工作大体上是平衡的，并且达到了很高的学术水准。

令人印象深刻的是，1972年福特基金会向研究所提供了30万美元的三年期一般性支持赠款。这笔赠款虽不如此前支持布鲁金斯学会、国家经济研究局以及未来资源研究所的多，但反映了福特基金会在财政紧缩的状况下的运作情况，而不是对AEI项目潜在能力的怀疑。虽然相比AEI在1971年120万美元的支出，这笔赠款可谓是杯水车薪，但为一个主要依靠公司和企业基金会(其中一些带有明显的保守主义倾向)捐赠的研究所赋予了合法性。随着福特基金会加入礼来基金会、斯凯夫家族慈善和威廉·唐纳基金会，AEI可以名正言顺地宣称他们的项目具有了合法性。多年后，AEI的职员仍将福特基金会的资助视为AEI的一个历史转折点，一种对其学术权威和政治平衡的认可。

相关的文件保存在福特基金会的档案馆：72—114号，1970年11月30日威廉·巴鲁迪写给马歇尔·鲁滨孙的信；1971年3月10日罗伯特·莱恩写给佩特·德·詹诺西的信。1986年6月2日，马歇尔·鲁滨孙在我的采访中提供了其他详情。

179 治科学家们在预算局和农业部任职，外交政策方面的专家为国务院、联合国以及各国政府提供咨询。布鲁金斯学会还得到了美国最大的基金会——洛克菲勒、卡内基公司（纽约）以及福特（自20世纪50年代中期起）的大力支持。虽然布鲁金斯学会的大多数职员不在政府担任全职，但在肯尼迪和约翰逊执政期间，有几位学会成员备受公众瞩目，尤以经济顾问克米特·戈登、查尔斯·舒尔茨以及阿瑟·奥肯为代表。

布鲁金斯学院与众多机构建立起的关系链和持重的学术声望，远比它所研究的政策内容和提供的建议要重要。对于保守派而言，这体现了自由主义权势集团的严密运作，也很好地解释了保守派思想一直得不到传播的原因。将布鲁金斯学会贴上“自由派”的标签，一方面为AEI树立一个可敬的对手和增加一种机构使命感，另一方面也帮助AEI召集了更多的捐助者。

70年代初，巴鲁迪的不懈努力终于取得了成果。据AEI的前副主席罗伯特·普拉格称，研究所在1971年秋天实现了一次“大跃进”[①]。那一年，当时的国防部长，同时也是AEI的长期支持者梅尔文·R. 莱尔德发起了一个筹资额为2 500万美元的活动。尼克松政府的许多官员（以及巴鲁迪的儿子兼继承人，当时是莱尔德的助理）在五角大楼餐厅（活动的举办地点）出席了这一活动。1970年，研究所在仅有18名员工和100万美元出头预算的情况下，开始极速发展。到80年代早期，AEI便拥有了150名员工（大约50至60人负责研究和撰稿工作）和远超1 000万美元的年度预算（1982年和1983年预算达到了史上最高峰，分别为1 300万和1 400万。到80年代末，因财政管理不善，预算降至800万美元以下）。[②]

讽刺的是，尼克松政府的倒台和1976年杰拉尔德·R. 福特总统的落选推动AEI往前迈出了极为重要的一步。福特签约成为AEI的“荣誉会员”，获得40 000美

① 罗伯特·普拉格，1985年4月9日笔者访谈。

② 关于20世纪80年代AEI的金融危机，参见阿尔文·P. 萨诺夫：《物质超越精神》，载于《雷加地》，1987年1月，第51－60页。约翰·斯布鲁克：《资本收益》，曼哈顿公司，1987年3月，第77－79页。1987年1月29日笔者对克里斯托夫·德穆斯的采访，以及1986年3月10日对莱斯利·伦科夫斯基的采访，也阐明了AEI遇到的困难和复兴的前景。

元薪酬，同时可参与机构的研讨和会议。尼克松内阁的两名前成员在机构中兼职，梅尔文·R. 莱尔德负责能源政策的研究，威廉·西蒙(曾经的能源“沙皇”和财政部长)负责一个税收政策项目。

通过设置兼职岗位，客座研究员、顾问、基金资助的研究项目以及常驻会员，AEI 180
建立起一个以自身为中心，不断向外辐射的保守派学者关系网。经济学家阿瑟·伯恩斯和赫伯特·斯坦辞去政府工作，加入了 AEI；珍妮·J. 柯克帕特里克致力于拉丁美洲的政治和政策研究；默里·韦登鲍姆和詹姆斯·米勒研究监管政策；劳伦斯·科布分析国防问题；迈克尔·诺瓦克撰写关于宗教议题的文章和志愿部门的咨询评论；担任公共利益科学中心编辑和纽约大学社会思想学教授的欧文·克里斯托尔，将 AEI 作为他在华盛顿的研究基地。

巴鲁迪成功吸引以上知名学者和前政府官员加入 AEI，这反映出旧保守派运动作为一股机构力量已经成熟。但这也同时象征着新思想联盟，也就是所谓的新保守派的诞生。新旧保守派之间的发展并非没有联系。旧保守派针对无动于衷的自由主义权势集团进行了指责，新保守派为之带来了新的转向。尤其是欧文·克里斯托作为保守派资助方和华盛顿研究机构之间的掮客，他为支持 AEI 和类似的研究事业提供了新的论据(假如它们确实是必要的)。

四、保守的反精英

借用莱昂内尔·特里林的“敌对文化”这一概念，克里斯托尔表示，高校和基金会一直对美国的价值观，尤其是资本主义制度赖以维系的价值观十分敌视。他大体上向我们刻画了他眼中的美国慈善事业，以及学者和研究者在决策中扮演的角色，并将“乌托邦式的理性主义”与“乌托邦式的浪漫主义”、社会主义与现实主义美学观串联在一起，试图借此诋毁社会科学。他断言，“社会研究”快速兴起的过程中，社会科学“吸收”了反资产阶级的社会主义传统，这无疑意味着，社会变革的管理者将是了解社会结构和社会发展趋势的精英。克里斯托尔给这样的精英贴上了“颠覆”和“异端”的标签，因为他们破坏了美国的基本价值观和制度，且沉溺于对统计数字的盲目崇拜——“愚昧型的资本崇拜”①。克里斯托尔个人并不追求科学和理性主义，他追求的是一种新的信仰，或者说是过去的资本主义信仰的复兴。

181 通过恩赐和行善，特别是慈善公司和保守派基金会的恩赐和行善，就能获得救赎。克里斯托尔与其他新保守派为保守派知识分子、基金会的高管以及企业捐赠者灌输传教士般的热情。他在《华尔街日报》上发表的一篇文章（发表的诱因是亨利二世·福特辞去福特基金会受托人一职）中告诉读者，大多数大型基金会和各大高校“所显示的‘舆论气候’中，反商业倾向是再自然不过的”。就此，克里斯托尔一方面想指责，另一方面又想收回先前的话，带着这样的矛盾情绪，他坦言，基金会和高校“不是同一化或极权主义的机构”，但却快要被反对私营部门、支持公共部门的“新阶级”占领了。② “新阶级”一词最早出现在米洛凡·吉拉斯一篇分析控制东欧经济的共产党员的文章中，而在美国，“新阶级”似乎主要指在公共部门任职的白领从业者。克里斯托尔将科学家、律师、城市规划师、社会工作者、教育工作者、犯罪学家、社会学家以及公共卫生医师都划归其内。他认为这些人的真正动机是想推动国家建立一个“方方面面都进行过严格规定的”经济体系，“以满足左派中传统的反资本主义者中多数人的愿望”。③

克里斯托尔认为，战斗应限于思想层面，在新阶级的知识堡垒内进行。大学、智库和基金会是“思想萌发”和“思想合法化”的机构。资本主义思潮的拥护者必须通过创建自己的同类机构，在大学或适时地在政治官僚机构内部展开斗争，以向自由派开

① 欧文·克里斯托尔：《一个新保守派的反思：回顾过去，展望未来》，纽约：巴西克出版社，1983年，第39页。

② 欧文·克里斯托尔：《论企业慈善》，《华尔街日报》，1977年3月21日。另一个观察家将美国和英国70年代和80年代视为“企业政治活动空前扩张的年代，无论是通过直接资助候选人，游说政府最高级别官员，还是通过商业主导的为政府机关部门提供咨询的小组等合理途径参与政府决策过程”。参见迈克尔·尤西姆：《核心集团：美国和英国的大型企业和商业政治活动的兴起》，纽约：牛津大学出版社，1983年，第4页。另参见威廉·西蒙的《求真的时代》，纽约：伯克利图书公司，1980年。

③ 克里斯托尔：《一个新保守派的反思：回顾过去，展望未来》，第212页。

战。克里斯托尔质疑继续支持明显对己敌视的机构的行为，质疑这是否符合公司的长远利益。他呼吁企业在开展慈善活动时应更加审慎，应寻找和支持那些崇奉强大的私营部门的学者和知识分子。尽管这样的人凤毛麟角，但他坚信总会找到的。通过他与威廉·E. 西蒙于 1978 年成立的教育事务研究所，财政资源可直接导向己方的学者和智库研究项目。①

70 年代初，为了重新制定公共政策议程，构建一个保守派机构和学者的联络网，几个历来就是保守派的基金会执事重新规划了会内的项目。例如，约翰·M. 奥林基
金会的资金主要是拨给反工会组织和普通院校里有关自由企业的教育项目。但在 182
70 年代，为了影响国家政策辩论，捐赠的模式变得更加复杂，更多地考虑受赠方在国家政策辩论上的潜在影响力。② 皮尤慈善信托基金（1985 年资产总额约为 15 亿美元）的下属机构——霍华德教会会众自由信托基金，它曾捐助过许多保守派智库，在 1976 年到 1981 年之间向 AEI 捐款近 600 万美元。史密斯·理查德森基金会和斯凯夫家族慈善信托也向 AEI 提供了赠款。

保守派相信思想是推翻权势集团的唯一武器，所以他们孜孜不倦地努力打造自己的权势集团，创建了大量机构，并强化对其的运营管理。新的保守派政策性企业，就像一部快进的电影，加速浓缩了社会科学、高校和较早成立的政策研究机构的发展成果。自从保守主义者加入了反对自由主义的意识形态斗争（不论自由主义者是否注意到），新的保守派政策性企业就开始致力于制定更加明确的政策目标。

70 年代，有了克里斯托尔和其他新保守派的增援，保守派运动获得了潜在的发声渠道。这些渠道也以高度专业化的方式接洽慈善机构，并能将保守派的观点投向

---

① 西蒙表示，保守派被当作“尼安德特人”一样对待，希望成立一个能够为志同道合的学者提供资源的组织。正如西蒙所说，IEA 的使命是为了防止“一心谴责大多数美国人的原则、抱负和忠诚的具有自我意识的文化权势集团”对美国价值观的侵蚀。在 IEA 成立十周年之际，威廉·西蒙写给莱斯利·伦科夫斯基的信件，转载于 1988 年教育事务研究所的年报（华盛顿：教育事务研究所，1989 年）上。

② 对詹姆斯·皮尔森及莱斯利·伦科夫斯基的采访让笔者了解到保守派基金会在捐款政策上的变化。

社会科学分析式、定量化的语言之中。巴鲁迪本人热衷于公开辩论。他召集进AEI的专家不是社会弊病的诊疗师、技术管理人员或社会工程师，他们都是自觉参与到基本价值观辩论中的专业研究人员和参政知识分子。

此外，论战将不再局限于抽象概念领域，而将扩展到公共舆论的舞台，这对于势单力薄的新保守派辩论家来说，会比自由派技术官僚们更加如鱼得水。70年代，随着国内声望的提高，AEI凭借营销和推广策略的优势，自然而然地与众多更著名的政策研究中心区分开。巴鲁迪一直着迷各种思想之间的自然竞争，他在不同政策观点的支持者之间发起了辩论，这一举动不仅获得了公众，尤其是媒体的关注，也为AEI在那些甚至没有尝到自由市场甜头的人群中赢得了公正的美誉。针对悬而未决的立
183 法事项，AEI仍在继续发行精简实时的刊物（每年大约二十册），同时开始制作节目，在公共电视台和广播电台播出。布鲁金斯学会为学者和课堂教学出版书刊，而AEI则发表《管理：研究政府和社会问题杂志》《舆论》《对外政策与防务评论》和《经济学家》等一系列期刊，针对的受众不仅有华盛顿的政策界，还有记者、企业高管以及舆论领袖等。尽管新兴的保守派机构极力抨击自由媒体，但也十分清楚新闻媒体的推动力。

事实上，美国新闻业在狭隘经验主义传统中渐趋成熟，这一传统同时也影响了20世纪的社会科学。虽然新闻报告是由离散的事实织成的一张蜘蛛网，但这并不意味着报告中不含记者的观点，而仅仅说明了他更愿意关注具体的事件、确证的言论或零星的数据。分析结果和诠释框架要么没有被阐明，要么由其他人给出。因此，专家的意见被视为另一种形式的事实，成为争先报道的对象。由于新闻记者都坚持一种简单的客观性概念，即对立的观点之间是相互制约以平衡的，所以他们对专家们的预测性评论有着永不知足的渴求。

越南战争和“水门事件”之后，新闻媒体变得更加寻根问底和多疑，助力于投其所好的研究中心。媒体期待听到经典词句的创造者回应总统或政府官员的发言者，以及支持或反对当前政策的论战者的反对声音。媒体远不只是自由派思想的传声筒，

它为来自政治两极的质疑提供了一个发表平台。因此，它提高了新兴保守派组织的声望。

华盛顿媒体本身的扩张为“权势集团”提供了一个成长的舞台，但它们所具备的专业知识很少被媒体洞察到。新的政策理念可以迅速推广，同时研究机构也可以通过大众媒体及时表明立场。巴鲁迪和 AEI 的同事敏锐地察觉到了这一点。巴鲁迪的儿子兼继承人也认为，掌握公关技巧有助于他们很早预见到 AEI 将逐步兴起，并在未来成为一个全国性的机构。克里斯托尔明白，宣传离不开筹资，尤其是对于那些将捐款作为获取广告预算零头辅助手段的公司而言。[①]

巴鲁迪的企业式运营法极大地改变了政策研究机构运营环境。70 年代，巴鲁迪创立和管理一个作为布鲁金斯学会有力竞争者的机构，同时在保守派同仁构建强大 184
的思想基础设施（包括设立在华盛顿和其他地方的几十个研究机构）的过程中，为他们提供援助和建议。他极为重视公共宣传和公关外联工作，这撼动了过去五十年演化形成的一成不变的专业知识网络。然而，通过在媒体上激起专家间的唇枪舌剑，巴鲁迪在增强其曝光度的同时，也颠覆了其思想的权威性（这一权威性在越南战争和“伟大社会”计划接连失败后遭受到了动摇）。由于巴鲁迪和其保守派同仁一刻不停地声称思想是一种适销对路的商品，因此，消费者开始对所有思想商品小心翼翼起来。

五、胡佛先生的遗产

正当巴鲁迪在华盛顿风生水起之时，他以前的同事 W. 格伦・坎贝尔在西海岸也创建了一个保守派机构。在成功将斯坦福大学的图书馆和档案馆发展成为一个重要的政策研究中心的过程中，坎贝尔挖掘了保守主义倾向的胡佛派共和党人的力量，并成功利用了“阳光地带”内巴里・戈德华特新保守派拥众的激情。

---

① 引用皮特・H. 斯通的文章《保守派的智囊团》，《纽约时报》，1981 年 5 月 10 日。

与其他保守派机构完全不同，我们现在熟知的胡佛战争、革命与和平研究所更像是一个致力于高等研究的中心，而非日常政策辩论的参与者。在胡佛研究所任职的二十五年间，坎贝尔召集了大约七十位社会科学家和历史学家，包括米尔顿·弗里德曼、乔治·斯蒂格勒、肯尼思·阿罗、托马斯·索维尔和西摩·马丁·利普塞特。尽管研究所的崛起成为保守主义复兴的一大中心，并引发了各大高校的不满情绪，但它在各政策研究机构中可谓是最人才济济的，同时也是唯一一所在大学体制内自治的重要机构。

赫伯特·胡佛既为图书馆引入了首批藏书，之后又推动了研究所的定位——转向公共政策研究。可以说，图书馆的演变折射出他个人在思想和政治上的心路历程。[①] 像许多其他杰出的企业家一样，胡佛在第一次世界大战期间义无反顾地投入到公共服务之中。当时他住在伦敦，近距离见证了这次大战，而不是从华盛顿的政府办公室(当时还很不完善)探听消息。他在比利时成立了救济委员会。晚些时候，胡
185 佛担任战后救济委员会的总干事，并加入了最高经济顾问委员会，负责复兴工程的监督。

1914 年，胡佛从战时的一条航道跨越北海。作为一个颇有才华的业余历史学家、藏书家和收藏家，当他看到一位历史学家在研究法国大革命的过程中，面对历经战争、革命和时间推演而残篇断简的文献资料，困难重重，扼腕哀叹时，胡佛被深深触动了。受到这一言论的激励，他开始收集和保存与第一次世界大战有关的史料记载。作为斯坦福大学的校友，他在 1919 年向学校捐赠了 5 万美元，发起了一个一战及战后局势相关文件的收集的项目。斯坦福大学的一位历史学家 E. D. 亚当斯组织了一批年轻的学者前往欧洲寻找史料。随后的三年中，他们收集到了大量公共和私人的文献资料，其中包括比利时救济委员会和美国救济管理局的资料，内容涵盖了一战、

① 胡佛研究所的早期历史在《胡佛战争、革命与和平研究所图书馆》(斯坦福，加利福尼亚州：胡佛研究所出版社，1985 年)中有详细记载，主编是彼得·杜伊格南。多年来，该机构相继出版了约四百册图书。

1917 年到 1919 年的革命性剧变，以及巴黎和会之后新兴国家的崛起。20 年代早期，斯坦福大学的历史学家随救援队一起游历了苏联和东欧，在那里，他们收集和保存了沙皇俄国、临时政府以及早期的布尔什维克政权的史料。胡佛战争图书馆（原名）还收集了有关战后重建、国际联盟以及联盟在中东和非洲的托管地的资料。随着 30 年代新的政治和社会运动席卷欧洲，不久后，图书馆便开始收集法西斯的相关资料。在二战结束之际，胡佛倡导系统性地扩大对有关亚洲的文献资料的收集工作。他将收集工作视为对“苦难、自我否定、献身和人类的英雄事迹”①的铭刻。

将近四十年里，虽然财政状况常常捉襟见肘，但胡佛战争图书馆始终作为斯坦福大学的一个部门低调地运行着。研究人员担任馆长的职务，出版项目与档案收集密切联系。20 年代，在洛克菲勒基金会的支持下，图书馆开始对苏联进行第一次系统研究。40 年代末到 50 年代初，卡内基公司为革命研究和国际关系研究提供了资助。过去的几年，在绝对数量方面，学术文献和已编辑的文档集已经远远超过了与决策直接相关的研究。

然而，50 年代后期，胡佛和他的一些同事开始为机构设计一个更为积极的政治 186
角色。1960 年，86 岁的胡佛宣布研究所的研究和出版物必须“揭露卡尔·马克思学说的内在矛盾（不论它是共产主义、社会主义、经济唯物主义，还是无神论），以防止美国的生活方式受到此类思想意识的影响，并重新确立美国体制的合理性”②。这一声明引发了争议，争议的主题是“在大学社区内设立肩负意识形态使命研究机构是否合理”。一个特设的教职工委员会对胡佛的声明提出抗议，认为这违背了学术研究的基本原则。外界对研究所与斯坦福大学之间关系的质疑自此开始酝酿发酵。

1959 年，图书馆的身份被重新正式定义为一个独立的机构，在运行中避免教师或教师委员会介入，并由斯坦福大学校长直接向董事会汇报。斯坦福大学和研究所

---

① 赫伯特·胡佛于 1941 年 6 月 20 日的致辞，收藏于胡佛研究所的档案处。

② 胡佛于 1960 年 3 月 29 日在《斯坦福日报》上的引用。

之间的大部分争议集中在管理和控制的问题上，但这些问题因长期担任研究所所长的 W. 格伦·坎贝尔毫不妥协的保守派立场而逐渐恶化升级。

坎贝尔出生于安大略省，40 年代中期在哈佛攻读经济学，师从戈特弗里德·哈伯勒。坎贝尔在美国商会当了三年研究员，并在 AEI 担任了六年研究总监，受赫伯特·胡佛亲自指派，负责带领研究所迈向新的方向。在美国变幻无常的人才网络中颇具讽刺的一件事是，将坎贝尔推荐给胡佛的恰巧是富兰克林·罗斯福智囊团中的重要成员之一，也就是新政早期方案的建造师——雷蒙德·莫利。

坎贝尔算不上是一个富有魅力的领袖，常被冠以“不苟言笑”和“喜怒无常”的标签。但在过去三十年里，他在保守派运动中可谓是最有成效的机构建立者。像国家经济研究局的韦斯利·C. 米切尔或布鲁金斯学会的罗伯特·布鲁金斯一样，坎贝尔留下了一份不朽的制度遗产。他在大学内与自由主义抗争的过程中赢得了保守派同仁的赞誉。正如巴鲁迪为赢得支持打造了一个与布鲁金斯学会抗衡的匹敌者那样，胡佛研究所创立了保守派信条，以取代盲目忍耐、“凡事皆可”的校园自由主义。

187 坎贝尔的当务之急是要继续建设研究库，并稳固图书馆的财政。由于兼有华盛顿和 AEI 的背景经历，他还致力于实现胡佛的计划，将研究打造为保守派在公共政策领域主要的发声渠道。凭借前总统的保守派朋友和同僚的势力，他开始筹集必要的资金。研究所同时还是最先接受富有的西部保守派赠款的机构之一，大部分成员在戈德华特竞选热潮中卷入了政治运动。坎贝尔让这些保守派相信，胡佛研究所这样的思想中心能在艰难时期坚守保守主义信念。鉴于研究所设立在斯坦福大学内，同时又吸纳了许多权威的保守派经济学家，它成了头几个最受保守派基金会青睐的机构之一。

一位仰慕坎贝尔的同事亲切地称他为“锱铢必较的苏格兰人”，说他成功募集到基金是因为他早先吸引到了一批保守派人士，以及其管理项目时严谨的作风和长远的眼光。在这方面，坎贝尔与巴鲁迪截然不同，因为巴鲁迪的机构在 80 年代中期曾深陷债务的泥潭。坎贝尔在将胡佛研究所打造成一个重要的国家研究中心的过程中，发挥了至关重要的作用。研究所的学者队伍从 1960 年的仅 6 人上升到了 80 年代末的 70 位常驻学者。它还从一个财政困难、只有 200 万美元赠款和约 37 万美元年预算(其中只有 5 万美元是用于资助研究工作)的图书馆和档案馆，摇身一变成如今拥有逾 1 亿 2 500 万美元赠款和 1 700 万美元年预算(其中逾 700 万美元用于资助研究工作)的研究所。研究所约 25%的预算由大学提供，其余 75%是来自基金和外界的赠款。研究所日益累积财富在校园内引起了不小的争议，1988 年，也就是坎贝尔并不完全自愿卸任所长的前一年，他指责了斯坦福大学试图再次接管研究所的行为。的确，在掌权的近三十年之后，研究所悄然脱离了他的控制。1989 学年伊始，约翰·雷森开始接任所长职位。

从某些方面而言，可以说存在两个胡佛研究所。一个是由围绕坎贝尔的保守主义管理者和一众以政策为导向并与他志同道合的学者组成；另一个则是由学者组成的骨干团队，囊括了杰出的历史学家和社会科学家，他们幸运地加入了这个资金充足
的研究所，告别(如果他们想)课堂教学。对于前者，胡佛研究所是一个理性行动主义 188
思想的大本营，它将政策类学术研究与政治关系研究相结合。而对于后者的团队，胡佛研究所可供他们舒适地从事研究，与在其他高校内一样方便。

胡佛研究所不同于大学院系，其成员大多是保守派，一些成员的选定带有明显的意识形态方面的考量；再者，研究所以更成熟的方式推广专栏文章，提高他们在收音机或电视上的出镜频率，并争取更多机会会见决策者。在公关和宣传活动上，研究所与华盛顿的其他机构一样得心应手、游刃有余。胡佛研究所的意识形态倾向和宣传活动在大学招致了一些教职人员的反感，但大多数人似乎没有因其近年来所谓的政治偏向而过度烦恼。许多人坦言，相较于里根式研究所的刻板老套，胡佛研究所更具多样性。事实上，一项对该机构资深研究员的调查发现，他们当中共和党和民主党的人数刚好各占一半。①

---

① 西摩·马丁·利普塞特，1986 年 2 月 6 日笔者访谈。

虽然这里无疑是保守派学者的安乐窝，但通过学术职位的联合任命，研究所似乎在缩减政治工作，并更好地融入大学共同体中。“我们已经逐步建立起一个不同于坎贝尔理念的胡佛研究所”，早于坎贝尔离开研究所的一位成员说道。随着研究所曾经激励创始人的那种激情和明确的使命感逐渐丧失，它便踏上了一条与其他成熟的科研机构类似的政治轨迹。受斯坦福这所重要研究型大学的吸引，以及图书馆和档案馆的厚重积淀的双重影响，胡佛研究所似乎注定会在坎贝尔退休后，缩紧自身的研究范围。

尽管如此，胡佛研究所的角色一直被支持者和反对者误解。像其他许多研究机构一样，为吸引捐助者，胡佛研究所过分夸大自身的政策影响力，就其在政策界的影响力，也发表了言过其实的论断，从而加深了一些误解。胡佛研究所与许多其他智库的年度报告和简报一样，一般都贴满了仪式性的照片，有的是职员与内阁成员和总统在拥挤的会议上握手的场景，有的是在正式的晚宴上现任政府中的显要人物赞许智囊团杰出贡献的场景，还有的是在国会听证会上，研究人员汇报研究成果以及面对全神贯注的观众发表政策声明的情景。

189 同样，坎贝尔竭力拉近胡佛研究所与罗纳德·里根之间的关系。研究所通过引证里根获选荣誉院士（与亚历山大·索尔仁尼琴和弗里德里希·哈耶克享有同样的头衔）、就有关研究所对其思想影响发表的多次感言，以及他呼吁三十位学者、理事和前研究员（其中大多数在政府委员会中兼任职位）投身公共服务等事迹，表明自身在公共生活中的强大影响力。[①] 但机构之所以鼓吹自己显赫的背景，也是因为一旦选举获胜的保守派政府上台，以及长期捐助者的热情开始减退，就募集资金展开的竞争就会变得激烈。

对各种保守派智库的角色进行更仔细的评估已经势在必行。胡佛研究所或其他

---

① 1981年胡佛研究所的《年度报告》将里根的胜利视为自己的胜利，并以此庆祝。1983年胡佛与斯坦福的争议，参见汤姆·贝瑟尔的文章《斯坦福的自由主义风格》，《评论》（第77期），1984年1月，第42－47页。

研究机构在寻求财政支持时，所做的公开声明不可避免地夸大了自身对决策的直接贡献。研究中心内高等研究的日常运作，是很难找资助人推销的，大多数智囊团的领袖对此都有切身体会。相比于研究保守派智库在美国政治文化中的运行方式，专注于研究政治关系及影响力工作的粗略概念要更容易一些。

多年来，胡佛研究所为一批保守派学者提供了"栖身之所"（用一个学者的话说）。他们中的一些人已经在各大高校中卓有成就。许多年轻的学者本不大可能在教职就业市场竞争激烈的 70 年代，以及研究经费匮乏的 80 年代和 90 年代初如此如鱼得水。胡佛研究所和其他一些机构为新一代保守派学者的学术工作创造了条件，并让他们获得了相比常规大学教师更多的事业成就。无论高校是否真的对保守派（尤其是经济学家）抱有反感情绪，坎贝尔和巴鲁迪在假定其存在的情况下，创造了保守派智库，为保守派政策精英们追求事业成功提供了平台。当罗纳德·里根在 1980 年参加总统竞选时，成百上千的专家在其身后为他出谋划策。

190 # 9. 思想的市场

一、书商

米哈伊尔·戈尔巴乔夫对保守派智库产生的智力影响深信不疑。有一次,他对一支来访的美国政客队伍发出了令人震惊的抗议:“你们的胡佛研究所声称我们的社会正在土崩瓦解。但是我要告诉你们,深陷赤字泥潭的是美国,而不是我们。”1985年,戈尔巴乔夫曾就胡佛研究所发布的一篇题为《20 世纪 80 年代的美国》的研究报告,先后分别向美国众议院发言人奥尼尔议长和国务卿乔治·舒尔茨提出了抗议。他将这本书(由胡佛研究所发布,而美国总统在该研究所享有荣誉头衔)视为类似于共产党政治局发表的宣言,不亚于里根政府发布的工作蓝图。据悉,他训诫舒尔茨道:“我们已经读了这本书,并且看到其所提的计划被里根政府所采纳。”这位好斗的总书记据此笃定地做出了判断,认为右翼势力正在左右美国的外交政策。①

奥尼尔和他的同仁感到非常困惑。离开房间时,他向一位同事咬耳朵:“这个胡佛研究所到底是个什么玩意儿!”美国的高层官员仅仅是听说过这个机构,而苏联的领导人倒如此信奉它,这无疑是一个极大的讽刺。这表明,虽然这些美国智库并未给
191 现实的美国政府留下深刻的印象,但是它们却对遥远的苏联产生了巨大的影响。在奥尼尔随行的官员之中没有人读过这份接近九百页的报告,也没有人可以告诉他这份材料究竟说了些什么。

---

① 参见《华盛顿邮报》1985 年 11 月 17 日刊登的文章《戈尔巴乔夫对美国政策的底线》和《纽约时报》1985 年 11 月 15 日刊登的文章《前景黯淡:戈尔巴乔夫眼中的美国》,《华盛顿邮报》和《纽约时报》分别引用了戈尔巴乔夫对奥尼尔和舒尔茨的评论。柯克·奥唐奈陪奥尼尔来到莫斯科,在 1987 年 6 月 2 日一次与作者的采访中讲述了这个报道。1986 年 2 月 6 日,笔者对马丁·安德尔森的采访。

舒尔茨一定对马丁·安德尔森(一位胡佛研究所研究员,并长期担任里根政府的顾问)策划出版的这本书了解得更多。事实上,舒尔茨早期也曾是项目咨询委员会的一员。但是,这本书并不属于政策规划类的文书,与其说它是关于新政策倡议的声明,倒不如说是各派观点的汇编。里根知道有这么一本书,并且曾经收到过该书的副本。但是曾经作为总统国内政策顾问的安德尔森不能够确认里根是否费心读过。①

但是,戈尔巴乔夫的的确确研读过该书,或者至少听过该书内容的简要介绍。就此事,对于研究机构来说,恐怕找不到更吸引人眼球的读者或者是更有效的宣传者了。无论如何,智库都希望自己的"产品"能够流通。而戈尔巴乔夫的评论,虽然不请自来,但作为一种名人效应,可能是任何一个宣传推广人员都无法策划得到的。

如今,各种智库都在想尽办法吸引政策制定者和出版专家们的注意,市场上每年都会出现数千种类似的出版物,《20 世纪 80 年代的美国》也只是其中的一本。出版图书和报告是当代智库最实实在在的智慧结晶。智库的管理者们最关心的问题不外乎是想方设法地寻找引人眼球的观点,汇编成书,在出版之后加以宣传推广。其实,对于他们而言,归根结底,思想的市场也就是销售政策书籍的市场。

这些年来,这个市场已经发生了翻天覆地的变化。在 19、20 世纪之交,每年只有 6 000 本左右的小说及非小说类文学作品出版。如今,每年有 6 万本左右的书籍上市,其中经济学和社会学领域的书籍就有超过 6 000 本。1907 年,拉塞尔·塞奇基金会成立时,其创立者就已经洞察到,它将会是当时唯一一个出版有关当下社会问题的图书和宣传册的机构。到了 80 年代中期,全球最大的 25 家政策研究中心每年都要出版接近 250 本图书、1 000 余篇的报告、会议纪要、专题讲稿丛集及论文,更不要说数不尽的专栏评论文章和新闻了(这些智库中规模较大的每年至少发表 200 篇专栏 192
评论文章)。现在这些智库都有了自己的期刊,例如偏学术的《布鲁金斯经济活动报

① 1986 年 2 月 6 日,笔者对马丁·安德尔森的采访。

告》和由美国传统基金会出版的更加激进的《政策审查》。①

这么看来，如果将思想的市场看成是图书交易的市场，那么有些智库确实取得了巨大的成功。例如查尔斯·默里写过一本批判"伟大社会"计划的著作《节节败退：美国社会政策(1950—1980)》，该书成了80年代最畅销的图书之一。作为曼哈顿政策研究所的项目之一，精装版的《节节败退：美国社会政策(1950—1980)》的销量超过3万本，这对于一本严肃主题的书而言是一个非常可观的数字，何况该书中还充斥着大量的数据。该书提出了一些尖锐而颇有争议的观点，认为政府的福利项目实际上加剧了贫穷。书中的研究结果自然得到了那些支持里根政府政策并希望取消福利政策的人的共鸣。

不过，这本书还得到了曼哈顿研究所精心策划的推销。研究所的所长威廉·哈米特不仅能够洞悉该书读者的心理，并且他知道如何使该书比出版社发行的图书在公众中保持更长时间的讨论和关注度。哈米特知道，仅靠广告和巡展，默里的书并不能卖得好，从这个意义上来说，他认为这本书的成功不能归功于营销。起初，新闻媒体甚至都不愿意翻一翻这本书。很长一段时间，哈米特和默里的策略是努力使该书在那些有一定影响力的人中间引发关注。按照哈米特的说法，他们的意图是用这本书激起人们对贫困项目"另一个美国"的讨论。数百位有影响力的人都收到了签名版的《节节败退：美国社会政策(1950—1980)》。默里在全国范围内为商业和经济团体召开了数场讲座。最后，他的讲演得到了大众传媒和广播媒体的重视，这本书也在市场上被一抢而空。哈米特欣然承认："如果《节节败退：美国社会政策(1950—1980)》失败了，我们也不会有今天的成就。这无疑是一场刺激的赌博。"②

对于像当时的曼哈顿研究所那样的新兴研究机构来说，出版书籍可以取得关注并赢得一定的学术信誉。对于资历较老的研究机构而言，出版图书会带来收入，且这

① 总量统计数据来源于年度报告和出版物一览表。将本书长篇的研究和短篇的(科技)报告区分开来较为合理。

② 1986年3月17日，笔者对威廉·哈米特的采访。

样的收入达到了年度总收入的 5%—10%。无论是新兴机构还是老牌机构，都通过
出版图书的类型来明确自己的读者和研究对象。对于这些机构来说，独立作家的作
品通常是它们最持久也是最重要的产品，同时也是最费钱的。通常，一个研究机构会
提供给一个作家至少 10 万美元以维持他两到三年的专职研究和写作。而论文集、会 193
议记录和特别工作小组报告的成本则低得多，时效性也更强，但是这些出版物的影响
力也比较短暂。人们很少去阅读这类作品，或在学术文献中引用，又或是引进到大学
课堂的教学之中。

图书作为智库最主要的成果，它的影响很难衡量。销售数据不能准确反映图书对政治的影响，试图从新闻媒体的评述和报道来判断其对公共观点的影响也十分片面。有些智库出版的畅销书并没有明确地提出政策建议，而是提出理论、说明或是观点，例如拉塞尔·塞奇基金会出版的玛丽·里士满的《社会诊断》、二十世纪基金会组织出版的冈纳·缪尔达尔的《亚洲戏剧》、布鲁金斯学会出版的阿瑟·奥肯的《平等与效率：重大抉择》等。在漫长的时间中，即使是那些最成功的智库出版社，他们的主要销售对象也还是学校里的教师和学生。据统计，布鲁金斯学会每年大约可以卖出 20 万本书，其中有 40%—50%是卖给了学校的教师和学生。

然而，智库的市场并不完全是图书市场。事实上，思想的市场在许多方面来看都十分奇怪。对于思想的交流传播来说，图书有时候更多的是扮演符号的角色而不是实在的载体。毫无疑问，繁忙的政客们没有太多的时间去读那些漫天的书和报告。但是这些书却能够引发讨论和更深层的思考。读者经常可以在评论性文章、社论、电视采访、专栏评论文章和杂志上读到这类书的核心观点，或者在立法证词、简报、讲座上听到有关言论，甚至有时候我们可以发现，新闻记者在评价某些领域专家的观点时也会引用书中的文字。

不管是否有人阅读，图书在当下的决策圈仍然是必不可少的，并且它标志着政策专家的地位和其目标的严肃性。图书赋予了作者在公共场合就某一个领域发表观点的可信度，甚至有时会给作者带来政治上的任命。当然，对于那些基金会和合伙人来

说，图书成了衡量它们的投资是否会打水漂的可测性标准。

然而，想要弄清楚这些图书、文章和研究报告究竟对政策决定和公众观点产生了多大的影响，就相当于要弄明白政治研究机构影响力的普遍问题时面临了多大的困难。可以说，如今的图书和报告离真正的政策的解读与提出还有很大的距离。很多
194 政界人士承认他们没有时间来阅读书和报告，有一大堆的待办事项等着他们去处理。一项研究报告指出，国会议员平均每天花在阅读上的时间只有 11 分钟。通常情况下，公职人员会依靠其他人的专长和长时间的知识资本的积累来做出决策。[①]

虽然以市场来形容智库的影响有不妥之处，但这正是当下发生的事情。如今这个市场已不只是销售图书，而是进入了推销机构的阶段。在过去的十五年里，市场营销在改变智库对自己的定位方面(当然也包括公众对其的认识)是其他手段远远不及的。科学和客观研究的隐喻尽管有时看起来十分幼稚，但却揭示了第一个智库成立和发展的过程。如今，这些隐喻已经逐渐被市场的隐喻及其随之而来的推广、宣传和知识竞赛取代。随着思想市场的形成，大部分智库逐渐拥有了公共关系和市场营销领域的专业研究人员，同时也吸引了新一代的政策企业家登上政治舞台。

二、政策企业家

对于那些经验老辣的智库管理者来说，1980 年的秋天是非常繁忙的。在承诺将对政府的政策和项目进行改进之后，罗纳德・里根赢得了总统大选并即将入主白宫。里根关于民主意识和政治权利的激情澎湃的讲话令整个华盛顿都热血沸腾，尤其是一个距离国会不远、位于哥伦比亚特区东北部的智库。这个智库位于一栋灰白色的砖石建筑物中，这里几年前还有一个韩国杂货店和吸毒者的过渡教习所。在这里，能言善辩的美国传统基金会主席埃德温・福伊尔纳正紧急地召集他的保守派研究员会

---

① 布鲁斯・亚当斯的文章《得过且过：华盛顿政客真的思考了吗?》，《公共管理评论》(11 月—12 月)，1979 年，第 545 - 552 页。亚当斯引用了纪律委员会的调查数据。

面，讨论他们正面临的政治机会问题。

虽然里根在选举中大获全胜，但是福伊尔纳认为他们没有时间来庆祝，更没有时间洋洋自得。对于新政府来说，最初的60至90天是至关重要的。在接受《纽约时报》的采访时，福伊尔纳称保守派必须立刻行动起来："行动起来并做出实质性的改变，发起尽可能多的活动。"①

福伊尔纳带着他的传统基金会以势如破竹的姿态闯入了美国政界，引得其他左 195
翼和右翼的研究及激进组织一片哗然，忧心不已。里根以压倒性优势获得选举胜利的一个礼拜之后，福伊尔纳就交给了当时的总统过渡小组组长埃德温·米斯一份长达1 000页的报告。该报告题为《领导授权：保守派政府的政策管理》（以下简称《领导授权》），提炼了近一年来250名左右的保守派学者、撰稿人和活动家的工作精华。传统基金会会员认为，总统过渡小组应该从那些权威的政治类书籍中汲取养分。回忆起尼克松的过渡小组，福伊尔纳坚信新任命的官员除了从那些即将被他们取代的人身上学习经验以外，还需要从别的渠道寻求指导。②

《领导授权》可以说是保守派的政治蓝图，在这之前，他们已经遭受多年的政治忽视。该报告针对当务之急，例如新的人事任命和行政指令等都需要在上任的前九十天内发布，同时也反映出福伊尔纳所谓的保守派的"一个全新的思维方式"，这本可以带来有建设性的而不是反动的意见。福伊尔纳告诉记者："在过去，我们的大部分活动都是在反对政策，现在我们要从保守派的立场更积极地思考。"③事实上，报告中的大部分建议已被传阅，并为保守派所熟知，但是该书百科全书式的编译、关于政策建议的具体做法（通常以行政命令的方式表现）以及该报告的推广方式都相当的新颖、独特。

---

① 《纽约时报》1980年12月5日刊登的文章《保守派援助过渡计划的幕后运作》引用了福伊尔纳的观点。

② 《华盛顿邮报》1987年11月16日刊登的文章《传统基金会报告：得到里根政府的支持》总结了《领导授权：保守派政府的政策管理》（华盛顿：美国传统基金会，1980年）中的核心观点。

③ 引用于1980年12月5日的《纽约时报》。

在过渡时期，有征兆显示，智库将会面临一次自富兰克林·罗斯福带着他的智囊团执政以来前所未有的彻底的定位。而传统基金会的报告似乎是接下来一段时间的执政指南。所以，之前很少关心传统基金会的记者和评论家们如今正逐字逐句地翻阅《领导授权》，不肯漏掉一条有关新政策的线索。一位记者形容该报告为："一份欲挑战深陷新政残局的政府，撼动持续 48 年的自由主义政策的蓝图。"另一位记者则形容其为："联邦政府新掌门的行动指南。"①几周时间内，至少在华盛顿的书店里，《领导授权》成了一本畅销书。

传统基金会抢在了那些老牌、成熟的研究机构和潜在的咨询机构之前成了宣传保守派政策的权威，赢得了战术上的优势，这在很大程度上有赖于精心设计的《领导
196 授权》的发布策略。这些策略后来成了营销的范本，向公众演示了一个默默无闻的机构是如何一跃成为国家政治圈的主角。

在《领导授权》发布的前几个星期，传统基金会已经将该报告的概要发给了少数意见相投的记者，而该报告的部分内容也被有计划地透露给了对该政治领域感兴趣的记者。基金会公共关系部的负责人赫布·伯科威茨后来说，这些早期的泄露行动是故意为之，目的是为了"创造出雪球效应……使得我们即将发布的报告引起联邦的记者们的争夺"。这个策略起到了极大的效果。当第一篇关于该报告的文章发表后，传统基金会被新闻机构铺天盖地的阅读请求淹没了。② 基金会知道，凭着新闻记者们这股相互竞争的热情，它们的思想将被广泛传播。同时，它也利用了新闻媒体在政治预测上的弱点，使传统基金会更加靠近影响力的中心。令美国企业研究所(AEI)、胡佛研究所等更加成熟的研究机构失望的是，传统基金会的地位借此一跃千里。传

① 言论来自伊拉·艾伦 1980 年 12 月 5 日在合众国际社发表的文章《保守派想要什么?》和理查德·布鲁克海瑟 1981 年 2 月 6 日在《国家评论》上第 82 页的观点。

② 给埃德温·福伊尔纳的备忘录来自传统基金会文件中 1980 年 11 月 12 日赫布·伯科威茨和休·牛顿的报告，以及 1980 年第四季度的公共关系部的报告。莫顿·孔瑞奇 1980 年 12 月 12 日在《新共和政体》第 13 页上发表的文章《传统基金会模式》引用了"传统基金会非常善于通过媒体包装和鼓吹保守派的建议，主要的报纸和杂志几乎每周都会刊登关于传统基金会的著述和专栏文章"。

统基金会被塑造出一种雄踞影响力中心的形象，它知名度大增，这使得美国企业研究所（AEI）和胡佛研究所的资深学者们大为沮丧。

在 70 年代创立传统基金会的想法并非萌生于保守派还处于政治配角的岁月，而是恰逢时任总统理查德·尼克松和美国企业研究所正大显风光的日子。虽然白宫采取了保守派的思想，保守派控制着白宫，但是保守派仍然将自己看作是四面楚歌的少数派。有一些尼克松身边的工作人员认为，他们周边充斥着敌对的政客和自由主义智库。即使是尼克松的内阁成员也不得不依赖兰德公司和布鲁金斯学会，这令时任白宫助理的霍尔德曼非常懊恼。于是，霍尔德曼于 1969 年 5 月命令工作人员专程去寻找那些时下在外界活跃的基金会和研究机构。在一份给同事的工作备忘录中，他解释道：“总统想对白宫的所有工作人员和所有内阁成员发布一条命令（口头形式）：以后不准再用布鲁金斯学会了。”①

其他工作人员对外来的研究机构存有一种戒备心理，他们建议通过美国国税局（IRS）向布鲁金斯学会、福特基金会和政策研究所施压。但是他们也担心没有十足的把握保证美国国税局不泄密。“在美国国税局进行敏感的政治调查，其安全性无异于信任一个妓女”，一位霍尔德曼的助手这样写道。如果政府机构不能够震慑其眼中的敌人，那么白宫将至少增加一项公众攻击而“处于更脆弱更容易受到攻击的境地”。尼克松身边的资深保守派撰稿人帕特·布坎南最先开始研究布鲁金斯学会和其他免税机构，这使得他成为白宫中知晓自由派是如何运行的专家。他为副总统斯皮罗·阿格纽制定了一系列的反击计划，“撕碎他们的伪装，吓得他们屁滚尿流”。霍尔德曼的一位助手也这样建议，“我们没有必要走的低级路线”将许多研究机构和基金会与 197
“亲越反美”的基金会活动关联起来，并且会“引起阿帕拉契山脉以西的无知民众的愤怒”。为了给阿格纽的“更多温柔的攻击铺平道路”，这些材料交到了国会并且透露给

① 引用自布鲁斯·欧德斯编：《来自理查德·尼克松总统的秘密文件》，纽约：哈珀柯林斯出版社，1989 年，第 29 页。

了新闻界。白宫的工作人员确信布鲁金斯学会掌握着失窃的五角大楼的文件副本，于是，对布鲁金斯学会的突袭计划（提前三年预测了“水门事件”）被正式提出，“游戏更加激烈了”。①

左翼分子提出的“政府流亡”口号时常飘忽在尼克松队伍中，即使在四年之后，他们也时常害怕对于联邦政府没有足够的控制。1972 年，在尼克松获选连任几天后，布坎南代表总统发布了一篇冗长的备忘录，内容是关于如何“持久保持新的多数派”。也许当下最紧要的任务就是培养“一批新型的共和党政府官员，他们不仅能够在现在的政府中存活下来，并且能够接管未来政府工作”。正如布坎南所说，最主要的困难之一在于“专业资格”。很少有保守派人有过政府重要职位的任职经验或是相关训练。在尼克松的第一届任期中，思想信念并不是任免官员的首要标准，但其在第二届任期中将不得不变成重中之重。

共和党中的多数派也提出建立一个充当“政治信仰库”的机构，以保持其持久性。该机构将扮演三个角色：在执政时，它是共和党人的人才库；在野时，它是“免税天堂”；此外，它也是全国共和党人的交流中心。布坎南坚定地认为，“美国企业研究所不是合适的选择”。布坎南希望这个机构有一位富有想象力的领导，能为“本质上是
198 自由主义左派的机构”和在布鲁金斯学会等机构的盟友的项目和政策提出“实际的原则性强的备选方案”，“如果没有这样的机构，我们的工作将很难进行”。他预见了一家被政府合同、企业赞助和基金会资金支持的研究机构。如果政府继续对福特基金会施加政治压力，威胁基金会的免税地位（福特基金会跟美国的左翼分子一样，都是“纸老虎”），他预料，届时会因“共和党和保守派的事业催生出一大批类似福特基金会的组织”。②

---

① 引用自布鲁斯·欧德斯编：《来自理查德·尼克松总统的秘密文件》，纽约：哈珀柯林斯出版社，1989 年，第 147－148 页。

② 引用自布鲁斯·欧德斯编：《来自理查德·尼克松总统的秘密文件》，纽约：哈珀柯林斯出版社，1989 年，第 564－565 页。

国会里的保守派活动人士已经构想出了一个类似于布坎南所描述的机构。他们也认为尼克松政府已经被根深蒂固的联邦传统官僚机构带偏了保守主义的信条。同时他们确信美国企业研究所已经在追求学术声望的过程中被引诱到了政治活动的中心。事实上，福伊尔纳曾收到过一份来自美国企业研究所关于超音速客机的翔实研究报告，但是这已经是在国会投票决定不对其出资的一两天之后了。福伊尔纳问一位在美国企业研究所工作的朋友，为什么将这份报告发布得这么晚，以至于对国会辩论已经起不到任何作用了。他的朋友解释说，对于一位被认定有免税立场的研究机构来说，美国企业研究所对影响投票这件事相当谨慎。福伊尔纳当即表示他心中有关美国传统基金会的构思已经成型。[①] 福伊尔纳认为，美国企业研究所的成长路线和布鲁金斯学会一样刻板、学究，而随着民主党和主流共和党参与到有限的对话之中，美国企业研究所关于政策的讨论范围也越来越狭窄，越来越局限于行政决策的制定。另一位传统基金会的工作人员认为“保守派的公共政策领域出现了真空间隙”。美国企业研究所的书和报告越来越学术，离立法程序越来越远。

传统基金会的创始人从国会工作人员而不是研究机构、大学或者是行政机构获取经验，以期能够加强政治对话。少数极端的保守派国会议员和他们的职员已经决定，他们不能够通过众议院的正规渠道或是利用他们自身在共和党中的领导职位来发布他们的政治议程。福伊尔纳当时效力于伊利诺伊州共和党议员菲利普·克兰手下，而他的朋友保罗·韦里奇则为科罗拉多州的共和党参议员戈登·阿洛特工作，他们俩认为当时的保守派国会成员缺乏可靠且及时的研究的支持。因此，在 1971 到 199
1972 年之间，福伊尔纳和韦里奇效仿自由派中一个拥有 12 年类似历史的机构——民主研究小组，着手成立一个保守派众议院阵营。[②]

---

① 1985 年 12 月 17 日，笔者对埃德温·福伊尔纳的采访。在其他场合，韦里奇和福伊尔纳说过，目睹布鲁金斯与行政部门的关系催生了他们成立保守派智库的想法。

② 有关共和党研究委员会的信息，参见埃德温·福伊尔纳：《保守派潜近众议院：共和党研究委员会(1970—1982)》，渥太华，Ⅲ：绿山出版社，1983 年。

成立共和党研究委员会（这个阵营群体后来以此命名）的直接原因是尼克松总统向中心转移以及众议院中共和党领导层对政府社会事务的议程，尤其是对“家庭援助计划”和《儿童发展法案》的接纳。韦里奇认为“尼克松将众议院里的共和党分裂了”。他的提案“将真正的保守派和实用主义者区分开来”①。像布坎南和韦里奇这种骨子里的保守派见证了美国政府如何将意识形态上不拥护保守主义的人推向中心。国会中“真正的保守派”集结到一个正式的组织派系，他们往往（如果不是全然敌对的话）独立于共和党，在一个合适的时间成立。截至70年代早期，所有的国会成员都握有大量人力资源，可供调遣。五六十年代，一个众议员平均可以领导三到四个职员，如今已经增加到十五个甚至更多；参议员则平均能指挥三十个职员，而如果是委员会主席，则在七十人以上。②

然而，与政治相关的活动资源仍然远远不够。大部分的工作人员忙于服务选民和回复邮件，一般只有一到两位助理负责处理普通众议院议员们日常遇到的政策问题。对于大部分保守派众议员来说，政策发展并不容易，因为他们既没有主席也没有职员的支持，并且，这些代表对于美国国会研究局的专家和行政机构提供的信息和数据持深刻的怀疑态度。即使是工作质量受到两党肯定的审计总署，也经常被质疑其发布的报告时效性不足，在进行立法过程时不能够提供参考。

保守派议员敏锐地察觉到，如果他们能够协调好研究和立法策略，与外界的活动分子团体以及政治原则性强的学者（许多已经脱离了校园并积极投身于政治）建立同盟，他们将能够行使更多的权利。1973年，他们聘请了一位行政主席来领导共和党
200 研究委员会，并且招录了一些法律人才。在那时，委员会的主要工作是阻止立法活动，但是一颗充满野心的种子已经播种下去。

---

① 参见埃德温·福伊尔纳：《保守派潜近众议院：共和党研究委员会（1970—1982）》，渥太华，Ⅲ：绿山出版社，1983年，第5页。

② 小哈里森·W.福克斯和苏珊·韦伯·哈蒙德：《国会员工：美国立法中无形的力量》，纽约：弗里出版社，1977年。迈克尔·J.马宾：《非民选代表》，纽约：巴西克出版社，1980年。

通过观察布鲁金斯学会、兰德公司以及其他智库，该保守派系的创办者发现，美国的私立研究机构似乎比那些与政党或者政府挂钩的机构更具学术权威性。如果国会的保守派们主动出击，他们就不得不创建自己的政策提案，并且重建公共讨论。

福伊尔纳和韦里奇领导的工作小组负责为建立一个新型的政策研究机构寻求资金支持。在科罗拉多州大啤酒制造商——阿道夫·库尔斯公司的总经理，同时也是保守派智库的支持者约瑟夫·库尔斯 25 万美元的赞助下，1973 年，传统基金会正式成立。最初这支小规模的团队由保罗·韦里奇领导，他们搬到了靠近联合车站的一片办公区。机构成立之初的主要赞助者包括梅隆金融公司继承人约翰·斯凯夫，首笔捐款额为 90 万美元，主营石油和天然气开发的俄克拉荷马州诺布尔基金会，以及长期支持保守派事业的约翰·M. 奥林基金会。

70 年代，传统基金会的职员和预算飞速地增长，这与资助保守派活动的个人和保守派基金会越来越专业的赠款形式密不可分。但是传统基金会一直忠实于其“新右派”的出身，也采取直邮的方式进行募捐。个人捐赠的额度大部分在 25 美元至 50 美元之间，构成了基金会年度预算的 40%。这与其他相对传统的政策研究机构形成了鲜明的对比。到 1977 年，当福伊尔纳不再担任共和党研究委员会主席就任传统基金会主席时，其年度预算超过了 200 万美元。接下来的几年中，传统基金会的年度预算一直保持 30%的年增长率，截至 1983 年达到了约 1 000 万美元，1989 年则接近 1 800 万美元，并拥有 135 名职员。

传统基金会早期服务于特定的顾客群，主要是国会成员及其职员，但是它也开启了更广阔的市场，为如今众多研究机构的竞争提供了场所。传统基金会是卓越思想的推销者和推广者，每年都要发行近两百种出版物，内容涵盖了从短篇政策简报到长篇大论的书籍。福伊尔纳有一套自创的评价这些作品的标准，他称之为“公文包测 201
试”，即分析和建议必须尽量地简洁明了，使人们在坐车去某个会场的途中就可以阅读并理解这些材料。最简洁的方法是通过执行备忘录的形式，即仅仅在一张纸的正反面就可以描述出一个观点。福伊尔纳说：“在需要快速反应的公共政策研究领域和销售公共政策研究成果的领域，我们更加专业化。”①传统基金会的政府关系部门拥有八名职员，每天他们都要花费大量的时间去更新国会和政府助理名单，并确保他们的简报资料能够在对的时间送到对的地点。

为了能够影响决策结果，传统基金会游走于法律的边缘，毕竟法律允许研究和教育，不允许直接游说。福伊尔纳知道传统基金会比其他免税政策研究机构更加激进，但他的解释是：“我们可以直言不讳地表达我们的观点，但我们必须就问题或政策方针来讨论。”因而，探讨具体立法规定的备忘录必然要罗列出法案的优点和缺点。但是这种文章格式仍然有许多机动空间。“其他许多智库过于关心他们能够探讨的底线在哪儿，”福伊尔纳说，“结果就会造成智库研究成果起不到应有的效果。所以我们在改变这一点。”②

福伊尔纳和他的团队重新定义了思想的市场和产品。传统基金会自称是一个思想零售商，福伊尔纳也称其为“一个二手思想贩子”。每年他们在公共关系上的开销就占到了年度总预算的 35％到 40％。基金会最狂热的消费者有三类人：那些需要及时向上级简明汇报工作，并且对是否要支持某个立法议案给出建议的保守派国会工作人员；不轻信公务员的专业知识，并想向志同道合的专家寻求建议的执行机构保守分子；想要在其文章中增加权威的保守派观点的记者。

现今，关于市场的比喻已经成了传统基金会的一部分，并在政治领域支配着所有的研究机构。为了获取公众关注和资金支持，各机构展开了日益激烈的竞争。如今的政治环境充斥着广告、市场研究以及政治候选人的包装及再包装，在这样的背景下，这个比喻既让人觉得可悲，又不得不承认十分贴切。政治观点变成了商品在市场上流通，而“专家”通常是指那些可以获得媒体资源最多的人。推销一个观点，很多情
202 况下，其实就是推销持有这些观点的发言人，也类似于旅游团的方式，进行“线路报

① 1985 年 12 月 17 日，笔者对小埃德温·J. 福伊尔纳的采访。

② 同上。另见，福伊尔纳的演讲《思想、智库和政府》(1985 年夏)，收录在传统基金会文件。

价”。因此，许多政策研究机构如今花费大量的精力出版新闻手册和专家目录。作为系统化媒体产业的先锋，传统基金会出版了《公共政策专家年度指南》，该书目前罗列了来自 70 个不同专业领域的 1 500 位保守派学者的观点。①

市场营销以及由此衍生的推销“产品”的智库企业家们和寻找奇闻、争议的华盛顿记者们之间的互利关系将专家们推上了公共辩论的舞台，就总体而言这是一个健康的发展趋势。这一过程也加剧了对专家们的言论究竟是来源于扎实的研究还是迎合主流媒体这一问题的质疑。并且，市场的隐喻与政策研究、知识调查以及直接讨论存在本质上的区别。营销手段即使在暂时看来是成功的，也不见得会是对政治过程产生长期影响的必要因素，或是在意义不凡的公共对话中必不可少。传统基金会公共关系部负责人赫布·伯科威茨曾冷静地评论，在华盛顿“对影响的感知即是影响”②。

三、人即是政策

在罗纳德·里根竞选胜利的喜悦中，保守派智库们纷纷庆祝其在营销保守派思想方面的胜利。七年之后再回头看这次竞选，马丁·安德尔森试图弱化智库在里根的“革命”之前带来的思想变化。“里根拥有这么多智库是不切实际的，”他说道，“没有一个智库大到可以满足一个候选人的所有需求。”③事实上，安德尔森为里根组建了一支强大的智囊团，由约 450 名背景各异的专家组成。在很长一段时间，安德尔森都认为里根的胜利主要是由于越来越多的选民对当时的自由主义政策感到失望，而并非保守派智库在营销观念方面的努力。

这次竞选意味着思想在知识分子界经过三十多年的缓慢孕育后，终于得到了政
界的认可。作者个人和他们的书籍正在逐渐改变人们的观点，但是保守派研究机构 203

① 罗伯特·休伯蒂和芭芭拉·D. 赫尔巴赫编：《公共政策专家年度指南(1990)》，华盛顿：传统基金会，1990 年。

② 1986 年 6 月 24 日，笔者对赫布·伯科威茨的采访。

③ 1986 年 2 月 6 日，笔者对马丁·安德尔森的采访。

发展则相对迟缓。安德尔森认为保守主义是“一场最终取得了政治成果的冰川运动”，但是安德尔森在胡佛研究所的同事米尔顿·佛里德曼却认为，保守派研究机构不过是保守派运动的结果而并非其原因。这些智库为保守派学者提供了一个行动的根据地。①

保守派思想运动的壮大不是凭借制度宣传也不是因为保守派智库的公共营销，而是由于公众对于政治和政策的想法改变了。那些保守派研究机构和评论家们不过是在重复和解释公众们早已知道的事情。

保守派智库的长期成功不在于他们在劝说和告诫公众时所做的努力（虽然他们利用了市场），而在于他们形成一支有能力管理好国家的政治精英队伍。事实上，为了培养这些精英，保守派智库们共同努力着，虽然是在很短的时间里。在超过半个世纪的时间里，那些老牌的研究机构一直在不断发展。右翼的智库一直没有发起革命，而是在为革新储备人才，这些人在1980年时得到权力晋升。这些自我意识较强的革命者在利用研究机构时另辟蹊径，他们质疑布鲁金斯学会、兰德公司、城市研究所以及其他研究机构提出的假设。进一步，他们开始质疑那些社会领域的专家做出的长期的政治贡献。

传统基金会在80年代取得的成功和高知名度有一部分要归功于其老牌竞争对手美国企业研究所的管理不善。虽然在1981年，有20名左右的美国企业研究所的研究员进入政府工作（从而为70年代下台的保守派提供了暂时的避难所），然而美国企业研究所却连自己的思想使命都有些不明所以。与传统基金会不同，当保守派执政之后，AEI似乎并不清楚自己当下的定位。从某些方面来说，六七十年代美国企业研究所的工作，尤其是关于放松管制和国防方面的研究在1980年之前取得了很大成功。但当1978年老威廉·巴鲁迪将主席之位交给他的儿子小比尔·巴鲁迪之后，美国企业研究所失去了它将近二十五年的自信的领导人和筹款人。

---

① 1986年2月5日，笔者对米尔顿·弗里德曼的采访。

小巴鲁迪雄心勃勃地计划在靠近白宫的宾夕法尼亚大道建设新办公楼，并资助 204
新任主席和研究项目。这些计划与传统基金会非常类似。但是当福伊尔纳已经集结了一只强大的运作团队，并且证明他非常善于获得外部人员的忠诚与支持时，小巴鲁迪却一直在表演着他的独角戏，不久福伊尔纳便发现他并没有继承老巴鲁迪在筹资及获取基金会和企业资金信任方面的天赋。

对于一家对政府管理者宣扬财政责任的机构来说，美国企业研究所的会计和管理系统是过时的，他们的长期计划也显得不切实际。一位学者评价美国企业研究所"像是从狄更斯小说中走出来的东西"。他们几乎没有预算，资助特定项目的赞助被抽走用来维持日常运营。"我有意决定迅速扩大规模，"小巴鲁迪说道，"我以为那些项目都是必需的，后续资金很快就会跟上，因为我们拥有良好的记录。"不幸的是，赞助反而降低了，美国企业研究所的负债达到了 300 万美元之多。[①] 到 1985 年，董事会和工作人员开始认识到研究院面临着巨大的财务危机。虽然可以通过取消午餐补贴、停车补贴以及其他公共关系方面的奢侈开销来结余部分预算，但这仍然不够。于是，裁员开始了。首先是秘书们丢了工作，然后是研究员们被解雇或者被调去"更有挑战性的岗位"，这实质是一种让职员自己去寻找赞助以保住工作的方法。小巴鲁迪失去了职员和董事会的信任。1986 年 6 月，负隅顽抗的小巴鲁迪终于还是"缴械投降"，卸任了。

1986 年末，一位博学的律师——克里斯托弗·德穆思接管了处于金融危机中的美国企业研究所。在这之前，他曾在哈佛大学肯尼迪政府学院负责过解除管制的项目，还曾在行政管理和预算局工作过三年。此时，美国企业研究所的核心预算只有 750 万美元左右，仅仅比其鼎盛时期的一半多一点。更糟糕的是，美国企业研究所失去了其明确的使命。小巴鲁迪的计划总是烧钱的，但是人们总搞不清他具体想搞什

---

① 记录美国企业研究所财政困境最佳的是阿尔文·P. 萨诺夫发表在《雷加地》杂志(1987 年 1 月)上的文章《物质超越精神》，第 51 - 60 页。某种程度上，在笔者 1986 年 3 月 11 日对威廉·J. 巴迪鲁的采访和 1987 年 1 月 29 日对克里斯托弗·德玛驰的采访中可以看出小巴鲁迪雄心与资源间的差距。

么。后来，德穆思称小巴鲁迪的行为就相当于建立“一所没有学生的大学”，意指他们的研究项目目的不明确，忽视了之前确立的影响政治辩论的目标。但当德穆思开始着手重新为美国企业研究所制定工作议程，并雇用了大约三十位学者时，他知道，在很长一段时间，他要将精力花在对研究院进行重新评估和财务调整上。

小巴鲁迪华而不实的计划与福伊尔纳清晰的战略愿景形成了鲜明对比。虽然早
205 期传统基金会与新右派有千丝万缕的联系，但是福伊尔纳希望他的基金会能够容纳所有的保守派思想。因此，他果断调整了传统基金会在一项推进分裂右翼势力的社会议程中的角色，虽然这有可能得罪自由主义同盟。通过获得以色列强有力的支持，福伊尔纳成功地吸引了一部分杰出的新保守主义者加入他的阵营（这样也让其中一部分人离开了美国企业研究所）。在接近里根与布什政府里那些“真正”的保守派时，传统基金会懂得准确地拿捏好分寸：一方面很好地扮演政府的守卫者的角色；另一方面，当政府有向自由派和温和派倾斜的“实用主义”苗头时，他们又能扮演起尖锐的政治批评家。

传统基金会的政策研究项目从城市规划到太空计划都有所涉及。基金会下设国内政策、经济政策、外交政策与国防、亚洲研究中心和国际经济发展等部门。除了杰克·坎普、理查德·艾伦、埃德温·米斯等著名学者以及其他少数老牌研究人员，例如研究部的副主席伯顿·派因斯和国内政策研究项目的负责人斯图尔特·巴特勒等，大部分传统基金会的“政策分析师”是精力充沛的硕士研究生年龄的政策活动家，很少有人拥有博士学位。他们能够加入基金会的原因在于他们乐于将自己的才智奉献给基金会。这些职员更类似于国会职员，而不像其他更学术的研究机构那样，里面的专家要么有突出的学术成果，要么有在政府部门任职的经历。但是，当那些保守派官员离开里根政府时，传统基金会将一些杰出的人物招入麾下。经过走访那些到政府短暂任职的保守派学者，传统基金会大大提升了其学术气质。

很快传统基金会就承认他们的目的不在于学术研究而是为了宣传。职员致力于搜集那些符合它们发展目标的事实与观点。《时代》周刊的前记者和欧洲史专业研究

生伯顿·派因斯很直接地指出传统基金会的作为："我们对自己的信仰直言不讳，我们承认自己是思想战争的参战者，并声明我们是战争的一方。我们战斗不仅仅是为了更好的政府和更高的效率，也为了特定的思想。"派因斯认为他的研究队伍"专家"云集，但这并不是指那些不在布鲁金斯学会和城市研究所工作的人。传统基金会的研究人员都具有某门学科的学术背景，并且对已有的政策辩论非常熟悉，但是就如派 206
因斯所说，"职员利用他们的专业知识来动员讨论，他们是倡导者……我们让他们清楚，他们并不是加入了一个学术组织，而是为特定信念工作，他们可以不必依照专业同仁的写作格式撰写文章"①。在传统基金会，人们的工作目标都是自觉地塑造和影响已有的观念或原则，并不是简单地对他们自己所指向的问题进行研究。伯顿·派因斯认为他们的职员就像是保守派政策制定的突击部队或是海军陆战队，而胡佛研究所和美国企业研究所的职员则更像是从很远的距离用大炮轰炸目标。但是无论口才了得的派因斯如何欣赏这些军事隐喻，但"市场"这一比喻在其他传统基金会职员的讨论中始终是一个绕不开的话题。

在华盛顿，营销思想无异于营销人，而这些人往往善于通过各种手段（如今智库也是一种通用的手段）推销自己，将自己打造成某一领域的权威。在过去的二十年，保守派智库最重要的功能不在于提出新的观点，而在于培养了一支专家组成的"新骨干"队伍。1972 年，帕特·布坎南就曾因缺少这样的团队而扼腕叹息。许多保守派智库不仅创立了独立于学术期刊、大学出版社和商业出版社既有基础设施的框架之外的宣传思想机制（虽然商业出版商通过查尔斯·莫里的《节节败退：美国社会政策(1950—1980》、乔治·吉尔德的《财富与贫困》以及艾伦·布卢姆的《美国精神的封闭》等书已经意识到保守派智库是有素质的买书者），而且他们为保守派活动家和思想家创造了工作机会。在这种"替代"的机制下，保守派政策分析家们可以通过出版或写作来获得更高的曝光度。保守派智库很快就鼓励其工作人员撰写论坛帖子和报

① 1985 年 11 月 4 日，笔者对伯顿·Y. 派因斯的采访。

纸文章(纽约和华盛顿之外的媒体也很欢迎这样的文章)。当美国企业研究所尝试创办自己的电视节目和电台时，自由意志主义智库卡托研究所成功地将自己的学者推荐为定期的电台评论员。

207 为了把握未来，传统基金会也在认真培养保守派的“第三代”领导人，他们资助在首都行政机关实习的大学生和年轻的政治助手，并且会定期组织他们聚会交流。在80年代末，他们还赞助研究生课程作为“保守主义课程”的一部分。很快人们就发现，对于年轻人来说，与长期在学术界奋斗相比，加入保守派政治网无疑是一条职业晋升和扩大影响的捷径。事实上，传统基金会这种培养年轻人的项目就将它与其他的保守派智库区别开来，对于保守派智库来说，他们的培养模式还停留在传统的培养大学毕业生的阶段。①

最终，思想的宣传还包括将他们的信奉者安排进政府工作，只有这样，他们才能够影响政策制定。“人即是政策”，就是这句经常可以在传统基金会和政府部门听见的口号，它激励传统基金会在80年代更加积极地为保守派在政府寻找岗位。在里根的第一届任期里，传统基金会设立了自己的“智力银行”，而据一份报告显示，该“银行”已经向布什团队推荐过2 500名成员。通过第三代项目和智力银行，传统基金会已经表明它的智力建设的最终定位并不是所谓的保守派政治运动，而是致力于确定统治地位。虽然在80年代传统基金会是美国最成功的保守派智库，但是当它试图抵抗来自中央政府强大的向心力时，它面临的长期考验才真正开始。

四、社会思潮的发展

虽然许多保守派人士坚持认为思想总能够带来结果。但是经过一个世纪的考验，人们发现大部分时候国家政策往往是时机、环境和协调的产物，而不是知识信念

---

① 有关新一代保守派和他们在保守派网络中的事业生涯，参见本杰明·哈特编：《第三代：面向未来的年轻保守派领袖》，华盛顿：传统基金会，1987年。

孜孜不倦地通过行政过程产生的结果。也许政策的发起人和观点的宣传者为了他们的思想付出了极大的努力，但是这个过程很有可能因为传播程度太高、太开放而起到反作用。对于思想来说，丰富的经验比思想的火花更为重要；而对于那些要持续很长 208
时间的政策来说，制定者们必须协调好需求和利益的关系。

对于政策研究机构和专家们来说，华盛顿散发出一股强大的引力将他们吸引向中央政府。传统基金会甚至已经在试图调和其内部关于社会问题的不同声音，抑或是正与其他研究机构的专家一起研究贸易政策、福利改革等方面的问题。政治系统运行的目的就是要设计出实用的行政手段，而处于该系统中思想的冲动几乎要被耗尽。同时空想家们也不能够长时间地维持政治“风暴”，因为政治必须依顺于改变与审查。因此，能够坚持较长时间存活下来的研究机构都已经摸索出了一套理解并超前于中央的策略。

戴维·阿布希尔，一位和蔼可亲的田纳西人，曾经帮助设立了这样的一个机构——战略与国际研究中心。与传统基金会相比，该机构显得不那么好战。经过发展，它如今在外交政策方面与中央机构已经非常一致。与老巴鲁迪、坎贝尔或者福伊尔纳等其他观点代理人相比，阿布希尔显得与众不同。他在西点军校有过学习经历，在乔治城大学获得了历史学博士学位，又在国会山学习过美国政治。他的观点既不像巴鲁迪那样来自利益集团的游说，也不像福伊尔纳的那样形成于政治运动之中。在五十年代末，他离开军队之后就进入了政治和立法界工作。根据一份国家安全报告显示，他当时为白宫少数派领袖克莱门特·扎布洛茨基工作。虽然他已经更习惯于服从日常的权威，但国会以其思想观点的不断流动性和意识与行动碰撞而迸发出的火花吸引着这位前军队工作人员。①

① 1987年6月1日，戴维·M.阿布希尔与作者的采访。在《华盛顿季刊》(1982年冬)上发表的文章《二十年的战略迷宫》的第83－105页中，阿布希尔对私人研究机构在影响对外政策时扮演的角色提供了帮助。笔者对阿莫斯·乔丹、沃尔特·拉克尔、罗伯特·诺伊曼、布拉德·罗伯茨、克里斯塔·丹泽勒和约翰·约克尔森的采访对理解CSIS的角色也有一定的帮助。

老威廉·巴鲁迪将政府学者拉入美国企业研究所的队伍中来，在那里，阿布希尔以伦敦战略研究所为模板形成了设立华盛顿战略研究中心的想法。伦敦研究所由福特研究所资助，阿利斯泰尔·巴肯设立。但是在60年代早期，华盛顿的情况并不相同。好在巴鲁迪支持阿布希尔的想法，因此早期的董事会终于成立，早期成员还有W.格伦·坎贝尔和其他几位国会成员，以及曾效力于艾森豪威尔的前政府工作者。[①] 在1962年，战略与国际研究中心正式成立，当时它的预算是12万美元，主要来自礼来基金会、莱姆基金会、皮尤慈善信托基金会三个保守派基金会以及一位匿名的田纳西人。

209 早期战略与国际研究中心隶属于乔治城大学，1986年乔治城大学切断了与研究中心的关系。当时认为，战略与国际研究中心的战略研究和写作可以得到适度的监控、整理、讨论以及精炼。中心早期都是发出不妥协的强硬的声音，以检验应对共产主义的替代策略。他们声称作为一个开放的社会，美国正处于一场生死攸关的战争之中，并且有必要革新西方的道德价值观。[②]

研究中心的独特之处并不在于它的强硬态度，而在于它推崇的策略与某些策略产生了冲突。后者由五角大楼中的平民策划师在60年代经过系统地思考提出。战略与国际研究中心的发起人坚持采用克劳塞维茨战略，该战略胜过了那些仅仅讨论高科技武器系统、最低预算以及采购等社会性事务的战略。坚持该战略一点儿也不让人惊讶，因为在研究中心的创立者中有前陆军工作者、海军工作者，但却没有空军工作者。例如，前海军行动负责人上将阿利·伯克就为中心的创建做出了很大的贡

---

① 最初，战略与国际研究中心叫作战略研究中心，其咨询委员会由11人组成，成员包括艾森豪威尔的财政部长罗伯特·安德森、众议员杰拉尔德·R.福特（密歇根州共和党）、参议员休·斯科特（宾夕法尼亚州共和党）、参议员乔治·斯马瑟斯（佛罗里达州民主党）、众议员克莱门特·扎布洛茨基（威斯康星州民主党）、前国防部长尼尔·麦克尔罗伊、国家科学基金会主席艾伦·沃特曼、两位前参谋长联席会议主席、一位前海军部长和一位前陆军副部长。第一届执行董事会成员包括胡佛研究所的W.格伦·坎贝尔和美国企业研究所的老威廉·巴鲁迪。

② 这种论调在早期戴维·阿布希尔和理查德·V.艾伦共同编辑的出版物《国家安全：今后十年的政治、军事和经济战略》（纽约：弗雷德里克·A.普拉格出版社，1963年）中显而易见，第xii-xiii页。

献。对于他们来说领导权、士气和地缘政治比空军军官更重要。空军关心的是核战略、军事技术与装备，并且他们更加熟悉兰德公司成本会计和系统分析的工作方法。在保守派和主流经济的支持下，战略与国际研究中心从60年代一个预算极少的只有七人的大学附属机构成长为了千万预算的独立机构。在这个过程中，它一直在努力与早期的右翼关系划清界限。

在这些年，战略与国际研究中心吸引了较多的历史学家、政治社会家以及地区专家，相对而言，经济学家和工程师人数较少。在其150名成员之中，中流砥柱有里根政府的首席国家安全顾问理查德·V.艾伦、恐怖主义和情报专家沃尔特·拉克、军事史学家和理论家爱德华·勒特韦克、反恐专家罗伯特·库珀曼，以及前中央情报局副主席，同时也是苏联和中国问题专家的雷·克莱因。许多杰出的前高级官员例如亨利·A.基辛格、谢里·R.施文宁格、兹比格纽·布热津斯基、罗伯特·麦克法兰等也都受聘为战略与国际研究中心的“顾问”。

战略与国际研究中心的研究范围不仅仅包括政治交流、科技、能源政策和军事
等，还包括全球的一些特定项目。这其中的一部分研究成果最后形成专著。大部分 210
研究中心的研究人员都希望他们的项目能够得到中心更多的支持，原因在于他们想要提供更有效率的政策决策支持。因此，研究中心分别为各个小组提供了资助，包括工作组、政策组、研究组，以及将来自军事、能源、反恐和其他国际政治问题的华盛顿重要人士聚集的研讨会。

随着战略与国际研究中心的成长，中心在美国外交政策的制定和外交政策的研究结构方面也发生了一些重大转变。这两个突出的现象，使中心作为一个私人角色参与到国家事务中。在60年代末，由于越南战争的爆发，中心成为国会在制定外交政策方面更为积极和自信的参与者。这一角色一直持续到80年代，在关于尼加拉瓜反政府武装、战争、贸易、武器等方面的争论中，中心一直在为新兴国会议员和他们的工作人员贡献着智力力量。由于在尼克松时代，阿布希尔曾经担任过国家安全助理这一角色，因此他对国会非常熟悉。中心也一直将国会当作其主要争取对象(这和传

统基金会的福伊尔纳非常相似）。但是中心的工作模式是尽量协调和调解政治争论而不是火上浇油。

自从 60 年代以来，美国的商业已经变得越来越国际化，资本家们对华盛顿的政治决策也越来越有兴趣。国际政策最初将商业活动限制在房地产投资、银行和矿产等领域，但是在 20 世纪的前半叶，律师事务所帮助他们将国际商业活动扩大到经济各个领域。随着商业活动规模的逐渐扩大，战略与国际研究中心不再将商业仅仅当作观众，而是资金的有力支持者。为全球商务人士和咨询公司提供建议已经成了战略与国际研究中心的重要职能之一，对布鲁金斯学会等其他智库也是如此。

战略与国际研究中心在外交政策方面的另外一个变化就是逐渐有越来越多的精英参与到国际事务中来。与二战后社会与经济学家的地位逐渐提高一样，来自不同
211 领域的国际政治专家们在过去的二十五年里也越来越接近外交政策决策的中心。这些专家与那些主要来自西海岸并毕业于常春藤大学的有律所和投资银行实习经验的人不一样。如果他们离开政府，他们不太可能回到投资银行和律所等那些为有抱负的公务员提供私人业务的机构工作。他们的工作受思想意识驱使，他们的职业生涯依赖辩论的技巧、新颖的观点以及可行的设想。这些特征必须在一定程度上引起当权者的关注。①

如今，在华盛顿出现了许多类似学院的研究机构，其中百分之六十的机构主要涉及外交与国家安全政策。对于它们来说，华盛顿是它们的大本营，在这里人们讨论政治和社会事务，政府和私人咨询机构得以生存，政治新闻业成为焦点。一位学者这样说道："即使是华盛顿的一家再平庸不过的机构也比其他地方的一流机构要重要得多。"②对于那些又处于政治下风的著名学者来说，选择做边缘参与者似乎更为明智。

---

① 其他人，例如 I. M. 德斯特勒、莱斯利・H. 盖尔布和安东尼・莱克，已经注意到了新外交政策专家的存在和他们改变政策讨论的方式。《最大的敌人：美国外交政策的不作为》，纽约：西蒙 & 舒斯特出版公司，1984 年。

② 战略与国际研究中心一位匿名的学者在与笔者的采访中主动发表的评论。

随着70年代大学预算的降低和任职难度的加大，许多本打算回到校园的学者留在了华盛顿。在这里，他们可以更加靠近政治中心，并且不用受长期负担沉重的教学或科研任务的束缚。

乔治城大学的全职教授评判大学附属研究机构就显得不足为奇。那些依附于乔治城大学和哈佛大学的研究机构从未体验过紧张的压力，全职教授指责在战略与国际研究中心工作的不过是“传媒教授”并非毫无根据，他们将更多的精力投入到与传媒打好交道以获取更多的出镜机会而并非严谨的研究。研究中心尽职尽责地整理并更新“媒体联络人”，近年来这个名单上每年都有4 000到5 000人。虽然附属机构与大学的关系并不是非常密切，但是有些老师发现在政治领域研究中心打着乔治城大学的名义会带来一些问题，也并不合适。而且政府机关也承认在某些领域大学与研究中心会存在竞争。在1986年，大学曾经委托一个拥有众多杰出专家的外部机构对战略与国际研究中心进行认证审核，结论就是中心作为一个依托大学的研究机构不够学术。于是大学与战略与国际研究中心以一种非常友好的方式分手了。 212

战略与国际研究中心称呼他们的学者为“学者发言人”，他们与大学里的学者不同，这些人逐渐习惯了在松散的社交圈里进行交流与非正式的争论，他们认为这比学术研究和出版论著更重要。中心高级顾问罗伯特·诺伊曼认为战略与国际研究中心并不关心那些由理论和规范建立的理论，它致力于将政策讲得更“现实与可行”。诺依曼是中东问题研究专家，曾任美国驻阿富汗、摩洛哥、沙特阿拉伯大使。在中心的运营文化中，口头的交流比书面的东西更重要。[①]

中心的研究人员讲究“思考的过程”。与传统基金会注重推销观点和形成争议不同，战略与国际研究中心倾向于非正式且达成共识的政策制定过程。它信奉讨论出政策，争论出观点，因此只有在不断变化的观点碰撞中才能够达成共识。正是这种观点使中心能够将许多不同领域的专家在同一时间聚集起来。在华盛顿的政策研究机

---

① 1987年3月19日，笔者对罗伯特·诺伊曼的采访。

构体系中，战略与国际研究中心的角色与布鲁金斯学会的公共政策教育中心非常类似，它们通过网络设置将学者、官员、立法者、利益集团领导者、工会官员和商人联系在一起。中心多种多样的小组都允许对国会委员会和党派之争之外的东西进行非正式的讨论。事实上，华盛顿智库最重要的成果并非是提出新颖的观点或是促进政策制定，而是在官僚、党派争权夺利之外提供交流和讨论的空间。

有时，华盛顿系的研究机构尤其是那些致力于宣传的机构的壮大似乎只是在锐化矛盾，并且破坏已经达成了的协议。但是长期的政治经验总是能够将一切拉回正轨。公务人员及时地认识到在相对短暂的任期里他们力所能及之处。他们同样感受到党派对连任的长期需求所产生的细微影响，进而他们又明白了无论他们是否愿意，他们都必须与反对派一起工作。

213 从长远来看，幸存的研究机构不仅仅找到了折中的方法，还为中间立场做出了界定。虽然“思想的市场”和“思想的战争”的比喻非常吸引眼球，但是它们并不能准确地描述智库最典型的角色，即小心翼翼地界定中间立场，以及为专家的知识提供服务政治目的的环境。政策分析家、专家以及他们共同的学术设想的绝对数量使得政策竞争的领域逐渐缩小。“商业”和“战争”这样的比喻会激励那些资助研究机构的赞助者。这些比喻显示了日常政治斗争的紧迫和知识的碰撞，透露着一种紧迫感，揭示了知识分子在日常政治斗争中直接参与，也暗示了影响决策的战略。但是它们并没有解释清楚思想的长期作用或者专家们在美国政治中扮演的角色。实际上，它们不但没有起到解释作用，反而使问题更加复杂化了。在世界政治体系正处在风云变幻之际，国家似乎更加需要学识渊博的专家和眼界开阔的公民。因此，搞清楚我们期待专家能够带来什么以及我们如何使他们的效用最大化是非常关键的。

10. 思想政治学 214

一、思想产业

如果“新的开始”是一个标志的话，那么其实政策思想产业在 20 世纪 70 年代就已经开始蓬勃发展。现在华盛顿大约有一百个政策研究机构，其中近三分之二都是在 1970 年之后建立的。① 虽然我们无法统计美国国内新建的所有独立政策研究机构和高校研究中心的数量，但是在许多观察家看来，这些组织的激增是显而易见的。事实上，在 20 世纪 80 年代，新的智库的建立有时会呈现跟风之势。政党候选人为了寻求新的思想而建立智库，党派人士将研究机构视为决胜项目的孵化器，想要传播思想的个人建立了他们自己的小型“机构”，而政策企业家则将智库模型纳入了各州的首府。

自由派认为，保守派的思想势必会带来政治后果，因此在 20 世纪 80 年代早期，自由派似乎尤其热衷于仿效右翼，积极进行研究并建立宣传导向性研究中心。他们努力加强纽约的世界政策研究所以及华盛顿的国家政策中心、经济政策研究所和美国进步中心的学术建设。与此同时，右翼——包括传统主义者和自由意志主义者，则继续积极地为新政策的运行在全国乃至全世界播下种子。此外，由于国家政策框架 215
的改变，旧的机构遗留下一些悬而未决的问题，于是活动家和学者们忙着建立大量新型的更加专业的机构。事实上，专业化——或者找到一个独特的市场商机——是成功进入到思想产业的一个常见特点，典型的机构包括美国预算与政策优先中心、国际

① 1989 年 10 月，笔者统计的华盛顿研究中心个数达到了 102 个。这与萨曼莎·L. 德斯特和詹姆斯·A. 瑟伯为 1989 年美国政治科学协会会议写的论文《华盛顿智库研究：范畴与事实》中的预测是一致的。《国家杂志》的出版物和《资本源头》(华盛顿：《国家期刊》，1988 年)列举了近 70 个智库。

经济研究所和世界资源研究所。从最基础的层面来看，美国的非营利机构或者所谓的第三部门内组织的活动盛衰更迭持续不断，而这些新出现的实体便是这种兴衰起伏的一部分。稳定的多元性以及学术型企业家根深蒂固的习惯为新企业的萌芽创造了条件，同时也加速了其他企业的倒闭。

除了效仿保守型智库的成功案例，关注被忽视的政策问题的强烈冲动之外，还有其他三个因素促成了最近机构活动的爆发式增长。第一，大型基金会以往只为相对数量较少的机构提供巨额捐款，或为其长期研究项目提供资源支持，如今他们开始转变资助模式。由于机构数量大幅增加，受资助者需要更直接地为这些大型基金会的工作负责，试图使因通货膨胀而贬值的美元拥有更立竿见影的效果，这些压力迫使大型基金会不得不去支持新建立的机构中那些虽勉强合格却能迅速获得回报的项目。由于私人基金会都在寻求更新颖、更灵活的研究项目，因此很多新的研究中心纷纷建立了起来。第二，大学变得更加的企业化，它们在各个领域都创建了新的研究中心。就像许多早期利用政府资金的自然和物理科学领域的研究人员一样，20 世纪 60 年代末和 70 年代初，政策导向性社会科学家发现他们有更多机会通过政府合同来为自己的应用研究募集资金。自 70 年代中期开始，财政状况愈发紧张，这种建立研究中心的方式使高校的研究人员吸引了更多的资金支持，通过捐款雇佣新员工，而研究人员并不需要做出长期的财政承诺。第三，在过去二十年中，政治环境的意识形态倾向更加明显，这促使政策企业家和其资助人打破原有的研究机构框架。这些新的研究中心除了提出特定的政策建议之外，还会质疑那些在现有研究机构工作的社会科学家的权威地位。

216 在我们的体系中，政治中心和边缘机构（实际行动和妥协的向心力与抽象概念的离心力）之间一直存在竞争关系。但当人们对政治中心重新定义时，这些反对力量便会加强，中心引力相应地就减弱了；当人们明确定义中心地带之后，便可以理性地、科学地进行政策辩论；当人们就目标和方向普遍达成一致时，专家的权威大体上仍然可以继续保持下去；但是当反对力量开始对中心施加更强的拉力时，将不仅对过去人们达成共识的、但未经检验的基础提出挑战，同时也对专家有关指导他们工作的知识和价值观的主张提出了质疑。

20世纪70年代和80年代，许多新建的研究中心，不论左翼还是右翼，都试图将学术竞争推向道德高地，其中一些研究中心现在已明确地宣布了基本原则。1976年，欧内斯特·勒菲弗建立道德和公共政策中心之时，便清楚地宣布了他的使命："阐明并加强犹太基督教的道德传统与国内外政策问题之间的联系。"如今，在勒菲弗看来，道德传统已经在新保守主义中得到了最有力的表达，他将其定义为西方道德共识核心在当代的重申。① 勒菲弗认为，新保守主义拥有对现实世界的清醒认识，并且完美地诠释了决定西方传统的抽象价值观。在他看来，这些价值观在现实世界中不断受到威胁。

道德和公共政策中心是一个雄心勃勃的道德斗士。它将自己的工作建立于"伟大的西方伦理规则"（尊重个体的尊严和自由，提倡正义和法治，支持有限政府）之上。尽管道德和公共政策中心的职员不足二十人，年预算仅仅百余万元，勒菲弗却没有关心这些价值观作为理论前提的意义，而是试图阐明原则与政策需要之间的关系。勒菲弗曾是耶鲁大学神学院的学生，并担任过兄弟会的牧师。他在国会和布鲁斯基金会任职，认为伦理不仅仅是像人部分左翼竞争对手那样去阐述道德日的，更是一门将道德的目的与方法相联系的学科。该中心每年会举行会议、研讨会，出版大约十本书和数篇短篇报告，主要关注外交政策和教育问题。

该中心长期坚持的目标之一就是审查那些有组织的宗教机构（诸如全国教会理 217
事会和世界基督教会联合会）的政策立场和政治活动。该中心曾对教会领导争取企业责任的运动，以及教权主义要求公司从南非分立公司并撤离的行为予以批评。该

---

① 勒菲弗在1986年3月10日曾接受笔者的采访，1984年5月30日在《华盛顿时报》上发表的公开采访《拒绝认错的欧内斯特·勒菲弗》，以及1985年12月27日利菲尔写给《大西洋月刊》编辑的信函中（他曾给我看过这封信），利菲尔都曾阐述过自己的观点。就职于布鲁金斯学会期间，利菲尔对20世纪70年代初的道德和外交政策的看法反映在文章《道德主义和美国外交政策》中，载于《奥比斯世界事务杂志》（第16期）1972年夏，第396－410页。

中心还从事了和平主义活动，并提倡冻结核武器。其出版物同样也批评了美国天主教主教就核武器和经济所写的牧函。

在中心的原则和政策的内部辩证关系中，保守主义的必要性无疑胜过伪善而又不实际的自由主义。勒菲弗理解的现实主义意味着：在一个充满邪恶的世界里，一个人对自由和正义的看法，以及人类本质是理性的信仰，都会由于谨慎的计算而大打折扣。虽然该中心的作者支持的政策根植于国家意志和实力的新保守主义的欲求之中，但是旧的保守主义仍然存在。勒菲弗就理性主义和发展进行了广泛的批判。他认为，任何的改变都应该缓慢而慎重，革命必须依据历史的缓慢发展来衡量。此外，人们在做政治决定时，必须意识到自由民主价值观的脆弱性。他认为自由民主价值观受到极权主义的反对者和幼稚的自由派的威胁。他将自由派描述为理性的理想主义者，他们崇尚理性并且对人类的完美持有彻底的乐观态度。“我们会还击，”勒菲弗解释说，“我认为自己每天都在追求真理、公平和正义。”①

其他的中心也同意勒菲弗的观点，即价值观必须在政治辩论中发挥突出作用。勒菲弗的团队总体而言都是支持当代保守主义的新保守主义分支，而位于伊利诺伊州的罗克福德研究所代表的则是更传统的元素。罗克福德研究所建于 1976 年，年预算大约是一百万美元。创始人约翰·霍华德是罗克福德学院的前院长，20 世纪 60 年代末，美国校园的变化给他带来了深深的困扰。霍华德最初给研究所的定位是致力于大学课程和教育理念变化的研究。但实际上，该研究所的职能却更为宽泛，它广泛关注社会和政治价值观的文化根源，尤其是家庭和宗教。通过发行具有启发性的月刊《文化编年史》以及多种实事通讯和报告，如《工作劝诫》和后来的《美国家庭》，罗克福德研究所试图回归到以宗教为基础的基本原则中。

218 1984 年，罗克福德研究所在纽约建立了分支机构——宗教与社会研究中心，由路德教的神学家理查德·约翰·诺伊豪斯领导。诺伊豪斯认为，脱去宗教价值观的

① 引用出自《拒绝认错的欧内斯特·勒菲弗》。

外衣，身处“裸露的公共广场”的公共话语非常危险，而且他认为，“公共论理”是无法重建的，除非将其建立在美国人民的历史宗教情结之上。他虽然反对世俗的自由主义，但却认为，基督教真理如果属实，那一定是“公共真理”，而不是独裁或武断的真理。因此，他认为自己不同于多数道德派、其他的极端宗教右派或者传统保守派。事实上，到 20 世纪 80 年代末，诺伊豪斯与愈加保守的伊利诺伊州罗克福德研究所逐渐开始对彼此感到不满。于是诺伊豪斯便离开了这里，该中心也迁移至伊利诺伊州。[①]

从一开始，罗克福德研究所的工作便是反对社会科学价值观的经验主义和中立主义态度。霍华德和他的同事相信：通过社会科学家的理性分析，政策选择便会产生一道科学的屏障，将根植于宗教的价值观从公共话语中排除出去。正如罗克福德研究所的现任所长艾伦·卡尔森所定义的那样，“道德沦丧”是与现代社会科学的兴起长期并列存在的。他认为，在 20 世纪的第一个十年中，当主流的新教教堂、学院以及高校的社会科学系都采取“道德相对论”的态度时，“道德沦丧”便已经出现了。卡尔森认为，这种相对论会强化人们对宗教信仰、社会群体规范以及既定宗教原则的批判态度。因此他对这种相对论的后果予以抨击，这与诸如理查德·韦弗、拉塞尔·柯克等平均地权传统主义者的思想相一致。[②]

罗克福德研究所追求的是一种道德复兴，即一种前工业时代、小社群理想的复兴。罗克福德研究所的核心理念认为，政治学根植于文化价值观之中，因而其关注的焦点也相应集中在塑造价值观的主要机构（教会、学校以及家庭）的福祉。在家庭和宗教问题上，相较于社会福利项目的新保守主义分析家，罗克福德研究所的观点常常更倾向于新右派的平民主义社会活动家，即堕胎、《平等权利修正案》、女性运动、同性恋以及性教育的反对者。确实，罗克福德研究所持有的传统主义立场，及其对诸如传

① 理查德·约翰·诺伊豪斯：《裸露的公共广场：美国的宗教和民主》，大急流城（密歇根州）：伊尔德曼斯出版公司，1984 年。

② 1986 年 3 月 18 日，约翰·霍华德在接受本书作者采访时，提到了罗克福德研究所的起源。艾伦·卡尔森在《工作劝诫》《美国家庭》两本书的文章中制定了罗克福德研究所的政策议程。详见《美国的道德沦丧？》，《工作劝诫》（第 9 期），1986 年 6 月。

统基金会和美国企业研究所等政策中心避开的社会问题的热切关注，使得它与华盛
219 顿的机构分道扬镳，有时甚至会与之产生冲突。罗克福德研究所尤其反对保守主义运动中的自由意志主义者和自由市场派的观点，因为他们认为："经济人"是社会的基本单位，自由放任主义是对传统的侵蚀。

虽然直至今日，罗克福德研究所对政策的直接影响都是微不足道的，但是在里根政府时期，当该研究所在抨击社会保障淡化了家庭代际的联系，福利使滥交现象和单亲家庭增多，税收政策对双职工家庭更为有利时，它的确曾找到一些意趣相投的盟友。其中最著名的当属国内政策顾问加里·鲍尔，他曾撰写过一份关于家庭的政府报告。罗克福德研究所曾建议进行几个方面的改革，例如提高受赡养人的免税额；取消对儿童抚育的税收抵免，因为这种税收抵免资助的是在职工作的母亲，而非待在家里的全职母亲。罗克福德研究所曾是研究家庭政策的新兴保守派联合会中的成员，这个联合会还包括保罗·韦里奇创立的自由国会基金会，曾发表过《家庭保护报告》，以及约翰·怀特黑德创立的卢瑟福研究所。这些组织曾决意制定一个旨在恢复传统家庭的政策议程。

其他思想产业边缘的研究中心也试图将信念的原材料加工为完整的政策产品。自 20 世纪 70 年代后期以来，自由意志主义者就已经位于最活跃的政策思想倡导者之列。他们的口号是私有化，其他更接近主流思想的流派也持有同样的观点。然而最偏激的自由意志主义者却对自由主义的过火行为和实用社会科学的基本假定予以攻击。他们更青睐于私有市场，这不仅仅因为其可以限制政府的权力，同时也是因为他们强烈怀疑人类智力作为追求公共目的规划和操作工具的可靠性。在他们富有想象力的具体建议下暗藏的常常是对政府、政治和有组织地追求公共目的的强烈敌意。

爱德华·克兰是斯卡德尔公司、史蒂文斯公司和联合资本管理公司的前金融分析师和证券投资经理，如今是卡托研究所的所长。当他从加利福尼亚来到华盛顿，看到数以千计的联邦官员在大理石砌成的办公室大楼里积极地从事着"适得其反"的工作，他感到十分震惊。"官僚制度不是个好东西，"克兰生气地说道，"人们不会自发做

事，因此不论什么样的政府都在利用官僚制度。”①从 20 世纪 60 年代中期在加州大学伯克利分校读书时开始，克兰便致力于自由意志主义事业。在他看来，自由意志主
义不过是再次回归到美国建国者的真正原则。相较于亚历山大·汉密尔顿，克兰更 220
加推崇托马斯·杰斐逊。他认为，杰斐逊的智慧在于他看到了自由正受到政府壮大的自然趋势的威胁。卡托研究所的办公室位于美国国会大厦旁边，十分雅致。办公室内部的陈设颇有 18 世纪井然有序的风格。卡托研究所的名字并不是来源于抨击奢侈之风的罗马检察官，而是来自于笔名为约翰·特伦查德和托马斯·戈丹的英国作家。早在 18 世纪，他们就曾发表一系列名为《卡托的信条》的小册子来抨击殖民主义和大政府。

自由意志派智库发表的政策文件远远超越了兰德公司和城市研究所的成本效益分析，这些成本效益分析对项目进行衡量并修改，但是很少表达出对政府行为能力的彻底怀疑。布鲁斯金学会的经济学家认为市场测试可以使政府变得更加高效，同时调整公共部门和私人部门之间责任的动态平衡，而自由意志主义智库发表的政策文件也超越了这一论断。自由意志主义者对政府的反对不仅将个人自由和私有财产权置于其他政治价值观之上，更核心的是它代表了对人类的认识和计划能力的否定。因此，自由意志主义者对社会科学，尤其是从自然科学的方法和目标应用到社会问题研究中的冲动行为进行了深刻批判。②

自由意志主义认为，市场不仅能够促进自由，同时也是知识整合和交流的最佳机制。经济事务研究所的英国经济学家拉尔夫·哈里斯解释道，“市场就像一连串相关联的电脑。我们向电脑中输入日常信息和评估供求变化元素，就可以不断获得信号

---

① 1985 年 12 月 18 日，戴维·博阿兹和爱德华·H. 克兰在接受作者的采访时，曾介绍了卡托研究所的工作。1984 年 9 月 17 日，克兰在接受《华盛顿周刊》采访时曾提到了官僚制度。

② 关于自由主义思想政策的纲要可以参考戴维·博阿兹和爱德华·H. 克兰主编的《超越现状：美国的政策建议》，华盛顿：卡托研究所，1985 年。若想从自由主义视角看社会科学的局限，请参考杰姆·B. 拉姆齐的《经济预测——模型还是市场？》，旧金山：卡托研究所，1980 年。莫瑞·罗斯巴德的《个人主义和社会科学的信条》，旧金山：卡托研究所，1979 年。

反馈，这些反馈大多是通过变化的相对价格展现出来，从而引导制造商和消费者适应变化”①。自由意志主义者反对政府的理由是，即使政府拥有的知识是不确定的，他们仍然会采取行动，从而破坏并且阻碍可以纠正经济低效和知识不确定性的市场机制。

1977 年，卡托研究所得到弗雷德 · C. 科克基金会的启动资金后（科克家族的化学公司如今依然为卡托研究所提供大力资助）在旧金山正式建立。但是，直到与加利福尼亚自由党断绝联系，并于 1981 年搬到华盛顿之后，卡托研究所才开始对国家政
221 策争论产生重大的学术影响。尽管卡托研究所的常驻职员不多，也只有大概五十个客座学者，但是该所依然出版了大量书籍、短篇政策分析和一份期刊，并且对电台广播进行了充分利用。在国内，卡托研究所支持关于扩大的个人退休账户系统替代社会保障以及将联邦存款储蓄和贷款保险项目私有化的提议，并且捍卫它所谓的“自由市场环境论”。卡托研究所与新保守主义、传统主义的外交政策有明显区别。卡托研究所的学者主张分阶段退出北大西洋公约组织，让欧洲国家、韩国和日本承担起更多自身的防御责任。在国内社会问题上，与传统主义也不同，卡托研究所对诸如吸毒合法化的问题采取容忍态度。

随着与财政保守主义、社会容纳度和从亚当 · 斯密到艾茵 · 兰德众作家根深蒂固的原则性利己主义思想的融合，用克兰的话说，卡托研究所变成了“为雅皮士而建的智库”。人们不能简单地按照传统的政治范畴来对其进行定位。实际上，卡托研究所的作者认为最好通过四个象限（保守主义、自由主义、民粹主义和自由意志主义），而非是单一的左右派来看待美国的政治思想。相较于其他几个思想，婴儿潮时期出生的美国人可能更倾向于自由意志主义。②

---

① 拉尔夫 · 哈里斯：《质疑英国的预测》，拉姆齐，《经济预测——模型还是市场？》，第 86 页。

② 威廉 · S. 马多克斯、斯图尔特 · A. 利利：《超越自由和保守：政治范围再评估》，华盛顿：卡托研究所，1985 年。戴维 · 博阿兹曾在报纸专栏里表达了同样的观点，详见《谁将在 1988 年赢得婴儿潮一代？》，《纽约时报》，1985 年 11 月 7 日。

自由意志主义无疑位于最活跃、运用知识营销技巧最娴熟的智库企业之列。卡托研究所是20世纪70年代后期第一波进行自由意志主义研究工作的研究所(其中还包括原身是国际经济政策研究所的曼哈顿政策研究所,以及诸如太平洋研究所、理性基金会等许多美国西海岸的组织)。然而直到20世纪80年代,大部分研究所才如雨后春笋般出现。这些小型组织一般借助于怀有强烈的自由意志主义和“公共选择”信念的高校经济学家,按合约方式发表报告和论文,并已经提交了大量提案,支持各级政府(联邦、州、地方)职能重新涵盖私人机构。

洛杉矶的里森基金会最初在圣塔芭芭拉的一个小办公室发行了《理性》杂志,后来,该基金会才接手了更大的研究项目。里森基金会从事的研究主张邮政服务、田纳西河流域管理局、空中管制和市政消防私有化。[①] 同样地,旧金山的太平洋研究所主张用市场化的方式来实现空气和水质量的控制,以及对自然资源和能源政策的管理。 222
太平洋研究所的古典自由主义思想同样塑造了其关于枪支管制及公立学校“垄断”的看法。它认为枪支管制并不能减少犯罪,而公立学校的“垄断”对教育会造成损害。[②] 这些组织的提议具有预见性,但依靠经济推理和论证又相当复杂。对于这些政策活动家而言,各级政府即使看起来不危险,但也都无能地无可救药。

自由意志主义的智库不仅彻底批判了联邦政策和项目,同时也对国家和地方政府的活动进行了抨击。由于在20世纪80年代政策职责移交到了各个州政府,第二波主要致力于州政策研究的研究中心纷纷建立起来,从而促成了自由意志主义智库和保守主义智库同业公会——麦迪逊集团的建立。这个领域的新成员包括伊利诺伊州的哈兰学会(计划在其他州建立分部)、缅因州的汉尼巴尔·哈姆林学院、宾夕法尼

---

① 1986年1月31日,理性基金会的主席罗伯特·普勒在接受作者采访时,介绍了该基金会从一个小型杂志成为一个研究组织的发展历程。

② 1986年2月5日,曾任太平洋研究所所长、现任独立研究所所长的大卫·泰鲁在接受作者采访时,阐述了自己对那些机构的看法。太平洋研究所发表的刊物有泰瑞·安德尔森主编的《水权:稀缺资源的分布、官僚主义和环境》、堂·B.凯茨的《火器与暴力》、罗伯特B.埃弗哈特主编的《公立学校垄断:美国社会中教育和国家关系的批判性研究》。

亚洲的英联邦基金会、加利福尼亚州的克莱蒙研究所和科罗拉多州的独立研究所。与此同时，尽管诸如达拉斯的国际经济政策研究中心、曼哈顿政策研究所、佛罗里达州的詹姆斯麦迪逊智库等研究的是地方问题（如租金控制和监狱拥挤问题），但这些智库都将创建可以推广的政策模式视为它们的目标。① 在州和地方层面，大约六十个研究组织中大部分都具有自由意志主义和自由市场倾向，他们正继续为削减（各级别）政府的支出和规模而战斗。

从19世纪80年代运用社会保障和其他“新政”措施首次进行市场调节，到20世纪60年代和70年代的社会和环境政策，政策框架在过去一个世纪内不断演变。自由意志主义者的提议跟传统主义者的一样，对此期间形成的政策框架发起挑战。如果这些机构对新闻报道的一些例行月度或季度评估是一种预兆的话，那么对政策和项目的特定评论便获得了一个在媒体前发声的绝佳机会，因此这便拓宽了“受尊敬”观点的范围。然而，自由意志主义者和传统主义者都坚持认为，美国人讨论政策的方式即使不是违法的，也存在本质性的错误，那些常常就政策侃侃而谈的人往往对自身所了解的东西也只是井蛙之见。传统主义者常常忽视了宗教价值观，自由意志主义
223 者则常常强行加入政治和组织利益。政策制定过程是由妥协和渐进式改革塑造的，所以这两方永远会与这种政策制定过程格格不入。

专家和思想家一片嘈杂，默默无闻的机构逐渐发声，可以预见这一现象的复杂性，这让大部分公民很难去判断他们竞相鼓吹的专业知识水平如何，很难去识别塑造他们观点的利益和学术背景以及权衡他们对公共话语所做的贡献。那些留心的公民一般来说都是被动见证着专家们的争论（这些争论一般都由选择他们专栏版面的报纸编辑和采访他们的记者来调解），现在他们需要一个专家帮助他们鉴别哪些观点是具有权威性。

---

① 有关国家智库方面的信息，详见W.约翰·摩尔：《当地右翼思想家》，《国家杂志》，1988年10月1日，第2455－2459页。

二、新政策精英

一些观察家对无偏见的公共知识分子(刘易斯·芒福德和沃尔特·李普曼)的消失感到惋惜。这些知识分子对公共事务的看法比较全面,他们的偏好众所周知但不可全信。李普曼是一个典型的倔强型哲学家(引自威廉·詹姆斯),也是一个罕见的现代美国知识分子的类型。他将独立的哲学思想、寻根问底的道德敏感性与对实务的兴趣、对政治领袖行事限制的同情相结合。从爱德华·豪斯上校和伍德罗·威尔逊时代到麦乔治·邦迪和林登·约翰逊时代,他一直担任政府顾问的顾问以及总统的军师。此外,他同时也代表影响深远的公众声音,为那些关心政事的公民阐述当时的问题。作为一个编辑和专栏作家,他的写作风格和公众声誉都能体现出他威严的超然,彰显出他有一种回到他所谓的“静如止水”状态的能力。他对太积极参与公共事务或者太消极地撤出公共事务而导致的思想问题异常敏感。“他的象牙塔装有一个快速移动的电梯。”①罗纳德·斯蒂尔这样说道。

总体而言,那些自主的知识分子靠写作、私人金融手段以及同大众探讨政策维持生存,如今他们不得不让道于学术专家和客座学者。这些专家主要在不同政府机构、大学和研究中心任职,或者与私人客户进行磋商。虽然公共知识分子可能十分短缺,
但愿意对特定问题发表评论的公共专家却并不在少数。这种新的政策专家的出现标 224
志着一百年来试图用专业知识影响公共政策的尝试达到了顶峰。为了应对专业知识的多样化市场,他们已经实现了大幅度的多元化。相应地,今天的政策精英也许可以依据他们的工作机构、职业道路和他们设法影响公共政策的标记属性分成几种类型,这几种类型在大体上不分胜负。然而这些类型之间并没有明确的界限,一个人通常可能属于好几个类型,这些类型描述了专家不同的角色和他们现在所处的体制环境。

在所有的专家之中,最杰出的当属在内阁中位高权重或者担任诸如国家安全顾

---

① 关于公共知识分子的消亡以及曾与世隔绝的学者的兴起,详见拉塞尔·雅各比:《最后的知识分子:学术时代的美国文化》,纽约:巴西克出版社,1987 年。李普曼引用的原文以及他的评述参见罗纳德·斯蒂尔的《怀特·李普曼和美国世纪》,波士顿:亚特兰大月刊出版社,1980 年,第 xvi 页。

问这样的要职的人，抑或是美国经济顾问委员会的成员。如果用一个最准确的词概括他们的特点，那便是“学者型政治家”，这个术语在战略与国际研究中心很流行。他们是政策精英中最著名的成员，他们经受住了政策责任的实际考验，并且有学术专长，因此备受尊敬。他们掌握的不仅仅是社会专业知识的现代权力，还包括古代君王顾问的奥秘。

第二种专家的地位并不只是建立在有形的政府部门服务上，而是在某一个特定的政策领域进行长期研究。这些人可以称作“政策专家”。属于这个领域的学者通常将更多的时间用于政策研究或者教学上，而不是用作政策制定和做全职顾问上。无论是通过融入政策的理论洞见，还是培育继续在政府部门任职的学生，他们的工作或许具有最深远的长期影响。这些人一般工作于大学的研究中心，著名的政策研究所或者是政府研究机构。①

第三种类型的专家与前两种相比尽管不能说不重要，但更加隐形(他们更易通过体制环境而非学术培养或学术方法来识别)，他们被称作“政策顾问”。他们一般负责撰写短期合同或者解决客户明确提出的问题，这些顾问负责生成数据、评估项目并且对社会实验进行监测。兰德公司、城市研究所、斯坦福国际咨询研究所的大部分政策分析师，以及他们在其他合同研究公司工作的同事都属于这个类型。他们与政府之间的关系取决于他们的合同细节，他们最重要的读者是客户而不是学术界的学者或
225 是大众。一些顾问现在也会就职于商界，担任企业高管，搜寻可能会影响私营部门的国际事件或国内政策变化的可靠评估。实际上，私人顾问的机会(尤其是关于国际政治和经济事务的机会)越来越多，这既加速了私营的营利公司相继建立，又为非营利的研究机构(最出名的是基辛格组织)创造了服务商业客户的机会。“学者型政治家”和“政策专家”有时都会扮演政策顾问的角色。

---

① 伯纳德·巴伯的《有效的社会科学：经济学、政治科学和社会学的八个案例》(纽约：拉塞尔·塞奇基金会，1987 年)描写了八位可以被称为“政策专家”的社会科学家。

第四种类型专家的数量在过去几年中稳步增长，他们被称为“政府专家”。政府专家不是指那些担任高层顾问职位的专家，而是指官僚机构的成员，他们的学术培训和专业技能通过诸如国会预算办公室、委员会工作人员、国会研究处、内阁部门的分析小组以及独立机构等途径获得。

20 世纪 70 年代和 80 年代出现的一种新型专家有时候会被贬低为“即时专家”、“媒体教授”或者是“引用博士”。其实更公正地讲，他们可以定义为“政策解读者”。美国的记者从狭隘的政治报道转向更广泛的社会、政治和经济分析，在这种趋势下不仅需要拥有更好教育背景的更专业的记者，同时也更倚重专家的力量。现在这些公共专家与记者和编辑已经是一种共生的关系，他们在报纸专栏、广播新闻栏目以及从电视衍生出来的访谈节目（例如美国公共电视台、有线新闻网以及电报卫星公共事务网）中找到了机会。报纸和电视新闻记者依靠这些专家使每天的新闻报道更具深度，体现出多样性，并实现观点上的平衡。实际上，寻求争论本身就已经扩大了讨论的范围，这将这些专家带到了聚光灯之下，他们最大的权威性体现在他们的曝光度，即他们是否随时可以对突发事件进行评论，或者及时撰写专栏报道。总体而言，这类专家为新闻报道做出的额外贡献颇具价值，但是大多数情况下，他们所称的学术权威已经不再受到对其依赖的记者的监管。①

新型政策精英的最后一个类型可以准确概括为“政策企业家”。尽管有时候他们
必须扮演公共政策解读者的角色，有的人也有理由成为政策专家，但是他们主要还是 226
致力于机构建设。他们调用资源来推进某个特定提案的通过，促成不同研究者和活动家之间的联合，将干练忠诚的有志之士送入政策精英团队之中，以及创办新期刊或其他出版企业。他们大多是研究机构的建立者或管理者、基金会的高管或者政策刊

① 关于介绍一位经常被引用的智库常客，详见史蒂芬·瓦尔德曼：《引用之王：为什么出版社沉溺于诺曼·奥恩斯坦？》，《华盛顿月刊》（第 18 期），1986 年 12 月，第 33－34 页。关于记者团越来越专业化的问题，详见斯蒂芬·赫斯：《华盛顿新闻业专家的崛起》，布鲁金斯学院综合系列，再版第 417 期，华盛顿：布鲁金斯学会，1986 年。

物的发行者。

这些专家只是按这几种类型进行了粗略划分，这几种类型之间很可能是相互交叠的，但是这种划分的确体现了专家在现代政策制定过程中扮演的不同角色。第一类学者型政治家，他们可以约谈权威人士，而这对于之前当选的官员而言都很难实现（一些前总统除外）。第二类在不同领域的专家界定一些广义的政策概念（社会问题由此定义和调查），以及训练其他可能更具有直接影响力的专家。第三类“顾问专家”对已经在进行的项目和政策进行监查，然后慢慢从中发现机会来为私营部门提供建议。第四类“政府专家”负责收集原始数据，使现代官僚机构得以运作，并且提供政府官员每日所需的分析。第五类“政策解读专家”同时与政策制定者和大众进行交流，并且把握政策辩论的范围，有时会短暂地放松辩论的话题限制，有时候又会将其限制在某个实际的话题内。而最后一类“政策企业家”则会将他们的财政和人力资源都注入一些特定的政策领域，努力扩展政策议题，并且建立新的平台以便让专家们充分施展自己的才能。

就长期而言，扮演不同角色的专家运用他们的知识对政策施加影响，首先对不同的机构结构进行定义，然后再进行重塑。不计其数的组织纷纷忙于建立专家企业，使这些企业犹如珊瑚礁一样成长。珊瑚礁不仅会建立自己的生态环境来保护其脆弱的植物群和动物群，它也常常改变海洋和海岸之间的通道。和珊瑚礁这种奇异的生长方式一样，这些机构已经建立了公共部门和私营部门之间的桥梁，并且几乎填满了零散的政府系统内所有的开放空间。这种发展采用了一种自给自足的方式：私立研究机构刺激政府在行政部门纳入更多的专家，行政部门的专业特长又会刺激国会建立自己的研究单位，而政府机构又利用合约上的研究安排来促进非政府研究中心的发展，大学则建立新的研究和培养项目来应对公共专家需求的转变。

227 这些专家持续会有新的舞台和安排。比如在东欧和中欧，美国的经济学家最近已经开始在新的领域提供咨询服务，包括银行和金融系统，解除物价管制和从国企向私企的转型。政治学家和宪法律师则开展了在选举法、政党、法律系统和人权保障方面的咨询工作。这些专家还建立了进一步的联系。在这些新的咨询关系之中存在一个显而易见的讽刺:有些国家本身就存在严重的选举制度缺陷,其银行和金融体系也濒临崩溃、损失惨重,而来自这个国家的专家却想要为别的国家指点迷津。西方的政治专业知识在这样的政治环境里取得了多大成功目前尚无定论,然而最初对外国专家的依赖至少可以引起人们对现代社会科学和民主文化(这种依赖形成的背景)之间的这种紧密关系的关注。

每一种政治文化都会产生出相应的专家类型:但以理为尼布甲尼撒二世解析梦境,中国的占卜师解读加热过的龟壳上的裂缝,而罗马的占卜师则在小鸡的内脏或者鹰的飞行中找到答案。政策专家从惯例或者经验(基本上是特定社会的政治惯例和经验的产物)中获得其中隐含的知识。如今有一些国家正在努力创立他们并不熟悉的民主程序,并且重建市场制度,他们应该寻找不同的专业知识、新的组织形式和(长期)培训专家团的新方法,这并不令人惊讶。处在过渡阶段的这些国家试图在国外寻找他们所需的这些专长和方法,借鉴已有的大学和政府研究机构来发展本地的研究所。

因此,虽然西方的经济和政治专家在东欧和中欧提供咨询服务,但是在社会转型过程中起主导作用的往往却是当地的作家、哲学家和历史学家。西方人往往习惯了由经济学家的行话而非是剧作家的隐喻来主导公共辩论,因此这对他们而言是一个奇怪的现象。面对长期的社会衰退,在不诋毁这些知识分子的原则立场和典范性的忍耐力的情况下,我们必须指出,他们之所以可以在新兴的民主实验中扮演重要角色,很大一部分原因是更精通市场经济和民主多元性运作的专家严重匮乏。虽然即
使是在最暴虐的政权统治下也不可避免地会存在勇敢的异见人士,但是这种体系无 228
法容忍社会科学存在一门独立专业,或者是建立一个专家团或组织专门来监察政府和经济的运作。尤其是在当前体制进行全面过渡的情况下,这并不意味着文学和文化专家(这些专注而有才华的业余人士)在一些领域所做的贡献就一定不如社会学家那样有价值或有必要。但是如果这些国家想要成功,随着他们的民主政体不断演变,他们需要创建属于自己的专家类型和相适应的顾问机构。

社会中的专家们在挣扎着迈向(或反对)民主，这提醒我们社会科学及其附属的研究机构在我们的政治文化中多么的根深蒂固。然而，在不同的民主社会，专家团的结构和组织可以不相同，而事实也的确如此。在历史上，其他的国家并不像美国那样依赖私立研究机构，总体而言，这是由于我们的私立慈善机构更加有活力以及对国家官僚制度的普遍怀疑造成的。另一方面，在西欧，政府和党派附属的研究机构越来越普遍，它们反映的更多是党派的意识形态传统，同时也反映出欧洲的知识分子越来越
229 愿意承认他们与党派的关系。此外，在一些行政传统更古老、政治任命更少的国家，一般专家都工作于官僚机构或者政府资助的研究企业，这一点相比美国的体系要早，原因是美国无党派专家一般都不得不被搁置在体系外部。

20 世纪 70 年代和 80 年代美国智库数量不断激增，其他国家的智库也相应地繁盛起来。自由市场的智库帮助英国右派实现了复兴，类似的意识形态组织在欧洲大陆和太平洋地区建立起来。很多国家的商业研究机构都是模仿经济发展委员会创立的。拉丁美洲的民主运动组织也已经建立了智库，有一些是在美国慈善家或者是准政府性质的国家民主捐赠基金会的鼓励之下建立的。在日本，智库建立的热潮始于 20 世纪 70 年代，这一时期产生了大量机构，其中很多都已经从商业公司的研究和规划机构独立出来，而其他的则是模仿美国的咨询公司。有些情况下，政策企业家(通常是在美国接受教育的他国研究生)带着他们在美国所观察到的可供模仿的智库模型回到家乡。

总体而言，我们很难远距离地来判断这些国家的智库所扮演的角色和所起到的影响。虽然专家已经明显对政府运营和政治行为愈加重要，它们对政策的直接影响却不应该被夸大。这种影响虽然真实存在，但是更多的是一种发散而非直接的影响。政治进程减弱了这种影响，并且相比于管理、评估、改进数据和政府依靠的分析，专家常常更多的是为政策贡献力量。

在过去的这些年里，专家们发明并改进了很多工具，这些工具对运营一个现代政治官僚机构以及监管复杂的经济体系，包括预算方法和人员管理、经济状况的数据指

标和评价政策、项目的技巧，十分必要。如果没有这样的技巧，就不会有社会保障、其
他大型的政府项目，以及可靠的财政政策和贸易辩论的统计学基础。政策精英的成
员和有理论倾向的社会学家已经提供了见解（和持续的改进方法），来支撑他们解决
政策问题的方法和商业周期理论、凯恩斯主义财政政策、货币理论、“公共选择”理论、
微观经济学方法以及人力资本理论。有时候他们也会提出至关重要的政策概念，比 230
如“相互保证毁灭”“第一次核打击能力”或者“供给学派经济学”。

然而专家们很少依靠可以快速且从根本上改变国家政策，或者启发法律创新的这种乍现的灵感。相反的，专家们工作节奏较慢，他们逐步积累人力资本，一个学者将这个过程称作“知识的缓慢累进”，即一种知识的慢慢沉淀。① 专家做出的重要贡献都是经过了深思熟虑，并且更有可能产生微小的而非激进的变化。有时候这些专家过于小心翼翼，这使政治领导十分丧气，即使是那些有真才实学的专家也是如此。

其中一个例子就是关于亨利·A. 基辛格。在政府的工作经验使他改变了自己对于专家所扮演的角色的看法。政治生涯结束时，他已经将外部的专家视为基本上无关紧要的群体，而将内部专家视为制定创造性政策的最大阻碍。“有时候一个外部人士或许可以提供一些视角，但是他永远没有充足的知识来对战术行动提出正确的建议。”在回顾自己之前在华盛顿担任哈佛教授和兼职顾问的工作经历时，他如此写道，“在我担任肯尼迪的顾问之前，我像大多数学者一样，相信决策过程中大部分工作是由学者来完成的，我们所要做的就是走进总统的办公室，然后说服他相信我们的观点有多么正确。可很快我就意识到，人们普遍持有的这种观点十分危险，而且很不成熟。”②建立在大量专业知识基础上的观点只是整个决策过程中具有说服力的一个方面，它并不像审慎的政治考量那么重要。

---

① 关于“知识蠕变”，详见卡罗尔·韦斯主编的《公共政策制定中运用的社会科学》，莱克星顿，马萨诸塞州：华盛顿希思出版公司，1977 年。关于社会科学和政策建议的可靠总结，可以参考彼得·德利昂的《建议与赞同：政策科学的发展》，纽约：拉塞尔·塞奇基金会，1988 年。

② 亨利·A. 基辛格：《白宫岁月》，纽约：利特尔-布朗出版公司，1979 年，第 39 页。

此外，基辛格和尼克松一样，经常不信任政府专家给出的建议，这并不是因为他们对专家持有偏见，而是因为这些专家经常会反对一些大胆又富有创意的政策。实际上，基辛格认为最好的政策决定常常与那些专家顾问的意愿背道而驰。“不论在哪个国家，历史上大部分被人铭记的外交政策都是由那些遭到专家反对的领导提出的。毕竟专家的职责是操作他们熟悉的内容，而领导们的职责则是超越它。”①

基辛格的职业生涯和伍德罗·威尔逊一样，是一种典型的20世纪专家的职业道路：他们通过本身的知识力量（知识素养）进入了更高层的政治领导圈，他们不仅仅局
231 限于在幕后为他人提供建议，而是在政策舞台上扮演积极的角色，他们的作用的确是无可替代的。在事务中心，基辛格用他低沉的声音、厌世的态度以及冷静的头脑影响着知识权威。现代专家的神秘在于他们紧跟着政治事件的步伐，同时还有能力表现出知识分子的超脱。就像古代的专家能与神圣之林中的超自然的声音进行亲密交流一样，研究外交政策的现代专家控制着传送最新国际动态新闻的信息网络。

然而基辛格和威尔逊同样都对专家这个团体表示怀疑。相比于对他们的忌惮，基辛格更为他们感到惋惜。威尔逊在21世纪早期就开始担心专家可能会对民主制度造成危害，会让公民感到沮丧。基辛格似乎发现专家基本上处于边缘地带，并且他曾暗示专家和领导之间的紧张关系。同时他还认为，一旦专家安稳地就职于政府，他们的贡献将会大幅度减少。作为制度的一部分，专家不再是新思想的源泉，相反，他们仅仅从事他们熟悉的事务，而不能超越官僚机构的常规，或去挑战政策制定的现有模式。实际上，基辛格强化了人们对专家的抱怨，认为专家的思维阻碍了创新，他们仅仅是解释或者改良现行的政策框架。

然而，有时候人们也对政策精英有截然相反的抱怨。专家们看上去无法达成共识，辩论便没有定论。因此，专家们无法就政策达成统一意见。在由意识形态主导的20世纪80年代的政治环境中，这些关于专家的抱怨似乎更是常态。想要区分政治

---

① 亨利·A.基辛格：《动乱年代》，纽约：利特尔-布朗出版公司，1982年，第445页。

上无偏见的学者，更准确地说是那些可以诚实地与阻碍研究的偏见进行搏斗的学者，以及那些认真搜集证据来巩固不可撼动的政治地位的思想拥护者几乎是不可能的。一切研究的开始看起来都像是一种宣传，所有的专家一开始看起来都像是被人利用的枪支，似乎所有的智库都在利用他们的机构资源去推行一种观点。这些专家的辩论和创新并不受限制，而是建立了一种政治环境。在这个环境下，各家言论不一而足，想要达成共识几乎不可能。分歧永远无法停止，这让即使是密切关注政治发展的公民也对最重要议题迟迟未能达成一致意见而感到绝望。

回看过去，颇具讽刺意味的是，从最开始，专家事业就应该寄希望于将政治辩论
放置在一个科学的立场，这样就可以减少争议，划定理解和共识的范围。然而，至少 232
在近几年，专家地位的上升却起到了相反的作用。虽然专家机构已经逐渐成为现代政治文化体系的一部分，但是他们既没有促进公共协定的形成，也没有消除我们对民主制度中专业知识运用的固有的矛盾心理。

三、专家的未来

1989 年，西方和东方之间表面上，同时也是象征性的那道墙开始倒塌，随之一起倒塌的还有战后美国外交政策的框架。

美国无法应对世界的急剧变化，但我们不应该将其都归咎于总统和其顾问团。 233
像那些幽默大师经常做的那样，拉塞尔·贝克将关注点转向普通市民的态度，谴责“历史想象中的重大失败”，同时不厌其烦地点名批评“我们最聪明的人，那些被称作‘战略思想家’的世俗的神职人员”。[①] 贝克曾多次嘲笑政策精英在预测一系列事件时的彻底失败，现在看来这是不可避免的。

政策精英团的专家们承认他们难以跟上时代的步伐。在一家著名的智库中，一些项目被归类为 OBG(意思即“被戈尔巴乔夫赶超”)。其他的研究中心承认他们仅

---

① 拉塞尔·贝克:《雄风不再》,《纽约时报》,1990 年 2 月 7 日。

仅是缺乏知识分子去研究东欧的变化，这提醒我们，培养任何一个重要领域的专家骨干都需要很长时间。与无法脱离既定的模式并接受哥白尼模型的天文学家托密勒一样，这些专家的事业建立在他们对旧秩序的理解之上，他们一直在建立已久的假设框架内工作。一些人会充满疑惑，在新的政治环境下，这些曾在冷战时期致力于研究东西方军事冲突技术层面的分析家们会表现如何。“接受过一个领域训练的分析家可以在另一领域应对自如吗？他们有这样的思维灵活度吗？”某大学研究中心的人员对此深表怀疑。[①]

1989年，专家们显然忽略了一些事情——这一年注定会像1789年和1848年一样，在历史上掀起波澜。在那一年，经过训练的专家还很稀少，专家们虽然已努力尝试，但仍显得力不从心。他们没有预见欧洲即将出现的变化，并且似乎一时间也无法理解世界各地日新月异的社会进程变化。在这个看似快速出现的新世界里，他们没有重新调整国家政策的思想方向。同时，一拨新的专家从各个大学的东欧研究项目办公室中走了出来，毅然走进电视演播室，在这里他们的工作就是为那些广为津津乐道的言论提供需要的视角，以此给电视观众们带来视听的享受。新的专家们突然间必须要填补这令人感到厌恶的空缺，没有什么是比这更好的证明了。

预测能力一直都是专家神秘性的深层来源，不论这种能力是德尔斐神谕还是运
234 用电脑技术对一国经济的未来走势建立数学模型。实际上，正是这种预测能力（和其中隐藏的神秘）赋予专家们政策指导的权威。但是如果像1989年那样，专家们不能进行预测，也无法对事件进行解释时，他们神秘的面纱就被撕开了。一系列的事件揭开了专家们的面具，荧幕将专家们的形象打破，揭示出这些令人畏惧的“巫师”只不过是满脸皱纹的秃顶小老头。口技师或者马戏团演员将自己伪装成男巫奥兹或者其他或好或坏的角色。“我是一个骗子”，这位巫师欣然承认道。但是后来，他又为自己的虚荣找借口，补充说：“当所有的人都让我去做他们明知不可能完成的事情，我不骗他

① 引自罗伯特·马诺夫：《智库的再思考》，《洛杉矶时报》，1990年2月2日。

们又能怎么办呢?”①

人们对现代专家的期望就像对鲍姆笔下的巫师们一样高。虽然现代的专业知识并不是骗术，但专家们常常对自己所知道的东西抱有不切实际的幻想。这导致的结果正如1989年发生的事件一样，研究外交政策的专家很少被认为如此软弱无能（他们所经历的危机正如经济学家在20世纪70年代面对“滞涨”现象时一样艰难，让人手足无措）。然而，就像之前提过的巫师一样，他们依然被要求做一些不可能实现的事情。20世纪末，专家们依然在决策框架中发挥着重要作用，一些有识之士会继续向他们咨询有关国际事务的问题。

1989年夏天，欧文·克里斯托尔发行了一份有关外交事务的季刊——《国家利益》。欧文·克里斯托尔的咨询顾问委员会还包括亨利·A. 基辛格、珍妮·J. 柯克帕特里克、查尔斯·克劳萨默、米基·德克斯特这样的显要人物。除此之外，该杂志中还有美国国务院政策规划办公室的副主任弗朗西斯·福山写的文章。福山毕业于哈佛大学，是一位苏联事务方面的专家，还曾担任兰德公司前政策分析师，他对国务院而言是新鲜血液。作为施特劳斯学派政治理论家艾伦·布卢姆的学生，在过去的十年中，虽然在保守派政府中从事于外交政策的施特劳斯学派政治理论家并不罕见，但是福山并不是那种只有单一专项技能的战后政策专家。

为谨慎起见，虽然福山在自己的文章名后加上了问号，但还是表明了“历史的终结”②。这篇文章对当今世界进行了全面的调查，并且简要讨论了黑格尔的历史哲学。福山继承了黑格尔的思想，没有将过去视为政治事件、战争以及革命的产物，而 235
是将其视为人类思想、意识以及文化的展现。当一件件接踵而来的事件似乎让人们无法消化时，有时候这也是一个让人安心的见解。他提出，从长远来看（福山自己给这几个字加了下划线），历史是在人类的意识层面上发生的。他之所以引用黑格尔的

---

① L. 弗朗克·鲍姆:《绿野仙踪》,1990年再版，纽约：麦克米伦出版公司，1962年，第168和183页。

② 弗朗西斯·福山:《历史的终结?》和《对话福山》，载于《国家利益》，1989年夏，第3－35页。

观点，不一定因为他完全同意黑格尔关于历史终结的论断（黑格尔早在1806年就宣告了历史的终结），而是因为这位德国唯心主义者为他提供了一个有用的框架，去探索用唯物主义来解释历史变化的缺陷。对于福山而言，历史的终结同时意味着大规模的意识形态斗争以及思想辩证性碰撞最后决议的终结。在自由民主思想取得明显胜利后，接下来就不过是细节性的工作了。

福山的文章得到了保守派读者的支持，他们沉浸在文章对民主必然会取得胜利的庆祝及其辛辣的哲学论断中。对于深信思想会产生后果的保守派而言，这篇文章在某种程度上宣告了里根时代的结束。虽然这篇文章并不是一份政策简报，但是其得到的关注却证明了大众对新颖的哲学观点以及在某种程度上可以推导出具体政策的一系列原则的强烈喜爱。（特别奇怪的是，从这个角度看，在面对历史终结时，布什政府的谨慎和被动却是政府最正确的姿态。）

由于人们渴望透视性、权威性的指导，因此发表在《美国文理学会会刊》上的一篇文章产生了很大反响。《美国文理学会会刊》是由美国文理学会发行的一本学术季刊。这篇文章出自一个匿名的作家之手，他的笔名是Z，但这却使他得到了更多的关注。这个笔名让人们不禁联想到1947年乔治·凯南在《外交事务》上发表的一篇著名文章。在这篇文章中，乔治·凯南所用的笔名是X。这篇文章阐述了战后遏制理论的理论基础，而这一理论在之后的事件中显然被摒弃了。[①] 更多的人似乎开始对作者的身份津津乐道，而不是对文章中的分析和政策建议进行评估。但“Z”针对苏联的“解体危机”以及戈尔巴乔夫改革后的国内矛盾进行了尖锐而深入地分析，同时他还给出了政策蓝图，建议进行裁军和经济投资。他同时建议人们要对苏联的民族自豪感保持敏感，反对西方的必胜信念。

236 放在一起来看的话，这两篇文章提醒我们哲学上的断层在传统意义上将美国的

① Z:《致斯大林陵墓》，《美国文理学会会刊》（第119期），1990年冬，第295－344页。

政策精英分为了“理想主义者”和“实用主义者”，这种差异在20世纪80年代变得更为明显。福山和他的同事们将历史看作辩证法的碰撞和意识形态斗争的最终综合体，以及通过对思想活动的超然思考可以轻而易举推断出来的政策。与此不同的是，Z具体地讨论到美国是否应该帮助米哈伊尔·戈尔巴乔夫。如果答案是肯定的，我们又该如何进行援助呢？

现在问题的重点是：专家团现状是什么样的？他们怎样才能更好地为我们服务呢？我们应该储备哪些知识才能做出明智的政策选择？是那些开宗明义地介绍理想和价值观的知识，还是那些关于具体事实和政策决定的不同环境下选择的知识？过去那么多年以来，那些高度专业化的大型研究企业看起来加大了人们理解世界的这些方法的不同，并将“实用性”专家与“原则性”专家区别开来，在真正意义上促进了政策研究和宣传机构领域中相互竞争的不同机构的形成。

19、20世纪之交，实用主义哲学家试图解决有关认识论的问题，找寻一种能将价值观视为抽象规则以外的方法。（用约翰·杜威的话说就是“药店处方”或者是“烹饪菜谱”）实用主义者认为思想是行为的计划，意思就是价值观和信仰才是与世界交流的途径，而不是高于现实世界且永远遥不可及的抽象概念。真理和价值观一起通往实践（真理和价值观在实践中并非一无是处），道德的目的并不是要求人们不假思索地去遵守高尚的思想观念，而应是学会用具体的探究方法解决问题。实用主义者一直关注并寻找一种连接思想领域和行动领域（提供了解社会和政治的方式）而又不打破两者平衡的途径。

自21世纪初以来，社会科学家很少遇到像认识论这样的问题，也很少会问在民主社会里获得知识和使用知识有什么不同。他们很快就不加鉴别地接受了自然科学的隐喻，虽然有时他们将研究推向了实用的方向，但是那些借用的隐喻让人们的内心生出过高的希望。他们希望社会科学家可以成为社会的医生、工程师和实验家，或者希望他们可以用数学家或者物理学家预测过的确定性来提出理论假设（即使是现在，我们也可以辨别出从爱好混沌理论的计算机科学家那里借用的预测性隐喻）。然而， 237

不可避免的是，虽然社会科学家也是科学家，但是当他们的观点太过保守，特定的社会弊病没有得到治理，政策系统规划不合理，或者是他们没有预测出一些事件时，大众就会对他们感到失望。此外，借用的隐喻会凸显事实和价值之间的人为区别，这些常常会导致政策专家成为方法上的技术员，而对有关政治目的更宽泛的问题感到不自在。事实上，价值观和最终目标被推进到辩论的范围，应用社会科学则远离政治而变成了一个不可能兑现的承诺。

关于营销和知识论战的现代隐喻十分有说服力，如今在研究企业里也非常流行（在社会其他地方也是如此）。这些隐喻源于人们对社会研究的科学主张感到失望。然而现代隐喻虽然受到了研究者的欢迎，但是若想准确地理解决策的过程，以及在这个过程中专家所扮演的角色，现代隐喻甚至比最浮夸的科学隐喻所产生的负面影响还要大。这些影响深远的隐喻表明：专家企业很大程度上会参与创新性政策措施的创建，然后向消费者推销，或者在一个赢家通吃的敌方战场为捍卫己方的思想而战斗。他们寻求的是最浅显的信仰，而不是理解或者反思。此外，如今社会对营销技巧以及无休止的知识论战很看重，但这既与持续的研究无关，也与协商和教育过程无关。这种协商与教育过程可以更好地服务于民主社会，并且要求在专家、领导以及市民之间形成结构型对话。

当代的政治对话让我们感到失望有很多的原因（目前已为我们所熟知）。我们的政治舞台上有各种各样的角色：幼稚但却高效的竞选广告、即使在辩论中也在背诵精心排练的台词的做样子的候选人，以及与其说是批判家，实则更像是即将上演的竞选剧中的沆瀣一气的希腊合唱团。那些合唱团的人双手合十，向失聪的民主和科学之神做着无用的祷告。在我们的政治领导和出版社成员为公共辩论的匮乏担起大部分罪责时，政策精英也难辞其咎，因为从长远来看，他们专业化程度的日益加强促进了
238 公共对话的碎片化，并且使它变得神秘且令人生畏。无一例外的是，政策研究机构从不考虑广义的公民教育，而是更多考虑为政府官员提供咨询，或者是吸引大众媒体的关注（别与教育混淆）。实际上，一些专家进入了华盛顿政治圈并凭借从中获取的机

会发展事业，他们常常将自己的视野局限在为政治领导和政策行家等少部分阶层服务上。

伍德罗·威尔逊对“专家政府”这一概念心存忧虑。理性、高效的决策过程的强烈吸引力（尤其是崇尚科学的民主国家）总会掩盖美国建国者预想的混乱的激烈的利益冲突。但是在他看来，民主要依靠那些专注的业余人员，他们懂得政策提议的具体实施，并且可以用民众能够理解的常用语言表述观点。威尔逊问道：“如果只有一小批专家懂得如何治理国家，也基于此，我们需要依靠他们对国家进行科学管理，那我们自身的价值又从何体现?”反思我们如今庞大而又复杂的知识体系，我们不得不承认，威尔逊所担心的很多事情已经发生了。专家团游走在普通公民和政府的意见之间，他们常常用一些晦涩难懂的词汇将一些原本简单明了的问题复杂化，并将政治难题留给专家委员会和研究组，从而给政客们创造一个逃避责任的机会。在这样一个体系中，有时候很难确定每个人的职责，而放眼美国政治文化这个更大的环境，公民们常常很难评价专家团中的一些尖锐议题。从社会的层面来看，我们似乎已经得到了这样一个结论：那些最重要的问题甚至都不能用常用的语言提出来，更别提去回答了。

在一个开放的社会中，知识和权力结合的深层问题并不是以简单的形式展现出来的，即它不是一个需要修正的程序性错误，也不是一个需要修复的结构性问题，或是需要对症下药的疾病。在面对如今复杂的智库网络、社会科学的研究生项目、慈善基金会、民间组织、政府研究机构和政治咨询安排时，让专家机构中的分析家决定改变很武断，甚至会弄巧成拙。这些机构是知识流动和吸收的重要渠道，就像氧气一样注入政治血液中。知识和权力的关系可以简化成一系列结构性问题，这些问题通过 239
制度改革就能够轻而易举地改善，这种看法是存在误导性的。

知识和政治的关系需要不断审查和反思，这鼓励我们要一遍遍地反思：若想实现良好的自我管理，我们真正需要了解的是什么。这需要我们通过直面现实的选择和后果，测试我们的理论知识；把知识用作教化的工具而非令人生畏的棍棒，诚实地探索首要前提，接受证据的不确定性。总之，它迫使我们承认政治智慧不同于自然世界的知识，社会科学既不能代替政治，也不能让我们摆脱做出受到主观价值影响的决定的责任。最后，它要求我们对专家权威一视同仁，保持良性的质疑。

哲学家和专家常常是民主社会的喜剧人物。在面对实际问题的普通公民看来，专家的孤立和缥缈的抽象状态十分可笑。从乘篮子降落的苏格拉底到乘坐电梯下来的沃尔特·李普曼，专家们的态度都十分冷漠，因此从日常的世俗角度来看，专家们既滑稽可笑又不切实际。真正具有智慧的人——那些富于幻想又能脚踏实地的人，总是凤毛麟角。美国试图通过专业化和制度安排来消除这种隔阂，但是却没有产生明智的民主评议。古雅典有一个遗世独立的哲学家从云层中降落，如今又有成千上万的“篮子”从天而降，像是一队五彩斑斓的热气球，这为我们带来了更多的专家。有些“篮子”系得更紧(其中的一些的确受到大地的束缚)，但是它们持续地起起落落表明了权利和知识之间真实的动态关系。没有知识的权力是可怕的，然而处于真空中未经人类生活中实际政治问题考验的知识是滑稽而虚无的。显而易见的是，我们必须将权力和知识以某种方式结合起来。权力宫殿里的巫师用烟雾和镜子(虚幻和镜像)维持着他的神秘，让我们意识不到自身的长处。然而巫师解开了他的篮子，让其漫无方向地飘向离翡翠城更高更远的地方，只留下稻草人来管理这一切。

附录：智库名录 270

接下来，我们将简略介绍一些政策研究组织的起源、资金、人员以及研究项目。这份附录中仅仅列出了一些典型性的研究机构，一方面是为了展现美国智库的广泛性与多样性，另一方面也对文中提到的智库的研究成果进行更新。对于一些在正文中一笔带过的智库，我们将在此处加以详说，同时，我们还将对在 20 世纪 80 年代末至 90 年代初越来越重要的一些智库予以介绍。

美国艺术与科学院

1780 年，约翰·亚当斯和美国其他领导人在波士顿创建了美国艺术与科学院。该学院现在是这个年轻的共和国中第二古老的学术团体。其建立者试图“培养能够提升自由、独立、正直之人的兴趣、荣誉、尊严以及快乐的每一类艺术与科学”。

美国艺术与科学院有两重功能：第一，表彰个人在艺术、科学、公共事业和商业领域的成就；第二，开展研究项目计划，解决各类社会问题。该院共有 3 200 名院士 600 名荣誉院士。其研究领域共有四类：物理科学、生物科学、社会艺术与科学以及人文艺术。

美国艺术与科学院并没有固定的研究议程，而是主要依赖于各个领域成员的研 271
究兴趣来进行项目的策划。目前正在进行中的研究计划：关于世界原教旨主义运动的多渠道研究，关于国际安全政策的一系列项目，城市环境中汽车的发展态势研究，儿童的教育、健康以及福利研究，围绕国际移民的道德问题研究，社会资本和公共政策研究，以及苏联和东欧的环境保护研究。美国艺术与科学院每个季度会出版学刊《美国文理学会会刊》，除此之外，每年还会出版四到五本图书。

该学院共有 1 600 万美元捐赠资金，每年预算接近 500 万美元。学院内共有 21 名专业人员，现任主席是利奥·L. 贝拉尼克，执行总裁是乔尔·奥伦。该学院的总部位于马萨诸塞州剑桥市欧文街 140 号诺顿大厦，邮政编码：02138。同时，该学院还在加利福尼亚州的尔湾和伊利诺伊州的芝加哥设有区域中心。

美国企业研究所

美国企业研究所于 1943 年成立，最初是一个商业研究组织。1960 年，该组织改名为美国企业研究所(AEI)，并成为华盛顿最为杰出的政策研究中心之一。该组织兴起于 20 世纪 50 年代。当时，长期担任院长的老威廉·巴鲁迪认为自由主义权势集团的政治影响力过于强大，因而试图建立一个机构来对抗这种影响力。在 20 世纪 50 年代和 60 年代，巴鲁迪将全国著名的保守主义经济学家们纳入到该机构中，并在 70 年代，与诸如欧文·克里斯托尔等新保守主义学者建立了紧密的联系。事实证明，巴鲁迪非常擅长推广会议和研讨会，并开展了大量出版项目。

20 世纪 80 年代中期，在巴鲁迪的儿子兼继任者担任会长期间，该组织陷入了严重的经济困难之中，但最终在克里斯托弗·C. 德穆思的带领下重振雄风。AEI 现在每年支出 1 000 万美元左右，其收入一半来自公司，三分之一来自基金会，还有略微超过十分之一来自个人。该研究所内有 50 位常驻学者和助理研究员，还有几十位居住外地的客座学者。

272 AEI 仍然坚守着“维护和完善自由社会的制度”的信念，认为自己在“一个一味夸大政府干预的好处，同时贬低私有企业的好处的企业生活区中运营”。其研究项目主要分布在三个领域：由马文·H. 科斯特斯带领的国内和国际经济政策，由珍妮·J. 柯克帕特里克带领的外交和国防政策研究，由迈克尔·诺瓦克带领的社会和政治研究。

近年来，高级研究员赫伯特·斯坦关于财政政策的研究以及科斯特斯关于税收政策和储蓄政策的研究都对经济政策的论战做出了巨大贡献。AEI 多年以来一直关注规章制度，并一直从事着金融市场规章的研究。AEI 的经济学家们也对医疗保健政策、劳动力市场，美国贸易政策和经济竞争力有所研究。在外交政策方面，AEI 引进了诸如迈克尔·莱丁、理查德·珀尔等前里根政府的官员。最近，AEI 还出版了柯克帕特里克和珀尔的演讲录和论文集、马克·福尔科夫对拉丁美洲的研究作品、乔治华·莫拉夫契克对民主转型的研究以及尼古拉斯·埃伯施塔特对对外援助的研究著作。社会和政治研究方面的学者有诺瓦克、罗伯特·博克、诺曼·奥恩斯坦、威廉·施耐德、本·瓦滕伯格等人。他们的研究和文章主要集中在选举程序、国会、宪法、宗教和哲学价值观等方面。

AEI 出版社每年大约出版二十本书籍，同时，研究院的很多学者也会在商业杂志和大学出版社出版书籍。除此之外，AEI 还发表了数百篇文章和专栏，期刊包括《美国企业研究所经济学家杂志》《管制：政府研究和社会问题》以及《舆论》。1990 年，这些期刊都被新的双月刊《美国企业》取代。AEI 位于华盛顿特区西北区十七街 1150 号，邮政编码：20036。

美国大西洋理事会

1961 年，迪安·艾奇逊、克里斯琴·赫脱和其他推崇西方盟国相互依存原则的美国人建立了美国大西洋理事会。最初，该理事主要研究大西洋联盟，但在过去的三十年中，该理事会的研究范围已经大大拓展。美国大西洋理事会的目标是基于下述理念："当今发达民主国家——西欧、北美、澳大利亚、日本以及新西兰的人民必须联 273
合起来，以有效解决共同面临的重要问题，把握重要机会"。在过去这些年中，该理事会与其他国家的类似组织紧密合作，支持北大西洋公约组织和经济合作与发展组织的发展。

大西洋理事会是一个两党合作的教育组织。理事会内的各个委员会、讨论会以及工作小组在一系列问题上进行讨论并制定政策建议。该理事会的项目包括对欧洲关系、新独立的斯拉夫和欧亚国家的转型、亚洲和太平洋关系、全球和地区安全，以及

21 世纪全球议程的大量研究和教育活动。该理事会特别注重培养新一代年轻领袖。该理事会的讲座、研讨会和研究小组的研究成果被整理成了一系列的简讯、文章和政策论文。

大西洋理事会每年的预算大约有 150 万美元，其中将近百分之四十来自基金会，百分之三十来自于公司。现任理事会会长是罗珊·L. 里奇韦，职员约有三十名。其办公室位于华盛顿特区西北区 H 大街 1616 号，邮政编码：20006。

布鲁金斯学会

布鲁金斯学会位于华盛顿，是美国最古老的政策研究中心。1916 年，一些人为支持提高政府效率、改革政府预算程序，建立了政府研究所。1927 年，政府研究所与罗伯特·S. 布鲁金斯参与的另外两个相关组织，即经济研究所和罗伯特·布鲁金斯经济与政治研究生院合并，并以罗伯特·S. 布鲁金斯的名字命名，布鲁金斯学会最终成型。这么多年来，随着美国社会科学研究和研究生教育的兴起，布鲁金斯学会的研究项目也不断向前迈进。

布鲁金斯学会每年的预算在 1 900 万美元到 2 000 万美元之间，收到的捐赠大约有 1 亿 2 000 万美元，是美国最稳定的政策研究中心之一。捐赠所得收入超过总收
274 入的四分之一，出版物销售以及会议费用占近三分之一，其余的大部分是私人捐赠。布鲁金斯学会有四十到五十名全职高级研究人员（如果算上访问学者和助理研究员的话会更多），研究领域分为三个部分：经济研究、外交政策研究和政府研究。同时布鲁金斯学会还有一个教育部门，即公共政策教育中心。该中心主要为政府官员和商业领袖举办会议和研讨会。

在过去几十年中，由亨利·J. 亚伦带头的经济研究项目在联邦预算分析和税收政策、经济增长以及生产力的研究方面声名远播。近来，布鲁金斯学会又建立了法律、经济和政治中心，为经济研究提供跨学科研究方法。该学会还开始探讨世界经济的相互作用与协调宏观经济政策过程中出现的问题。布鲁金斯学会还将大量注意力

投向了公共政策的分析方法的研究上，并继续从事交通、医疗、教育等方面的政策项目研究。近来，布鲁金斯学会又开始注重社会政策问题。

传统上，由约翰·斯坦布鲁纳带头的外交政策研究项目主要关注国防预算、核武器管控、常规军事力量、合作安全问题以及苏联问题，并且对中东和亚洲这两个地区做了大量研究。最近，该项目开始研究环境问题，并将研究地区扩大到了非洲和拉丁美洲。

由托马斯·曼带领的政府研究项目关注政府的政治制度和进程。很长时间以来，该项目都在公务员的本质、美国政治领袖的选举方式以及政府三个分支之间的关系等问题上投入了大量精力。该项目还研究了从社会安全到自由贸易等不同领域的决策政治，探索了国会和联邦官僚制度潜在的改革。目前，该项目又将社会政策和比较政治列为其研究重点。

自 1977 年以来，布鲁斯·麦克劳瑞便一直担任布鲁金斯学会的会长。布鲁金斯学会位于华盛顿特区西北区马萨诸塞大道 1775 号，邮政编码：20036。

卡内基国际和平基金会 275

1910 年，安德鲁·卡内基捐赠 1 000 万美元，成立了卡内基国际和平基金会。该基金会的目标是加快消灭战争。一战结束前夕，基金会的缔造者们正推动国际仲裁框架的建立，他们相信这个目标近在眼前。伊莱休·鲁特、尼古拉斯·默里·巴特勒等基金会最早的理事提倡研究国际法和战争的经济根源问题。卡内基国际和平基金会的第一个重要成果便是出版了长达 152 卷的《一战经济和社会史》。

同其他几个建立于 20 世纪初期的研究机构相似，卡内基国际和平基金会也是一个运作型基金会。该基金会将超过一亿美元的资金用于支持基金会的研究、出版和教育项目。自 1970 年以来，卡内基基金会出版了季刊《外交政策》。基金会的各种研究小组和圆桌会议将前任和现任政府官员们汇聚在一起，共同商讨美国在世界上扮演的角色。由温斯顿·洛德担任负责人的美国国家委员会和新世界项目首次对美国在战后世界的角色进行了重要评估。其他研究自决权、移民政策、核扩散、中东军备控制以及印美关系的项目和研究小组也彰显出卡内基基金会研究领域的广泛性。

卡内基国际和平基金会有二十多名常驻学者和高级助理，他们拥有不同的专业背景，包括新闻业、公共服务业以及学术界。基金会的研究项目与学者的个人兴趣一样广泛。常驻学者包括研究近东和南亚核扩散以及军备控制的杰弗里·肯普、研究苏联政治动乱的迪米特里·K.西梅斯、研究亚太地区经济和政治变革的新西兰人詹姆斯·克莱德、加勒比地区专家安东尼·T.布赖恩，以及长期对亚洲军备控制拥有浓厚兴趣的塞利格·哈里森。卡内基国际和平基金会位于华盛顿特区西北区 N 大街 2400 号，邮政编码：20037。

卡托研究所

1977 年，参与自由意志主义运动的活动家们在加利福尼亚州建立了卡托研究
276 所，后来又将该研究所迁到了华盛顿特区，并建立了规模庞大的研究和媒体拓展项目。该研究所的名字来源于 18 世纪在美洲殖民地上广泛流传的文集《卡托的信条》，其目标是“扩大政策辩论的范围，使与美国个人自由、有限政府、和平的原则相一致的更多选择可以被纳入到考虑范围之内”。该研究所每年的预算约为 400 万美元，每年大约出版十本书以及十五到二十篇政策分析。除此之外，该研究所每年还会出版三期《卡托杂志》、四期《管制：政府研究和社会问题》杂志以及一系列卡托政策报告、数百篇专栏文章、广播评论。卡托研究所的会议和论坛遍布全球，这彰显出在世界范围内，古典自由主义思想正日益复兴。最近卡托研究所出版的书籍包括对市场医疗改革、公共选择的研究，对中央银行的理论批判，以及对石油进口费用和可比价值提议的批评。

卡托研究所共有四十名职员。爱德华·H.克兰是该研究所的第一任所长。1985 年，罗纳德·里根经济顾问委员会的前成员威廉·尼斯卡宁继任所长。该研究所的办公室位于华盛顿，包括戴维·博阿兹、斯蒂芬·穆尔、外交政策分析家泰德·

卡朋特，宪法研究中心的主任罗杰·皮隆一众研究人员和作家都常驻在此。卡托研究所的很多研究和出版物都是由五六十位在其他研究机构和院校工作的客座学者完成的。该研究所位于华盛顿特区西北区马萨诸塞大道 1000 号，邮政编码：20001。

美国预算与政策优先中心

1981 年，美国农业部负责食物券和儿童营养事务的食品与营养局前局长罗伯特·格林斯坦建立了美国预算与政策优先中心。但是，直到格林斯坦接受菲尔德基金会的经济援助，开始分析里根政府裁减预算对食品项目的影响时，该中心才真正成型。在主要基金会的支持下，该中心逐渐成长为拥有二十八名职员（其中有二十名是专业人员），每年预算接近 300 万美元的组织。

该中心的分析工作仍然是基于美元和数据，评估影响中低收入家庭的项目和政策；在安德鲁·F. 克雷皮内维奇的带领下，国防预算项目已经发展成为一个自主的 277
研究项目。美国预算与政策优先中心目前的关注领域是一个国家财政政策的持续性项目，研究国家预算和税收政策，其目的是提高减贫工作以及中低收入家庭帮助的有效性。1989 年，该中心开始启动公共教育项目，以提高符合条件者对劳动所得税扣抵制的意识和利用。美国预算与政策优先中心的主席是罗伯特·格林斯坦，该中心的办公室位于华盛顿特区东北区北国会大厦街 777 号 705 室，邮政编码：20002。

国防信息中心

自 1972 年起，国防信息中心（CDI）在海军少将吉恩·R. 拉罗克（从美国海军陆战队退休）和海军少将尤金·卡伦（从美国海军陆战队退休）的管理下开始运转。该中心的工作包括分析国防政策、向记者、公众以及应政府官员的要求提供报告。20 世纪 80 年代，CDI 经常会和国防建设的支持者产生冲突。CDI“反对在武器方面的过度支出，反对会增加核战争危险性的政策”。CDI 认为，“强大的社会、经济、政治和军队同样能够保证美国的安全”。随着东西方关系的巨大转变以及冷战的结束，CDI

认为两千亿美元的国防预算便足以维护美国国家安全。

该中心每年预算为 150 万美元，拥有三十名职员，其中包括前军队官员和文职研究员。国防信息中心的主要出版物是仅有 8 页的刊物《防务观察》。在这本刊物中，CDI 提出了阻止核武器试验的方法，批评生产化学和核武器的设施，研究前沿的军队技术，探讨武器贸易，探究军事活动对于环境的影响，批评获取和生产武器的程序。CDI 还试图通过每周的电视节目《防务观察》，来贴近广大选民。

国防信息中心位于华盛顿特区西北区马萨诸塞大道 1500 号，邮政编码：20005。

民主研究中心

1984 年，民主研究中心由美国历史学家艾伦・韦恩斯坦建立。艾伦・韦恩斯坦
278 毕业于耶鲁大学，曾在史密斯学院、乔治城大学以及波士顿大学担任教授。他是位于圣塔芭芭拉市的民主研究中心的最后一任主席，也是国家民主捐赠基金会的第一任主席。20 世纪 80 年代，各个国家纷纷成立民主政权，艾伦・韦恩斯坦看到了这个历史性的契机，于是他离开了从事学术工作的历史学家的行列，创建了属于自己的中心。该中心有来自民主党的成员，也有来自共和党的成员。其主要目的是促进和提升民主进程。

该中心的目标是“帮助建立和完善民主制度，鼓励冲突环境下的对话，促进和支持处于不同发展阶段的民主国家的长远目标的实现”。该中心的工作包括选举、监督等。该工作最初在菲律宾进行，后来又在其他十个国家陆续开展。

该中心的研究范围遍布全球，但近来最为重要的研究主要集中在拉丁美洲和中东欧。该中心领导了拉丁美洲/加勒比法律发展联盟。该联盟主要向该地区新出台的国家法律提供技术支持。民主研究中心与欧洲理事会保持紧密合作，对东欧的新民主国家和西欧老牌民主国家之间桥梁的建立起到了重要作用。该中心与国际民主研究院相互合作，在斯特拉斯堡创建了民主图书馆，收藏了关于民主经验的重要文献，并提供给东欧的图书馆以做参考。

该中心共有十六名全职职工，每年的业务预算大约是 300 万美元。民主中心会在各种会议的基础上出版报告和会议记录。艾伦·韦恩斯坦继续担任该中心的主席，其办公室位于华盛顿特区西北区 15 街 1101 号，邮政编码：20005。同时在莫斯科、斯特拉斯堡（法国）以及圣何塞（哥斯达黎加）建有区域办事处。

国家政策中心

1981 年，一群民主党的中坚分子建立了国家政策中心（CNP），主席为埃德蒙·马斯基，董事会包括许多民主党中间派。该中心的自我定位是“进步实用主义者”，致力于制定有效的政策提议，而非阐释政治价值观或支持社会科学研究。该中心没有 279
常驻研究人员，但却与许多学者保持紧密联系。该中心主要担任会议组织者的角色，赞助非正式的政策研讨会、公开座谈会以及长期的研究项目。该中心最近的研究主题包括美国收入分配、监管政策以及后冷战时期的国家安全决策框架。

国家政策中心的大部分出版物（通常是三十页到六十页的小册子）是为会议准备的文章或者是 CNP 的研究成果。在过去这些年中，该中心曾就农业部门的债务问题、食物和农业政策、医疗保健、美国经济竞争力、税收政策、工作和福利、外层空间、青少年和贫穷等问题发布报告。CNP 每年预算约为 80 万美元。目前的主席是莫林·斯坦布鲁纳。CNP 位于华盛顿特区东北区马萨诸塞大道 317 号，邮政编码：20002。

新西方中心

新西方中心于 1989 年在科罗拉多州丹佛成立，主要关注贸易、科技和经济发展问题。其目标是促进该地区的平衡增长和经济发展，为西方领导人提供解决全球、国家和地区问题的平台。其建立者们认为，由于人口结构变动、不断加剧的全球竞争、技术变革、小企业的作用、工作环境的变化，“新经济”随之出现。他们希望公共和私人领域的领袖们可以理解“新经济”的一系列变化带来的影响。该中心坚信“技术、创新和美国人勇往直前的精神”，以及通过“面向企业”和使用“市场推动的方法”来解决公共政策问题。

该中心的主要项目包括创新运输技术研究、为促进北美物资和人员流动的新南北贸易通道研究、“娱乐经济”和旅游业以及远程信息处理。最近，该中心完成了大平原地区转型中的社会、经济和文化变化研究，并拟定了科罗拉多州利特尔顿的经济发展战略。

280 该中心在丹佛共有 15 名职工，除此之外还有 25 名高级学者和助理研究员分布在全美各地。该中心每年的预算为 130 万美元，其中大部分来自公司和基金会的捐赠以及会员费。其成员现在包括大约两百家公司、公共部门组织、市政府以及非营利组织。该中心的主席是曾在美国西部公司负责债务工作的菲利普·M. 伯吉斯。其总部位于科罗拉多州丹佛市百老汇街 1625 号，世界贸易中心 600 号，邮政编码：80202。该中心的分部位于阿尔布开克和华盛顿。

战略与国际研究中心

战略与国际研究中心(CSIS)的使命是“为决策者提供一个综合性、世界性、预测性、两党合作性的战略视角”。该中心建立于 1962 年，当时与乔治城大学仍保持着一种松散的联系，直到 1987 年这种联系才中断。从建立之初到现在，该中心从一个小型研究团体发展成为一个拥有 160 名成员的机构，其中包括 50 多名高级研究人员。除此之外，该机构与很多客座学者、高级助理研究员以及顾问保持紧密联系，搭建起一个复杂的人才关系网。CSIS 每年的预算大约为 1 350 万美元，其中 38%来自公司，35%来自私人基金会。该机构还建立了一个拥有 1 000 美元的基金会，主要用来聘请讲座教授。

该中心的出版物包括布拉德·罗伯茨主编的《华盛顿季刊》、研究政策新问题的系列刊物《华盛顿文集》、在《重要问题丛刊》上发表的专论，以及各个 CSIS 专家小组的报告。CSIS 学者的书籍通常是与商业出版社和大学出版社合作出版。出版所得和版权费只占该中心收入的百分之一。过去这些年来，CSIS将更多的注意力投向了会议和研讨会，而非出版书籍。通过组织会议，CSIS将华盛顿各个独立的政策团体联合了起来。同时，CSIS还将视野延伸至国际，例如1989年，CSIS与太平洋论坛合并，并相继与世界各地的研究中心建立起非正式的联系。

尽管其成员包括许多例如爱德华·勒特韦克、沃尔特·拉克、乔治斯·福里奥尔等多产的学者，但是还有许多学者是政策实践者、“进进出出者”，以及决策者的顾问。所以其研究议程是基于对现实的敏感性以及决策者加入其工作小组、危机模拟演习、 281
国会人员研讨会的意愿而制定的。近年来，CSIS还建立了“行动”委员会来研究波兰和俄罗斯圣彼得堡地区市场经济的转型问题。

从战略的角度来说，CSIS的研究项目着眼于“职能性”问题，例如军备控制和技术、国际商务、能源和环境问题、国际交流以及政治军事问题等。CSIS还研究特定地区问题，拥有非洲、亚洲、欧洲、拉丁美洲、中东以及苏联问题方面的专家。CSIS位于华盛顿特区西北区K街1800号400室，邮政编码：20006。

经济发展委员会

1942年，关注战时生产经济向和平经济转型的企业家建立起经济发展委员会(CED)。该委员会继续充当着企业高管和政策研究人员之间沟通的桥梁，制定一些当今主要问题的解决方法。据其领导人描述，CED“秉持着私营部门应该尽早了解思想发展的信念，因为思想的发展会最终塑造公共政策”。在建立初期，CED主要关注经济发展和稳定，帮助商业团体适应“新政”和当时比较新颖的凯恩斯主义的“需求管理政策”。

CED目前的研究兴趣集中在削减联邦赤字、鼓励生产性投资、应对就业市场的人口变化、改革教育体系、反思贸易政策、改革成本昂贵的债务安排等问题上。CED人员规模小，大约只有二十多位职员，以及一个研究成果卓著的研究咨询董事会。委员会通常从学术研究者处征集研究论文，作为背景文件发表。目前，该委员会有250

名受托人，他们主要通过下属委员会与专家讨论政策问题，然后发表包含委员会对政策建议的报告。只有受托人对建议有最终决定权。最近的报告涉及美国在全球经济中的角色，刺激生产力发展的必然之举，以基于市场的环境问题治理方法。

CED 的收入和支出大约为每年 460 万美元。1992 年，公司出资将近 300 万美元
282 用于无限定基金，其中大部分资金来自 115 家公司。将近 90 万美元来自 9 家私人基金会。这些资金主要用来支持 CED 在儿童保健、教育、能源和环境以及全球经济的研究。CED 的主席是索尔·赫维茨。办公室位于纽约市麦迪逊大道 477 号，以及华盛顿特区西北区 L 街 2000 号，邮政编码：20036。

竞争企业协会

1984 年，曾在美国铁路协会担任经济学家，并在美国环境保护署担任高级政策分析家的小弗莱德·L. 史密斯建立了竞争企业协会（CEI）。他认为“从非意识形态的世界获得足够的支持来维持原则性的自由市场的游说团体是有可能的”。最初，史密斯更多的是进行直接宣传，而非研究和创作。他从一个人逐渐壮大为一个十五人的组织。除此之外协会还有五位客座学者，每年的预算接近 100 万美元，根据协会的描述，目前他们采用“一个综合的问题管理方法”，包括分析、宣传、出版和诉讼。

CEI 提倡交通规则改革，修改反托拉斯法，改革存款保险制度，对挽救农村电气化管理局提出反对意见，挑战环境《超级基金法》，利用企业竞争力指标对国会投票记录进行常规评估。该机构曾在联邦法院上控诉国家公路交通安全管理局使用公司平均燃油经济标准，并最终获得胜利。

随着机构的扩大，CEI 出版了越来越多的研究和篇幅达书本长度的出版物。协会现在的主要项目是环境研究，寻找用自由市场的方法来解决环境问题；风险和保险，特别是用基于市场的方法来处理联邦存款保险问题，以及通过法制宣传来保护个人经济权力。1992 年，CEI 出版了第一本书《环境政治学：公共成本和私人回报》，并且在政策期刊和报纸上发表了一系列文章和专栏文章。

1991 年，CEI 的收入为 64.4 万美元，其中 56%来自基金会，35%来自公司。1993 年，CEI 的收入大约为 100 万美元。协会位于华盛顿特区西北区康涅狄格大道 1001 号 1250 室，邮政编码：20036。

外交关系协会 283

1921 年，参与“巴黎和会”的美国代表团认为美国必须准备好在世界事务中扮演更重要的角色，因此，外交关系协会便应运而生。该协会是一个会员制组织，共有三千余名成员，致力于“通过思想的自由交流，提高公众对美国外交政策和国际事务的理解”。

该协会的研究项目涉及美国外交政策的各个方面，为协会会员的目标服务。协会成员会经常会面，聆听世界各国领导人的讲话。该协会的研究项目会将从事国际事务研究的学术专家汇聚到一起。协会的研究项目拥有十几位项目负责人、高级学者以及少数访问学者。常驻学者赋予了协会研究中心和成员组织的双重特征。最近，该协会的研究项目完成了关于欧洲政治、经济一体化发展的研究，并正在对国际组织和国际法进行研究。

在美国的历史上，该协会在定义外交政策共识上扮演着重要角色。该协会的战争与和平研究项目对“二战”后出现的制度安排，包括联合国和布雷顿森林协定的形成起到了积极作用。协会的期刊《外交事务》发行量超过 10 万份，是美国最显著的国际事务期刊。该协会还在全国公共广播电台（NPR）播放“美国和世界”周播系列节目，同时还在公共广播公司（PBS）上面向全国播放节目“焦点中的世界”。

该协会每年的运营成本大约为 1 250 万美元，收到的捐赠资金大约为 5 000 万美元。1993 年，莱斯利・H. 盖尔布接替彼得・塔尔诺夫成为协会主席。协会总部位于纽约市东 68 街 58 号哈罗德・普拉特大厦，华盛顿的办公室在华盛顿特区西北区 N 大街 2400 号，邮政编码：20037。

经济政策研究所

经济政策研究所(EPI)成立于 1986 年,创建者包括主席杰弗里・福克斯和其他五位经济学家及政策思想家:莱斯特・瑟罗、雷・马歇尔、罗伯特・赖克、巴里・布卢
284 斯通、罗伯特・库特纳。他们认为,关于国家政策的论战已经倒向右派,因此想要创建一个机构,以支持更为激进的政府。他们也认为,美国的竞争者们已经在政府和企业之间建立了新的合作形式,美国相对滞后。该机构公开声明的立场是“关注劳动人民的经济机会和生活水平……EPI 通过这个角度研究了大量问题”。

EPI 关注的问题:在不降低工薪收入和生活水平的情况下,美国如何参与国际竞争;经济增长和收入平等分配之间的关系;公共部门在经济发展中能够扮演什么角色;如何鼓励长期投资;什么样的贸易安排能够促进全球繁荣等。EPI 的报告涉及生活水平、劳动力市场、工会、贸易政策和经济竞争力,以及政府在经济和社会生活中所扮演的角色。EPI 对各种私有化方案持怀疑的态度,对服务业低报酬工作的增加发出警告,讨论管理贸易和贸易赤字对工作的影响,主张优化税收结构。

EPI 主要依赖于从最初工会联盟得到的资金(美国州县市雇员联盟、美国联合汽车、航空和农机工人工会、美国钢铁工人联合会、美国矿工联合会、服务业雇员国际工会、食品和商业工人国际工会),EPI 现在的预算接近 200 万美元,拥有 13 名专业人员。

EPI 的主席由杰弗里・福克斯担任,办公室位于华盛顿特区西北区罗德岛大道 1730 号 200 室,邮政编码:20036。

道德和公共政策中心

毕业于耶鲁大学神学院,曾在布鲁金斯学会的外交政策研究项目组工作的欧内斯特・勒菲弗于 1976 年创建了道德和公共政策中心(EPPC)。他想要建立一个机构,以明确和加强犹太教和基督教之间的道德传统以及国内外政策的公共争论。勒菲弗认为,道德推理在影响公共政策的过程,为实证计算中往往被遗漏的部分提供了

必要的补充。

在勒非弗的管理下，该中心成长为一个年预算为 120 万美元的组织。其资金来 285
自基金会、公司和 600 位个人捐赠者。1989 年，勒非弗在担任主席 13 年后，卸下这一职务。神学家兼詹姆斯·麦迪逊基金会的前主席乔治·韦格尔继任主席。EPPC 的定位是："确认伟大的西方道德规则中的政治现实意义，即尊重每个人的尊严、个人自由和责任、公正、法治、有限政府之间的政治联系"。

该中心的研究主要集中在五个领域：与神学家和宗教学学者合作开展宗教和社会项目工作，在宗教思想家和公共政策决策者之间建立更有思想性的对话；外交政策项目解决美国在世界上的责任问题，主要关注共产主义制度的瓦解，东欧国家的兴起以及拉丁美洲、中东和东亚的持续动荡；法律和社会项目评估影响宗教机构和学校的法律趋势；教育和社会项目主要关注价值观和态度的教育问题；商业和社会项目评估对资本主义制度和市场经济的批判。

中心近年的研究和出版主要关注苏联和东欧的宗教状况、道德、战争与和平、文化政治、堕胎问题的争论以及基督教社会思想。自 1976 年以来，该中心已经出版了六十多本书。

该中心有 12 名职员，由乔治·韦格尔担任主席，办公室位于华盛顿特区西北区 15 大街 1030 号，邮政编码：20005。

外交政策研究所

外交政策研究所成立于 1980 年，是约翰·霍普金斯大学保罗·尼采高级国际研究学院在华盛顿特区的分支。该机构由学院的教师以及外部研究人员组成，有十名全职人员，包括六名研究员。除此之外还有五名兼职研究人员。

该机构的研究项目涉及亚洲安全、能源政策、苏联和东欧的安全决策、美日欧之
间的关系、媒体和外交政策、危机管理和谈判。FPI 的研究人员每年出版三到五本书 286
以及少量专著。最近的研究包括国防改革、反恐、电视和海湾战争以及美日关系的

未来。

该机构的预算大约为100万美元，其中90%是由基金会捐赠，地址位于华盛顿特区西北区马萨诸塞大道1619号，邮政编码:20036。

传统基金会

1973年，一群保守派立法人员建立了传统基金会。目前，基金会拥有150名职员，成为保守派知识分子运动的旗舰。尽管传统基金会的起源是“新右派”，但它却将保守的传统主义者、古典自由主义者以及新保守主义者汇集起来。该基金会的年预算为2 000万美元，主要来源于个人捐赠(44%)、基金会(28%)、公司(10%)、捐赠收入(13%)以及出版收入(5%)。

传统基金会有两个主要的研究部门，即由斯图尔特·巴特勒带领的国内政策和经济政策研究部，以及由金·霍姆斯带领的外交政策和国防研究部。1991年，该基金会又增加了一个文化政策研究项目，由前教育部长威廉·贝内特带领。

传统基金会的经济分析家和国内政策分析家主要关注削减预算和税收改革，提出美国应该在五年时间内完成约8千亿美元成本削减目标。他们还批评了布什政府期间的“再管制”，在消费者选择而非管制竞争的基础上制定医药卫生改革提案，继续在市中心兴建“企业区”，倡导自由市场环境。该基金会开展的“新多数派”项目在美国少数团体中促进了保守政策思想的传播。

外交政策项目主要关注俄罗斯经济和政策改革，1992年，该基金会在莫斯科成立了办公室。半球发展研究所不断推动北美自由贸易协定的签订，并高度关注美国
287 和墨西哥的关系。亚洲研究中心研究的问题从贸易到朝鲜核武器均有涉及。该基金会的国家安全分析家持续推动了战略防御计划，并为美国军方的长期军力结构制定提案。

该基金会的研究人员每年会发行200多本出版物，包括只有一页的行政备忘录、十二页的情况简报及快报，也包括专著与长篇书籍。出版项目还包括销售量超过

16 000 份的学刊《政策评论》，以及列有不同领域中的 1 500 名保守派专家的《公共政策专家年度指南》。

该基金会通过出版物和政策提议，成功地吸引了大众媒体的目光。该基金会有接近三分之一的预算都投放在市场推广方面。基金会的工作包括成立一个媒体联合体和一个讲师团，并通过保守主义培养大纲中的“第三代”项目和课程，着重培养新一代保守派领导人。通过布拉德利研究员计划，该基金会将保守主义学者汇集到华盛顿。同时，传统基金会的资源库还与成百上千的研究机构和学者保持密切联系，使他们能够更直接地参与到华盛顿的决策过程。传统基金会的主席是埃德温·J. 福伊尔纳，办公室位于华盛顿特区东北区马萨诸塞大道 214 号，邮政编码：20002。

胡佛战争、革命与和平研究所

胡佛研究所位于斯坦福大学校园内，形式上虽然是独立的，但却处于斯坦福大学的管理之下。胡佛研究所于 1919 年由赫伯特·胡佛出资建立。最初该研究所的名称为“胡佛战争图书馆”，馆中收藏了关于第一次世界大战起因、后果以及战后修复重建的重要资料。现在，图书馆藏有 160 多万卷书籍和 5 000 万关于二十世纪的战争、革命和社会变革的档案项目。这里收藏的关于俄罗斯和中国革命的文献绝无仅有。自从 1989 年东欧剧变以来，该研究所在苏联和东欧的资料收集活动迅速增加，包括对苏联共产党资料进行微缩摄影处理等等。

1960 年到 1989 年间，在 W. 格伦·坎贝尔的带领下，胡佛研究所从一个缺少资 288
金、项目较少的图书馆发展壮大，成为美国最知名的，偶尔也充满争议的政策研究中心。该机构有 80 位常驻学者，以及一些访问学者和图书馆及档案专业人员。近年来，胡佛研究所最知名的研究人员包括马丁·安德尔森、加里·贝克尔、米歇尔·博斯金、罗伯特·康奎斯特、米尔顿·弗里德曼、西摩·马丁·利普塞特、托马斯·索维尔、爱德华·特勒、查尔斯·沃尔夫。该研究所的预算中大约有 1 900 万美元来自大学拨款，1.25 亿美元来自捐赠，其他则来自基金会、公司企业。

胡佛研究所的研究主要分布在三个领域：国际研究、国内研究以及国家安全事务。最新研究计划包括全球民主和经济发展项目、美国制度和经济状况、主权和治国之道。在胡佛研究所学者最近发表的出版物中，马丁·安德尔森探讨了美国高校的衰落，彼得·杜伊格南和L. H. 甘恩对二战后西欧民主国家的复苏进行了研究，托马斯·索维尔则研究了美国教育体系的危机或困境。

胡佛研究所的很多研究和出版项目仍然是扎根于研究所内的存书。该研究所的学者还撰写了参考文献、档案指南以及第一手资料文集。该研究所还出版了关于全世界共产党、共产主义政权以及革命活动的历史文献。最近的研究成果包括对苏联各民族的研究，包括爱沙尼亚人、格鲁吉亚人、哈萨克人、阿塞拜疆土耳其人以及鞑靼人。同时，该研究所还发表了关于公共政策的一系列文章。

胡佛研究所的所长由约翰·雷森担任，地址位于加利福尼亚州斯坦福市斯坦福大学内，邮政编码：94305。

哈德逊研究所

1961年，赫尔曼·卡恩与其在兰德公司的同事一起在纽约的韦斯特切斯特建立了哈德逊研究所。卡恩去世后，该研究所于1984年迁到了印第安纳波利斯。卡恩和同事将该研究所称之为“未来的游说团体”，参与到对未来的思辨研究和国防、国际政
289 治、能源以及教育的研究中。现在，该研究所认为其观点“包含了对传统观点的质疑，对解决问题的乐观，对自由制度和个人责任的坚守，对国际安全威胁的现实观点”。

哈德逊研究所目前有22名高级研究人员，但并不是所有人都是常驻在印第安纳波利斯。研究所与劳工部、国防部以及美国海军建立的合同关系，为其最近的一些项目提供了支持；卡恩去世后，该研究所经历了搬迁，并进入了一段艰难的人才过渡期。后来，来自基金会，特别是礼来基金会的资助使该机构度过了这一时期。该研究所还通过中欧和欧亚研究中心、全球食品问题中心、教育政策研究小组、国家安全研究小组、城市政策研究小组以及最新建立的由丹·奎尔带领的竞争力中心开展研究项目。

除此之外，哈德逊研究所还进行了经济、电信和技术政策方面的研究。

在哈德逊研究所的研究中，最值得关注的是“现代红色校舍”（它是新美国学校发展公司资助的 11 个学校改革项目之一，以设计创新型校园为主题），教育精英网络，帮助匈牙利和波罗的海国家度过市场经济的过渡期。最近出版的书籍和报告包括研究人口分布趋势、技术技能，以及有关未来美国劳动力的《劳动力统计报告（2000）》《德国新纪元》《胜利后的考验：冷战后的东亚》以及《生物多样性：以生物技术来保护物种》。该研究所的主席是莱斯利·伦科夫斯基，地址位于印第安纳州印第安纳波利斯的赫尔曼·卡恩中心，邮政信箱：26－919，邮政编码：46226。

独立研究所

1986 年，卡托研究所的前副主席、卡托文件集系列的编辑、太平洋公共政策研究所的所长大卫·泰鲁创建了独立研究所。在这些年中，泰鲁主要关注美国社会中决策的政治化，他将其称之为“将公共争论局限在对现有政策、党派利益的普遍影响及重新考虑社会创新的停滞的狭窄范围内”。独立研究所的研究方法是将“方法论个体主义”应用到经济学、法律、政治理论、历史和社会学领域中。其研究倾向于挑战政府官僚的效率以及政治进程的合理性。 290

该研究所的常驻学者较少，但却拥有大约 100 位分布在全美各个大学和学院之内的学者。常驻学者负责监管这些学者所参与的研究项目。该学院的研究主要分布在以下几个领域：经济政策、环境政策、社会和法律政策、国际事务以及医疗政策。最近独立研究所出版的书籍支持新古典主义理论关于失业的观点，质疑政府对劳动力市场的干预，认为此举导致了高失业率；批评里根时期监管改革的步调；研究高等教育的政治经济；讨论刑罚制度的专用方式；质疑国防经济的效率。该研究所举办了大量会议和政策论坛，为书籍、磁带和视频提供广泛的目录服务。

独立研究所的年度预算为 95 万美元，主要来源于基金会（31%）、企业（23%）、个人（28%）和书籍销售（18%）。该研究所内共有 11 位职员，其中包括 5 名专业人员，地址位于加利福尼亚州奥克兰市 98 大道 134 号，邮政编码：94603。

当代研究所

当代研究所（ICS）于 1972 年建于旧金山，时值罗纳德·W. 里根州长任期内的最后几个月。其主要的组织者有埃德温·米斯、卡斯帕·温伯格和首任主席 H. 罗门·布朗，研究所能够为总统候选人就即将到来的竞选活动提供研究报告。在经历了 20 世纪 70 年代早期至 20 世纪 80 年代中期的演进之后，研究所发展成一家小型出版公司，拥有大约十几名员工和 100 万美元的预算，学者组成的关系网逐渐扩大。相比起研究所早期资助者的设想，它变得更加学术化，出版的书籍经常被用于大学课堂之中。

1986 年，在时任所长唐纳德·拉姆斯菲尔德和主席罗伯特·霍金斯的领导下，ICS 的着力范围开始大幅扩张，不仅继续出版书籍，还积极开展民间社会活动，并参
291 与教育和培训活动。ICS 又被并入红杉研究所，开始建构一个更加广阔的国内和国际关系网。霍金斯最近这样写道，“我们想凝铸每个有雄心的个体的努力，并将之应用到自治和企业家精神在全国范围内的复兴中去。我们还想重新定义‘公众’”，将其含义从“为政府所有”改为“为人民所有”。

为此，ICS 建立了自治中心，与当地居民和社区团体一同合作，促进公共住房的居民管理和教育选择等地方项目的开展。ICS 同时还设有一个国际自治中心和一个国际经济发展中心，旨在向发展中国家推广私有化和企业家精神。

ICS 及其相关机构最近发布的研究成果包括，由理查德·怀特撰写的关于流浪汉危机的书籍、小威廉·克尔·缪尔的《里根的总统领导力》、斯蒂芬·施瓦茨的《尼加拉瓜的民主危机》以及肯尼思·阿德尔曼和诺曼·奥古斯丁合著的《美国裁军》。ICS 的出版社就企业家精神为主题出版一系列书籍，包括乔治·吉尔德的《重建企业家精神》和皮特·博格斯的《企业家精神》。此外，ICS 还发布了一份对美国地方政府的概述，以及就国际规则和苏联帝国的未来汇编了一卷书籍。国际经济发展中心发

布了各发展中国家经济增长的案例研究，一卷关于私有化和发展的书刊，世界各国的税制改革研究，以及一份发展中国家市场和政府之间制度关系的评估。

ICS 目前约有 30 名职员和大约 500 万预算。地址：旧金山市场街道 720 号。邮政编码：CA94102。

国防分析研究所

国防分析研究所(IDA)是受联邦政府(国防部)资助的十一个研究和发展中心之一。其前身是 1947 年建立的武器系统评估小组，该小组在 50 年代中期力促一个大学研究联合会的创建。IDA 在 60 年代后期作为独立个体，从联合会中分立出来，现为国
防部长办公室和联合参谋部提供建议。不过，它并不为单个军种或是整个军方效力，而 292
是为国家航空和航天局、联邦调查局、中央情报局和军控和裁军机构开展合同制研究。

IDA 雇用了约 850 名全职职员，其中约一半是研究专家。大约 85%的职员受过物理科学、工程学、数学、统计学、电脑科学和运筹学等学科的专业培训。无论何时，IDA 正在进行的研究任务有大约 200 个，其中四分之三是对防卫系统和先进技术的评估研究。它研究过 B-1 和 B-2 轰炸机，并考察过新的海军舰艇和反潜作战。其他项目则着力于战略性分析、武力评估、资源获得研究、软件测试以及对指挥、控制和通信系统的评估。IDA 也开发了模型和模拟系统，包括一个战术作战模型、一个剑锋战争模拟系统，以及一个新型高科技模拟中心。其年收入大约 100 万美元。

IDA 的总部与其六个研究分部(共九个)，以及模拟中心都位于亚历山大市北博勒，加德北大街第 1801 号，邮政编码：VA22311。其他三个研究部设在新泽西州的普林斯顿市、加利福尼亚州的拉由拉市以及马里兰州鲍伊市。

东西方研究所

东西方研究所，原名东西方安全研究所，1981 年由约翰·埃德温·姆罗茨和艾拉·D. 沃勒克创立。20 世纪 80 年代，它开展的活动涉及采取增强信心的措施和军

备裁减，并在北约和华约的军事领袖之间成功地建构起非正式关系。随着研究所的不断发展，约翰·埃德温·姆罗茨将 IEWS 描述为一个“以价值观为基础的网络，并由来自 40 个国家的约 4 000 名个体建构而成”。

随着 1989 年苏联以及东欧国家发生革命性的巨变，传统军事安全问题的重要性降低，而国内外建构多元民主制度和市场经济的呼声越来越高，受到这些因素的驱动，研究所进行了更名，并重新评估了自身使命。如今，在各国艰难构建文明社会的过程之中，IEWS 将自己的角色视为“东方的催化剂和西方的净化剂”。

293 为了扮演好人力资源、金融资源和智力资本的催化剂和调动者角色，以协助中东欧的重建和复兴工作，IEWS 分别开展了四个项目领域的活动：以帮助决策者和舆论领袖理解应对政策挑战的各类方案为目标的公共政策备选项目；使用“SWAT 团队”方法，帮助领导者接触问题和冲突化解技巧和过程的应用性问题化解项目；重视发展地区智力资本和教育资源的过渡项目和重复试验项目；以培养管控公共生活和民营企业技能为目标的公民领导培养项目。IEWS 的研究工作囊括了学术研究、出版以及会议、研讨会、讲座和讲习班等多种形式的活动，以及其他培训项目乃至高级别非正式的磋商活动。

IEWS 在纽约和其他地区各种类型的前哨基地拥有大约 50 名职员，预算超过 450 万美元，主要由国内一些名列前茅的大型基金会提供，包括福特基金会、麦克阿瑟基金会、卡内基公司、皮尤慈善信托基金以及洛克菲勒兄弟基金会。

东西方研究所的主席是约翰·埃德温·姆罗茨，总部设在纽约州，列克星敦大街 360 号，邮政编码：NY10017。研究所同时还在华沙和海牙设有联络处，并在布拉格设立了欧洲研究中心，在布达佩斯设立了银行和金融协助中心。

国际经济研究所

国际经济研究所（IIE）于 1981 年成立，其创始人 C. 弗雷德·伯格斯滕是一位经济学家，曾在布鲁金斯学会任职，并在卡特政府担任美国财政部部长的国际事务助理。伯格斯滕最初从德国马歇尔基金会获取资助，该基金会在5年内向IIE提供了四百万的赠款。随着其他大型基金会开始资助IIE（美国国内唯一一个专注于研究国际经济问题的研究中心），它的预算很快超过两百万美元。

伯格斯滕召集了一群经验丰富的前政府官员和学者，包括威廉·R. 克莱因、I. M. 德斯特勒、加里·赫夫鲍尔、斯蒂芬·马里斯和约翰·威廉森。IIE专注于研究
贸易、货币和金融、债务和发展、能源和环境方面的问题，是80年代最成功的新兴研 294
究机构之一。

近来IIE发布的长达百余页的研究报告包括：劳拉·丹德烈亚·泰森就高新技术产业贸易争端展开的分析，加里·赫夫鲍尔和杰弗里·肖特对《北美自由贸易协定》的评估，尹三康就韩国和世界经济进行的研究，以及赫夫鲍尔就美国关税改革所提出的建议。IIE的研究议程包括美国削减贸易赤字时的经济调整方案，外国企业在美国的直接投资，日本在全球经济中的地位，还有第三世界国家的资本外逃和债务。除了书籍，IIE也出版了许多简短的政策分析报告和专题报告。它在卡内基国际和平基金会的赞助下，发表了一份关于1992年总统选举的备忘录，其中就美国应如何调整行政部门，以改进有关经济竞争力和安全性方面的决策提出了建议。

IIE拥有14名常驻职员和30名访问学者。主席是C. 弗雷德·伯格斯滕。地址：华盛顿特区西北区杜邦环岛11号，邮政编码：DC20036。

政策研究所

1963年，马库斯·拉斯金和理查德·巴尼特辞去了政府职务，创立了政策研究所（IPS）。他们对美国外交政策及给予其支持的社会科学研究机构持批判态度。自成立以来，IPS致力于联结公民运动和学术研究，始终坚持实践检验真知的杜威理念。研究所的非正式会员皆为学术兼活动家、艺术家、制片人和极富创造力的作家，包括索尔·兰多、约翰·伯杰、罗杰·威尔金斯和芭芭拉·埃伦赖希等人。IPS内30位“公共学者”的工作包括写作、制作电影和录像，以及在华盛顿一所学校开设的成人

教育项目中担任教师。IPS是隶属阿姆斯特丹的跨国研究所。

IPS研究员最新出版的书籍包括：芭芭拉·埃伦赖希探讨中产阶级抱负和焦虑的《失败的恐惧》、理查德·巴尼特研究公众舆论和总统的战争决策的《火箭的红色炫光》，以及弗雷德·哈利迪追述从冷战对抗到协商谈判这一期间变迁的《从喀布尔到
295 马那瓜》。在米迦勒·舒曼的领导下，IPS拥有120万美元的预算，主攻的项目分属三个大类：世界经济一体化、国家民主和冷战后新外交政策规划。政策研究所（IPS）位于华盛顿西北区康涅狄格大道1601号，邮政编码：DC20009。

税收经济研究所

从1977年建立以来，税收经济研究所（IRET）致力于提供税收提案的经济效应分析结果，并提出自己的政策建议。IRET在税收政策上的信号是明确的。它强调"限制政府的职权范围是促进商业发展，提升竞争力和效率的必要条件"。无论政府支出、税收和规制行为的目的或企图为何，它们都将不可避免地歪曲市场信号，增加交易成本和家庭开支，限制个人选择。

IRET的分析师强调，削减预算赤字是通过限制支出而非增加税收实现的。他们反对多种形式的能源税，因为生产率、就业和产出会随之减少。他们反对以"受调控的竞争"为基础的医疗改革，和以再分配为目标的多种形式的税制结构。

IRET的出版计划包括积极在报纸专栏发表文章，针对现有问题筹备短小的政策公告，每周发布一次追踪国家货币供应的"流水账记录"，还有一系列公共政策的专著。研究所的全职研究人员包括5位经济学家，以及来自其他研究机构、大学和公司的分析人员，每年度业务预算刚刚超过80万美元，主要是由公司、协会和个人捐赠所得（占比75%）。

税收经济研究中心（IRET）的主席诺曼·特鲁，他是里根政府时期税收和经济事务部的副部长。中心的办公室在华盛顿西北区宾夕法尼亚大道1331号515室，邮政编码：DC20004。

政治和经济研究联合中心

由黑人知识分子、政治家和专业人才组成的新兴团体认为他们需要一个新的研 296 究机构，以处理最关乎美国黑人的事务，因此于1970年建立了政治和经济研究联合中心。这一批黑人领导者们获得了福特基金会的经济赞助，并在霍华德大学和由肯尼思·克拉克执掌的大都会应用研究中心的支持下，建立了自己的机构。最初的两年间，联合中心由弗兰克·里夫斯主持工作，过去的十八年来，它的领导者是埃迪·N.威廉斯。今天，联合中心的研究和宣传目的仍未改变，用他们的话来说，就是“提高美国黑人的社会经济地位，在政治和公共政策领域增强他们的影响力，促进不同种族之间的联盟”。

成立初期，联合中心出资赞助为黑人民选官员提供的培训和技术辅助项目。它还制作了一份黑人民选官员名册，每四年发行一份“黑人政治导引”；为黑人官员提供政治技能和管理方法的报告，以及一份目标对象是黑人政治领袖的杂志(《焦点》)。80年代早期，在继续服务于民选官员的同时，联合中心开始转型为一个将经济议题纳入自身政治研究项目的公共政策研究机构。它目前的研讨旨在提升教育和就业前景的政策和项目，并扩大医保在美籍非洲人中的覆盖率。

联合中心大约有55名职员和550万的预算，工作涉及经济政治问题研究、扩大政治参与度的项目，建立和其他种族沟通的桥梁，并积极扩大黑人公民在国际性事务上的参与度。近期，联合中心探索了针对美国人口普查中少数民族人口数统计不全这一问题的解决方法，并分析选举结果和选民态度。中心的研究项目主要探讨少数族裔企业的发展机遇、不断变化的劳工市场、劳动力问题、职业培训、黑人社区资源和领导、裁军对经济的冲击。中心的国际事务项目聚焦于人权议题，旨在向非洲国家施与赠款。

除了每年出版12本书籍以外，联合中心最近还制作了备受推崇的广播和电视节目。联合中心的主席是埃迪·N.威廉斯，地址位于华盛顿西北区宾夕法尼亚大道1301号400室，邮政编码：DC20004。

297 曼哈顿政策研究所

曼哈顿政策研究所(1981 年更为此名)由威廉·凯西在 1978 年创办,起初叫作国际经济政策研究中心,它为许多研究政策议题的杰出作家提供了一个思想家园。过去的数十年间,研究所创立了活跃的曼哈顿论坛,以讨论市场导向的政策提案。尽管它为一个极受瞩目的讲座课程和各种会议提供支持,但曼哈顿研究所的伙伴项目才是其核心项目。研究所的著作人包括:乔治·吉尔德——研究所的前任项目负责人,同时也是著名的供应侧经济学派的专著《富裕和贫穷》的作者;查尔斯·默里——在研究所的支持下完成了《节节败退:美国社会政策(1950—1980)》这本著作。其他被指定为研究所伙伴的专家包括:詹姆斯·林·亚当斯、罗伯塔·卡梅尔、阿尔文·拉布什卡、彼得·萨林斯、托马斯·索维尔和沃尔特·威廉斯。机构的其他研究著作还包括托马斯·索维尔的《责任》和伽利略的《复仇:法庭里的垃圾哲学》、劳伦斯·林赛的《实验的发展:新税收政策是如何改变美国经济》、沃尔特·奥尔森的《诉讼探索》及琳达·查维斯的《巴里奥之外》。

在威廉·M. H. 哈米特的领导下,曼哈顿研究所从一个预算不足 50 万美元的小组织成为一个拥有数个运作单位的复杂组织,包括由迈克尔·J. 霍罗威茨领导的司法研究项目(总部设在华盛顿),由琳达·查维斯领导的新美国社区中心,由雷蒙·多马尼科领导的教育创新中心,东西方交易中心和由约翰·R. 博尔顿领导的企业管理中心(总部设在华盛顿)。研究所下属的城市管理中心发行了《城市日报》(纽约),这份日报由罗杰·斯塔尔主编,致力于纽约市的政策创新。

曼哈顿政策研究所坐落在纽约市的范德比尔特大道 52 号,邮政编码:NY10017,其华盛顿项目设在华盛顿西北区 N 街道 1745 号,邮政编码:DC20036。

国家经济研究局

国家经济研究局成立于 1920 年,是美国国内将专业经济学家带入公共决策领域
298 的最为成功的一次初期尝试。其组织者,马尔科姆·C. 罗蒂和内厄姆·I. 斯通,还有

资深的经济研究主任韦斯利·米切尔，致力于寻找他们现有的基础科学知识所能创造的最为客观的、定量的经济知识。

米切尔设想了一个可以开展大规模实证研究的研究局，并将首个项目作为测算和分析国家收入的一次尝试。在米切尔的学术工作基础之上，NBER 继续探索商业周期和经济长期增长的本质。具体工作包括：西蒙·库兹涅茨就国民收入核算开展的开拓性研究和米尔顿·弗里德曼对货币需求的研究。鉴于其业务规模，国家经济研究局演化成一个由经济学家组成的学术关系网，广泛地从事对政策制定者和商业决策者有价值的研究项目。

现今，NBER 负责协调在高等院校和商业学校的近 400 名经济学家的工作，遵循着米切尔之前的信条。NBER 收集信息，分析数据并且试图理解经济的运行方式，但并不提供任何政策建议。NBER 的合作者和研究员正着手研究新的统计计量方法，提供经济行为预估，评价公共经济政策选择的影响，以及衡量备选政策建议的影响。

NBER 每年的预算稍高于 1 千万美元，工作中心围绕 10 个主要项目：经济波动、资产定价、货币经济学、企业融资、产业组织、国际研究、劳工研究、税收、健康还有美国经济的发展。NBER 每年出版大约 10 本书籍和 400 份工作论文。月刊《文摘》和季刊《通讯员》介绍研究局的工作摘要和概况。

国家经济研究局的现任主席是马丁·费尔德斯坦，现有大约 45 名职员，办公地点坐落在剑桥市，马萨诸塞大街第 1050 号，邮政编码：MA02138。研究局还在纽约和帕洛阿尔托设立了分办事处。

国家政策分析中心

国家政策分析中心（NCPA）于 1983 年在达拉斯成立，其创建者约翰·C. 古德曼是哥伦比亚大学毕业的经济学家，曾执教于莎拉·劳伦斯学院、达特茅斯学院和南方卫理公会大学。安东尼爵士·费希尔是中心的联合创始人，在世界各地创立了大约 299
40 个自由派智库，包括曼哈顿研究所、太平洋研究所、伦敦经济事务研究所和利马自由与民主研究所。古德曼作为麦迪逊集团(一个由 50 个政策研究中心构成的网络)的创建者和董事长,仍是推动建设国家级自由意志派和保守派智库的一股力量。

NCPA 宣称其主要的目标是“发现和推广取代政府调控的私人调控方案,依托富有竞争性和企业属性的私人部门的优势解决问题”,现阶段的工作专注于医保、税收政策和环境。中心因成为废除《医疗照顾大病保险法》(1989)的主要幕后推手而得到好评。它揭穿了国家健康保险计划的真面目,批评了联邦对健康保险规制的管制,并因提议通过医疗储蓄账户控制医疗费用得到了国会议员的大力支持。NCPA 还提供了私人医疗保险和社会保障方案。NCPA 定期在国会议员前预测税收法案对于经济和税收收入的影响,并一直主张要求使用税收方法促进资本形成。

NCPA 因自己的宣传工作而自豪:“使用商业的方法销售自己的产品,NCPA 在彻底改革公共政策研究领域。”其职员团队每年发表的报道共计 5 万个专栏,同时每天在全国的报纸上登载大约 15 篇文章。此外,NCPA 每年发表 10—12 篇报告,及双月刊《行政警告》(概述 NCPA 的研究成果)。

NCPA 每年的预算是 170 万美元,其中 50%来自基金会,42%来自公司,8%来自个人;中心有 6 名高级研究员和 150 位学术顾问,他们来自于全国的综合或专业院校。

国家政策分析中心(NCPA)的主席是约翰·C. 古德曼,工作地点坐落于达拉斯北中环广场,北中环高速公路 12655 号 720 室,邮政编码:TX75243。

全国计划协会

全国计划协会成立于 1934 年,热衷于推广规划思想的学术、劳工、农业和商业领
300 袖以及官员在大萧条时期的举动。40 年代,它成了制定战后经济计划,探究就业问题、地区性发展和劳资关系的主要组织之一。NPA 是一个会员制组织,将美国不同经济部门的领导者汇集起来,以讨论共同问题和拟定政策建议是其一贯坚持的思想方针。

NPA 赞助有 5 个政策委员会，以便其 250 个私营部门领导研究、讨论和制定政策建议。每一个委员会监管一个研究和出版项目。现今的政策委员会包括：关注国际经济问题的英国—北美委员会，主要处理贸易和经济增长的加拿大—美国委员会，一个关注北美自由贸易协定（NAFTA）、跨国公司、苏联和美日经济关系的国际现状变化委员会，检视食品安全、环境、农业政策和农业综合企业的食品和农业委员会，以及探索影响生产力和竞争力问题的新美国现实委员会。

NPA 每年发表许多专题报告。最新的报告探讨的是 NAFTA 框架下的劳工和环境议题、预算赤字、全球资本市场、苏联的经济转型，以及不断变化的人口结构的影响。自 90 年代早期开始，NPA 公开对以协助苏联在其境内创立复兴组织为目标的新经济倡议表示强烈支持。NPA 同样每季度出版两本期刊，一本是分析现阶段经济问题的《向前看》，另一本是处理加拿大和美国共同关切的《加拿大—美国展望》。

NPA 每年的预算大约 160 万美元，有约 24 名员工。NPA 的主席是马尔科姆·R. 洛弗尔，办公地点位于华盛顿西北区 16 号街道 1424 号 700 室，邮政编码：DC20036。

海外发展委员会

海外发展委员会（ODC）于 1969 年建立，旨在增强美国人对发展中国家所面临的
问题的理解，其研究计划和公共论坛得到一些国家最大的基金会、公司以及国际发展 301
银行的支持。ODC 聚焦于影响美国和第三世界国家之间关系的经济政治议题，将自己的中心目标描述为：“建立一个新的发展与合作政策的议程，它不仅应将美国在第三世界国家的长期利益充分考虑在内，还应考虑与发展中国家合作，以终结全球范围内折磨数百万民众的赤贫问题。”

委员会的政策分析任务由会内职员、访问学者和受到委任的学者承担，涉及国际贸易和行业政策、国际金融和投资、发展策略和发展协助，以及美国对发展中国家的外交政策。

ODC 的出版物包括一份半年刊(《议程》)、“政策焦点”系列中简介背景的论文，以及新启动的政策类系列丛书。丛书的内容包括：近来对发展中国家环境和贫困问题的研究、经济调整方略、国际货币基金组织的未来，以及美国对外政策和苏联、中国和印度的经济改革。ODC 同样为政策制定者和学者召开诸如“第三世界问题国会职员论坛”等众多会议。ODC 坐落在华盛顿西北区马萨诸塞大道 1717 号，邮政编码：DC20036。

进步政策研究所

1989 年，在民主党领袖委员会前政策主任威尔・马歇尔的领导下，进步政策研究所(PPI)成立。PPI 作为民主党领袖委员会(DLC)的政策研究部门，和委员会共用办事处。它复燃了 20 世纪初的进步主义精神，将自身描述为着力于“改良美国的进步主义传统——个人自由、机会平等的思想以及市政企业，使之适应后工业时代的挑战”。在倡导自由市场的同时，PPI 不排斥政府以矫正市场扭曲，提升经济公平为目的对市场进行干预。然而，马歇尔将 PPI 的宗旨概括为“发展、责任和对大政府的怀疑”。

随着克林顿总统的当选，PPI 踌躇满志地将自己定位为新政府的主要思想来源，
302 仿效传统基金会的早期系列刊物《领导授权》，著写了长达 380 页的刊物《变革授权》。DLC 和 PPI 的核心人物在转型中都发挥了作用，而几位《变革授权》的作者也被任免为政府的顾问。

研究所拥有 7 位专业人士和一些高级学者、高级研究员和(普通)研究员，一开始就列出了包括经济增长和平等、国防和对外政策、社会政策和民主制度，以及公共健康和安全问题在内的一系列宏大且令人感兴趣的研究课题。它的市政企业中心负责处理民主参与和责任的问题，并试图创建新的社区机构。研究所的主要职员之一罗伯特・夏皮罗是《美国新闻与世界报道》前副编辑和迈克尔・杜卡基斯参与总统竞选时的顾问，目前是研究所的副主席和经济研究项目的领导人，其他人包括杰里米・罗

斯纳、伊莱恩·卡马克和大卫·奥斯本。

进步政策研究所(PPI)和民主党领袖委员会(DLC)共用办事处，主席是威尔·马歇尔，地址位于华盛顿东南区宾夕法尼亚大道316号555室，邮政编码:DC20003。

兰德公司

兰德公司(RAND)位于圣塔莫尼卡，于1948年正式注册成为一个非营利企业。其前身是美国空军服务的战后研究和发展机构，由道格拉斯飞行器公司建立。它现在是全国最大的政策研究组织之一，职员有大约1 000名，自1991年每年的预算超过一亿两百万美元，大约70%的工作是关于军事性的，30%是非军事性的。联邦政府的合同为其提供了大约80%的收入，尽管兰德公司也从福特基金会、麦克阿瑟基金会、洛克菲勒基金会和皮尤私人基金等国内一些最重要的基金会获取赠款(这大约为兰德公司提供了11%的收入)。最近的一次竞选运动使他集得了5 000万美元的基金。

兰德公司规模庞大，工作涉及面极广，拥有四大研究部门(空军策划部、国家安全研究部、陆军研究部和国内研究部)。兰德公司的研究部门过去一直以学科组织的形
式呈现，不过在20世纪90年代后期进行了改组，专注于国防规划和分析、人力资本、 303
国际政策、资源管理和社会政策这5个政策领域。

兰德公司拥有15个中心和机构，以及专业化的研究项目，涵盖了老龄化、职工的医疗福利、教育和培训、人口研究、医疗筹资、民事司法、苏联研究、教学职业、教育和就业、美日关系、国际经济、关键技术和药品政策。兰德公司设立了一个研究生院，提供公共政策分析的博士学位。每一年兰德公司分析出版逾250份有关国内外问题的研究报告、短论文和专业论文。

詹姆斯·A.汤姆逊担任主席。兰德公司位于圣塔莫尼卡大道1700号，邮政编码:CA90406，同时在华盛顿设有办事处，并在荷兰代尔夫特理工大学设有欧洲—美国中心。

未来资源研究所

自 1952 年建立以来，未来资源研究所(RFF)一直使用经济学和其他社会科学的工具研究自然资源和环境问题。它起源自保守派运动，福特基金会早期致力于自然资源保护的计划性行动及杜鲁门总统下属的材料政策委员会(委员会会长是威廉·佩利)的研究工作。福特基金会的捐款使得 RFF 能够在 20 世纪 50 年代开展能源方面的研究工作，在 60 年代开展环境质量方面的研究工作，以及在 70 年代和 80 年代开展全球农业问题的研究工作。这些年来，RFF 开发了研究方法、分析方法、影响自然资源和环境争论的数据库。

RFF 的研究计划被划分入三大部门：能源和自然资源部门，旨在探索能源政策、可再生资源的管理、气候变化和外太空；环境质量部门，旨在研究环境、其他卫生和安全法规、自然资源的评估、有毒废弃物管理，还有农药的使用；危机管理中心，旨在探
304 讨卫生议题，评估环境风险、工业事故、废弃产品的焚化和救生措施。1991 年，全国食品和农业政策中心作为独立机构并入了 RFF，自 1984 年开始成为其一部分，探索的是美国农业政策和环境、食品安全、健康之间的关系。

RFF 的近百名员工中大约一半都参与了研究和写作。RFF 每年出版若干本书和报告，以及许多讨论论文、政策摘要和季刊《资源》。它每年的运营预算大约是 8 万美元，其中一部分是来自 28 万美元的赠款。

未来资源研究所(RFF)的主席是罗伯特·W. 弗赖，办公地点坐落在西北区 P 大街 1616 号，邮政编码：DC20036。

罗克福德研究所

罗克福德研究所由罗克福德大学的校长约翰·霍华德于 1976 年建立。霍华德最初的目标并不远大，只是为了探讨大学课程的变化。随后，该研究所极大地扩展了自己的活动范围，以一个传统保守派思想中心的身份得到了全国大众媒体的关注。研究所致力于这些永恒的信条：宗教、家庭、有限政府、自由企业、道德和艺术健康的

文学、捍卫国家利益的坚定决心，以及对普适论者意识形态的合理怀疑。这些信条将研究所的职责界定为坚守“致力于捍卫和更新文化机制，以塑造负责任的享有自由权利的公民”的保守主义。

他们的政策结果源于对特定信条的坚守，研究所就其主席艾伦·卡尔森所谓的“公共教育对家庭的破坏性影响、移民政策和美国公民身份的意义贬值之间的关系、联邦艺术资金的不当后果，以及平均主义思想对社会科学和学校的腐蚀性影响”等议题发表了公开言论。

研究所研究计划的核心是由布赖斯·J. 克里斯滕森领导的美国家庭中心和由哈罗德 O. J. 布朗领导的宗教和社会中心组成。罗克福德研究所发行的期刊包括研究中心的每月通讯《美国家庭》和《宗教和社会报告》；还有一份北卡罗来纳大学毕业的古典学者托马斯·弗莱明主编的激进月刊《编年史：一本美国文化的杂志》。罗克福 305
德研究所设有一个积极的外展项目，此项目创生了多篇专栏文章，并将核心成员推向了脱口秀舞台。

研究所有大约 17 名职员，每年的运营费用大约 130 万美元，其中将近 40%用于出版《编年史》，大约 25%是用于两个研究中心的花销。其收入来源于个人赠款、基金会和公司赠款以及售卖出版物（出版物售卖占研究所收入的四分之一）。

罗克福德研究所的主席是艾伦·C. 卡尔森，总部设在罗克福德北大街 934 号，邮政编码：IL61103。

拉塞尔·塞奇基金会

拉塞尔·塞奇基金会成立于 1907 年，可以说是全国现存最古老的政策研究机构，是之后成立的其他同类机构的原型。利用玛格丽特·奥利维亚·塞奇 1 000 万美元的初始赠款，基金会得以成立，早期的研究和出版专注于公共健康和卫生、儿童问题、妇女工作环境和其他在进步主义时代改革者议程中的议题。基金会绝大部分职员都是社会工作者，在 20 世纪 30 年代开展实用性研究，发行出版物并积极参与立法。

自第二次世界大战结束以来，基金会投身于基础社会科学的研究，战后大部分时期与社会学结盟，尽管经济学家也对其研究计划的制定产生了一定的影响。基金会的基金逾一亿一千万美元，每年花费大约 550 万美元用于研究，聘请了 12 至 15 名学者入驻纽约总部，其资助隶属于其他学术机构的学者。基金会的研究致力于改进社会科学研究的方法，提高数据收集技术和更新社会理论。基金会目前的计划聚焦于对贫穷问题进行社会分析，改善对经济行为的理解，以及开发整合研究成果的统计方法。而且，基金会已经开始就 1990 年人口普查结果展开多方位分析，同时致力于移民问题的研究，聚焦于移民子女的经历和移民对本地居民的冲击。最近几年，基金会每年会出版 6 至 8 本书籍。

306 拉塞尔·塞奇基金会有 8 名职员，主席是埃里克·万纳，办公地点坐落于纽约市东部第 64 街 112 号，邮政编码：NY10021。

二十世纪基金会

二十世纪基金会是一家富有的纽约基金会。1911 年，基金会成立之初名为合作社联盟，1919 年更名为二十世纪基金会，是美国资助公共政策研究的最古老的组织之一。它的建立者爱德华·A. 法林，凭借一家以其家族名命名的波士顿百货公司发家。基金会最初利用赠予法林公司的股票建立，1992 年的基金数量估值约 5 千万美元，在纽约拥有 20 名职员，其中 7 位是专业型人才，每年在自身的计划上支出大约 350万美元。

通常，它的研究项目由学者和著作者完成，他们一般在其他地方工作，但与基金会签订了合同；他们的书籍通过行业出版社和大学出版社发行。基金会同时组织杰出人士成立专职小组和委员会，讨论政策问题并提出建议。基金会因仍坚信着“书面文字以及将智力应用于公共问题研究，拥有非凡的价值”，每年出版 6 至 10 本书籍，2 至 3 份专职小组报告，还有一些短篇论文。

这些年来，基金会出版的书籍几乎涵盖了每个政策领域，包括社会政策、国际经济、通信政策、科学和健康。在其众多贡献中，较为著名的有冈纳·缪尔达尔的《亚洲戏剧》、琼·戈德曼的《大都市》、弗雷德·赫什的《增长的极限》，以及过去50年来关于金融市场和社会安全政策的各类书籍。基金会目前的研究探讨的是欧洲的未来安全措施、全球经济问题、美国金融市场和新媒体所扮演的角色。

二十世纪基金组织的主席是理查德·C.莱昂内，办公地点在纽约市东部，第17街41号，邮政编码：NY10021。

城市研究所

1968年，在林登·B.约翰逊及其国内政策顾问的竭力主张下，城市研究所成立。
研究所曾被构设为研究国内问题的兰德公司，最初依靠住房部、城市发展部和交通部 307
等政府机构的合同维持运营，现已获得三十几个联邦机构和国家部门的合同和赠款，并且，它的研究范围远超出了国内城市中存在的问题。最近，它开始审视发展中国家的问题与政策。

自成立之后，威廉·戈勒姆一直担任研究所的主席。这些年来，研究所主要致力丁政府项目的评测和新政策方略的评价。研究所每年的运营预算大约为2千万美元，拥有200个职员，研究范围涉及健康政策、公共财政和住房、人力资源、收入和福利、国际活动、人口研究和国家政策七个领域。自20世纪80年代早期以来，研究所的研究工作(大约三分之一)越来越多地受到私人基金会和公司赞助。

自成立起，研究所就致力于改善项目评估技术和公共部门生产率的测算。它开发了计算机模型，以模拟食品券计划或者福利补贴等政府福利计划的变化，并检测这些计划对个人或者家庭收入的潜在影响。在对特定政策领域的贡献方面，研究所协助设计了实验性住房补贴计划(全国最大的社会实验之一)，并研发了住宅市场行为模型，以评估住房趋势和政策变化对住房市场的影响。80年代，研究所在医疗保险上(面向65岁及以上老年人和残障人士)的研究工作就构拟医院未来的支付系统取得了一系列成果。研究所同时也评估国家级的工作福利计划，研究运输策略的可替代方案，探究运输系统管理，分析劳工市场变化以及公共就业和工作培训项目。

研究所发表的长达三十二卷“变更国内首要目标”系列丛书，是80年代众机构研究所中夺目闪耀的翘楚，其中就里根政府对国内政策的重新定向进行了最详细的同时代分析。研究所90年代的研究主题包括儿童（尤其是那些下层阶级儿童），劳动人群的技能和全球经济竞争，种族歧视的测量，城市为底层人民晋级更高阶层提供途径
308 的能力不断减弱。城市研究所出版社每年出版6至12本精装书和大量研究报告；同时发表短篇研究论文，以及一年发行三本的期刊《政策和研究报告》。

城市研究所的主席是威廉·戈勒姆，办公地点位于华盛顿西北区，M大街2100号，邮政编码：DC20037。

世界政策研究所

世界政策研究所（WPI）是一家研究和教育机构，总部位于纽约，专注于国际经济和安全问题。它试图“以符合国内健康的社会秩序的方式解决全球性问题”。目前，研究所并入了社会研究新学院，拥有8名高级研究人员、5名兼职研究员和由大约50名学者和政策分析者构成的人际网。最近几年，研究所每年的预算大约是100万美元。

WPI虽只在1982年才开始侧重公共政策研究，但其源头可追溯至一个战后组织，成立的年代较其自身早上许多，它通过为大学和学校准备课程材料以宣扬国际法和世界秩序。自1985年开始，它的研究聚焦于安全项目。WPI一贯质疑以冷战假设为基础的美国外交政策，同时倡导一种以发展世界经济的政策，而非军事实力为基础的国际安全概念。WPI的建议被归入了《后里根时代的美国》（1988年）这本书、各类短篇论文、刊物上的文章和《新世界时代下美国优先权》（1989年）这份声明中。

随着冷战的结束，WPI开始呼吁各界关注新安全问题，包括经济冲突、东欧的种族和宗教争端和区域性冲突的扩散。目前的工作聚焦于集体安全和预防性外交、全

球经济和美国经济政策，以及美国国内政策和全球政策在贸易、人权和环境议题上的共同点。

自 1983 年以来，它发行文章的主要媒介是《全球政策报》这本季刊，发行量大约 1 万本。WPI 委托开展了民意调查，在专题小组座谈中验证自己的想法，并在出版物和政策制定者面前用简报表述自己的想法。

世界政策研究所（WPI）的所长是谢里・R. 施文宁格，办公地点在社会研究新学院，纽约市 55 大道 65 号，413 室，邮政编码：NY10003。

世界资源研究所 309

世界资源研究所（WRI）拥有 100 余位职员，另雇请有个人研究员和顾问，并在 50 多个国家拥有与之合作的研究机构，是一家协助政府和环境与发展组织处理全球环境问题的研究所。WRI 的项目专注于两个方面：一是自然资源恶化对经济发展的影响和随之产生的发展中国家的扶贫和温饱问题；二是威胁工业化和发展中国家经济和环境利益的新兴环境和资源问题。

更为具体的政策研究项目大致排布如下：生物资源和相关制度，经济和人口，气候、能源和污染，技术和环境，资源和环境信息，项目中包括了几个数据库和一份环境年鉴。研究所与布鲁金斯学会，以及圣菲研究所共同展开名为“2050”的项目，开始以严格的方式研究可持续性发展。国际发展和环境中心为发展中国家提供政策建议和技术服务。

WRI 通过多种方式推广自己的研究结果和建议，并与联合国机构合作，每年制作一份名为《世界资源》的刊物，集合了有关全球资源和问题的数据。它发行了一系列《环境指南》来解释环境问题、政策争议、纠正性行动的步骤。WRI 最近发布的书籍和报告评估了酸雨的影响，涉及了生物多样性的保护，探索了太阳能制氢作为一种能源来源的前景，研究了森林资源管理，提出减少温室气体积聚的方法以及保护臭氧层的策略。

世界资源研究所（WRI）的主席是乔纳森·拉希，办公地点坐落在华盛顿西北区，纽约大道 1709 号，邮政编码：DC20006。

世界观察研究所

世界观察研究所创立于 1974 年，其目标是唤起公众对环境威胁的认识，并让政
310 策制定者了解到全球经济和环境之间的相互依存性。它由当时洛克菲勒兄弟基金会
的主席威廉·迪特尔和现任研究所所长和研究项目主管莱塞·布朗共同创立。研究
所有 30 名职员，每年的预算大约 400 万美元，其中一半以上来源于出版物的销售、订
阅、版税等。

研究所的出版物包括：关于环境问题的一系列政策论文；拥有 6 种语言版本的杂志《世界观察》；拥有 11 种语言版本，销售量超过 20 万本，且饱受赞誉的年刊《世界形势报告》。《世界形势报告》汇编了世界在构建可持续社会进程中的统计指标。该年刊将有关环境变化的报道以及读者应如何拯救地球的观点与表格、图表和地图相结合，其读者人群中既有政策制定者又有普通公民。世界观察研究所位于华盛顿西北区马萨诸塞大道 1776 号，邮政编码：DC20036。

参考文献

关于美国政策研究机构的论述十分稀少。保罗·迪克森的《智库》(*Think Tanks*)(纽约:雅典娜神殿出版社,1971 年)和哈罗德·奥兰斯的《非营利研究机构:起源、运转、问题与前景》(*The Nonprofit Research Institute: Its Origins, Operation, Problems and Prospects*)(纽约:麦格劳希尔公司,1972 年)是两本最值得一提的综述性书籍,但却都有点过时。以下几位政治学家虽然更多的是研究精英人群在理论方面的作用而非机构,但是他们却曾写过一些关于政策规划机构的书籍:托马斯·R. 戴伊的《谁在运转美国:保守派的那些年》(*who's Running America: The Conservative Years*)(新泽西州恩格尔伍德,普伦蒂斯-霍尔出版社,第四版,1986 年)、约瑟夫·G. 佩谢克的《政策规划组织:精英议程和美国右翼》(*Policy-Planning Organizations: Elite Agendas and America's Right*)(费城:天普大学出版社,1987 年)。经常研究慈善基金会的历史学家们也会探讨政策研究机构,如巴里·卡尔和斯坦利·卡茨目前正研究基金会和公共政策。尽管埃伦·康德利夫·拉格曼的《知识的政治学:卡内基公司、慈善与公共政策》(*The Politics of Knowledge: The Carnegie Corporation, Philanthropy, and Public Policy*)(康涅狄格州米德尔敦:卫斯理安大学出版社,1989 年)研究对象是单个基金会,但这本书却是关于基金会及其在公共决策中的角色方面最值得一阅的书。在关于研究机构的历史方面,有两篇博士论文非常优秀:大卫·W. 艾金斯的《美国公司自由政策研究的发展(1885—1965)》(*The Development of Corporate Liberal Policy Research in the United States, 1885—1965*)(博士论文,威斯康星大学,1966 年),以及戴维·M. 格罗斯曼的《教授和公共服务:社会科学专业化的重要时期(1885—1925)》(*Professors and Public Service,*

1885—1925：A Chapter in the Professionalization of the Social Sciences)(博士论文,华盛顿大学,圣路易斯,1973 年)。

智库自身偶尔也会出版一些关于独立机构的书籍。例如,约翰·M.格伦、莉莲·勃兰特和 F.艾默生·安德鲁斯撰写的《拉塞尔·塞奇基金会(1907—1946,卷二)》(*Russell Sage Foundation, 1907—1946, 2 vols*)(纽约:拉塞尔·塞奇基金会,1947 年),韦斯利·C.米切尔的《国民经济研究局第一个 25 年》,《第 25 年年度报告》(*The National Bureau's First Quarter Century, 25th Annual Report*)(纽约:国民经济研究局,1945 年),阿道夫·A.伯利的《学会冲破黎明(1919—1969)》(*Learning against the Dawn, 1919—1969*)(纽约:二十世纪基金会,1969 年),小查尔斯·B.桑德斯的《布鲁金斯学会:五十年的历史》(*The Brookings Institution: A Fifty Year History*)(华盛顿特区:布鲁金斯学会,1966 年),卡尔·施里弗吉赛尔的《商业时代:
312 经济发展委员会的影响,(1942—1960)》(*Business Comes of Age: The Impact of the Committee for Economic Development, 1942—1960*)(纽约:哈珀柯林斯出版社,1960 年)以及《商业和公共政策:经济发展委员会的角色(1942—1967)》(*Business and Public Policy: The Role of the Committee for Economic Development, 1942—1967*)(纽约:经济发展委员会,1967 年)。

智库之外的学者很少对独立的政策研究机构进行研究。但是很多学者却都曾专门研究过兰德公司和布鲁金斯学会:布鲁斯·L.R.史密斯的《兰德公司:非营利咨询公司的案例研究》(*The Rand Corporation: Case Study of a Nonprofit Advisory Corporation*)(马萨诸塞州坎布里奇:哈佛大学出版社,1966 年),唐纳德·T.克里奇洛的《布鲁金斯学会:民主社会中的专长与公共利益(1916—1952)》(*The Brookings Institution, 1916—1952: Expertise and the Public Interest in a Democratic Society*)(迪卡尔布:北伊利诺伊大学出版社,1984 年)。除此之外,有三本研究保守派智库兴起的书籍:西德尼·布鲁门多的《反正统的兴起:从保守主义意识形态到政治势力》(*The Rise of the Counter-Establishment: From Conservative Ideology to Political*

Power)(纽约:时代图书出版公司,1986 年),约翰 · S. 萨洛玛三世的《黯淡的政治学:新保守主义的迷宫》(*Ominous Politics: The New Conservative Labyrinth*)(纽约:希尔 & 王图书公司,1984 年),理查德 · 里夫斯的《里根“弯道”》(*The Reagan Detour*)(纽约:西蒙 & 舒斯特出版公司,1985 年)。

还有一些书提供了当下的智库信息。尽管在智库方面,并没有类似基金会中心出版的《基金会指南》(*Foundation Directory*)这类指南方面的书籍,但是盖尔研究公司的《研究中心指南》(*Research Centers Directory*)及其增刊却能为让我们从中学到不少东西。《国家期刊》(*National Journal*)会定期发表关于华盛顿智库的文章,而一年一度的出版物《资金来源》(*The Capital Source*)也会列出华盛顿地区很多智库的运作情况。由于大多数政策研究组织以出版书籍报告盈利,所以他们会更愿意发布出版物列表。许多智库也都有年度报告和时事通讯。

除此之外,还有大量关于社会科学的用途和决策的政策研究方面的论述。其中,流传最广的是吉恩 · M. 莱昂斯在十年前写的《艰难的伙伴关系:20 世纪的社会科学与联邦政府》(*The Uneasy Partnership: Social Science and the Federal government in the Twentieth Century*)(纽约:拉塞尔 · 塞奇基金会,1969 年)。马丁 · 布尔默主编的文集《社会科学研究与政府:英美比较研究》(*Social Science Research and Government: Comparative essays on Britain and the United States*)也值得一看。劳伦斯 · E. 林恩主编的合集《知识与政策:不确定的联系》(*Knowledge and Policy: The Uncertain Connection*)(华盛顿特区,国家科学院,1978 年),其中,尤其是卡罗尔 · 韦斯《提高社会研究与公共政策之间的联系》(*Improving the Linkage between Social Research and Public Policy*,第 23 - 81 页)一文令人获益匪浅。查尔斯 · E. 林布隆和大卫 · K. 科恩的《可用的知识:社会科学与社会问题的解决》(*Usable Knowledge: Social Science and Social Problem Solving*)(康涅狄格州纽黑文市,耶鲁大学出版社,1979 年)这本书对社会科学研究的用途持怀疑的态度。彼德 · 德利昂的《建议与赞同:政策科学的发展》(*Advice and Consent: The Development of the*

Policy Sciences)(纽约:拉塞尔·塞奇基金会,1988 年)和理查德·P. 内森的《政府中的社会科学:使用与误用》(*Social Science in Government: Uses and Misuses*)(纽约:巴西克出版社,1988 年)则对政策研究的用途进行了中肯地评估。此外,虽然有大量
313 关于研究决策中个别政策案例的研究,但是对政策提议的综述性研究却较为稀少。在关于提议如何进入政治程序的研究中,最具启发性的书籍包括尼尔森·W. 波尔斯比的《美国的政治创新:政策提议的政治学》(*Political Innovation in America: The Politics of Policy Initiation*)(康涅狄格州纽黑文市,耶鲁大学出版社,1984 年)。约翰·金敦的《议程、选择和公共政策》(*Agendas, Alternatives and Public Policies*)(纽约:利特尔 & 布朗出版社,1984 年)也会令读者获益良多。

索引汇总

（索引中的页码为原著页码，检索时请查本书边码）

附表 1　机构中英文对照表

英文名称	中文名称	英文简称
Abt Associates	阿布特公司(美国一家咨询公司)	
Agency for International Development	国际开发总署	AID
Agricultural Adjustment Administration	农业调整署	AAA
Agriculture U. S. Department	美国农业部	AOD
Alliance Capital Management	联合资本管理公司	ACM
American Academy of Arts and Sciences	美国艺术与科学院	AAAS
American Association of Labor Legislation	美国劳工立法协会	AALL
American Bureau of Industrial Research	美国工业研究局	ABIR
American Council of Learned Societies	美国学术团体协会	ACLS
American Economics Association	美国经济学会	AEA
American Enterprise Association	美国企业协会	
American Enterprise Institute for Public Policy Research (American Enterprise Association)	美国企业研究所	AEI
American Federation of Labor	美国劳工联盟	AFL
American Federation of State, County and Municipal Employees	美国州县市雇员联盟	
American Immigration Institute	美国移民局	AII
American Policy Commission	美国政策委员会	APC
American Political Science Association	美国政治科学协会	APSA
American Relief Administration	美国救济管理局	ARA
American Social Science Association	美国社会科学学会	ASSA
American Telephone and Telegraph	美国电话电报公司	ATT

（续表）

英文名称	中文名称	英文简称
Area Redevelopment Agency	地区重建机构	
Arms Control and Disarmament Agency	军备控制与裁军署	ACDA
Army Corps of Engineers	美国陆军工程兵团	USACE
Army Information and Education Division	武装部队信息和教育司	AIED
Association for Improving the Conditions of the Poor	扶贫协会	AICP
Atlantic Council of the United States	美国大西洋理事会	
Atomic Energy Commission	美国原子能委员会	AEC
Bay Area Institute	湾区研究所	
Brookings Institution	布鲁金斯学会	
Brookings Institution Archives	布鲁金斯学会档案室	BIA
Bureau of Agricultural Economics	农业经济局	BAE
Bureau of Child Hygiene	儿童卫生局	BCH
Bureau of Economic Research	经济调查局	BER
Bureau of Labor Statistics	劳工统计局	BLS
Bureau of Naval Personnel	海军人事局	
Bureau of Navel Personnel	海军人事局	BNP
Bureau of Reclamation	美国垦务局	BR
Bureau of the Budget (Office of Management and Budget)	美国预算局	OMB
Bureaus of Municipal Research(New York Bureau of Municipal Research)	纽约市政研究局	BMR
Business Advisory Council(Committee for Economic Development)	工商咨询理事会	BAC
California Institute of Technology	加利福尼亚理工学院	CIT
Cambridge Institute	剑桥研究院	
Carnegie Endowment for International Peace	卡内基国际和平基金会	CEIP

(续表)

英文名称	中文名称	英文简称
Carnegie Institution(Washington)	卡内基研究所(华盛顿)	
Carnegie, Corp (New York)	卡内基公司(纽约)	
Cato Institute	卡托研究所	
Center for Defense Information	国防信息中心	CDI
Center for Democracy	民主研究中心	
Center for National Policy	国家政策中心	CNP
Center for Naval Analyses	海军分析中心	CNA
Center for Strategic and International Studies	战略与国际研究中心	CSIS
Center for the New West	新西方中心	CNW
Center on Budget and Policy Priorities	美国预算与政策优先中心	CBPP
Center on Religion and Society	宗教与社会研究中心	
Central Bureau of Planning and Statistics	中央规划与统计局	CBPS
Central Intelligence Agency	中央情报局	CIA
Central Intelligence Group	中央情报组	CIG
Charity Organization Society	慈善组织协会	COS
Children's Bureau	儿童局	
Church of the Brethren	基督教友爱会	
Claremont Institute	克莱蒙研究所	
Cleveland Foundation	克利夫兰基金会	
Club of Rome	罗马俱乐部	
Commerce, U. S. Department	美国商务部	DOC
Commission for Economic Development	经济发展委员会	CED
Commission for Relief in Belgium	比利时救济委员会	CRB
Commission on Economy and Efficiency	经济与效率委员会	
Commission on Economy and Efficiency (Taft Commission)	经济与效率委员会(塔夫脱委员会)	CEE

（续表）

英文名称	中文名称	英文简称
Commission on Training Camp Activities	训练营活动委员会	CTCA
Committee on Public Information	美国公共情报委员会	CPI
Committee on Recent Economic Changes	近期经济变化委员会	CREC
Committee on Social Trends(Research Committee on Social Trends)	社会趋势委员会(社会趋势研究委员会)	CST
Commonwealth Foundation	英联邦基金会	
Competitive Enterprise Institute	竞争企业协会	CEI
Congressional Budget Office	美国国会预算办公室	CBO
Congressional Research Service	美国国会研究处	
Cooperative League(Twentieth Century Fund)	美国合作社联盟(二十世纪基金会)	
Council on Foreign Relations	外交关系协会	CFR
Country Life Commission	乡村生活委员会	CLC
Cummins Engine Co.	康明斯发动机有限公司	
Cupples and Marston Co.	库普勒斯・马斯顿公司	
Defense，U. S Department	美国国防部	DOD
Douglas Aircraft Corp.	道格拉斯飞行器公司	
Earhart Foundation	埃尔哈特基金会	
Economic Policy Institute	经济政策研究所	EPI
Ethics and Public Policy Center	道德和公共政策中心	EPPC
Executive Office of the President	美国总统执行办公室	EOP
Factory Investing Commission	工厂投资委员会	FIC
Falk Foundation	福尔克基金会	
Federal Bureau of Investigation	联邦调查局	FBI
Federal Conciliation Service	联邦调解局	FCS
Federal Emergency Relief Administration	联邦紧急救济总署	FERA
Federal Reserve Board	联邦储备委员会	FRB

（续表）

英文名称	中文名称	英文简称
Field Foundation	菲尔德基金会	FF
Ford Foundation	福特基金会	
Ford Motor Co.	福特汽车公司	
Foreign Policy Institute	外交政策研究所	
Free Congress Foundation	自由国会基金会	
General Accounting Office	审计总署	GAO
General Education Board	大众教育委员会	GEB
General Electric	通用电气	GE
German Marshall Fund	德国马歇尔基金会	
Ginn & Co.	吉恩公司	
Good Will Fund	善意基金会	
Graduate Department of Government and Economics	政府和经济研究生部	
Grand Academy of Lagado	拉格多大科学院	
Gray's Inn	格雷律师学院	
Hannibal Hamlin Institute	汉尼巴尔·哈姆林学院	
Health, Education, and Welfare, U. S. Department of	美国卫生、教育和福利部	USDHEW
Heartland Institute	哈兰学会	
Heritage Foundation	传统基金会	
Hoover Institution on War, Revolution, and Peace	胡佛战争，革命与和平研究所	
Housing and Urban Development, U. S. Department of	美国住房与城市发展部	USDHUD
Hudson Institute	哈德逊研究所	
Independence Institute (Independent Institute)	独立研究所	
Institute for Contemporary Studies	当代研究所	

（续表）

英文名称	中文名称	英文简称
Institute for Defense Analyses	国防分析研究所	IDA
Institute for East-West Security Studies	东西方安全研究所	
Institute for East-West Studies	东西方研究所	
Institute for Educational Affairs	教育事务研究所	
Institute for Government Research	政府研究所	IGR
Institute for Hemispheric Development	半球发展研究所	
Institute for International Economics	国际经济研究所	IIE
Institute for Policy Studies	政策研究所	IPS
Institute for Research on Poverty	贫穷研究中心	
Institute for Research on the Economics of Taxation	税收经济研究所	
Institute for Social and Economic Research	社会与经济研究所	
Institute for Social and Religious Research	社会与宗教研究所	
Institute for Southern Studies	南方研究学院	
Institute for Strategic Studies(London)	战略研究所(伦敦)	ISS
Institute of Economic Affairs(London)	经济事务研究所(伦敦)	IEA
Institute of Economics	经济研究所	
Interior，U. S. Department	美国内政部	USDI
International Center for Economic Policy Studies	国际经济政策研究中心	ICEPS
International Institute for Democracy	国际民主研究院	
International Management Institute	国际管理学会	IMI
James Madison Institute	詹姆斯麦迪逊智库	
Johns-Manville Corp.	约翰斯-曼维尔公司	
Joint Center for Political and Economic Studies	政治和经济研究联合中心	
Joint Economic Committee	联合经济委员会	JEC
Kennedy School of Government	肯尼迪政府学院	KSG

（续表）

英文名称	中文名称	英文简称
Kissinger Associates	基辛格事务所	
Koch Institute	科克研究所	
Koch(Fred C.)Trust	（弗雷德·C.）科克基金会	
Kresge Foundation	克雷斯吉基金会	
Labor,U. S. Department of	美国劳工部	USDL
Laura Spelman Rockefeller Memorial	劳拉·斯佩尔曼·洛克菲勒纪念馆	LSRM
League of Nations	国际联盟	
Libertarian Research Institutes	自由意志主义研究院	
Lilly Endowment	礼来基金会	
MacArthur Foundation	麦克阿瑟基金会	
Madison Group	麦迪逊集团	
Manhattan Institute for Policy Research	曼哈顿政策研究所	
Manhattan, Inc.	曼哈顿公司	
Massachusetts Institute of Technology	麻省理工学院	MIT
Maxwell School of Citizenship and Public Affairs(Syracuse University)	麦克斯韦尔公民与公共事务学院（雪城大学）	
McCormick Harvester Corp.	麦考密克收割机公司	
Metropolitan Applied Research Center	大都会应用研究中心	
National Association of Manufacturers	全国制造商协会	NAM
National Bank of New York	纽约国家银行	
National Bureau of Economic Research	国家经济研究局	NBER
National Center for Policy Analysis	国家政策分析中心	NCPA
National Council of Churches	全国教会理事会	NCC
National Defense Advisory Commission	国防顾问委员会	NDAC
National Endowment for Democracy	国家民主捐赠基金会	
National Industrial Conference Board	全国工业会议委员会	
National Labor Relations Board	全国劳工关系委员会	

(续表)

英文名称	中文名称	英文简称
National Planning Association	全国计划协会	
National Recovery Administration	全国复兴总署	
National Research Council	国家研究理事会	
National Resources Planning Board	全国资源计划委员会	
National Science Foundation	国家科学基金会	
National Security Council	国家安全委员会	
National Transportation Committee	国家运输委员会	
National Youth Administration	国家青年局	
New American Schools Development Corporation	新美国学习发展公司	
New School for Social Research	社会研究新学院	
New York Bureau	纽约研究所	
New York Bureau of Municipal Research	纽约市政研究所	
Noble Foundation	诺布尔基金会	
North Atlantic Treaty Organization	北大西洋公约组织	NATO
Office of Civil Defense	民事防护局	
Office of Management and Budget (Bureau of the Budget)	行政管理和预算局(预算局)	
Office of Price Administration	物价管理局	
Office of Production Management	生产管理局	
Office of Scientific Research and Development	科学研究与发展局	
Office of Strategic Services	战略情报局	
Office of Technology Assessment	技术评估局	
Office of War Information	战时情报局	
Office of War Mobilization and Reconversion	战争动员和恢复署	
Olin (John M.) Foundation	约翰·M. 奥林基金会	
Overseas Development Council	海外发展委员会	

（续表）

英文名称	中文名称	英文简称
Pacific Institute	太平洋学会	
Pasteur Institute	巴斯德研究所	
Paul H. Nitze School of Advanced International Studies	保罗・尼采高级国际研究学院	SAIS
Pew Charitable Trusts	皮尤慈善信托基金	
Policy Planning Staff (U. S. Department of State)	政策规划办公室(美国国务院)	
President's Committee on Juvenile Delinquency	青少年犯罪总统委员会	
Progressive Policy Institute	进步政策研究所	
Public Administration Clearing House	公共管理清算中心	
Public Broadcasting Service	美国公共电视台	
Radiation Laboratory(Massachusetts Institute of Technology)	辐射实验室(麻省理工学院)	
RAND Corp.	兰德公司	
Reason Foundation	里森基金会	
Reconstruction Finance Corp.	复兴金融公司	
Republican Study Committee	共和党研究委员会	
Resources for the Future	未来资源研究所	
Rockefeller Archive Center	洛克菲勒档案中心	RAC
Rockefeller Brothers Fund	洛克菲勒兄弟基金会	
Rockefeller Foundation	洛克菲勒基金会	
Rockefeller Institute of Medical Research	洛克菲勒医学研究所	
Rockford College	罗克福德学院	
Rockford Institute	罗克福德研究所	
Rubin (Samuel) Foundation	塞缪尔・鲁宾基金会	
Russell Sage Foundation	拉塞尔・塞奇基金会	
Russian Research Center	俄罗斯研究中心	

（续表）

英文名称	中文名称	英文简称
Rutherford Institute	卢瑟福研究所	
Saint Anselm's College	圣安塞姆学院	
Scaife Family Charitable Trust	斯凯夫家族慈善信托	
Securities and Exchange Commission	证券交易管理委员会	
Sequoia Institute	红杉研究所	
Service Employees International Union	服务业雇员国际工会	
Sloan Foundation	斯隆基金会	
Smith Richardson Foundation	史密斯·理查德森基金会	
Smithsonian Institution	史密森尼学会	
Social Science Research Council	社会科学研究理事会	
Social Security Administration	美国社会保障总署	
SRI International	斯坦福国际咨询研究所	
Standard Oil Trust	标准石油公司	
State, U. S. Department of	美国国务院	
Strategic Air Command	战略空军司令部	
Supply Priorities and Allocation Board	供应优先度和分配委员会	
Supreme Economic Council	最高经济委员会	
Tariff Commission	关税委员会	
Tennessee Valley Authority	田纳西河流域管理局	
Transnational Institute	跨国研究所	
Treasury, U. S. Department of	美国财政部	
Trinity Church	三自教堂	
Troy Female Seminary	特洛伊女子学院	
Twentieth Century Fund	二十世纪基金组织	
U. S. Bureau of the Census	美国统计局	
U. S. Chamber of Commerce	美国商会	
U. S. Geological Survey	美国地质调查局	

（续表）

英文名称	中文名称	英文简称
U. S. Industrial Commission	美国工业委员会	
U. S. Military Academy	美国军事学院	
U. S. Sanitary Commission	美国卫生委员会	
U. S. Women's Bureau	美国妇女局	
United Automobile, Aerospace & Agricultural Implement Workers of America	美国联合汽车、航空和农机工人工会	
United Food and Commercial Workers International Union	食品和商业工人国际工会	
United Mine Workers of America	美国矿工联合会	
United Nations	联合国	
United Steel Workers of America	美国钢铁工人联合会	
Urban Institute	城市研究所	
Veterans Administration Readjustment Allowance Service	退伍军人管理局专业补贴服务处	
Walsh Commission on Industrial Relations	沃尔什工业关系委员会	
War Industries Board	战时工业委员会	
War Labor Board	战时劳工委员会	
War Production Board	战时生产委员会	
Washington School (Institute for Policy Studies)	华盛顿学院(政策研究所)	
William Donner Foundation	威廉基金会	
Wisconsin Industrial Commission	威斯康星州工业委员会	
Women's Bureau	妇女局	
Women's Hospital	妇女医院	
Works Progress Administration	公共事业振兴署	
World Bank	世界银行	
World Council of Churches	世界基督教会联合会	

（续表）

英文名称	中文名称	英文简称
World Policy Institute	世界政策研究所	
World Resources Institute	世界资源研究所	
World Watch Institute	世界观察研究所	

附表 2　人名中英文对照表

英文名	中文名
Aaron，Henry	亨利・亚伦
Abshire，David	戴维・阿布希尔
Abt，Clark	克拉克・阿布特
Achenbaum，W. Andrew	W・安德鲁. 阿恩鲍姆
Acheson，Dean	迪安・艾奇逊
Adams，E. D.	E・D. 亚当斯
Adams，Henry Carter	亨利・卡特・亚当斯
Adams，Herbert Baxter	赫伯特・巴克斯特・亚当斯
Adams，James Ring	詹姆斯・林・亚当斯
Adams，John	约翰・亚当斯
Adelman，Kenneth	肯尼思・阿德尔曼
Adler，Lorna	洛娜・阿德勒
Agnew，Spiro	斯皮罗・阿格纽
Alexander the Great	亚历山大大帝
Allen，Richard V.	理查德・V. 艾伦
Allen，William H.	威廉・H. 艾伦
Allende，Salvador	萨尔瓦多・阿连德
Allott，Gordon	戈登・阿洛特
Almeleh，Wendy	温迪・奥尔梅莱
Alperovitz，Gar	加尔・阿尔佩罗维茨
Alsop，Stewart	斯图尔特・艾尔索普
Anderson，Terry	泰瑞・安德尔森

（续表）

英文名	中文名
Andrews，F. Emerson	F. 艾默生・安德鲁斯
Aristophanes	阿里斯托芬
Aristotle	亚里士多德
Arnold，Henry Harley	亨利・哈利・阿诺德
Arnold，Thurman	瑟曼・阿诺德
Arrow，Kenneth	肯尼思・阿罗
Augustine，Norman	诺曼・奥古斯丁
Baker，Russell	拉塞尔・贝克
Barber，Bernard	伯纳德・巴伯
Barker，Carol	卡罗尔・巴克
Barnet，Richard	理查德・巴尼特
Baroody，William J	威廉・J. 巴鲁迪
Baroody，William J.，Jr.	小威廉・J. 巴鲁迪
Baruch，Bernard	伯纳德・巴鲁克
Bauer，Gary	加里・鲍尔
Baum，L. Frank	L. 弗朗克・鲍姆
Beard，Charles	查尔斯・比尔德
Becker，Gary	加里・贝克尔
Bell，Danniel	丹尼尔・贝尔
Bellow，Adam	亚当・贝洛
Bemis，E. W.	E. W. 比米斯
Bennett，William	威廉・贝内特
Benton，William	威廉・本顿
Beranek，Leo L.	利奥・L. 贝拉尼克
Berger，John	约翰・伯杰
Berger，Peter	彼得・伯杰
Bergsten，C. Fred	C. 弗雷德・伯格斯滕

（续表）

英文名	中文名
Berkowitz，Edward	爱德华·伯科威茨
Berkowitz，Herb	赫布·伯科威茨
Berle，Adolf A.	阿道夫·A. 伯利
Black，John	约翰·布莱克
Bleha，Thomas	托马斯·布雷哈
Bloom，Allan	艾伦·布卢姆
Bluestone，Barry	巴里·布卢斯通
Blumenthal，Sidney	西德尼·布鲁门多
Boaz，David	戴维·博阿兹
Bolton，John R.	约翰·R. 博尔顿
Boorstin，Daniel	丹尼尔·布尔斯庭
Booth，John E.	约翰·E·布思
Bork，Robert	罗伯特·博克
Boskin，Michael	米歇尔·博斯金
Bourne，Randolph	伦道夫·伯恩
Bowles，Chester	切斯特·鲍尔斯
Bowles，Edward L.	爱德华·L. 鲍尔斯
Bozell，L. Brent	L. 布伦特·博泽尔
Brandeis，Louis	路易斯·布兰代斯
Brandt，Lilian	莉莲·勃兰特
Brodie，Bernard	伯纳德·布罗迪
Brookings，Robert (S.)	罗伯特·(S.)布鲁金斯
Brown，Harold	哈罗德·布朗
Brown，Lester	莱塞·布朗
Brown，Lewis H.	路易斯·H. 布朗
Brown，Rita Mae	丽塔·梅·布朗
Browne，H. Monroe	H. 罗门·布朗

（续表）

英文名	中文名
Bruere, Henry	亨利・布鲁埃尔
Bryan, Anthony T.	安东尼・T. 布赖恩
Bryan, William Jennings	威廉・詹宁斯
Brzezinski, Zbigniew	兹比格纽・布热津斯基
Buchan, Alistair	阿利斯泰尔・巴肯
Buchanan, Patrick	帕特里克・布坎南
Buckley, William F. , Jr.	小威廉・法兰克・巴克利
Bulmer, Martin	马丁・布尔默
Bundy, McGeorge	麦乔治・邦迪
Burgess, Philip M.	菲利普・M. 伯吉斯
Burke, Arleigh	阿利・伯克
Burke, Edmund	埃德蒙・伯克
Burns, Arthur F.	阿瑟・F. 伯恩斯
Busby, Horace	霍勒斯・巴斯比
Bush, George	乔治・布什
Butler, Nicholas Murray	尼古拉斯・默里・巴特勒
Butler, Stuart	斯图尔特・巴特勒
Califano, Joseph	约瑟夫・卡利法诺
Calkins, Robert	罗伯特・卡尔金斯
Campbell, W. Glenn	W. 格伦・坎贝尔
Capet, Robert	罗伯特・卡佩
Carlson, Allan	艾伦・卡尔森
Carnegie, Andrew	安德鲁・卡内基
Carroll, Eugene	尤金・卡伦
Carter, Jimmy	吉米・卡尔特
Casey, William	威廉・凯西
Cater, Douglas	道格拉斯・凯特

（续表）

英文名	中文名
Cavers, David	戴维·卡弗斯
Chamberlian, John	约翰·张伯伦
Chambers, Whittaker	惠特克·钱伯
Chaplin, Charlie	查理·卓别林
Charles Ⅱ (King of England)	查尔斯二世（英格兰国王）
Chase, Stuart	斯图尔特·蔡斯
Chavez, Linda	琳达·查维斯
Chernow, Ron	罗恩·切诺
Chomsky, Noam	诺姆·乔姆斯基
Christensen, Bryce J.	布赖斯·J. 克里斯滕森
Clad, James	詹姆斯·克莱德
Clark, Evans	埃文斯·克拉克
Clark, Kenneth	肯尼思·克拉克
Cleveland, Frederick	弗雷德里克·克利夫兰
Clifford, Clark	克拉克·克利福德
Cline, Ray	雷·克莱因
Cline, William R.	威廉·R. 克莱因
Cloward, Richard	理查德·克洛尔德
Cohen, Benjamin	本杰明·科恩
Cohen, David K.	大卫·K. 科恩
Cohen, Wilbur	威尔伯·科恩
Collbohm, Frank	弗朗克·科尔博姆
Commons, John R.	约翰·R. 康芒斯
Conquest, Robert	罗伯特·康奎斯特
Coode, Richard	理查德·古德
Coolidge, Calvin	卡尔文·柯立芝
Coors, Joseph	约瑟夫·库尔斯

（续表）

英文名	中文名
Corcoran, Thomas	托马斯・科科伦
Crane, Edward H.	爱德华・H. 克兰
Crane, Phillip R.	菲利普・F. 克兰
Critchlow, Donald T.	唐纳德・T. 克里奇洛
Croly, Herbert	赫伯特・克罗利
Cutting, R. Fulton	R. 富尔顿・卡廷
Daniel (Bible)	但以理(圣经)
Dart, Justin	贾斯汀・达特
Darwin, Charles	查尔斯・达尔文
De Forest, Robert	罗伯特・德福雷斯特
De Medici, Lorenzo	洛伦索・德梅迪西
De Tocqueville, Alexis	亚力克西・德托克维尔
De Vegh, Diana	戴安娜・德韦格
Decter, Midge	米琪・德克特
Delano, Frederick	弗雷德里克・德拉诺
DeMuch, Christopher	克里斯托弗・德穆思
Destler, I. M.	I. M. 德斯特勒
Dewey, John	约翰・杜威
Dewey, Melville	梅尔维尔・杜威
Dewhurst, J. Frederick	J. 弗雷德里克・杜赫斯特
Dickson, Paul	保罗・迪克森
Dietel, William	威廉・迪特尔
Dillon, C. Douglas	道格拉斯・C. 狄龙
Djilas, Milovan	米洛凡・吉拉斯
Doctor Strangelove	奇爱博士
Domanico, Raymond	雷蒙・多马尼科
Dorfman, Ariel	阿里尔・多尔夫曼

（续表）

英文名	中文名
Douglas，Paul	保罗・道格拉斯
Duignan，Peter	彼得・杜伊格南
Dukakis，Michael	迈克尔・ 杜卡基斯
Durst，Samantha L.	萨曼莎・L. 德斯特
Dye，Thomas R.	托马斯・R. 戴伊
Dyson，Freeman	弗里曼・ 戴森
Eakins，David W.	大卫・W. 艾金斯
Easley，Ralph	拉尔夫・ 伊斯利
Easley，Stephen	史蒂芬・厄尔利
Eberstadt，Nicholas	尼古拉斯・埃伯施塔特
Ehrenreich，Barbara	芭芭拉・埃伦赖希
Eisenhower，Dwight D.	德温格・D. 艾森豪威尔
Eizenstat，Stuart	斯图尔特・艾森施塔特
Eliot，Charles W.	查尔斯・W. 埃利奥特
Elizabeth Ⅰ(Queen of England)	伊丽莎白一世(英格兰女皇)
Ely，Richard T.	理查德・T. 埃利
Engelhardt，Sara L.	萨拉・L. 恩格尔哈特
Enthoven，Alain	埃金・ 恩索文
Ernst，Joesph W.	约瑟夫・W. 恩斯特
Esersky，Gareth	加雷斯・埃塞尔斯基
Evans，M. Stanton	M. 斯坦顿・埃文斯
Everhart，Robert B.	罗伯特・B. 埃弗哈特
Ezekiel，Mordecai	莫迪凯・以西结
Faherty，Robert	罗伯特・法赫蒂
Falcoff，Mark	马克・福尔科夫
Fall，Bernard	伯纳德・福尔
Fancher，Robert T.	罗伯特・T. 范彻

（续表）

英文名	中文名
Fauriol, Georges	乔治斯・福里奥尔
Faux, Jeffrey	杰弗里・福克斯
Feldstein, Martin	马丁・费尔德斯坦
Feulner, Edwin J.	埃德温・J. 福伊尔纳
Filene, Edward A.	爱德华・A. 法林
Finletter, Thomas K.	托马斯・K. 芬勒特
Fisher, Gene	吉恩・费希尔
Fisher, Sir Anthony	安东尼爵士・费希尔
Flanders, Ralph	拉尔夫・弗兰德斯
Fleming, Thomas	托马斯・弗莱明
Ford, Gerald R.	杰拉尔德・R. 福特
Ford, Henry II	亨利二世・福特
Ford, Patrick	帕特里克・福特
Frank, Jerome	杰尔姆・弗兰克
Frankfurter, Felix	费利克斯・法兰克福特
Fri, Robert W.	罗伯特・W. 弗赖
Friedman, Milton	米尔顿・弗里德曼
Fukuyama, Francis	弗朗西斯・福山
Galbraith, John Kenneth	约翰・肯尼思・加尔布雷思
Gann, L. H.	L. H. 甘恩
Gates, Frederick T.	弗雷德里克・T. 盖茨
Gay, Edwin F.	埃德温・H. 盖伊
Gelb, Leslie H.	莱斯利・H. 盖尔布
George, Henry	亨利・乔治
Gerbert of Aurillac	教皇西尔维斯特二世
Gerduk, Nettie	内蒂・格尔达克
Gilder, George	乔治・吉尔德

（续表）

英文名	中文名
Glenn，John M.	约翰・M. 格伦
Goldman，Eric	埃里克・戈德曼
Goldwater，Barry	巴里・戈德华特
Goodman，John C.	约翰・C. 古德曼
Goodman，Paul	保罗・古德曼
Goodnow，Frank	弗兰克・古德诺
Goodwin，Richard	理查德・古德温
Gorbachev，Mikhail	米哈伊尔・戈尔巴乔夫
Gordan，Kermit	克米特・戈丹
Gordon，Thomas	托马斯・戈丹
Gorham，William	威廉・戈勒姆
Gottmann，Jean	琼・戈德曼
Greene，Jerome D.	杰尔姆・D. 格林
Greenstein，Robert	罗伯特・格林斯坦
Guicciardini，Francesco	弗朗西斯科・圭恰迪尼
Gulliver	格列佛
Haberler，Gottfried	戈特弗里德・哈伯勒
Hadley，Arthur Twining	阿瑟・特文宁・哈德利
Haldeman，H. R.	H. R. 霍尔德曼
Halliday，Fred	弗雷德・哈利迪
Hamilton，Alexander	亚历山大・汉密尔顿
Hammett，William	威廉・哈米特
Hansen，Alvin	阿尔文・汉森
Harding，Warren G.	沃伦・G. 哈丁
Harriman，Averell	埃夫里尔・哈里曼
Harriman，E. H.	E. H. 哈里曼
Harriman，Henry	亨利・哈里曼

（续表）

英文名	中文名
Harriman, Mrs. E. H.	E. H. 哈里曼夫人
Harrington, Michael	迈克尔・哈林顿
Harris, Ralph	拉尔夫・哈里斯
Harrison, Selig	塞利格・哈里森
Hartz, Louis	路易斯・哈茨
Hawkins, Robert	罗伯特・霍金斯
Hawley, Ellis	埃利斯・霍利
Hayek, Friedrich	弗里德里克・海克
Heckscher, August	奥古斯特・赫克舍
Hegel, G. W. F.	G. W. F. 黑格尔
Heller, Walter	沃尔特・赫勒
Henderson, Leon	利昂・亨德森
Henry, Laurin	劳林・亨利
Herter, Christian	克里斯琴・赫脱
Hess, Karl	卡尔・赫斯
Hess, Stephen	斯蒂芬・赫斯
Hill, James J.	詹姆斯・J. 希尔
Hillman, Sidney	悉尼・希尔曼
Hine, Lewis	刘易斯・海因
Hirsch, Fred	弗雷德・赫什
Hitch, Charles	查尔斯・希契
Hobbes, Thomas	托马斯・霍布斯
Hodges, Luther	卢瑟・霍奇斯
Hoffman, Paul G.	保罗・G. 霍夫曼
Hofstadter, Richard	理查德・霍夫施塔特
Holmes, Kim	金・霍姆斯
Holmes, Oliver Wendell	奥利弗・温德尔・霍姆斯

(续表)

英文名	中文名
Hoover, Herbert	赫伯特・胡佛
Hopkins, Harry	哈里・霍普金斯
Horowitz, Michael J.	迈克尔・J. 霍罗威茨
House, Edward M.	爱德华・M. 豪斯
Houston, David F.	戴维・F. 休斯敦
Howard, John	约翰・霍华德
Howe, Louis	路易斯・豪
Huber, Peter	彼得・休伯
Hufbauer, Gary	加里・赫夫鲍尔
Hughes, H. Stuart	H. 斯图尔特・休斯
Huizinga, Johan	约翰・休伊曾加
Hull, Cordell	科德尔・赫尔
Humphrey, Hubert	休伯特・汉弗莱
Hunt, Edward E.	爱德华・E. 亨特
Hurwitz, Sol	索尔・赫维茨
Hutchins, Robert M.	罗伯特・M. 哈钦斯
Jackson, Andrew	安德鲁・杰克逊
Jacobs, Paul	保罗・雅各布斯
Jacoby, Russell	拉塞尔・雅各比
James I(King of England)	詹姆斯一世(英国国王)
James, William	威廉・詹姆斯
Jefferson, Thomas	托马斯・杰斐逊
Jencks, Christopher	克里斯托弗・詹克斯
Johnson, Lyndon B.	林登・B. 约翰逊
Johnson, Tom	汤姆・约翰逊
Jones, Jesse	杰西・琼斯
Jordan, Julie	朱莉・乔丹

（续表）

英文名	中文名
Kahn, Carol	卡罗尔·卡恩
Kahn, Herman	赫尔曼·卡恩
Kamarck, Elaine	伊莱恩·卡马克
Karl, Barry	巴里·卡尔
Karl, Barry D.	巴里·D. 卡尔
Karmel, Roberta	罗伯塔·卡梅尔
Kates, Don B.	堂·B. 凯茨
Katz, Milton	米尔顿·卡茨
Katz, Stanley	斯坦利·卡茨
Katz, Stanley N.	斯坦利·N. 卡茨
Kaufmann, William	威廉·考夫曼
Kellogg, Paul U.	保罗·U. 凯洛格
Kemp, Geoffrey	杰弗里·肯普
Kemp, Jack	杰克·肯普
Kennan, George	乔治·凯南
Kennedy, John F.	约翰·F. 肯尼迪
Kennedy, Robert	罗伯特·肯尼迪
Keynes, John Maynard	约翰·梅纳德·凯恩斯
Keyserling, Leon	利昂·凯泽林
Kingdon, John	约翰·金敦
Kirk, Russell	拉塞尔·柯克
Kirkpatrick, Jeane	珍妮·柯克帕特里克
Kissinger, Henry A.	亨利·A. 基辛格
Korb, Lawrence	劳伦斯·科布
Kosters, Marvin	马文·科斯特斯
Krauthammer, Charles	查尔斯·克劳萨默
Krepinevich, Andrew F.	安德鲁·F. 克雷皮内维奇

（续表）

英文名	中文名
Kristol，Irving	欧文・克里斯托尔
Kristol，William	威廉・克里斯托尔
Kupperman，Robert	罗伯特・库珀曼
Kuttner，Robert	罗伯特・库特纳
Kuznets，Simon	西蒙・库兹涅茨
La Follette，Robert	罗伯特・拉福莱特
La Rocque，Gene R.	吉恩・R. 拉罗克
Laffer，Arthur	阿瑟・拉弗
Lagemann，Ellen	艾伦・拉格曼
Lagemann，Ellen Condliffe	埃伦・康德利夫・拉格曼
Laird，Melvin R.	梅尔文・R. 莱尔德
Landau，Saul	索尔・兰多
Landis，James	詹姆斯・兰迪斯
Lane，Robert	罗伯特・莱恩
Laqueur，Walter	沃尔特・拉克
Lash，Jonathan	乔纳森・拉希
Laski，Harold	哈罗德・拉斯基
Lasswell，Harold	哈罗德・拉斯韦尔
Laughlin，J. Laurence	J. 劳伦斯・劳克林
Lynn Laurence E.	劳伦斯・E. 林恩
Ledeen，Michael	迈克尔・莱丁
Lefever，Ernest	欧内斯特・勒菲弗
Lemay，Gen. Curtis	柯蒂斯・勒梅将军
Lenkowsky，Leslie	莱斯利・伦科夫斯基
Leone，Richard C.	理查德・C. 莱昂内
Letelier，Orlando	奥兰多・莱特列尔
Lewis，John L.	约翰・L. 刘易斯

（续表）

英文名	中文名
Lilie，Stuart A.	斯图尔特・A. 利利
Lilienthal，David	戴维・利连索尔
Lindblom，Charles E.	查尔斯・E. 林布隆
Lindley，Ernest K.	欧内斯特・K. 林德利
Lindsay，Vachel	韦切尔・林赛
Lindsey，Lawrence	劳伦斯・林赛
Lippmann，Walter	沃尔特・李普曼
Lipset，Seymour Martin	西摩・马丁・利普塞特
Lord，Carnes	卡恩斯・洛德
Lord，Winston	温斯顿・洛德
Louis XIV(King of France)	路易十四(法国国王)
Lovell，Malcolm R.	马尔科姆・R. 洛弗尔
Low，Seth	塞思・洛
Lowell，A. Lawrence	A. 劳伦斯・洛厄尔
Lowenthal，Max	马克斯・洛温塔尔
Luce，Clare Booth	克莱尔・布思・卢斯
Luce，Henry	亨利・卢斯
Luttwak，Edward	爱德华・勒特韦克
Lynd，Robert	罗伯特・林德
Lyons，Gene M.	吉恩・M. 莱昂斯
Machiavelli，Niccoló	尼可罗・马基亚维利
MacLaury，Bruce	布鲁斯・麦克劳瑞
Macy，V. Everett	V. 埃弗里特・梅西
Maddox，William S.	威廉・S. 马多克斯
Manion，Clarence	克拉伦斯・马尼恩
Mann，Carol	卡罗尔・曼
Mann，Thomas	托马斯・曼

（续表）

英文名	中文名
Manoff，Robert	罗伯特・马诺夫
Marris，Peter	彼得・马里斯
Marris，Stephen	斯蒂芬・马里斯
Marshall，A. D.	A. D. 马歇尔
Marshall，Ray	雷・马歇尔
Marshall，Will	威尔・马歇尔
Marx，Karl	卡尔・马克思
Matusow，Allen	艾伦・马图索
Mazarin，Jules	尤勒・马萨林
McCarthy，Charles	查尔斯・麦卡锡
McCarthy，Joseph	约瑟夫・麦卡锡
McCarthy，Kathleen D.	凯瑟琳・D. 麦卡锡
McCloy，John	约翰・麦克洛伊
McCracken，Paul	保罗・麦克拉肯
McFarlane，Robert	罗伯特・麦克法兰
McGovern，George	乔治・麦戈文
McGrath，Susan A.	苏珊・A・麦克格蕾丝
McIntyre，Marvin	马文・麦金太尔
McKinley，William	威廉・麦金利
McNamara，Robert	罗伯特・麦克纳马拉
McPherson，Harry	哈里・麦克弗森
Mead，Margaret	玛格丽特・米德
Meade，George Herbert	乔治・赫伯特・米德
Means，Gardner	加德纳・米恩斯
Meese，Edwin	埃德温・米斯
Merriam，Charles E.	查尔斯・E. 梅里亚姆
Merton，Robert K.	罗伯特・K. 默顿

（续表）

英文名	中文名
Meyer，Frank	弗兰克·迈耶
Miller，Arjay	阿杰·米勒
Miller，Irwin	欧文·米勒
Miller，James	詹姆斯·米勒
Mitchell，Wesley Clair	韦斯利·克莱尔(C.)·米切尔
Moffitt，Ronni	龙尼·莫菲特
Moley，Raymond	雷蒙德·莫利
Moore，W. John	W. 约翰·摩尔
Morgan，J. P.	J. P. 摩根
Morgenstern，Oskar	奥斯卡·摩根斯顿
Morgenthau，Hans	汉斯·摩根索
Motta，Camille	卡米尔·莫塔
Moulton，Harold G.	哈罗德·G. 莫尔顿
Moyers，Bill	比尔·莫耶斯
Moynihan，Daniel Patrick	丹尼尔·帕特里克·莫伊尼汉
Mroz，John Edwin	约翰·埃德温·姆罗茨
Muir，William Ker，Jr.	小威廉·克尔·缪尔
Muller，Steven	史蒂文·马勒
Mumford，Lewis	刘易斯·芒福德
Muravchik，Joshua	乔舒亚·穆拉夫切克
Murray，Charles	查尔斯·默里
Muskie，Edmund	埃德蒙·马斯基
Myrdal，Gunnar	冈纳·缪尔达尔
Nathan，Richard P.	理查德·P. 内森
Nearing，Scott	斯科特·尼尔林
Nebuchadnezzar	尼布甲尼撒二世
Neuhaus，Richard John	理查德·约翰·诺伊豪斯

（续表）

英文名	中文名
Neumann, Robert	罗伯特·诺伊曼
Neustadt, Richard	理查德·诺伊施塔特
Newhall, Ann C.	安·C. 纽霍尔
Newton, Isaac	艾萨克·牛顿
Niskanen, William	威廉·尼斯卡宁
Nixon, Richard	理查德·尼克松
Norton, Charles D.	查尔斯·D. 诺顿
Nourse, Edwin	埃德温·诺斯
Novak, Michael	迈克尔·诺瓦克
Nutter, G. Warren	G. 沃伦·纳特
Ohlin, Lloyd	劳埃德·奥林
Okan, Arthur	阿瑟·奥肯
Olson, Walter	沃尔特·奥尔森
O'Neill, Thomas P.	托马斯·P. 奥尼尔
O'Reilley, John Boyle	约翰·博伊尔·奥赖利
Orlans, Harold	哈罗德·奥兰斯
Orlen, Joel	乔尔·奥伦
Ornstein, Norman	诺曼·奥恩斯坦
Osborne, David	大卫·奥斯本
Osler, Sir William	威廉·奥斯勒爵士
Otto Ⅲ	奥托三世
Paley, William	威廉·佩利
Patten, Simon	西蒙·帕滕
Patterson, John	约翰·帕滕森
Paxson, E. W.	E. W. 帕克森
Peehman, Joseph	约瑟夫·佩奇曼
Perkins, Frances	弗朗西斯·珀金斯

（续表）

英文名	中文名
Perkins, George	乔治·珀金斯
Perle, Richard	理查德·珀尔
Pescheck, Joseph G.	约瑟夫·G. 佩谢克
Pilon, Roger	罗杰·皮隆
Pines, Burton Y.	伯顿·Y. 派因斯
Plato	柏拉图
Polsby, Nelson W.	尼尔森·W. 波尔斯比
Poole, Robert	罗伯特·普勒
Powell, John Wesley	约翰·韦斯利·鲍威尔
Pranger, Robert	罗伯特·普拉格
Pritchett, Henry	亨利·普里克特
Pyle, James B.	詹姆斯·B. 派勒
Quayle, J. Danforth	J. 丹福斯·奎尔
Rabushka, Alvin	阿尔文·拉布什卡
Raisian, John	约翰·雷森
Ramsey, James B.	杰姆·B. 拉姆齐
Rand, Ayn	艾恩·兰德
Raskin, Marcus	马库斯·拉斯金
Raymond, Arthur	阿瑟·雷蒙德
Reagan, Ronald W.	罗纳德·W. 里根
Reeves, Frank	弗兰克·里夫斯
Reeves, Richard	理查德·里夫斯
Reich, Robert	罗伯特·赖克
Rein, Martin	马丁·赖因
Rhoades, Margaret	玛格丽特·罗德斯
Ribicoff, Abraham	亚伯拉罕·里比科夫
Richmond, Mary	玛丽·里士满

（续表）

英文名	中文名
Ridgeway，Rozanne L.	罗珊・L. 里奇韦
Riesman，David	大卫・里斯曼
Rivlin，Alice	艾丽斯・里夫林
Robert，Calkins	罗伯特・卡尔金斯
Roberts，Brad	布拉德・罗伯茨
Rockefeller，John D.，Jr.	小约翰・D. 洛克菲勒
Rockefeller，John D.，Sr.	老约翰・D. 洛克菲勒
Rockefeller，Laura Spelman	劳拉・斯佩尔曼・洛克菲勒
Rockefeller，Nelson	纳尔逊・洛克菲勒
Roosevelt，Franklin D.	富兰克林・D. 罗斯福
Roosevelt，Theodore	西奥多・罗斯福
Root，Elihu	伊莱休・鲁特
Rorty，Malcolm C.	马尔科姆・C. 罗蒂
Rosenman，Samuel	塞缪尔・罗森曼
Rosner，Jeremy	杰里米・罗斯纳
Rossant，Murray J.	默里・J. 罗森特
Rossiter，Clinton	克林顿・罗西特
Rothbard，Murray N.	莫瑞・N. 罗斯巴德
Rovere，Richard	理查德・罗维尔
Rowen，Henry	亨利・罗恩
Ruml，Beardsley	比尔兹利・拉姆尔
Rumsfeld，Donald	唐纳德・拉姆斯菲尔德
Rusk，Dean	迪安・腊斯克
Russell，Bertrand	伯特兰・拉塞尔
Sage，Margaret Olivia	玛格丽特・奥利维亚・塞奇
Sage，Russell	拉塞尔・塞奇
Sakong，Ⅲ	尹三康

（续表）

英文名	中文名
Salant，Walter	沃尔特·萨伦特
Salins，Peter	彼得·萨林斯
Saloma，John S. Ⅲ	约翰·S. 萨洛玛三世
Samuelson，Paul	保罗·塞缪尔森
Sanborn，Franklin B	富兰克林·B. 桑伯恩
Sartre，Jean Paul	让·保罗·萨特
Scaife，John	约翰·斯凯夫
Schelling，Thomas	托马斯·谢林
Schlesinger，James R.	詹姆斯·R. 施莱辛格
Schleslnges，Arthur M.，Jr.	小阿瑟·M. 施莱辛格
Schneider，William	威廉·施耐德
Schott，Jeffrey	杰弗里·肖特
Schriftgiesser，Karl	卡尔·施里弗吉赛尔
Schultze，Charles	查尔斯·舒尔策
Schwartz，Stephen	斯蒂芬·施瓦茨
Schwenninger，Sherle R.	谢里·R. 施文宁格
Scudder，Stevens	史蒂文斯·斯卡德
Seneca	塞内加
Shapiro，Robert	罗伯特·夏皮罗
Sherwood，Robert	罗伯特·舍伍德
Shibley，George B.	乔治·B. 希伯利
Shils，Edward	爱德华·希尔斯
Shriver，Sargent	萨金特·施赖弗
Shultz，George	乔治·舒尔茨
Simes，Dimitri K.	迪米特里·K. 西梅斯
Simon，William	威廉·西蒙
Smith，Adam	亚当·斯密

（续表）

英文名	中文名
Smith, Bruce L. R.	布鲁斯·L. R. 史密斯
Smith, Fred L. ,Jr.	小弗莱德·L. 史密斯
Snider, Duke	杜克·斯奈德
Socrates	苏格拉底
Solzhenitsyn, Alexander	亚历山大·索尔仁尼琴
Sorensen, Theodore C.	西奥多·C. 索伦森
Sowell, Thomas	托马斯·索维尔
Specht, R. D.	R. D. 施佩希特
Spencer, Herbert	赫伯特·斯宾塞
Stapleton, Darwin	达尔文·斯坦普莱顿
Starr, Roger	罗杰·斯塔尔
Steel, Ronald	罗纳德·斯蒂尔
Steelman, John	约翰·斯蒂尔曼
Steffens, Lincoln	林肯·斯蒂芬斯
Stein, Herbert	赫伯特·斯坦
Steinbruner, John	约翰·斯坦布鲁纳
Stella, Joseph	约瑟夫·斯特拉
Stern, Philip	菲利普·斯特恩
Sternsher, Bernard	伯纳德·斯滕谢尔
Stevenson, Adlai	阿德莱·史蒂文森
Stigler, George	乔治·斯蒂格勒
Stimson, Henry	亨利·斯廷森
Stone, I. F.	I. F. 斯通
Strauss, Frederick	弗雷德里克·施特劳斯
Strauss, Leo	利奥·施特劳斯
Strother, French	弗伦奇·斯特罗瑟
Sumner, William Graham	威廉·格雷厄姆·萨姆纳

（续表）

英文名	中文名
Swift，Jonathan	乔纳森・斯威夫特
Swope，Gerard	杰拉尔德・斯沃普
Taft，William Howard	威廉・霍华德・塔夫脱
Tarnoff，Peter	彼得・塔尔诺夫
Taylor，Frederick Winslow	弗雷德里克・温斯洛・泰勒
Teller，Edward	爱德华・特勒
Theroux，David	大卫・泰鲁
Thomson，James A.	詹姆斯・A. 汤姆逊
Thurber，James A.	詹姆斯・A. 瑟伯
Thurow，Lester	莱斯特・瑟罗
Tobin，James	詹姆士・托宾
Trenchard，John	约翰・特伦查德
Trilling，Lionel	莱昂内尔・特里林
Ture，Norman	诺曼・特鲁
Tyson，Laura D'Andrea	劳拉・丹德烈亚・泰森
Vail，Theodore	西奥多・韦尔
Valerie	瓦莱丽
Van Hise，Charles R.	查尔斯・R. 范海斯
Van Kleeck，Mary	玛丽・范克利克
Vance，Cyrus	赛勒斯・万斯
Veblen，Thorstein	托斯丹・凡勃伦
Vierick，Peter	彼得・维尔瑞克
Voegelin，Eric	埃里克・沃格林
Von Karman，Theodore	西奥多・冯・卡门
Von Mises，Ludwig	路德维希・冯・米塞斯
Von Neumann，John	约翰・冯・诺依曼
Waldman，Steven	史蒂芬・瓦尔德曼

（续表）

英文名	中文名
Walker，Gloria	格洛丽亚·沃克
Wallace，George	乔治·华莱士
Wallace，Graham	格雷厄姆·华莱士
Wallace，Henry Agard	亨利·阿加德·华莱士
Wallace，Henry Cantwell	亨利·坎特韦尔·华莱士
Wallach，Ira D.	艾拉·D. 沃勒克
Wanner，Eric	埃里克·万纳
Warburg，James	詹姆斯·沃伯格
Ward，Lester	莱斯特·沃德
Warder，Michael	迈克尔·沃德尔
Waskow，Arthur	阿瑟·瓦斯科
Wattenberg，Ben	本·瓦滕伯格
Weaver，Richard	理查德·韦弗
Weaver，Robert	罗伯特·韦弗
Webb，James E.	詹姆斯·E. 韦布
Weeks，Paul	保罗·威克斯
Weidenbaum，Murray	默里·韦登鲍姆
Weigel，George	乔治·韦格尔
Weinberger，Caspar	卡斯帕·温伯格
Weinstein，Allen	艾伦·韦恩斯坦
Weiss，Carol	卡罗尔·维斯
Weiss，Cora	科拉·韦斯
Wells，H. G.	H. G. 韦尔斯
Weyrich，Paul	保罗·韦里奇
White，Gen. Thomas	托马斯·怀特将军
White，Richard	理查德·怀特
White，Theordore H.	西奥多·H. 怀特

（续表）

英文名	中文名
Whitehead，John	约翰·怀特黑德
Wilkins，Roger	罗杰·威尔金斯
Willcox，Walter	沃尔特·威尔科克斯
Williams，Eddie N.	埃迪·N. 威廉斯
Williams，Walter	沃尔特·威廉斯
Williamson，John	约翰·威廉森
Willoughby，William	威廉·韦罗贝
Wilson，M. L.	M. L. 威尔逊
Wilson，Woodrow	伍德罗·威尔逊
Wohlstetter，Albert	艾伯特·沃尔斯泰特
Wolf，Charles	查尔斯·沃尔夫
Wyzanski，Charles	查尔斯·怀赞斯基
Yntema，Theodore	西奥多·英特马
Zablocki，Clement	克莱门特·扎布洛茨基
Zager，Masha	玛莎·扎格

附表 3　出版社名称中英文对照表

英文名称	中文名称
Alfred A. Knopf	艾尔弗雷德·A. 克诺夫出版社
Atheneum Publishers	雅典娜神殿出版社
Atherton Press	阿瑟顿出版社
Atlantic Monthly Press	亚特兰大月刊出版社
B. H. Huebsch	胡伯舒出版社
Basic Books	巴西克出版社
Beacon Press	灯塔出版社
Berkley Books	伯克利图书公司
Cambridge University Press	剑桥大学出版社
Abt Books	阿布特图书公司
Carrick & Evans	卡里克 & 埃文斯出版公司
Charles Scribner's Sons	查尔斯·斯克里布纳父子出版公司
Colonial Press	克劳尼尔出版社
Columbia University Press	哥伦比亚大学出版社
Coward-McCann	科沃德-麦卡恩出版公司
Crown Press	皇冠出版社
D. Appleton & Co.	D. 阿普尔顿图书公司
Delta	三角出版社
Devin-Adair	德温·阿代出版公司
Dodd, Mead & Co.	多德-米德出版公司
Doubleday	道布尔迪出版公司
Duke University Press	杜克大学出版社

（续表）

英文名称	中文名称
Eerdmans Publishing Co.	伊尔德曼斯出版公司
Elsevier	爱思唯尔
Prentice-Hall	普伦蒂斯·霍尔出版社
Free Press	弗里出版社
G. P. Putnam's Sons	帕特曼之子出版公司
Gale Research Co.	盖尔出版公司
Garland Press	加兰出版社
Ginn & Co.	吉恩出版公司
Grove Press	格罗夫出版社
Harcourt Brace & World	哈考特-布雷斯世界图书公司
Harper & Bros. (Harper & Row)	哈珀柯林斯出版社
Harvard University Press	哈佛大学出版社
Holt, Rinehart & Winston	霍尔特-莱恩哈特-温斯顿出版社
Hoover Institution Press	胡佛研究所出版社
Horizon Press	地平线出版社
Houghton Mifflin Co.	霍顿·米夫林出版公司
Indiana University Press	印第安纳大学出版社
John Hopkins University Press	约翰·霍普金斯大学出版社
D. C. Heath	华盛顿希思出版公司
Little, Brown & Company	利特尔-布朗出版公司
Longmans, Green & Co.	朗曼-格林出版公司
Louisiana State University Press	路易斯安那州立大学出版社
Macmillan Co.	麦克米伦出版公司
McGraw-Hill Book Co.	麦克劳-希尔图书公司
Modern Library	现代丛书出版公司
Morrow, William & Co.	威廉·莫罗出版公司
New York University Press	纽约大学出版社

（续表）

英文名称	中文名称
Northern Illinois University Press	北伊利诺伊大学出版社
Oxford University Press	牛津大学出版社
Praeger Press	普拉格出版社
Princeton University Press	普林斯顿大学出版社
Random House	兰登书屋
Regnery Press	莱格尼里出版社
Reynal & Hitchcock	雷纳尔 & 希契科克出版公司
Rutgers University Press	罗格斯大学出版社
Simon & Schuster	西蒙 & 舒斯特出版公司
St. Martin's Press	圣马丁出版社
Times Books	时代图书公司
U. S. Government Printing Office	美国政府印刷局
University of California Press	加利福尼亚大学出版社
University of Chicago Press	芝加哥大学出版社
University of Illinois Press	伊利诺伊大学出版社
University of Iowa Press	爱荷华大学出版社
University of Kentucky Press	肯塔基大学出版社
University of Minnesota Press	明尼苏达大学出版社
University of Wisconsin Press	威斯康星大学出版社
Victor Publishing	维克多出版社
Viking Press	维京出版社
Vintage Books	古典书局
W. W. Norton & Company	诺顿出版公司
Walker&Co	沃克出版公司
Wesleyan University Press	卫斯理大学出版社
William Morrow & Co.	威廉・莫罗出版公司
Wright & Potter	赖特 & 波特出版公司
Yale University Press	耶鲁大学出版社

附表4　图书、报纸、期刊名称中英文对照表

American Economic Review 50(1960)	《美国经济评论》(第50卷)(1960年)
Chronicles of Culture	《文化编年史》
Hoover, Roosevelt and the Brains Trust: From Depression to New Deal	《胡佛、罗斯福和智库:从大萧条到新政》
Los Angeles Times	《洛杉矶时报》
Persuasion at Work	《工作劝诫》
Wesley Clair Mitchell:The Economic Scientist	《韦斯利·克莱尔·米切尔:经济学家》
The Republican Right since 1945	《1945后的共和党右派》
A Bibliography of Social Surveys	《社会调查书目》
A Crossroad of Freedom: The 1912 Campaign Speeches of Woodrow Wilson	《自由的十字路口:伍德罗·威尔逊1912年竞选演讲》
A Documentary History of American Industrial Society	《美国工业社会历史记录》
A History of the National Resources Panning Board, 1933—1943	《全国资源计划委员会的历史(1933—1943)》
A Life In Our Time: Memoirs	《我们时代的生活:回忆录》
A Life in Our Times	《我们时代的生活》
A Plan for Planning	《一份关于计划的计划》
A Report	《报告》
A Scholar in Action:Edwin F. Gay	《行动派学者:埃德温·F. 盖伊》
A Tale of Two Agencies: A Comparative Analysis of the General Accounting Office and the Office of Management and Budget	《两个机构的故事:对审计总署与管理和预算局的比较分析》
A Time for Truth	《求真的时代》
A Very Human President	《温情的总统》

（续表）

A Viet-Nam Reader	《越南读者》
Adlai Stevenson: His Life and His Legacy	《阿德莱·史蒂文森:他的一生和遗产》
Advice and Consent: The Development of the Policy Science	《建议与赞同:政策科学的发展》
Advocacy and Objectivity: A Crisis in the Professionalization of American Social Science, 1865—1905	《赞同和反对:美国社会科学专业化危机(1865—1905)》
Aesop's Fables	《伊索寓言》
After the War—Full Employment	《战后的充分就业》
Agenda	《议程》
Air Force Magazine	《空军杂志》
American Foundations and Academic Social Science	《美国基金会与社会科学专业化》
American Hidden Success: A Reassessment of Twenty Years of Public Policy	《美国隐藏的成功:20 年公共政策的重估》
American Journal of Economics and Sociology	《美国经济学和社会学杂志》
American priorities in a new world era	《新世界时代下美国优先权》
American Sociological Review	《美国社会学评论》
American Stakes	《美国的利害关系》
American Welfare Capitalism	《美国福利资本主义》
An Approach to Peace and Other Essay	《和平之道及其他随笔》
Annual Report	《年度报告》
Annual Report, 1970	《1970 年度报告》
Anti-intellectualism in American Life	《美国生活中的反智主义》
Asian Drama	《亚洲戏剧》
Atlantic Monthly	《大西洋月刊》
Baruch: My Own Story	《巴鲁克:我自己的故事》
Beyond Liberal and Conservative: Reassessing the Political Spectrum	《超越自由和保守:政治范围再评估》

(续表)

Beyond the status Quo：Policy Proposals for America	《超越现状：美国的政策建议》
Big Business and Presidential Power	《大企业与总统权力：从罗斯福到里根》
Biodiversity：Saving Species with Biotechnology	《生物多样性：以生物技术来保护物种》
Brookings Papers on Economic Activity	《布鲁金斯经济活动报告》
Brookings：A Biography	《布鲁金斯传记》
Business and Public Policy：The Role of the Committee for Economic Development, 1942—1967	《商业与公共政策：经济发展委员会的职责(1947—1967)》
Business Comes of Age：The Impact of the Committee for Economic Development	《走向成熟的商业：经济发展委员会的影响》
Business Conditions Digest	《商业环境文摘》
Business Cycles：The Problem and Its Setting	《经济周期：问题与背景》
Business History Review	《商业史评论》
Business Week	《商业周刊》
Can We Win in Vietnam?	《我们能够赢得越南战争的胜利吗?》
Canada-US outlook	《加拿大—美国展望》
Cash Relief	《现金救济》
Cato Journal	《卡托杂志》
Cato Papers	《卡托文件集》
Cato's Letters	《卡托的信条》
Challenge	《挑战》
Chapter in My Life	《我生活中的章节》
Charles E. Merriam and the Study of Politics	《查尔斯・E. 梅里厄姆及政治学研究》
Chronicle of A Generation	《一个时代的记录》
Chronicles：A magazine of American Culture	《编年史：一本美国文化的杂志》
Closing of the American Mind	《美国精神的封闭》
Commentary	《评论》
Competition and Monopoly	《竞争和垄断》

（续表）

Competition As a Dynamic Process	《动态过程下的竞争》
Conflict and Crisis:The Presidency of Harry S Truman,1945—1948	《冲突与危机:杜鲁门的执政时期(1945—1948)》
Congress Makes a Law:The Story Behind the Employment Act of 1946	《国会如何制定法律:1946 年〈就业法〉背后的故事》
Congressional Staffs: The Invisible Force in American Lawmaking	《国会员工:美国立法中无形的力量》
Consenus, Conflict and American Historian	《共识、冲突和美国历史学家》
Conservation and the Gospel of Efficiency: The Progressive Conservation Movement, 1890—1920	《资源保护与效率至上主义:进步主义资源保护运动(1890—1920)》
Conservatism in America: The Thankless Persuasion	《美国的保守主义:吃力不讨好的劝诱》
Conservatives Stalk the House: The Republican Study Committee	《保守派潜近众议院:共和党研究委员会》
Constitution, Address, and List of Members of the American Association for the Promotion of Social Science	《美国社会科学促进协会章程、地址与成员名单》
Counsels of War	《战争顾问》
Daedalus	《美国文理学会会刊》
Dealers and Dreamers: A New Look at the New Deal	《商人与梦想家:重新审视罗斯福新政》
Debt and Recovery,1929—1937	《债务与复苏(1929—1937)》
Defense Monitor	《防务观察》
Democracy under Pressure: Special Interests versus the Public Welfare	《压力下的民主:特殊利益抗衡公共福利》
Dictionary of American Biography	《美国传记词典》
Digest	《文摘》
Dilemmas of Social Reform: Poverty and Community Action in the United States	《社会改革的困境:美国的贫困和社区行动》
Downsizing the American military	《美国裁军》

（续表）

Drift and Mastery	《转移与控制》
Dynamic Sociology	《动力社会学》(第二卷)
Economic Advice and Presidential Leadership: The Council of Economic Advisers	《经济咨询与总统领导力:经济顾问委员会》
Economic Forecasting-Models or Markets?	《经济预测——模型还是市场?》
Economic Studies	《经济研究》
Economics and Policy:A Historical Study	《经济学与政策:一项历史研究》
Economics in the Public Service	《公共服务中的经济学》
Effects of Federal Programs on Higher Education	《联邦项目对高等教育的影响》
Efficiency and Uplift: Scientific Management in the Progressive Era,1890—1920	《效率与提高:进步时代的科学管理(1890—1920)》
Efficiency in City Government	《市政府的效率》
Efficient Citizenship	《高效的公民》
Efficient Democracy	《高效的民主》
Encounter	《文汇》
Environmental Politics: Public Costs, Private Rewards	《环境政治学:公共成本和私人回报》
Equality and Efficiency: The Big Trade-off	《平等与效率:重大抉择》
Esquire	《时尚先生》
Executive Alert	《行政警告》
Family Protection Report	《家庭保护报告》
Fear of Falling	《失败的恐惧》
Federal Fiscal Policies in The Postwar Recessions	《战后经济衰退时期的联邦财政政策》
Firearms and Violence	《火器与暴力》
First Harvest: The Institute for Policy Studies,1963—1983	《政策研究所的第一个收获期(1963—1983)》
For This We Fought	《为此而战》

（续表）

Foreign Affairs	《外交事务》
Foreign and Defense Policy Review	《对外政策与防务评论》
Foreign Policy	《外交政策》
Fortune	《财富》
From Kabul to Managua	《从喀布尔到马那瓜》
From New Era to New Deal	《从新时代到新政》
From New Era To New Deal: Herbert Hoover, the Economists and American Economic Policy, 1921—1933	《从新时代到新政:赫伯特·胡佛,经济学家与美国的经济政策(1921—1933)》
From Poor Law to Welfare State: A History of Social Welfare in America	《从救济法到福利国家:美国社会福利历史》
From The President-Richard Nixon's Secret Files	《来自理查德·尼克松总统的秘密文件》
Garden City	《花园城市》
Germany is a New Era	《德国新纪元》
Goals for Americans: A Buget of Our Needs and Resources	《美国人的目标:需求与资源预算》
Good Society	《美好社会》
Government and Science	《政府与科学》
Grants, Loans and Local Currencies	《补助金、贷款和本地货币》
Great Society	《伟大社会》
Ground under Our Feet	《我们脚下的土地》
Gulliver's Travels	《格列佛游记》
Harper's	《哈泼斯杂志》
Herbert Hoover as Secretary of Commerce, 1921—1928: Studies in New Era Thought and Pratice	《赫伯特·胡佛商务部长:对新政思想与实践的研究(1921—1928)》
Historical Statistics of the United States	《美国历史统计资料》
Historical Statistics of the United States, Colonial Times to 1870	《美国历史统计资料:从殖民时期到1870年》

（续表）

Hoover，Roosevelt and the Brain Trust	《胡佛、罗斯福和智囊团：从大萧条到新政》
How Manhattan Is Governed	《曼哈顿的治理之道》
How Much is Enough?	《多少才算足够？》
How to Budget Health	《如何编制健康预算》
Ideas Have Consequences	《理念的后果》
Import Liberalization and Employment	《进口自由化与就业》
In Being and Doing	《存在与行动》
Income in the United States，Its Amount and Distribution，1909—1919	《美国的收入总额与分配(1909—1919)》
Individualism and Economic Order	《个人主义与经济秩序》
Individualism and the Philosophy of the Social Sciences	《个人主义和社会科学的信条》
Institute for Government Research：An Account of Research Achievements	《"政府研究所"研究成果的论述》
John Hopkins University Studies in Historical and Political Science 2 (1884)	《约翰霍普金斯大学历史科学和政治科学之研究》(第二版)(1884)
Journal of Economic Literature 23	《经济学文献杂志》(第 23 卷)
Journals of Operations Research Society of America	《美国运筹学学会期刊》
Kennedy	《肯尼迪传》
Knowledge and Policy：The Uncertain Connection	《知识和政策：不确定的联系》
Knowledge for What? The Place of Social Science in American Culture	《知识何用？社会科学在美国文化中的位置》
Leadership	《领袖》
Letters of Lincoln Steffens	《林肯・斯蒂芬斯的信》
Liability	《责任》
Liberal：Adolf A. Berle and the Vision of an American Era	《自由主义：阿道夫・A. 伯利和美国时代的设想》
Liberal's Progress：Edward A. Filene，Shopper to Social Statesman	《自由主义者的进步——爱德华・A. 法林：从店主到社会政治家》

（续表）

Life	《生活》
Looking Ahead	《向前看》
Losing Ground：American Social Policy	《节节败退：美国社会政策(1950—1980)》
Lyndon Johnson and the American Dream	《林登·约翰逊和美国梦》
Man of Ideas：A Sociologist's View	《理念人：一个社会学家的观点》
Mandate for Change	《变革授权》
Mandate for Leadership：Policy Management in a Conservative Administration	《领导授权：保守派政府的政策管理》
Maximum Feasible Misunderstanding：Community Action in the War on Poverty	《最大可能性误解：贫困战争中的社区行动》
Megalopolis	《大都市》
Memoirs：Years of Trial and Hope	《回忆录：考验和希望的年代》
Memoranda on Early History of Brookings	《布鲁金斯早期历史备忘录》
Memorandum re Russell Sage Foundation (1906)	《拉塞尔·塞奇基金会备忘录(1906)》
Men around Roosevelt	《罗斯福身边的人》
Mid-America：An Historical Review	《美国中部：历史评论》
Middletown	《中镇研究》
Minerva	《密涅瓦》
Money In a Theory of Finance	《金融理论中的货币》
More Security for Old Age	《为老年人提供更多社会保障》
Myself	《我自己》
National Journal	《国家杂志》
National Review	《国家评论》
National Security：Political，Military and Economic Strategies in the Decade Ahead	《国家安全：今后十年的政治、军事和经济战略》
Natural Right and History	《自然权利与历史》
New Atlantis	《新大西岛》

（续表）

New Deal Planning：The National Resources Planning Board	《新政规划：全国资源计划委员会》
New Frontiers	《新边疆》
New York Times	《纽约时报》
News Week	《新闻周刊》
Of Counsel	《论谏议》
On Escalation，Metaphors and Scenarios	《论逐步升级：比喻和情景》
On the rise of Professional Specialist in Washington Journalism	《华盛顿新闻业专门化的发轫》
On Thermonuclear War	《论热核战争》
Orbis	《奥比斯世界事务杂志》
Origins of American Sociology：The Social Science Movement in the United States	《美国社会学起源：美国的社会科学运动》
Our Own Worst Enemy：The Unmaking of American Foreign Policy	《最大的敌人：美国外交政策的不作为》
Out of the Barrio	《巴里奥之外》
Oxford English Dictionary Supplement	《牛津英语词典附录》
Papers Of Presidents Of The United States，1962	《美国总统文献：约翰·F. 肯尼迪(1962)》
Paul G. Hoffman：Architect of Foreign Aid	《保罗·G. 霍夫曼：对外援助的缔造者》
Paul U. Kellogg and the Survey：Voices for Social Welfare and Social Justice	《保罗·U. 凯洛格和匹兹堡调查：社会福利和社会公平的呼声》
Perspectives in American History	《美国历史研究》
Philip Dru：Administrator	《菲利浦·德鲁：管理者》
Pioneer in Government Administration	《政府管理的先驱》
Pittsburgh Survey	《匹兹堡调查》
Policy Analysts in the Bureaucracy	《官僚机构的政策分析师》
Policy Analysts，Statesmen：Who leads	《政策分析师、政治家：谁负责领导》
Policy and Research Report	《政策和研究报告》
Policy Review	《政策评论》

（续表）

Policy Science as Metaphysical Madness	《形而上学疯狂主义的政策科学》
Political Science Quarterly	《政治学季刊》
Politics and Professors	《政治和教授》
Politics and The Professors: The Great Society In perspective	《政策和教授:正确看待“伟大社会”计划》
Post-Reagan America	《后里根时代的美国》
Postwar Planning in the United States: An Organization Directory	《美国战后规划:机构名录》
Power and Impotence: The Failure of America's Foreign Policy	《权力与无能:美国外交政策的失败》
Pragmatism: A New Name for Some Old Ways of Thinking	《实用主义:对旧思维方式的重新命名》
Present History: Nuclear War, Detente and Other Controversies	《当代历史:核战争、和解及其他争端》
Presidential Economics: The Making of Policy from Roosevelt to Reagan and Beyond	《总统经济学:从罗斯福到里根时期政策制定及其他》
Presidential Planning	《总统的规划》
Presidential Transitions	《总统职位交接》
Principles and Practice of Medicine	《医学原理与实践》
Problems in American Social Policy Research	《美国社会政策研究的问题》
Professors and Public Services, 1885—1925: A Chapter in the Professionalization of the Social Sciences	《教授和公共服务:社会科学专业化纪实(1885—1925)》
Public Administration Review	《公共管理评论》
Public Opinion	《舆论》
Public Paper, 1965	《1965 年总统文献》
Public Papers of the Presidents of the United States	《美国总统的公务文件》
Public Scholars	《公共知识分子》
Publishers Weekly	《出版商周刊》

（续表）

Quiet Crisis In India	《印度平静的危机》
Radical Visions and American Dreams: Culture and Social Thought in the Depression Years	《激进的视角和美国梦：大萧条时代的文化和社会思想》
Random Reminiscences of Men and Events	《洛克勒菲自传》
Reader's Digest	《读者文摘》
Reason	《理性》
Recapturing the Spirit of Enterprise	《重建企业家精神》
Recent Economic Changes in the United States	《美国最近的经济变化》
Recent Social Trends in the United States	《美国最近的社会趋势》
Reflections of a Neoconservative: Looking Backward, Looking Ahead	《一个新保守派的反思：回顾过去，展望未来》
Regardies'	《雷加地》(杂志)
Regulation	《管制：政府研究和社会问题》
Remembering America: The Voice From the Sixties	《追忆美国：六十年代的呼唤》
Reminiscences	《回忆录》
Reporter	《通讯员》
Research Centers Directory	《研究中心指南》
Resources	《资源》
Retrospect and Prospect, 1920—1936	《回顾与展望(1920—1936)》
Revenge: Junk Science in the Courtroom	《复仇：法庭里的垃圾哲学》
Revolution	《革命》
Rexford Tugwell and the New Deal	《雷克斯福德·特格韦尔和新政》
Richmond Times Dispatch	《瑞查蒙德时讯报》
Roosevelt and Hopkins: An Intimate History	《罗斯福与霍普金斯大学的蜜月期》
Roosevelt's Revolution	《罗斯福的革命：从个人视角看改革第一年》
Rumbles Right and Left	《左翼右翼之争》

（续表）

Russell Sage Foundation，1907—1946	《拉塞尔·塞奇基金会(1907—1946)》
Saturday Evening Post	《星期六晚报》
Saturday Review	《星期六评论》
Science and the Federal Patron	《科学与联邦资助者》
Science in the Fedral Government	《联邦政府中的科学》
Security，Work and Relief Policies	《社会保障、工作与救济政策》
Selected Writings	《培根作品选》
Significant Issues Series	《重要问题丛刊》
Social Limits to Growth	《增长的极限》
Social Darwinism in American Thought，rev. ed.	《美国思想中的社会达尔文主义》(修订版)
Social Diagnosis	《社会诊断》
Social Science Research and Government：Comparative essays on Britain and the United States	《社会科学研究和政府:英美比较研究》
Social Science Research Council：The First Fifty Years	《社会科学研究理事会:第一个 50 年》
Social Scientists and Farm Politics in the Age of Roosevelt	《社会科学家和罗斯福时期的农场政治》
Social Theory and Social Structure	《社会理论和社会结构》
Social Thought in America：The Revolt against Formalism	《美国社会思想:形式主义的反抗》
Speaking of Change	《论变化》
Spike	《钉子》
Stanford Daily	《斯坦福日报》
State of the World	《世界形势报告》
Statistics and Government	《统计与政府》
Swift	《斯威夫特》
System Analysis in Public Policy：A Critique	《公共政策中的系统分析:批评性研究》

（续表）

Taming the Prince: The ambivalence of Modern Executive Power	《驯化君主：现代执行权的矛盾性》
The Academic Mind and Reform: The Influence of Richard T. Ely in American Life	《学术思想和改革：理查德·T.埃利对于美国生活之影响》
The Adviser	《顾问》
The AEI Economist	《美国企业研究所经济学家杂志》
The Age of Keynes	《凯恩斯时代》
The American Enterprise	《美国企业》
The American Establishment	《美国权势集团》
The American Mind	《美国人的思想》
The American Scholar	《美国学者》
The Annual Guide to Public Policy Experts	《公共政策专家年度指南》
The Authority of Experts	《专家权威》
The Backward Art of Spending Money	《落后的花钱艺术》
The Best and the Brightest	《出类拔萃之辈》
The Brookings Institution, 1916—1952: Expertise and the Public Interest in a Democratic Society	《布鲁金斯学会：民主社会的专门知识与公共利益(1916—1952)》
The Brookings Institution—A Fifty Year History	《布鲁金斯学会：五十年的历史》
The Business Response to Keynes	《凯恩斯主义：商界的反响》
The Capital Source	《资本源头》
The City Journal	《纽约：城市日报》
The Cleveland Plain Dealer	《克利夫兰报》
The Clouds	《云》
The Collected Works	《(林肯)文集》
The Coming Boom: Economic, Political, and Social	《即将来临的兴旺：经济、政治和社会》
The Coming of the New Deal	《新政的到来》

（续表）

The Congressman: His Work As He Sees It	《国会议员如何看待自己的工作》
The Conscience of a Conservative	《一个保守派的良心》
The Conservative Intellectual Movement in America: Since 1945	《1945 年后的美国保守派知识分子运动》
The Conservative Mind	《保守主义思想》
The Corporate Ideal in the Liberal State: 1900—1918	《自由国家的企业理想(1900—1918)》
The Crisis of the Old Order	《旧秩序的危机》
The Cycles of American History	《美国历史的循环》
The Economics of Defense in the Nuclear Age	《核时代的国防经济学》
The Economist	《经济学人》
The Economists and American Economic Policy, 1921—1933	《经济学家和美国经济政策(1921—1933)》
The Emergence of Democracy in Nicarague	《尼加拉瓜的民主危机》
The Emergence of Professional Social Science	《专业社会科学的兴起》
The Emergence of Professional Social Science: The American Social Science Association and the Nineteenth Century Crisis of Authority	《专业社会科学的兴起:美国社会科学协会和 19 世纪的权威危机》
The End of Ideology	《意识形态的终结》
The Family in America	《美国家庭》
The Filene Store	《法林百货商店》
The First New Deal	《第一次新政》
The Folklore of Captitalism	《资本主义的传说》
The Golden Book of Springfield	《斯普林菲尔德黄金书》
The Great Society and Its Legacy: Twenty Years of U. S. Social Policies	《"伟大社会"计划和其遗产:近二十年美国社会政策》
The Great Society: Lessons From the Future	《伟大社会:未来的教训》
The Great War and the Search for Modern Order, 1917—1933	《第一次世界大战和现代秩序的形成(1917—1933)》

（续表）

The Growth Experiment: How the New Tax Policy is Transforming the USA	《实验的发展：新税收政策是如何改变美国经济》
The Image of The Federal Service	《联邦政府服务的形象》
The Individual Income Tax	《个人所得税》
The Inner Circle: Large Corporations and the Rise of Business Political Activity in the United States and the United Kingdom	《核心集团：美国和英国的大型企业和商业政治活动的兴起》
The Inquiry: American Preparations for Peace	《调查：美国为和平所做的准备》
The Internal Debts of the United States	《美国国内债务》
The Interregnum of Despair: Hoover, Congress and Depression	《失望的过渡期：胡佛、国会和大萧条》
The Intimate Papers of Colonel House	《豪斯上校的密文》
The Invisible Hand of Planning: Capitalism, Social Science and the State in the 1920s	《看不见的手：19 世纪 20 年代的资本主义、社会科学以及国家》
The Job of the Federal Executive	《联邦行政长官的工作》
The Last Intellectuals: American Culture in the Age of Academe	《最后的知识分子：学术时代的美国文化》
The Liberal Establishment	《自由主义权势集团》
The Liberal Tradition in America (1955)	《美国的自由主义传统》(1955)
The Library of Hoover Institution on War, Revolution and Peace	《胡佛战争，革命与和平研究所图书馆》
The Litigation Explosion	《诉讼探索》
The Lives of William Benton	《威廉·本顿的一生》
The Making of the New Deal: The Insiders Speak	《罗斯福新政的形成：知情者的披露》
The Making of the President, 1964	《1964 年总统选举》
The Mcnamara Strategy	《麦克纳马拉的战略》
The Memoirs of Herbert Hoover: The Cabinet and the Presidency, 1920—1933	《赫伯特·胡佛回忆录：内阁与总统任期(1920—1933)》
The Modern Corporation and Private Property	《现代公司与私有财产》

（续表）

The Naked Public Square: Religion and Democracy in America	《裸露的公共广场:美国的宗教和民主》
The Nation	《国家周刊》
The National Debt and Government Credit	《国家债务和政府信用》
The National Debt Ceiling	《国债上限》
The National Election of 1964	《1964 年全国大选》
The National Interests	《国家利益》
The National Purpose	《国家目标》
The Need for a National Budget	《国家预算的必要性》
The New Deal	《新政》
The New Republic	《新共和政体》
The Next 200 Years	《另一个 200 年》
The Other America	《另一个美国》
The Past and Present of Political Economy	《政治经济的过去和现在》
The Politics of Hysteria: The Source of Twentieth Century Conflict	《歇斯底里的政治:20 世纪冲突的来源》
The Politics of National Party Conventions	《政党全国代表大会中的"权术"》
The Presidential Leadership of Ronald Reagen:	《里根的总统领导力》
The Prince	《君主论》
The Principles of Scientific Management	《科学管理原理》
The Professional Altruist: The Emergence of Social Work as a Career	《专业的利他主义者:社会工作职业的兴起》
The Psychic Factors of Civilization	《文明进程中的精神因素》
The Public Interest	《公众利益》
The Public Papers and Address of Franklin D. Roosevelt	《公众评论和罗斯福的演讲》
The RAND Corporation	《兰德公司》
The RAND Corporation: Case Study of a Nonprofit Advisory Corporation	《兰德公司:以一家非盈利咨询公司为例》

（续表）

The RAND Corporation: The First Fifteen Years	《兰德公司:第一个十五年》
The Reagan Detour	《里根“弯道”》
The Religion and Society Report	《宗教和社会报告》
The Reporter	《记者报》
The Rise of the Counter-Establishment: From Conservative Ideology to Political Power	《反建制派的崛起:从保守主义意识形态到政治权力》
The Road to Serfdom	《通往奴役之路》
The Road We Are Travelling:1914—1942	《我们走过的路(1914—1942)》
The Rockefeller Century	《洛克菲勒世纪》
The Rockets'Red Glare	《火箭的红色炫光》
The Russell Sage Foundation: Social Research and Social Action in America, 1907—1947	《拉塞尔·塞奇基金会:美国社会研究和社会行动(1907—1947)》
The Story of the Rockefeller Foundation	《洛克菲勒基金会轶事》
The Survey	《调查》
The Third Generation : Young Conservative Leaders Look to the Future	《第三代:面向未来的年轻保守派领袖》
The Tragedy of Lyndon Johnson	《林登·约翰逊的悲剧》
The Uneasy Partnership: Society Science and the Federal Government in the Twentieth Century	《不安的合作关系:社会科学和二十世纪的联邦政府》
The Uneasy Partnership: Social Science and the Federal Government in the Twentieth Century	《不稳定的伙伴关系:20 世纪的社会科学和联邦政府》
The United States in the 1980s	《20 世纪 80 年代的美国》
The Unraveling of America: A History of Liberalism in the 1960s	《美国的解体:20 世纪 60 年代的自由主义史》
The Urban Institute, 1968—1978: An Evaluation of its Performance, Prospects and Financial Problems	《城市研究所(1968—1978):绩效评估、前景和财政问题》

(续表)

The War Industries Board	《战时工业委员会》
The Washington Monthly	《华盛顿月刊》
The White House Years	《白宫岁月》
The Wizard of Oz	《绿野仙踪》
The Wizards of Armageddom	《与末日决战的魔法师》
The Wizards of Armageddon	《世界末日的巫师》
The year 2000:A Framework for Speculation about the Next Thirty-Three Years	《公元 2000 年:关于未来 33 年预测的一个体系》
Thinking about the Unthinkable	《难以想象的思维》
Time	《时代周刊》
To Move a Nation: The Politics of Foreign Policy in the Administration of John F. Kennedy	《推动国家发展:肯尼迪政府外交政策的“权谋”》
To the Stalin Mausoleum	《致斯大林陵墓》
Today	《今日》
Tomorrow's Trade:Problems of Our Foreign Commerce	《明天的贸易:对外商业存在的问题》
Toward a Planned Society: From Roosevelt to Nixon	《走向一个计划的社会:从罗斯福到尼克松》
Towards the Year 2000	《公元 2000 年》
Transaction: Social Science and Modern Society	《社会科学与当代社会学报》
Trial after Triumph: East Asia after the Gold War	《胜利后的考验:冷战后的东亚》
Twentieth Century Annual Report	《二十世纪基金会年报》
Twenty-Fifth Annual Report	《第二十五份年度报告》
Two Lives: The Story of Wesley Clair Mitchell and Myself	《双重生活:韦斯利·克莱尔·米切尔和我的故事》
Unelected Representatives	《非民选代表》
Using Social Science in Public Policy Making	《公共政策制定中运用的社会科学》

（续表）

Wall Street Journal	《华尔街日报》
Walter Lippmann and the American Century	《怀特·李普曼和美国世纪》
Washington News	《华盛顿新闻报》
Washington Papers	《华盛顿文集》
Washington Post	《华盛顿邮报》
Washington Quarterly	《华盛顿季刊》
Washington Times	《华盛顿时报》
Washington Weekly	《华盛顿周刊》
Water Rights：Scarce Resource Allocation, Bureaucracy and the Environment	《水权：稀缺资源的分布、官僚主义和环境》
Wealth and Poverty	《财富与贫困》
Where's the Money Coming From? Problems of Postwar Finance	《钱从哪里来？战后财政问题》
Who Wants Disarmament	《谁希望裁减军备》
William J. Baroody	《威廉·J. 巴鲁迪》
Workforce，2000	《劳动力统计报告(2000)》
Working with Roosevelt	《与罗斯福一起工作的日子》
World Affairs	《世界形势》
World Policy Journal	《全球政策报》
World Resources	《世界资源》
World Watch	《世界观察》
Year of Desicions	《抉择的年代》
Years of Trial and Hope	《考验和希望的年代》
Years of Upheaval	《动乱年代》

附表 5 文章、报告、演讲名称中英文对照表

英文名称	中文名称
Capital Gain	资本收益
Economic Advisors Are Few in Beijing	中国政府缺乏经济顾问
Moralism and US Foreign Policy	道德主义和美国外交政策
The National Bureau's First Quarter-Century	国家经济研究局的四分之一世纪
The Policymaker and the Intellectual	决策者和知识分子
Abstraction and Actuality	抽象与现实
Conservative Brain Trust	保守派的智囊团
Liberalism, Stanford-Style	斯坦福的自由主义风格
Matters over Minds	物质超越精神
National Conventions	全国代表大会
Notes on the Establishment in American	美国权势集团札记
On Corporate Philanthropy	论企业慈善
On the Political Right in Postwar America	论战后美国的政治权利
Seeks Code for Management	寻求管理规范
A Brief History of the Urban Institute	城市研究所简史
A Death In the Bureaucracy: A Demise of Federal PPB	官僚制的死亡:联邦规划项目预算系统的终结
A Documentary History of the Institute of Economics	经济研究所历史资料
A Skeptical View of Forecasting in Britain	质疑英国的预测
Action Intellectuals	行动知识分子
American Foundations and the Support for Economic Research, 1913—1929	美国基金会和对经济研究的支持(1913—1929)

（续表）

英文名称	中文名称
America's Unfinished Business, Urban and Rural Poverty	未尽的事业:美国城市和农村的贫困
An American Owenite: Edward A. Filene and the Parameters of Industrial Reform, 1890—1937	一位美国欧文主义者:爱德华·A. 法林和工业革命的参数(1890—1937)
Business Organizes to Look Ahead	商业组织展望
Commencement Address at Yale University	耶鲁大学毕业致辞
Communophilism and the Institute for Policy Studies	垄断共产主义和政策研究所
Conservatives Aid Transition Plans behind the Scenes	保守派援助过渡计划的幕后运作
Democracy in America	美国民主
Discussion of Social Sciences Program and Suggestions for future Development	对社会科学项目的讨论和未来发展的建议
Economics of a Free Society	自由社会的经济学
Effective Social science: Eight Cases in Economics, Political Science and Sociology	有效的社会科学:经济学、政治科学和社会学的八个案例
Ernest Lefever, with no apologies	拒绝认错的欧内斯特·利菲尔
First Plan Presented by Drafting Committee	起草委员会提出的首个计划
For Think Tanks, Lots to Rethink	智库的再思考
Foundations, University and Research	基金会、大学和研究
Gorbachev's Gloomy America	前景黯淡:戈尔巴乔夫眼中的美国
Gorbachev's Primer on America	戈尔巴乔夫对美国政策的底线
Government and the Critical Intelligence	政府与紧急情报
Hoover-Roosevelt and the Great Depression: A Historiographic Inquiry into a Perennial Comparison	胡佛-罗斯福和大萧条时代:一项长期对比的史学调查
Idea, Think Tanks and Government	思想,智库和政府
In 1988, who'll win the baby boomers?	谁将在 1988 年赢得婴儿潮一代?

(续表)

英文名称	中文名称
Institue for Social and Economic Research	社会和经济研究所
Intellectuals in Politics	政治中的知识分子
International Trade, Foreign Investment: How to Make it More Effective	国际贸易、国外投资:怎样才能更为有效
Introduction: What Happened in the 1890s in Haskell	引言:19 世纪 90 年代哈斯克尔发生了什么事件?
Is the Intellectual Obsolete? Commentary 22	知识分子过时了么?《评论》(第 22 卷)
Lawyers and Social Change in the Depression Decade	十年萧条期间的律师和社会变化
Limits to Growth	增长的极限
Local Right Thinkers	当地右翼思想家
Matters over Minds	物质超越精神
Memorandum to the Board of Trustees from the Incorporators	董事会备忘录
Minutes of Board Meeting	董事会会议纪要
Monetary and Fiscal Policy for Greater Economic Stability	使经济更为稳定的财政与货币政策
Moral Rot in America?	美国的道德沦丧?
On the Rise of the Professional Specialist in Washington Journalism	华盛顿新闻业专家的崛起
Philanthropy and Social Science in the 1920s: Beardsley Ruml and the Laura Spelman Rockefeller Memorial,1922—1929	20 世纪 20 年代的慈善和社会科学:比尔兹利・拉姆尔与劳拉・斯佩尔曼・洛克菲勒纪念馆(1922—1929)
Policies for a New Party	一个新政党的政策
Policy Science as Metaphysical Madness	形而上学疯狂主义的政策科学
Poswtwar Employment and the Statement of Terminated War Contracts	战后就业及战争合同终止解决方案
President's Address: The Relation between Economics and Politics	主席演讲:经济和政治的关系

（续表）

英文名称	中文名称
President's Files Relating to the 1960—1961 Presidential Transition	总统的交接文件(1960—1961)
President's Inaugural Address	总统的就职演讲
Presidential Planning and Social Science Research: Mr. Hoover's Experts	总统的计划和社会科学研究：胡佛的专家们
Presidential Planning and Social Science Research: Mr. Hoover's Experts	总统的计划和社会科学研究：胡佛的专家们
President's Address	总统的演讲
Prospectus	创办计划书
RAND-A Personal View of its History	兰德公司历史管窥
Remarks by the President	总统的演说
Remarks by the President during the Heritage Foundation Dinner	总统在传统基金会晚宴上的发言
Report of the President's Committee on Social Research	总统社会研究委员会的报告
Report of Walton Hamilton to the Board of Trustees of the Brookings School	沃尔顿·汉密尔顿呈布鲁金斯研究生院理事会报告
Report of Walton Hamiton	沃尔顿·汉密尔顿的报告
Response to Fukuyama	对话福山
Retarding the Allies	阻止同盟国
Role of the Intellectual in Public Bureaucracy	知识分子在公共官僚机构中的作用
Scholars and Statistics	学者和统计学
Secretary Hoover and the Emergence of Macroeconomic Management	商务部长胡佛与宏观经济管理的兴起
Social Science Training as Related to the Policy Roles of U. S. Career Officials and Appointees: The Decline of Analysis	美国职业官员和政治官员的政策功能与社会科学培训：政策研究的衰败
Speech at the Dedication Exercises of the New Brookings Institution Building	在布鲁金斯学会新大楼的落成活动上所做的演讲

（续表）

英文名称	中文名称
Statement of the Historical Background of the Committee for Economic Development	经济发展委员会的历史背景报告
Studying Washington Think Tanks: In search of Definitions and Data	华盛顿智库研究:范畴与事实
Super no more	雄风不再
The American Economic Association and the Economics Profession	美国经济学会和经济学职业
The American Private Philanthropic Foundation and the Public Sphere, 1890—1930	美国私人慈善基金会与公共领域(1890—1930)
The Conservation Movement and the Progressive Tradition	保守主义运动与进步传统
The Decline of Politics and Ideology in a Knowledgeable Society	知识社会中意识形态的衰落
The End of History?	历史的终结?
The End of Ideology	意识形态的终结
The First 3 Years of the National Bureau of Economic Research: An Informal Account of How the Bureau Works	国家经济研究局最初的三年:对研究局如何运行的非正式叙述
The First Two Decades of the American Economics Association	美国经济学会的前 20 年
The Heritage Model	传统基金会模式
The Heritage Report: Getting the Government Right with Reagan	传统基金会报告:得到里根政府的支持
The Influence of Analysis on U. S. Defense Policy	美国国防决策影响力分析
The International Trade Organization and the Reconstruction of World Trade	国际贸易组织与世界贸易的重建
The King of Quotes : Why the Press Is Addicted to Norman Ornstein	引用之王:为什么出版社沉溺于诺曼·奥恩斯坦?
The Limitations of Muddling Through: Does anyone in Washington really Think Anymore?	得过且过:华盛顿政客真的思考了吗?

（续表）

英文名称	中文名称
The New Deal and Business	新政和商业
The New Deal and the American Anti-Statist Tradition	新政和美国的反集权传统
The Politics of Concensus in an age of Affluence	富裕时代的共识政治
The Private Research Organization	私立研究机构
The Production of Expertise and the Constitution of Expert Power	专业技能的产生和专家权威的构成
The Public School Monopoly：A critical Analysis of Education and the State in American Society	公立学校垄断：美国社会中教育和国家关系的批判性研究
The Study of Administration	行政学研究
The Unemployment Conference of 1921：An Experiment in National Cooperative Planning	1921 年的失业大会：全国合作规划的尝试
The Urban Institute(A History of Its Organization)	城市研究所的机构史
Think Tank of the Left	左翼智库
To the Stalin Mausoleum	致斯大林陵墓
Toward a Firmer Basis of Economic Policy：The Founding of the National Bureau of Economic Research	迈向经济政策更为坚实的基础：国家经济研究局的成立
Toward the Year 2000：Work in Progress	走向 2000 年：正在进行的工作
Trustees Meeting	委托人会议
Truth and Technique：A Study of Sociology and the Social Survey Movement，1895—1930	真理和技巧：社会学和社会调查运动研究(1895—1930)
Twenty Years in the Strategic Labyrinth	二十年的战略迷宫
Unforgettable Herman Kahn	令人难忘的赫尔曼·卡恩
Vicissitudes of Presidential Reputations	总统声誉的变迁
What does Conservatives Want?	保守派想要什么?
When the War Ends	当战争结束

图书在版编目(CIP)数据

思想的掮客 : 智库与新政策精英的崛起 / (美) 詹姆斯・艾伦・史密斯著 ; 李刚等译. -- 南京 : 南京大学出版社, 2017.1(2018.6 重印)
(南大智库文丛 / 李刚主编)
ISBN 978-7-305-17910-5

Ⅰ. ①思… Ⅱ. ①詹… ②李… Ⅲ. ①社会政策—研究 Ⅳ. ①C916.1

中国版本图书馆 CIP 数据核字(2016)第 281807 号

THE IDEA BROKERS: THINK TANKS AND THE RISE OF THE NEW POLICY ELITE
By James Allen Smith

出版发行 南京大学出版社
社 址 南京市汉口路 22 号 邮 编 210093
出 版 人 金鑫荣

丛 书 名 南大智库文丛
主 编 李 刚
书 名 思想的掮客:智库与新政策精英的崛起
著 者 [美]詹姆斯・艾伦・史密斯
译 者 李 刚 邹婧雅 赖雅兰 孔祥越 等
责任编辑 崔智博 张 静

照 排 南京南琳图文制作有限公司
印 刷 江苏凤凰通达印刷有限公司
开 本 718×1000 1/16 印张 26.5 字数 381 千
版 次 2017 年 1 月第 1 版 2018 年 6 月第 2 次印刷
ISBN 978-7-305-17910-5
定 价 79.80 元

网址:http://www.njupco.com
官方微博:http://weibo.com/njupco
官方微信号:njupress
销售咨询热线:(025) 83594756